A Ciência do Yoga

8ª Edição

I. K. Taimni

A Ciência do Yoga

Comentários sobre os *YOGA-SŪTRAS* de Patañjali
à luz do pensamento moderno

Tradução
Milton Lavrador

Revisão Técnica
Alcyr A. Ferreira & Ricardo Lindemann

EDITORA TEOSÓFICA
Brasília-DF

Título do Original em Inglês
The Science of Yoga
1986, The Theosophical Publishing House
Adyar, Madras, Índia

Primeira edição: 1996
Segunda edição: 2001
Terceira edição: 2004
Quarta edição: 2006
Quinta edição: 2011
Sexta edição: 2017
Sétima edição: 2018
Oitava edição: 2023

EDITORA TEOSÓFICA, Sociedade Civil
SIG – Quadra 6 – Nº 1235
70.610-460 – Brasília, DF.
Tel.: (61) 3322-7843
E-mail: editorateosofica@editorateosofica.com.br
Site: www.editorateosofica.com.br

Taimni, I.K.

T 133 *A ciência do yoga* (Comentários sobre os *Yoga-Sūtras* de Patañjali à luz do Pensamento Moderno) - 8ª. Ed.

Brasília, 2023.

ISBN 8585961-01-5

Assunto: Filosofia Oriental

CDD 180

Capa
Fernando Lopes
Composição/Diagramação
João Batista Martins da Silva e
Reginaldo Alves Araújo

SUMÁRIO

Prefácio da Editora 7

Prefácio do Autor 9

Seção I *Samādhi Pāda* 15

Seção II *Sādhana Pāda* 107

Seção III *Vibhūti Pāda* 215

Seção IV *Kaivalya Pāda* 287

Índice Remissivo 341

PREFÁCIO DA EDITORA

A ciência e a tecnologia aplicadas ao mundo objetivo libertaram-nos das superstições e limitações do período medieval, dando início às eras espacial e nuclear. Contudo, o poder que a bomba atômica trouxe-nos, por mais que prove inquestionavelmente uma certa superioridade que esta civilização conquistou no domínio sobre a matéria, também acentua e evidencia desafios mais subjetivos do relacionamento do homem com a natureza, nas questões ecológicas; do homem com o próprio homem, na questão do convívio pacífico e da fraternidade; e do homem com o próprio sentido da vida e da morte, nas questões psicológicas, filosóficas e existenciais.

A Ciência do *Yoga,* segundo a visão do próprio autor, é a ciência do autoconhecimento, aplicada ao mundo subjetivo, para libertar progressivamente a nossa própria consciência. Tal é a necessidade que surge como continuidade natural do processo de desenvolvimento da nossa civilização atual — iniciar tal pesquisa subjetiva com método científico, de modo a investigar o que pode ser aproveitado do conhecimento que as antigas civilizações já haviam acumulado nesta área.

O propósito deste livro é reencontrar a essência do *Yoga* a partir de um estudo comparativo da ciência moderna com a clássica e primeira codificação da disciplina do *Yoga* — os *Yoga-Sūtras* — escritos por Patañjali, o grande filósofo indiano, no século VI a.C.. Patañjali foi o instrutor de *Śaṃkarācārya*, sendo sua obra a mais citada e adotada dentre todos os sistemas de *Yoga*, pois suas técnicas abrangem práticas de todos os sistemas, sendo por isso conhecido como *Rāja-Yoga* ou *Yoga* Real. É a base de uma das seis escolas clássicas da filosofia indiana.

As descobertas da física quântica demonstram, por exemplo, que a irradiação da luz é descontínua, propagando-se através de porções discretas chamadas fótons. Tal fato cientificamente comprovado está em perfeita concordância com a teoria dos *Kṣaṇa*s (instantes), conforme os *Yoga-Sūtras* III-53 e IV-33, que considera como descontínua a própria natureza do tempo e da matéria. Como Patañjali poderia, há 2600 anos atrás, conhecer tais fatos sem o apoio da tecnologia e pesquisa científica atuais?

A experiência direta, e não a crença piedosa ou a especulação metafísica — tal é o meio de conhecimento em *A Ciência do Yoga.* A prática da meditação, enquanto método progressivo de pesquisa através das diferentes camadas da mente, habilita o *yogi*, na concepção do autor, a conhecer a origem e essência do universo, bem como do próprio ser humano, desvendando assim os grandes mistérios da vida e da morte.

Contudo, como em toda ciência, tal maestria e perícia na experiência direta da meditação depende de uma longa prática do *Yoga* — sintetizado pelo sistema de Patañjali, também conhecido como *Aṣṭāṅga-Yoga* por ser dividido em oito partes, conforme é apresentado em II-29. A necessidade da prática do *Yoga* evidencia-se em II-15-16 e II-33-34. A importância de sua compreensão teórica é tratada em *Svādhyāya* (autoestudo) em II-1 e II-32, enquanto a prática do *Kriyā-Yoga* ou *Yoga* preliminar inicia em II-1 evoluindo para II-11 e II-30, onde fica caracterizada a importância da ética na aplicação de tal ciência, cuja prática avançada apresenta riscos, conforme se menciona, em II-49, a respeito de *prāṇāyāma* (controle da respiração).

Nesta edição foram omitidas a grafia original dos *Yoga-Sūtras* de Patañjali em *devanāgarī* e a tradução do *devanāgarī*, palavra por palavra, conforme consta no original em inglês, contudo foi conservado o original dos *sūtras* em sânscrito transliterado em letras latinas. No sistema de transliteração empregado as vogais longas são assinaladas, como *ā* em *samādhi* (êxtase), chamando a acentuação tônica para a penúltima sílaba, ou para a antepenúltima, na falta de uma vogal longa naquela posição, ou ainda para a quarta sílaba a contar do fim, na falta de uma vogal longa nas posições anteriores. O som do c corresponde a "tch", do *j* a "dj", do *ṛ* a "ri", do *ṣ* a "x", e do *ś* a um som sibilante intermediário entre o *s* e o *ṣ*.

Outras obras do mesmo autor, que podem ser úteis para introdução ao tema, são *A Preparação para o Yoga*, sobre o *Yoga* preliminar, e *Gayatri*: *O Mantra Sagrado da Índia*, para aprofundamento em *Mantra-Yoga*, ambas da Editora Teosófica. Também merece menção outra obra desta editora que é *Yoga: A Arte da Integração,* de Rohit Mehta, onde se apresenta outro comentário aos *Yoga-Sūtras* de Patañjali, porém sob enfoque predominantemente psicológico e, portanto, complementar a este livro.

Dr. I.K. Taimni, nascido na Índia e versado na filosofia e prática do *Yoga*, obteve o doutorado em Química pela Universidade de Londres, em 1928, tendo se tornado professor catedrático e pesquisador da Universidade de Allahabad, Índia. Tal qualificação possibilitou que esta obra tenha o caráter de ligação entre o Oriente e o Ocidente numa linguagem atual de clareza didática incomum.

A Editora

PREFÁCIO DO AUTOR

Grande número de pensadores, tanto no Oriente quanto no Ocidente, tem genuíno interesse pelo tema *Yoga*. Isto é natural, porquanto o homem que começa a questionar a vida e seus problemas mais profundos quer algo mais definido e vital para suas necessidades espirituais que uma simples promessa de alegrias celestiais ou "vida eterna", para quando tiver deixado sua breve e febril vida neste planeta. Aqueles que perderam a fé nos ideais das religiões ortodoxas e, ainda assim, sentem que sua vida não é um fenômeno da natureza, passageiro e sem sentido, naturalmente se voltam para a filosofia do *Yoga,* em busca de uma solução para as questões ligadas à sua vida "interior".

As pessoas que iniciam o estudo do *Yoga* com o objetivo de encontrar uma solução mais satisfatória para tais problemas, deparar-se-ão provavelmente com uma séria dificuldade. É possível que considerem a filosofia interessante, e, mesmo, fascinante, mas demasiadamente envolta em mistério e incoerências para que tenha valor prático em suas vidas. Pois não há assunto mais cercado de mistério e sobre o qual se pode escrever o que se quiser sem risco de ser considerado equivocado. De certo modo, esta atmosfera de mistério e obscuridade que cerca o *Yoga* deve-se à própria natureza do assunto. A filosofia do *Yoga* trata de alguns dos maiores mistérios da vida e do universo e, assim, é inevitável que esteja associada a uma atmosfera de profundo mistério. Entretanto, muito da obscuridade da literatura do *Yoga* decorre não da profundidade intrínseca do tema, mas da falta de correlação entre seus ensinamentos e os fatos com os quais se supõe estar o homem de cultura comum familiarizado. Se as doutrinas do *Yoga* forem estudadas tanto à luz do pensamento antigo quanto do moderno, serão de mais fácil compreensão e apreciação. As descobertas no campo da ciência são de especial ajuda, pois habilitam o estudante a entender alguns fatos da vida do *Yoga*, já que há certa analogia entre as leis da vida superior e as da vida como ela existe no plano físico — relacionamento sugerido na conhecidíssima máxima oculta "assim como é em cima, é embaixo".

Alguns instrutores do *Yoga* têm tentado resolver essa dificuldade extraindo da filosofia e da técnica do *Yoga* aquelas práticas que são fáceis de ser entendidas e exercitadas, colocando-as ante o público em geral como ensinamentos do *Yoga*. Muitas dessas práticas, tais como *āsana*, *prāṇāyāma* etc., são de natureza puramente física e, quando divorciadas dos ensinamentos essenciais e mais elevados do *Yoga*, reduzem seus sistemas a uma ciência de cultura física equiparável a outros sistemas de natureza similar. Esta supersimplificação do problema da vida do *Yoga*, embora tenha feito algum bem e ajudado algumas pessoas a viver uma vida física mais saudável, vulgarizou o movimento em prol da cultura do *Yoga* e produziu uma impressão errada, especialmente no Ocidente, sobre o verdadeiro propósito e técnica do *Yoga*.

O que é necessário, por conseguinte, para a média dos estudantes do *Yoga*, é uma apresentação inteligível e clara de sua filosofia e de sua técnica, para que se tenha uma idéia correta e equilibrada de todos os seus aspectos em termos do pensamento moderno. Pois, embora seja verdade que muitos aspectos da vida do *Yoga* estejam além da compreensão daqueles que estão confinados ao domínio do intelecto, a filosofia geral e os amplos aspectos de sua técnica podem ser compreendidos pelo estudante sério que esteja familiarizado com as principais tendências do pensamento filosófico e religioso e preparado para conduzir seu estudo com uma mente aberta e ávida. Ele pode, pelo menos, compreender esta filosofia de tal modo que seja capaz de decidir se vale a pena empreender um estudo mais profundo do assunto e, mais tarde, ingressar no caminho do *Yoga* como *sādhaka*. Pois somente quando ingressa no caminho do *Yoga* prático e começa a efetuar mudanças fundamentais em sua natureza é que ele pode esperar vislumbrar de fato os problemas do *Yoga* e sua solução.

Este livro pretende dar ao estudante sério uma idéia clara sobre os ensinamentos fundamentais do *Yoga*, em linguagem que ele possa entender. O livro não apresenta o *Yoga* sob determinado ângulo ou baseado em determinada escola filosófica. Os que o estudarem verão por si mesmos que esta ciência das ciências é demasiadamente abrangente em sua natureza e muito profunda em suas doutrinas, para enquadrar-se em qualquer filosofia, seja antiga ou moderna. Ela preserva sua característica de ciência baseada nas leis eternas da vida superior, sem necessitar que qualquer ciência ou sistema filosófico endosse suas afirmativas. Suas verdades são baseadas em experiências e experimentos de uma linha ininterrupta de místicos, ocultistas, santos e sábios, que as realizaram e as testemunharam através das eras. Embora se tenha tentado explicar os ensinamentos do *Yoga* em bases racionais, de modo que o estudante possa compreendê-los facilmente, nada se procura fazer para comprová-los no sentido comum. As verdades do *Yoga* superior não podem ser comprovadas nem demonstradas. Elas se dirigem à intuição e não ao intelecto.

Há uma vasta literatura tratando de todos os aspectos e tipos do *Yoga*. Mas é provável que o principiante que tente mergulhar nessa massa caótica sinta aversão pela confusão e pelas exageradas afirmativas que venha a encontrar por toda parte. Em torno de um pequeno núcleo de ensinamentos fundamentais e genuínos do *Yoga*, cresceu, ao longo de milhares de anos, substancial quantidade de literatura espúria, composta de comentários, exposições de sistemas inferiores de cultura do *Yoga* e de práticas tântricas. Qualquer estudante inexperiente que adentre esta floresta, provavelmente se sentirá perdido, dela saindo com a impressão de que sua procura do ideal do *Yoga* poderá resultar em perda de tempo. O estudante, por conseguinte, faria melhor caso se limitasse à literatura básica, a fim de evitar confusão e frustração.

Na literatura básica do *Yoga*, os *Yoga-Sūtras* de Patañjali revelam-se a obra de maior autoridade e a mais útil de todas. Em seus 196 *sūtras* o autor sintetizou o essencial da filosofia e da técnica do *Yoga*, de maneira a constituir uma maravilhosa exposição condensada e sistemática. O estudante que analisa o livro superficialmente, ou pela primeira vez, talvez o considere um tanto estranho e desordenado, porém um estudo mais cuidadoso e profundo revelará a racionalidade com que é tratada a matéria. O resumo a seguir dá uma idéia de quão racional é a forma de tratar todo o tema.

A primeira seção refere-se à natureza geral do *Yoga* e sua técnica. Ocupa-se realmente em responder à pergunta "O que é o *Yoga*?". Dado que *samādhi* é a técnica essencial do *Yoga*, é natural que ocupe a posição mais importante entre os vários tópicos tratados na seção. Esta seção é, assim, chamada de *Samādhi Pāda*.

A primeira parte da segunda seção trata da filosofia de *kleśas* e tem por objetivo responder à pergunta "por que deveria alguém praticar *Yoga*?" Ela analisa magistralmente as condições da vida humana, bem como a miséria e o sofrimento inerentes a tais condições. A filosofia de *kleśas* tem que ser muito bem entendida por qualquer pessoa que pretenda seguir o caminho do *Yoga* com a inflexível determinação de perseverar, vida após vida, até que tenha atingido o fim. A segunda parte da seção II trata das primeiras cinco práticas da técnica do *Yoga*, referidas como *bahiraṅga* ou externas. São práticas de natureza preparatória e têm a finalidade de tornar o *sādhaka* apto à prática do *samādhi*. Como esta seção ocupa-se em habilitar o aspirante, física, mental, emocional e moralmente, à prática do *Yoga* superior, é chamada de *Sādhana Pāda*.

A primeira parte da terceira seção trata das três práticas restantes da técnica do *Yoga*, referidas como *antaraṅga*, ou internas. É através dessas práticas, que culminam em *samādhi*, que todos os mistérios da vida do *Yoga* são desvendados e os poderes, ou *siddhis*, são adquiridos. Na segunda parte desta seção são discutidas em detalhes estas realizações e a seção é, assim, chamada *Vibhūti Pāda*.

Na quarta e última seção são expostos todos aqueles problemas filosóficos essenciais envolvidos no estudo e na prática do *Yoga*. A natureza da mente e a percepção mental, do desejo e seus efeitos aprisionadores, da liberação e os resultados que lhe seguem, são todos tratados de forma resumida, mas sistematicamente, de modo que o estudante tenha uma base adequada de conhecimento teórico. Como todos esses tópicos estão ligados de um modo ou de outro com a conquista de *Kaivalya*, a seção tem o título de *Kaivalya Pāda*.

Em virtude de seu tratamento abrangente e sistemático do assunto, os *Yoga-Sūtras* constituem o livro mais adequado a um profundo e sistemático estudo do *Yoga*. Nos velhos tempos, todos os estudantes do *Yoga* eram preparados para memorizar e meditar de forma regular e profunda sobre os *sūtras*, para deles extrair seus significados ocultos. Mas o estudante moderno, que precisa, primeiramente, ser convencido de que o estudo e a prática do *Yoga* valem a pena, requer um tratamento mais detalhado e sofisticado do assunto, o qual lhe permita compreender sua filosofia como um todo. Mesmo para este propósito os *Yoga-Sūtras* são a base mais adequada, não somente por oferecerem todas as informações essenciais sobre o *Yoga* de maneira magistral, mas também por serem reconhecidos como uma obra-prima na literatura do *Yoga* e, como tal, resistir ao teste do tempo e da experiência. Eis a razão de constituírem a base deste livro.

A tarefa de quem se dedica a comentar um livro como os *Yoga-Sūtras* não é fácil. Trata-se de um assunto da mais profunda natureza. As idéias que precisa interpretar são expostas sob a forma de *sūtras*, que corporificam o máximo da arte da condensação. A linguagem em que os *sūtras* são escritos é antiga, e, embora de extraordinária eficácia na expressão de idéias filosóficas, pode implicar enorme variedade de interpretações. E, o que é mais importante, o autor está lidando com uma ciência relacionada a fatos ligados à experiência humana. Ele não pode, como o filósofo acadêmico, dar asas à sua imaginação e adiantar meramente uma interpretação ideal. Ele tem que apresentar as coisas, da melhor maneira possível, como realmente são e não como deveriam ou poderiam ser. Tendo em vista a possibilidade de alterações que sempre acontecem nas conotações das palavras, no decorrer do tempo, é extremamente arriscado interpretar os *sūtras* de modo rígido, literal. É claro que não se pode tomar liberdades com um livro como os *Yoga-Sūtras*, escrito por uma mente magistral, em linguagem considerada quase perfeita. Mas uma coisa é interpretar um *sūtra* de maneira livre e descuidada, outra é expor seu significado com o devido respeito aos fatos da experiência e às reconhecidas tradições das várias épocas. O sensato, portanto, é levar em consideração todos os fatores envolvidos, evitando, em especial, explicações que nada explicam.

Outra dificuldade, ao escrever-se um comentário em um idioma ocidental, é a impossibilidade de encontrar equivalentes exatos para muitas palavras sânscritas. Como a ciência do *Yoga* floresceu principalmente no Oriente e o interesse pelo *Yoga* no Ocidente é de origem recente, não é possível encontrar equivalentes para muitas palavras sânscritas que exprimem conceitos filosóficos bem definidos. Em muitos casos, os termos disponíveis, com significados aproximados, podem dar uma impressão totalmente errada. Para evitar esse perigo, as palavras sânscritas foram usadas livremente no comentário, sempre que não tenha sido possível obter um equivalente exato. Contudo, para facilitar um cuidadoso estudo do assunto, não somente é dado o texto em sânscrito, em cada *sūtra*, mas também os significados das palavras sânscritas nele utilizadas[1]. Por certo, conforme dito acima, não se dispõe dos exatos equivalentes de muitas palavras sânscritas. Em tais casos, são apresentados somente os significados aproximados das palavras, na suposição de que o estudante extraia o significado exato dos termos contidos no comentário que acompanha o *sūtra*. Tal procedimento habilitará o estudante a julgar por si mesmo o quanto a interpretação está de acordo com o significado literal das palavras utilizadas no *sūtra* e, se houver alguma divergência, até onde esta se justifica. Mas, é claro, a justificativa final de qualquer interpretação é sua conformidade com os fatos da experiência, e, se este tipo de verificação não se tornar possível, devem o bom senso e a razão servir de guia. Aquele que procura a verdade deve ater-se especialmente aos fatos e à verdade subjacente nos vários *sūtras*, e não se envolver em controvérsias sobre o significado das palavras. Que esse passatempo seja deixado aos meros eruditos.

Um cuidadoso estudo dos *Yoga-Sūtras* e o tipo de preparação e esforço necessários à realização do objetivo do empreendimento do *Yoga* podem dar ao estudante a impressão de uma tarefa extremamente difícil, se não impossível, superior à capacidade do aspirante comum. Essa impressão certamente o desencorajará e, se ele não refletir profundamente sobre os problemas da vida e clarear suas idéias a este respeito, será levado a abandonar a idéia de empreender a Divina Aventura ou postergá-la para uma vida futura. Não pode haver dúvida de que a séria persecução do ideal do *Yoga* é uma tarefa difícil, e não pode ser assumida como mero lazer, ou como um meio de escapar às tensões e pressões da vida comum. Pode ser empreendida somente a partir de uma pleno entendimento da natureza da vida humana, da miséria e do sofrimento que

[1] Nesta edição, conforme consideramos no prefácio, não foram incluídas as traduções dos originais sânscritos, palavra por palavra, como na edição original em inglês, que o autor está mencionando nesta passagem. (N. ed. bras.)

lhes são inerentes, e de uma compreensão de que o meio de acabar permanentemente com a miséria e com o sofrimento é encontrar a verdade que está guardada em nosso íntimo, através do único método disponível — a disciplina do *Yoga*. Sem dúvida, a consecução deste objetivo é algo que requer muito tempo e o aspirante tem que estar preparado para despender certo número de vidas — tantas quantas necessárias — em sua procura séria e de todo coração. Ninguém pode saber, no princípio, quais são suas potencialidades e de quanto tempo necessitará. Pode esperar o melhor, mas é bom estar preparado para o pior.

Aqueles que não se sentem prontos a enfrentar essa tarefa não são forçados a tentá-la imediatamente. Podem continuar o estudo teórico do *Yoga*, refletir constantemente sobre os mais profundos problemas da vida, tentar purificar suas mentes e fortalecer seu caráter, até que sua capacidade de discernimento torne-se suficientemente forte que lhes possibilite penetrar as ilusões comuns e ver a vida em sua crua realidade. De fato, este é o propósito do *Kriyā-Yoga*, a que Patañjali refere-se no começo da seção II. Quando os olhos interiores do verdadeiro discernimento começam a se abrir, como resultado da prática do *Kriyā-Yoga*, deixarão de cogitar se são bastante fortes para empreender esta longa e difícil jornada em direção a seus verdadeiros lares. Aí, então, nada poderá detê-los e eles se devotarão natural e de todo o coração a essa difícil mas sagrada tarefa.

O que importa é partir definitivamente, de algum lugar, o mais cedo possível — Agora. No momento em que se dá esta partida, forças começam a juntar-se em torno do eixo do empreendimento e impelem o aspirante para a sua meta, lentamente, a princípio, mas com velocidade crescente, até que ele esteja tão absorto na persecução de seu ideal que o tempo e a distância deixam de importar-lhe. E, um dia, ele descobre que atingiu seu objetivo, e olha para trás com uma espécie de admiração, para a longa e tediosa viagem que completou no reino do tempo, embora durante todo o tempo ele estivesse vivendo no eterno.

I. K. Taimni

SEÇÃO I

SAMĀDHI PĀDA

SAMĀDHI PĀDA

Atha yogānuśāsanam.

I-1) (Será feita) agora uma exposição do *Yoga.*

Geralmente, um tratado dessa natureza, em sânscrito, começa com um *sūtra* que dá uma idéia da natureza da tarefa. O presente tratado é uma "exposição" do *Yoga.* O autor não pretende ser o descobridor dessa ciência, mas apenas um expositor, que tentou condensar em uns poucos *sūtras* todo o conhecimento essencial concernente à ciência que um estudante ou aspirante deve possuir. Muito pouco se conhece sobre Patañjali. Embora não tenhamos sobre ele uma informação que possa ser chamada propriamente histórica, ainda assim, de acordo com a tradição oculta, ele foi a mesma pessoa conhecida como Govinda *Yogi* e que iniciou *Śaṃkarācārya* na ciência do *Yoga.* Da maneira magistral com que ele expôs o tema do *Yoga* nos *Yoga-Sūtras*, é óbvio que ele foi um *yogi* muito avançado, com um conhecimento pessoal de todos os aspectos do *Yoga*, inclusive sua técnica prática.

Como o método de expor um assunto na forma dos *sūtras* é peculiar e geralmente pouco familiar aos estudantes ocidentais, que não conhecem a linguagem sânscrita, talvez não fosse demais dizer-se aqui umas poucas palavras sobre esse método clássico, adotado pelos sábios e letrados antigos na sua exposição que fizeram de alguns dos mais importantes temas. A palavra *sūtram*, em sânscrito, significa "um fio" e este significado primário deu origem ao secundário de *sūtram* como um aforismo. Do mesmo modo que um fio une uma quantidade de contas num rosário, a subjacente continuidade da idéia une, em linhas gerais, os aspectos essenciais de um tema. As características mais importantes desse método são a máxima condensação, consistente com a exposição clara de todos os aspectos essenciais, e a continuidade do tema fundamental, apesar da aparente descontinuidade das idéias apresentadas. Esta última característica é digna de nota, pois o esforço para se reconhecer o "fio" oculto do raciocínio, sob idéias aparentemente desconexas, muito freqüentemente fornece a chave para o significado de muitos *sūtras*. Deve-se lembrar que este método de exposição prevaleceu numa época em que a imprensa era desconhecida, e a maioria dos mais importantes tratados tinha de ser memorizada pelo estudante. Daí, a necessidade de condensar ao máximo. É claro que nada de essencial foi deixado de lado, mas tudo aquilo com que se esperava que o estudante estivesse familiarizado, ou que ele pudesse facilmente inferir do contexto, era cortado impiedosamente.

O estudante verificará, em um estudo cuidadoso, quão enorme é a quantidade de conhecimento teórico e prático que o autor conseguiu incorporar em tão pequeno tratado. Tudo quanto é necessário para a devida compreensão do assunto foi dado num ou noutro lugar, sob forma estrutural. Mas a essência do conhecimento requerido tem que ser extraída, convenientemente preparada, analisada e assimilada, antes que o assunto possa ser completa e integralmente compreendido. O método *sūtra* de exposição pode parecer, ao estudante moderno, desnecessariamente obscuro e difícil; mas, se ele se dedicar ao trabalho requerido para domínio do assunto, compreenderá realmente sua superioridade sobre todos os demais métodos modernos de apresentação, demasiadamente fáceis. A necessidade de lutar com as palavras e as idéias e extrair seus significados ocultos assegura uma assimilação bastante completa do conhecimento e desenvolve, simultaneamente, os poderes e as faculdades da mente, em especial aquela importante e indispensável capacidade de extrair do recôndito da própria mente o conhecimento nele oculto.

Embora esse método de exposição seja muito eficaz, apresenta também suas desvantagens. A principal é a dificuldade com que o estudante comum, não completamente familiarizado com o assunto, depara-se para encontrar o significado correto. Não somente é possível que ele considere muitos *sūtras* difíceis de compreender, tendo em vista sua concisão, mas, pode entender de modo completamente equivocado alguns deles, e perder-se de modo irremediável. Lembremo-nos de que, num tratado como o dos *Yoga-Sūtras*, por trás de muitas palavras há todo um padrão de reflexão, do qual a palavra é um mero símbolo. Para compreender o verdadeiro significado dos *sūtras*, temos que estar inteiramente familiarizados com tais padrões. A dificuldade aumenta ainda mais, quando as palavras precisam ser traduzidas para um outro idioma que não contém termos exatamente equivalentes.

Aqueles que escreveram esses tratados tinham mentes superiores, eram mestres do tema e da linguagem com a qual lidavam. Não poderia haver falhas em seu método de apresentação. Mas, ao longo do tempo, é possível que tenham ocorrido alterações fundamentais no significado das palavras e nos padrões de pensamento daqueles que estudaram esses tratados. E este fato gera infinitas possibilidades de enganos e interpretações errôneas de alguns dos *sūtras*. Em tratados de natureza puramente filosófica ou religiosa, talvez tais equívocos não tivessem tanta importância, mas em um de natureza altamente técnica e prática, como os *Yoga-Sūtras*, podem levar a grandes complicações e, mesmo, sérios perigos.

Felizmente, para o estudante sério, o *Yoga* sempre foi uma ciência viva no Oriente, e que tem contado com uma sucessão ininterrupta de especialistas vivos que continuamente verificam, com base em suas experiências pessoais, as verdades básicas dessa ciência. Isso tem ajudado não somente a manter vivas e puras as tradições da cultura do *Yoga*, mas também a preservar os significados das palavras técnicas, utilizadas nessa ciência, numa forma claramente definida e exata. Somente quando uma ciência está divorciada completamente de sua aplicação prática é que ela tende a perder-se num emaranhado de palavras que perderam seu significado e sua relação com os fatos.

Ao mesmo tempo em que o método de apresentar um assunto sob a forma de *sūtras* mostra-se perfeitamente adequado ao estudante prático e avançado, não há como negar sua difícil adequação às nossas condições modernas. Nos tempos antigos, aqueles que estudavam esses *sūtras* tinham fácil acesso aos instrutores da ciência, que elaboravam o conhecimento corporificado em uma forma condensada, preenchiam as lacunas e davam orientação prática. Esses estudantes tinham tempo para pensar, meditar e extrair os significados por si mesmos. O estudante moderno, que está interessado apenas no estudo teórico da filosofia do *Yoga*, e que não a está praticando sob a orientação de um instrutor especializado, não tem nenhuma dessas facilidades, e necessita de uma exposição clara e elaborada para que possa ter uma adequada compreensão do assunto. O estudante precisa de um comentário que não apenas explique o significado óbvio, mas também o significado oculto das palavras e expressões utilizadas, em termos dos conceitos com os quais está familiarizado e que pode facilmente compreender. Ele deseja seu alimento não sob a forma de "um comprimido", mas de forma volumosa e, se possível, saborosa.

Yogaś citta-vṛtti-nirodhaḥ.

I-2) *Yoga* é a inibição das modificações da mente.

Este é um dos mais importantes e conhecidos *sūtras* deste tratado, não por tratar de algum princípio importante ou técnica de valor prático, mas por definir, usando apenas quatro palavras, a natureza essencial do *Yoga*. Há certos conceitos, em toda ciência, que são de natureza básica e que devem ser entendidos corretamente caso o estudante pretenda ter um domínio satisfatório do tema como um todo. As idéias implícitas nas quatro palavras deste *sūtra* são de natureza fundamental, e, portanto, o estudante deve tentar apreender, através de estudo e reflexões, seu significado real. Sem dúvida, o sentido dessas palavras somente estará suficientemente claro quando o livro tiver sido inteiramente estudado, e os vários aspectos do assunto considerados em sua relação mútua. A expectativa é de que palavras de importância tão fundamental sejam cuidadosamente definidas e tais definições inseridas onde quer que sejam necessárias. Mas, no caso do presente *sūtra*, nenhuma dessas definições foi dada e podemos, portanto, concluir que o autor espera que o estudante adquira uma idéia clara da importância das palavras, estudando o livro inteiro. Mas, como é necessário que o estudante não comece seu estudo com idéias errôneas ou confusas, talvez valha a pena considerar-se, neste estágio inicial, a relevância das palavras e do *sūtra* de maneira geral.

Comecemos pela palavra *Yoga*. A palavra *Yoga*, em sânscrito, tem um grande número de significados. Ela é derivada da raiz *yuj*, que quer dizer "unir", e a idéia de união está presente em todos os significados. Quais são as duas coisas que se procura unir pela prática do *Yoga*? De acordo com as mais elevadas concepções da filosofia hindu, da qual a ciência do *Yoga* é uma parte integrante, a alma humana, ou *jīvātmā*, é uma faceta ou expressão parcial da superalma, ou *Paramātmā*, a Divina Realidade, fonte ou substrato do universo manifestado. Embora, em essência, os dois sejam o mesmo e sejam indivisíveis, ainda assim, *jīvātmā* tornou-se subjetivamente separado de *Paramātmā* e está destinado, depois de atravessar um ciclo evolutivo no universo manifestado, a unir-se outra vez com Ele, em consciência. Este estado de unificação dos dois, em consciência, bem como o processo mental e a disciplina através da qual esta união é atingida, são ambos chamados *Yoga*. Esta concepção é formulada de maneira diferente na filosofia *sāṃkhya*, mas, numa análise mais acurada, verificar-se-á ser a idéia fundamental essencialmente a mesma.

Chegamos, agora, à palavra *citta*. Esta palavra é derivada de *cit* ou *citi* (IV-34), um dos três aspectos do *Paramātmā*, chamado *sat-cit-ānanda* no Vedanta. Este é o aspecto em que se baseia o lado-forma do universo e através do qual ele é criado. O reflexo deste aspecto na alma individual, que é um microcosmo, é chamado *citta*. *Citta* é, assim, aquele instrumento ou meio através do qual *jīvātmā* materializa seu mundo individual, nele vive e evolui, até que se torne perfeito e unido com o *Paramātmā*. Em termos gerais, por conseguinte, *citta* corresponde à "mente" da psicologia moderna, mas tem um alcance e um campo de atuação mais abrangente. Enquanto *citta* pode ser considerado um meio universal através do qual a consciência atua em todos os planos do universo manifestado, a "mente" da psicologia moderna é confinada tão-somente à expressão do pensamento, volição e sentimento.

Não devemos, entretanto, cometer o erro de imaginar *citta* como uma espécie de meio material moldado sob diferentes formas, quando diferentes tipos de imagens mentais são produzidas. Fundamentalmente, sua natureza é a da consciência, que é imaterial, mas afetada pela matéria. De fato, pode-se dizer que *citta* é um produto de ambos, consciência e matéria, ou *puruṣa* e *prakṛti*, sendo ambos necessários para seu funcionamento. É como uma tela intangível, que permite que a luz da consciência seja projetada no mundo manifestado. Mas o segredo real de sua natureza essencial subjaz na origem do universo manifestado e somente pode ser conhecido quando se atinge a Iluminação. De fato, a teoria da percepção, analisada na seção IV, dá uma indicação geral em relação à natureza de *citta*, mas não diz o que *citta* é essencialmente.

A terceira palavra que temos de considerar neste *sūtra* é *vṛtti*. Ela é derivada da raiz *vṛt*, que significa "existir". *Vṛtti* é, assim, uma maneira de existir. Considerando os modos nos quais alguma coisa existe, podemos levar em conta suas modificações, estados, atividades ou suas funções. Todas estas conotações estão contidas no significado de *vṛtti*, mas no presente contexto este termo é melhor traduzido pelas palavras "modificações" ou "funcionamento". Às vezes, a palavra é traduzida como "transformações", o que não parece justificável, porque na transformação a ênfase está na mudança e não na condição. As transformações de *citta* podem ser interrompidas e, ainda assim, permanecer em uma modificação particular, como acontece em *sabīja samādhi*. Como o objetivo final do *Yoga* é a inibição de todas as modificações em *nirbīja samādhi*, pode-se constatar que a palavra "transformação" não expressará adequadamente o significado da palavra *vṛtti*. Além do mais, a palavra "transformação" deve ser usada para os três *pariṇāmas* tratados na primeira parte da seção III. Dado que *citta* tem uma existência funcional e vem à existência somente quando a consciência é afetada pela matéria, a palavra "funcionamento" talvez expresse ao máximo a importância de *vṛtti* no presente contexto, mas a palavra "modificações" é também usada em geral e compreendida mais facilmente, podendo, portanto, ser utilizada.

Ao tentar entender a natureza de *citta-vṛttis*, devemos precaver-nos contra algumas falsas concepções às vezes comuns entre aqueles que não estudaram o assunto profundamente. A primeira coisa a ser notada é que *citta-vṛtti* não é uma vibração. Já vimos que *citta* não é algo material e, portanto, não há nela qualquer vibração. As vibrações somente ocorrem num veículo e podem produzir uma *citta-vṛtti*. Os dois são diferentes, embora relacionados. O segundo ponto a ser destacado é que *citta-vṛtti* não é uma imagem mental, embora possa ser, e geralmente o é, associada a imagens mentais. A classificação quíntupla de *citta-vṛttis*, em I-5, mostra isso claramente. As imagens mentais podem ser de inúmeras espécies, mas o autor classificou *citta-vṛttis* em cinco títulos somente. Isso mostra que *citta-vṛttis* tem um caráter mais fundamental e abrangente do que as meras imagens mentais com as quais estão associadas. Este não é o lugar para discussões detalhadas sobre a natureza essencial de *citta-vṛttis*, já que a questão envolve a natureza essencial de *citta*. Mas, se o estudante analisar cuidadosamente os seis *sūtras* (I-6-11), que tratam das cinco classes de *vṛtti*s, verá que eles representam os estados fundamentais ou tipos de modificações em que a mente pode existir. O autor mencionou cinco tipos de modificações da mente concreta inferior com as quais o homem comum está familiarizado. Mas o número e a natureza desses diferentes tipos destinam-se a ser diferentes nos reinos superiores de *citta*.

A última palavra a ser considerada é *nirodha*. Derivada da palavra *niruddhan*, significa "restringido", "controlado", "inibido". Todos estes significados são aplicáveis aos diferentes estágios do *Yoga*. Restrição está incluída nos estágios iniciais; controle, nos estágios mais avançados; inibição ou total supressão, no último. O tema *nirodha* foi tratado em III-9, e o estudante deve ler cuidadosamente o que foi escrito a esse respeito.

Se o estudante tiver compreendido o significado das quatro palavras neste *sūtra*, verá que ele define de modo magistral a natureza essencial do *Yoga*. A eficácia da definição está no fato de que ela cobre todos os estágios do progresso pelos quais passa o *yogi*, assim como todos os estágios de desenvolvimento da consciência resultantes desse progresso. É igualmente aplicável ao estágio do *Kriyā-Yoga*, no qual ele aprende as lições preliminares, aos estágios de *dhāraṇā* e *dhyāna*, nos quais ele traz a mente sob seu completo controle, para o estágio de *sabīja samādhi*, no qual ele tem de suprimir as "sementes" de *saṃprajñāta samādhi*, e ao último estágio de *nirbīja samādhi*, em que ele inibe todas as modificações de *citta* e ultrapassa o domínio de *prakṛti*, entrando no mundo da Realidade. O significado integral do *sūtra* somente será compreendido quando o tema *Yoga* tiver sido estudado por completo, em todos os seus aspectos, sendo, assim, inútil dizer algo mais neste estágio.

Tadā draṣṭuḥ svraūpe 'vasthānam.

I-3) Então, o vidente está estabelecido em sua própria natureza essencial e fundamental.

Este *sūtra* assinala, de maneira geral, o que acontece quando todas as modificações da mente, em todos os níveis, foram completamente inibidas. O vidente é estabelecido em seu próprio *svarūpa* ou, em outras palavras, atinge a auto-realização. Não podemos saber o que é este estado de auto-realização enquanto estivermos envolvidos no movimento das *citta-vṛttis*. Só pode ser percebido de dentro para fora, não pode ser compreendido de fora para dentro. Mesmo a compreensão parcial e superficial que podemos obter sob nossas limitações atuais, por meio do estudo e da reflexão, somente é possível alcançar após dominarmos por completo a teoria e a técnica do *Yoga*, apresentadas neste tratado. Os estágios mais elevados de consciência que se revelam no estado do *samādhi*, mencionados em I-44 e 45, são chamados de *ṛtaṃbharā* ou geradores de verdade e retidão. À sua luz, o *yogi* pode conhecer a verdade subjacente em todas as coisas em manifestação. Mas ele pode conhecer a verdade dessa maneira, somente nas coisas que fazem parte de *dṛśyam*, o visto, e não de *draṣṭā*, o vidente. Para isso ele tem que praticar *nirbīja samādhi* (I-51).

Vṛtti-sārūpyam itaratra.

I-4) Nos outros estados existe assimilação (do vidente) com as modificações (da mente).

Quando as *citta-vṛttis* não estão no estado de *nirodha*, e *draṣṭā* não está estabelecido em seu *svarūpa*, ele está assimilado com aquele *vṛtti* particular que ocorre ocupar, no momento, o campo de sua consciência. Uma comparação talvez ajude o estudante a compreender essa assimilação da consciência com a transformação da mente. Que ele imagine uma lâmpada elétrica acesa suspensa em um recipiente cheio de água límpida. Se a água for violentamente agitada por um dispositivo mecânico, ela apresentará toda espécie de formas, em três dimensões, em torno da lâmpada, sendo essas formas iluminadas pela luz da lâmpada e mudando a cada momento. Mas, e a lâmpada? Ela se perderá de vista, e toda a luz dela emanada será assimilada, ou perdida, na água que a cerca. Que ele imagine, agora, que a agitação da água vá, aos poucos, diminuindo até que a água fique completamente parada. À medida que as formas tridimensionais começarem a desaparecer, a lâmpada elétrica irá aparecendo gradualmente e, quando a água estiver completamente tranqüila, somente a lâmpada será visível. Esta comparação ilustra, de modo um tanto precário, tanto a assimilação da consciência do *puruṣa*, com a modificação da mente, quanto sua reversão a seu próprio estado não modificado quando a mente entra em repouso. A mente entra em repouso, ou através de *para-vairāgya*, desenvolvido por *Īśvara-praṇidhāna*, ou através da prática do *samādhi*; o resultado em ambos os casos é o mesmo, ou seja, Iluminação e Liberação.

Este *sūtra*, a exemplo do anterior, tem o propósito de responder, de uma forma geral, apenas à pergunta "que acontece a *puruṣa* quando não está estabelecido em seu *svarūpa*? Seu completo significado somente pode ser compreendido quando todo o livro tiver sido estudado, e os vários aspectos do assunto adequadamente entendidos.

Vṛttayaḥ pañcatayyaḥ kliṣṭākliṣṭāḥ.

I-5) As modificações da mente são de cinco tipos e são dolorosas ou não-dolorosas.

Após indicar a natureza essencial da técnica do *Yoga*, o autor classifica os *vṛttis*. Ele os agrupa de duas maneiras. Primeiro, em relação aos nossos sentimentos, se eles são dolorosos, prazerosos ou de caráter neutro. Em segundo lugar, de acordo com a natureza do *pratyaya* produzido em nossa consciência.

Consideremos, primeiramente, a reação desses *vṛttis* sobre nossos sentimentos. Essa reação, de acordo com Patañjali, é dolorosa ou não-dolorosa, o que parecerá ao estudante superficial, um modo um tanto estranho de classificar as modificações mentais. É claro que há certas modificações que têm um caráter neutro, isto é, não produzem em nossa mente qualquer reação prazerosa ou dolorosa. Quando, por exemplo, ao caminhar, notamos uma árvore, trata-se de mera percepção sensorial que não desperta em nós qualquer sentimento de prazer ou de dor. A grande maioria de nossas percepções sensoriais, que resultam nas modificações da mente, têm este caráter neutro e foram classificadas como "não-dolorosas".

Mas há outras modificações da mente que despertam em nós prazer ou dor. Por exemplo, quando provamos um alimento saboroso, ou vemos um belo pôr-do-sol, ou cheiramos uma rosa, temos um sentimento nítido de prazer. Por outro lado, quando vemos uma cena horrível, ou ouvimos um grito de angústia, a transformação resultante da mente é definitivamente dolorosa. Por que, então, Patañjali classificou todas essas modificações da mente, que despertam em nós algum sentimento, como dolorosas? A razão é dada em II-15, juntamente com a filosofia dos *kleśas*. Basta, de momento, mencionar que, de acordo com a teoria dos *kleśas*, na qual se baseia a filosofia do *Yoga*, todas as experiências de prazer ou dor são realmente penosas para as pessoas que desenvolveram a faculdade de discernimento e não estão cegas pelas ilusões da vida inferior. É a nossa ignorância, causada por essas ilusões, que nos faz ver prazer em experiências que são fonte potencial de dor e, portanto, nos faz correr atrás desses prazeres. Se nossos olhos interiores estivessem abertos, veríamos a dor "potencial" oculta em tais prazeres, e não apenas quando a dor está presente de modo "ativo". Veríamos, então, a justificativa para a classificação de todas as experiências que envolvem nossos sentimentos e, assim, dão origem a *rāga* e *dveṣa* como dolorosas. Isto pode parecer ao estudante um ponto de vista um tanto pessimista sobre a vida, mas que ele suspenda seu julgamento, até que tenha estudado a filosofia dos *kleśas*, na seção II.

Se todas as experiências envolvendo os nossos sentimentos são dolorosas, então, é lógico que se classifique as demais, que são de caráter neutro e não afetam nossos sentimentos, como não-dolorosas. Ver-se-á, então, que a classificação primária de *citta-vṛttis* como dolorosas e não-dolorosas não é desarrazoada, mas, do ponto de vista do *Yoga*, perfeitamente lógica e razoável.

O outro ponto de vista com base no qual as *citta-vṛttis* foram classificadas é a natureza do *pratyaya* produzido em *citta*. O objetivo de classificá-los dessa maneira é mostrar que todas as nossas experiências, no domínio da mente, consistem em modificações mentais e nada mais. O controle e a total supressão dessas modificações, portanto, extinguem por completo nossa vida inferior e levam-nos, inevitavelmente, à aurora da consciência superior. Classificados dessa maneira, os *vṛttis* ou modificações são de cinco tipos, como se mostra no próximo *sūtra*.

Pramāna-viparyaya-vikalpa-nidrā-smṛtayaḥ.

I-6) (Elas são) conhecimento correto, conhecimento errôneo, fantasia, sono e memória.

Mais uma vez, num exame superficial, a classificação quíntupla pode parecer um tanto estranha, porém, um estudo mais profundo comprovará ser ela perfeitamente científica. Se analisarmos nossa vida mental, no que concerne ao seu conteúdo, verificaremos que ela consiste em um grande número de imagens variadas. Um estudo mais acurado dessas imagens mostrará, todavia, que todas elas podem ser classificadas em cinco amplos subtítulos, enumerados neste *sūtra*. Antes de examinarmos cada um desses subtítulos, separadamente, nos cinco *sūtras* subseqüentes, tentemos entender, de maneira geral, o sistema fundamental de classificação.

Pramāṇā e *viparyaya* abrangem todas as imagens que são formadas por algum tipo de contato direto, através dos órgãos dos sentidos, com o mundo exterior dos objetos. *Vikalpa* e *smṛti* abrangem todas as imagens ou modificações da mente que são produzidas sem qualquer contato direto com o mundo exterior. Elas são o resultado da atividade independente da mente inferior, usando as percepções sensoriais reunidas antes na mente e aí armazenadas. No caso de *smṛti* ou memória, essas percepções sensoriais são reproduzidas na mente com fidelidade, isto é, na forma e na ordem em que foram obtidas previamente, através dos órgãos dos sentidos. No caso de *vikalpa* ou imaginação, elas são reproduzidas de qualquer forma e em qualquer ordem, a partir do material sensorial presente na mente. A imaginação pode combinar essas percepções sensoriais em qualquer forma ou ordem, coerente ou incoerente, mas o poder de combinar as percepções sensoriais está sob o controle da vontade. No estado de sonho, a vontade não tem controle sobre estas combinações, e elas aparecem ante a consciência, ao acaso, fantásticas e, freqüentemente, absurdas, influenciadas até certo ponto pelos desejos presentes na mente subconsciente. O Eu Superior, com sua vontade e razão, retira-se, por assim dizer, para além do limiar da consciência, deixando a mente inferior parcialmente enredada, com o cérebro privado da influência racionalizante da razão e da influência controladora da vontade. Quando até mesmo os resquícios da mente inferior também se retiram para além do limiar da consciência cerebral, temos um sono sem sonhos ou *nidrā*. Neste estado, não há imagens mentais no cérebro. A mente continua ativa em seu próprio plano, mas suas imagens não são refletidas na tela do cérebro físico.

Que o estudante examine agora sua atividade mental, à luz do que se disse acima. Que ele adote qualquer modificação da mente concreta inferior, que opera com nomes e formas, e veja se não consegue inseri-la em um dos cinco grupos. Ele verificará, para sua surpresa, que todas as modificações da mente inferior podem ser classificadas sob um ou outro dos subtítulos e, portanto, o sistema de classificação é perfeitamente racional. É verdade que muitas das modificações, sob análise, apresentar-se-ão complexas e inseridas em dois ou mais grupos, mas logo se verificará que os vários ingredientes adaptam-se a um ou outro dos cinco grupos. Eis por que os *vṛttis* são chamados *pañcatayyaḥ* — quíntuplos.

Pode-se perguntar por que somente as modificações da mente concreta inferior podem ser levadas em consideração na classificação das *citta-vṛttis*. *Citta* inclui todos os níveis da mente, o mais baixo dos quais é chamado *manas* inferior, o qual funciona através de *manomaya kośa* e trata das imagens mentais concretas, com nomes e formas. A resposta a esta pergunta é óbvia. O homem comum, cuja consciência está confinada à mente inferior, pode conceber apenas as imagens concretas derivadas de percepções obtidas através dos órgãos sensoriais físicos. As *citta-vṛttis* correspondentes aos níveis mais elevados da mente, embora definidos, vívidos e capazes de serem expressos indiretamente, através da mente inferior, estão além de sua compreensão e podem ser percebidas em seus próprios planos no estado do *samādhi*, quando a consciência transcende a mente inferior. O *Yoga* começa o controle e a supressão do tipo inferior das *citta-vṛttis*, com que o *sādhaka* está familiarizado e a qual ele pode compreender. Não haveria por que tratar das *citta-vṛttis* correspondentes aos níveis superiores da mente, mesmo que estas *citta-vṛttis* fossem suscetíveis de classificação comum. O *sādhaka* tem de esperar até que ele aprenda a técnica do *samādhi*.

Consideremos agora os cinco tipos de modificações, individualmente, um a um.

Pratyakṣānumānāgamāḥ pramāṇāni.

I-7) (Os fatos de) conhecimento correto (são baseados em) cognição direta, inferência ou testemunho.

Pramāṇā, que pode ser traduzido, aproximadamente, por conhecimento correto ou conhecimento relacionado a fatos, abrange todas as experiências em que a mente está em contato direto ou indireto com o objeto dos sentidos no tempo, e a percepção mental corresponde aos objetos. Embora sejam três as fontes de conhecimento correto mencionadas no *sūtra*, e somente em uma, *pratyakṣa*, haja contato direto com o objeto, isto não quer dizer que não haja contato nas outras duas. O contato com o objeto nestes dois casos é indireto, através de algum outro objeto ou pessoa. Um exemplo simples esclarecerá esse ponto. Suponha que você vê seu carro vindo na direção de sua porta. Você o reconhece imediatamente. Este conhecimento é, certamente, *pratyakṣa*. Agora, se você está sentado em seu quarto e ouve o som familiar de seu carro em frente à sua casa, você o reconhece logo como sendo de seu carro. Aqui, seu conhecimento é baseado no contato com o objeto, mas o contato é indireto e envolve o elemento inferência. Suponha, agora, que você não vê nem ouve o carro, mas seu empregado vem e diz que seu carro está em sua porta. Aqui também o contato com o objeto é indireto, mas seu conhecimento é baseado em testemunho. Em todos os três casos a imagem que nasce em seu cérebro corresponde a um fato e, assim, a *citta-vṛtti* classifica-se como *Pramāṇā* ou conhecimento correto. Caso contrário, por exemplo, se sua inferência em relação à presença de seu carro estiver equivocada, ou o empregado fizer um relato incorreto, seu conhecimento estará errado e pertencerá à segunda categoria, isto é, *viparyaya*. O conhecimento do tipo *pramāṇā* pode ser baseado parcialmente em uma e parcialmente em outra das três fontes, mas, se corresponder aos fatos, pertencerá a este tipo.

Viparyayo mithyā-jñānam atad-rūpa-pratiṣṭham.

I-8) Conhecimento errôneo é uma concepção falsa de uma coisa, cuja forma real não corresponde a tal concepção errada.

O segundo tipo de *vṛtti*, chamado *viparyaya*, é baseado também em algum tipo de contato com um objeto externo, mas a imagem mental não corresponde ao objeto. Os exemplos usualmente dados para ilustrar esta classe de *vṛtti*, tais como uma miragem no deserto, podem dar a impressão de que ele é um fenômeno muito raro, mas não é verdade. Casos de *viparyaya* são muito freqüentes. Sempre que houver falta de correspondência entre nossa concepção de uma coisa e a coisa em si, temos realmente um exemplo de *viparyaya*. Mas deve-se lembrar que em *viparyaya* não nos preocupa a correção ou a precisão de nossas impressões mentais, mas apenas a correspondência entre o objeto e a imagem mental formada em nossa mente. Numa escuridão parcial, nossa impressão de um objeto pode ser pouco nítida, mas, se corresponde ao objeto, não é um caso de *viparyaya*.

Śabda-jñānānupātī-vastu-śūnyo vikalpaḥ.

I-9) Uma imagem evocada por palavras, sem base em nenhuma substância, é fantasia.

As duas primeiras categorias de modificações mentais exaurem todos os tipos de experiência em que há alguma espécie de contato com um objeto fora da mente. Portanto, esses tipos podem ser chamados de objetivos, em sua natureza. Chegamos agora a outros dois tipos de *vṛtti*s, em que não existe tal contato e a imagem mental é uma pura criação da mente. Mais uma vez temos aqui duas subdivisões. Se a modificação mental é baseada em experiência anterior e meramente é reproduzida, temos um caso de memória. Se não é baseada em verdadeira experiência no passado ou se nada tem que corresponda ao campo da experiência verdadeira, mas é pura criação da mente, trata-se de fantasia ou imaginação. Quando, mentalmente, revemos os acontecimentos de nossa vida passada, tais modificações mentais pertencem ao domínio da memória. Quando lemos um romance, nossos *vṛttis* pertencem ao domínio da fantasia. É claro que, mesmo no caso da fantasia, verificar-se-á que as imagens mentais, quando analisadas, são derivadas essencialmente das percepções sensoriais que realmente experimentamos, em uma ou outra ocasião; mas as combinações são novas e não correspondem a qualquer experiência verdadeira. Podemos imaginar um cavalo com a cabeça de um homem. No caso, a cabeça de um homem e o corpo de um cavalo foram percebidos separadamente, e pertencem ao campo da memória; mas a combinação dos dois em uma imagem composta, que não corresponde a uma verdadeira experiência, transforma a imagem mental em um caso de *vikalpa*. As duas categorias de memória e fantasia, devido à ausência de qualquer contato com um objeto externo que estimule a imagem mental, podem ser consideradas "subjetivas" em sua natureza.

Abhāva-pratyayālambanā vṛttir nidrā.

I-10) A modificação da mente baseada na ausência de qualquer conteúdo é sono.

Este é um *sūtra* importante e precisa ser estudado com atenção. Naturalmente, o significado literal do *sūtra* é óbvio. Mesmo essa modificação da mente, na qual a mente está vazia de conteúdo, é classificada como *vṛtti*, e é chamada *nidrā*. E por uma ótima razão. Durante o tempo em que uma pessoa encontra-se neste estado, sua mente é, por assim dizer, um espaço em branco ou um vazio. Não há *pratyaya* no campo da consciência. Este estado parece externamente ser o mesmo que *citta-vṛtti-nirodha*, no qual há também completa supressão das modificações mentais. Como, então, este estado difere da condição de *nirbīja samādhi*, já que os dois são pólos à parte? A diferença está no fato de que no estado de *nidrā*, ou sono profundo, a atividade mental não pára de forma alguma, somente o cérebro é desligado da mente e, assim, não registra as atividades que estão ocorrendo na mente. Quando a pessoa acorda e o contato é restabelecido, o cérebro volta a ser a sede da atividade mental, como antes. Quando um automóvel é desembreado, o motor não pára, somente desaparece o efeito de sua atuação sobre o movimento do carro e, portanto, o carro não é impulsionado. Da mesma maneira, no sono profundo, embora não haja *pratyaya* no cérebro, a atividade mental é transferida para um veículo mais sutil, e continua como antes. Somente o cérebro foi desembreado. Experiências em hipnotismo e mesmerismo corroboram em parte essa observação.

No *Yoga*, a atividade da mente ou *citta* é que é suprimida e para isso é necessário parar as vibrações do corpo mental inferior, enquanto em estado de vigília. No estado de vigília, o cérebro está ligado à mente inferior e, pelo controle da atividade da mente no cérebro, podemos controlar sua própria atividade. Quando o motor de um carro está embreado, por regulagem ou por paralisação do movimento do carro, podemos regular ou parar o movimento do próprio motor. Pode-se ver, assim, que o estado de sono profundo e o estado de *citta-vṛtti-nirodha*, embora superficialmente pareçam semelhantes, são completamente diferentes.

Anubhūta-viṣayāsaṃpramoṣaḥ smṛtiḥ.

I-11) Memória é não permitir a fuga de um objeto que foi experimentado.

O processo mental empregado em recordar uma experiência passada é peculiar e a razão por que a memória é considerada um tipo de *citta-vṛtti* já foi discutida, quando foi abordada em I-9. A memória é aqui definida como a retenção, na mente, de experiências passadas. Mas deve ser notado que essas experiências são retidas na mente como meras impressões (*saṃskāra*) e, enquanto estiverem presentes em sua forma potencial, como meras impressões, não poderão ser consideradas como *citta-vṛtti*. Somente quando as impressões potenciais são convertidas em seu estado ativo, sob a forma de imagens mentais, é que podem ser consideradas, propriamente, como uma *citta-vṛtti*.

Abhyāsa-vairāgyābhyāṃ tan-nirodhaḥ.

I-12) A sua[1] supressão (é obtida) pela prática persistente e pelo desapego.

Após classificar e explicar as diversas formas que as modificações da mente podem assumir, o autor dá, neste *sūtra*, os dois meios usuais de se conseguir a supressão destas modificações. Os meios são: prática e desapego. Duas palavras aparentemente simples, mas que significam um enorme esforço de vontade humana e grande variedade de práticas. As duas palavras foram definidas nos *sūtras* subseqüentes; porém, seu pleno sentido só pode ser compreendido depois de estudado, por completo, o livro.

Tatra sthitau yatno'bhyāsaḥ.

I-13) *Abhyāsa* é o esforço para permanecer firmemente estabelecido nesse estado (de *citta-vṛtti-nirodha*).

O que é *abhyāsa*? É todo esforço no sentido de alcançar esse estado transcendente em que foram suprimidas todas as *citta-vṛttis* e a luz da Realidade brilha sem cessar em seu pleno esplendor. Os meios para alcançar esse objetivo são muitos e variados, e todos eles podem ser incluídos em *abhyāsa*. É verdade que, no sistema particular do *Yoga* apresentado por Patañjali, somente foram relacionados oito tipos de práticas, por isto é chamado *Āṣṭāṅga-Yoga*, isto é, *Yoga* composta de oito partes. Mas há outros sistemas de *Yoga* usuais no Oriente, cada um com sua técnica particular. Muitas práticas são comuns, mas há outras que são peculiares a cada sistema. Patañjali incluiu em seu sistema praticamente todas as que são essenciais ou importantes. O *yogi* pode adotar qualquer uma delas, de acordo com suas necessidades ou temperamento, embora em geral ele seja aconselhado a limitar-se às práticas prescritas pela escola específica à qual pertença.

É praticamente desnecessário enfatizar que o *Yoga* é uma ciência experimental e, como em todas as ciências, constantemente são descobertas novas técnicas, por instrutores que as transmitem aos seus discípulos. Assim, cada instrutor de nível avançado, embora seguindo os princípios gerais do *Yoga* e as técnicas de sua escola específica, imprime um toque pessoal aos seus ensinamentos, introduzindo certas práticas secundárias de sua escolha. Estas são geralmente seguidas de forma mais ou menos modificada enquanto a escola perdura. Mas, na maioria dos casos, tais escolas rapidamente degeneram em meras corporações acadêmicas que dão continuidade a uma tradição morta.

---

[1] Das modificações, (N. ed. bras.).

Sa tu dīrgha-kāla-nairantarya-satkārāsevito dṛḍha-bhūmiḥ.

I-14) (*Abhyāsa*) torna-se firmemente estabelecido pela prática por longo tempo, sem interrupção e com reverente devoção.

A fim de que a prática do *Yoga* possa frutificar e habilitar o *sādhaka* a estabelecer-se firmemente no caminho, há três condições a serem satisfeitas. Conforme este *sūtra* tais condições são: (1) Essas práticas têm que ser continuadas por longo tempo. (2) Não deve haver interrupções. (3) A senda deve ser trilhada com espírito de reverente devoção. A necessidade de se mencionar estas condições poderá ser notada ao se levar em consideração o grande número de fracassos nessa senda. A senda do *Yoga* parece muito fascinante no princípio e muita gente deixa-se encantar e dá a partida, na esperança de colher seus frutos em muito pouco tempo. Mas qual! Daqueles que ingressam nessa senda, apenas uma microscópica minoria está apta a progredir. Mesmo aqueles com coragem e perseverança para continuar são muito poucos em número. A grande maioria dos aspirantes cedo ou tarde desiste por completo, ou conserva uma aparência de meras formas exteriores, logo que o encantamento esgota-se. Essas pessoas ou passam a acreditar que tudo é fantasia ou tentam convencer-se de que as condições na vida atual não são favoráveis e é melhor adiar o esforço para a próxima vida, quando, esperam, em vão, que serão colocadas em melhores circunstâncias. Fora uns poucos casos em que o *karma* interpõe um obstáculo real no caminho do aspirante, a verdadeira causa da descontinuidade da prática é, na grande maioria dos casos, a falta de maturidade espiritual, sem a qual não é possível o sucesso nessa senda. O mundo e seus objetivos exercem ainda grande atração sobre tais pessoas e elas não estão preparadas para fazerem os sacrifícios que são exigidos nessa senda.

Voltando às condições essenciais para o sucesso, diríamos ser óbvia a necessidade de continuidade das práticas por um longo tempo. A natureza das mudanças que devem ser efetuadas em nosso caráter, em nossa mente e em nossos veículos é tal que, a menos que as práticas sejam mantidas por um longo tempo, não se pode esperar progresso apreciável. Nossa natureza tem que ser completamente mudada, e a mudança é tão fundamental que devemos estar preparados para continuar o trabalho até o fim. Quanto tempo isto tomará, dependerá de muitos fatores: nosso estágio evolutivo, o tempo que já empregamos no trabalho em vidas anteriores e os esforços que fizemos nesta. Teoricamente, um homem pode passar imediatamente ao *samādhi*, "se" ele estiver apto a uma *completa* auto-entrega a *Īśvara*. Mas este é um enorme "se" e os *saṃskāras* do passado não lhe permitirão realizar, imediatamente, nesta vida, aquilo que somente pode ser feito após longa e ardorosa disciplina. Em poucos e raros casos, em que o progresso é extremamente rápido, há sempre um impulso do passado, devido geralmente às numerosas e sucessivas vidas devotadas à prática do *Yoga*. Ninguém pode, assim, predizer quando será atingido o objetivo final, e aquele que ingressa seriamente na senda precisa estar decidido a continuar não apenas por muito tempo, mas através de muitas vidas, até que o objetivo seja atingido. Aquele que estiver pronto para trilhar esta senda ficará tão absorvido pelo fascínio do trabalho, e terá tanto a fazer, que não lhe sobrará tempo para preocupar-se com quando atingirá o objetivo. Se o tempo pesa-nos nas mãos, e continuamente nos preocupamos com quando teremos sucesso, isso mostra falta de interesse real e é um sinal perigoso.

Para avaliar a exigência de não ser permitida qualquer interrupção, temos de nos lembrar de que muito do trabalho em *Yoga* implica realizar mudanças básicas, muito profundas e fundamentais, nos vários veículos através dos quais a consciência opera nos diversos planos. O sucesso na execução das mudanças desejadas depende da continuidade da prática. A interrupção significa não apenas perda de muito tempo, mas também um considerável escorregão para trás e a retomada da mesma trilha que já havia sido percorrida. Um exemplo esclarecerá isso. Suponhamos que um *sādhaka* está tentando purificar sua mente. Ele tem de ser inflexível na exclusão de sua mente de todos pensamentos e emoções impuros e fazer com que seu veículo mental, ou *manomaya kośa*, vibre com os pensamentos mais elevados e mais puros, até que a matéria densa comum do veículo seja totalmente substituída pela matéria mais refinada e mais sutil, que possa responder somente aos pensamentos e às emoções puros e elevados. Isso feito, a própria capacidade vibratória do veículo é completamente alterada e ficará muito difícil para o *sādhaka* alimentar qualquer pensamento impuro, da mesma maneira que é difícil para a pessoa licenciosa alimentar pensamentos puros. Mas suponhamos que ele desista do esforço depois de feito algum progresso; as condições originais tendem a se restabelecer aos poucos e, se ele retoma a prática, depois de um tempo considerável, o processo de purificação tem de começar *ab initio*.

A maior parte das mudanças requeridas em nossa mente e em nosso caráter implica algumas alterações nos diversos veículos, e estes últimos processos, que são realmente materiais, devem estar quase completos para que se tornem praticamente irreversíveis. Mesmo na vida comum, a continuidade da prática é importante, na maioria dos empreendimentos. Um jovem que deseja se tornar forte e musculoso deve exercitar-se regularmente. Se ele faz exercícios vigorosos, mas de vez em quando desiste, não obtém muito progresso. Prática prolongada e firme é o segredo do sucesso em todos esses empreendimentos. Mesmo a prática interrompida traz algumas vantagens e é melhor do que nenhuma, porque cria *saṃskāras* favoráveis e, assim, fortalece as tendências na direção desejada, mas, quando o *Yoga* é feito seriamente, a prática ininterrupta é essencial, e tão logo iniciada uma nova técnica, deve ser praticada de modo contínuo, até que seja suficientemente dominada.

A terceira condição, que requer uma atitude de devoção e seriedade, é igualmente importante. O *Yoga* é um empreendimento sério e exige uma aplicação intensa e de todo o coração. O *Yoga* não pode ser encarado como um passatempo, como mais um dos objetivos em que estamos interessados. Se uma pessoa deseja sucesso, até mesmo numa busca mundana como ciência ou arte, deve dedicar-se por inteiro ao seu trabalho — quanto mais difícil o empreendimento, maior é a devoção por ele exigida. Ora, o objetivo do *Yoga* é a mais elevada recompensa da realização humana e sua busca demanda, necessariamente, muito tempo e energia do *sādhaka*. Eis por que, antigamente, as pessoas que desejavam praticar *Yoga* retiravam-se para as florestas, de modo que pudessem devotar-se completamente a essa tarefa. O completo isolamento talvez não seja possível nem necessário, mas uma devoção de todo o coração a essa tarefa sagrada é absolutamente imprescindível. Muitas pessoas pensam que podem combinar a procura de ambições mundanas com a disciplina do *Yoga* e, com eloqüência, imprudentemente, citam o exemplo de Janaka. O fato é que Janaka já atingira o ideal do *Yoga* antes de assumir os deveres mundanos. O *sādhaka* comum, especialmente o iniciante, que tenta combinar os dois ideais, sem dúvida está destinado a ser tragado por seus desejos e atividades mundanos e procurar a senda do *Yoga* apenas nominalmente. É possível que circunstâncias e hábitos de vidas passadas não permitam ao *sādhaka* adotar de imediato essa atitude unidirecional, mas ele tem que trabalhar firme e deliberadamente neste sentido, eliminando, uma a uma, todas as atividades e os interesses que, ou interferem em seu trabalho principal, ou inutilmente consomem seu tempo e sua energia. A capacidade de empenhar-se, com toda a dedicação e persistência, na tarefa com a qual o *sādhaka* comprometeu-se é uma qualificação necessária e mostra até que ponto a alma está pronta para a Divina Aventura.

A palavra *satkāra* implica também uma atitude de reverência em relação à sua tarefa. Buscando seu ideal, o *sādhaka* tenta encontrar a Realidade Última, fundamento e causa de todo o universo, manifesto e não-manifesto. O próprio fato de ele estar tentando deslindar o maior mistério da vida deve preenchê-lo com admiração e reverência, desde que ele esteja consciente da natureza de seu elevado propósito e da formidável natureza da realidade da qual se avizinha.

Quando as três condições mencionadas no *sūtra* estão presentes, o progresso na senda do *Yoga* está assegurado. Pode ser lento, devido à inadequação do impulso de vidas passadas, mas pelo menos o *sādhaka* está firmemente estabelecido na senda, e a realização do objetivo final é apenas uma questão de tempo.

Dṛṣṭānuśravika-viṣaya-vitṛṣṇasya
vāśīkāra-saṃjñā vairāgyam.

I-15) A consciência de perfeito domínio (dos desejos) no caso de alguém que tenha deixado de ansiar por objetos vistos ou não vistos é *vairāgya*.

Este *sūtra* define *vairāgya*, o segundo meio usual de produzir a supressão de *citta-vṛttis*. O completo significado de *vairāgya* e seu papel de propiciar à mente uma condição de repouso será plenamente compreendido somente após estudo da filosofia dos *kleśas*, descrita na seção II. Discutiremos aqui apenas certos princípios gerais. A palavra *vairāgya* é derivada da palavra *rāga*, definida em II-7 como a atração proveniente do prazer originário de qualquer objeto. *Vairāgya*, por conseguinte, significa a ausência de qualquer atração por objetos que dão prazer. Pode-se perguntar: por que somente ausência de atração, por que não ausência de repulsão também, uma vez que atração e repulsão são dois opostos e a repulsão prende a alma aos objetos tanto quanto a atração? Não é por negligência que *dveṣa* foi deixada de lado, na expressão etimológica da idéia como *vairāgya*, mas pelo fato de que *dveṣa* está realmente incluída em *rāga* e com *rāga* forma um par de opostos. A alternância da atração e da repulsão entre dois indivíduos ligados entre si mostra a relação subjacente de atração e repulsão e sua origem comum derivada do apego. Assim, o desapego, que significa liberdade tanto em relação à atração quanto à repulsão, expressa corretamente o significado fundamental de *vairāgya*.

A razão por que *vairāgya* desempenha tão importante papel na restrição e, depois, na eliminação de *citta-vṛttis* está no fato de que o desejo, em suas duas expressões — *rāga* e *dveṣa* — é uma força extraordinariamente impulsionadora e perturbadora, que, de forma ininterrupta, produz *vṛttis* na mente. De fato, nos estágios iniciais do progresso evolutivo, o desejo é a única força motriz, e o desenvolvimento da mente ocorre, quase que exclusivamente, como resultado do constante impulso a que a mente é submetida pelo desejo. Nos estágios posteriores, outros fatores também aparecem e, como o desejo gradualmente se transforma em vontade, esta vontade, cada vez mais, se transforma na força motriz do desenvolvimento evolutivo.

Todos os aspirantes que estão trilhando a senda do *Yoga* precisam, portanto, tentar compreender claramente o papel que o desejo representa em nossa vida, bem como a maneira como ele conserva nossa mente em constante estado de agitação. Muitos *sādhaka*s, não compreendendo suficientemente a influência perturbadora do desejo, tentam praticar a meditação sem prestar suficiente atenção à questão do controle dos desejos, daí não obtendo qualquer sucesso significativo em fazer com que a mente liberte-se das perturbações, no momento da meditação. Tentar tornar a mente calma sem eliminar o desejo é como procurar parar o movimento de um bote em águas violentamente agitadas por um forte vento. Por mais que tentemos fazê-lo parar em uma posição, usando força externa, ele continuará a movimentar-se como resultado dos impulsos imprimidos pelas ondas. Mas, se o vento cessar e as ondas amainarem por completo, o barco sossegará — no devido tempo — mesmo sem a aplicação de qualquer força externa. O mesmo acontece com a mente. Se a força motriz do desejo é completamente eliminada, a mente descansa (estado de *niruddha*) de modo natural e automático. A prática de *vairāgya* é a eliminação das forças motrizes do desejo — a palavra desejo é aqui utilizada em seu mais amplo sentido de *vāsanā*, conforme explicado na seção IV. Mas a eliminação de *citta-vṛtti* pela prática exclusiva de *vairāgya*, embora teoricamente possível, não é nem exeqüível nem recomendável. É como tentar parar um carro apenas cortando a gasolina. Por que não usar também o freio e fazer com que ele pare mais rápida e eficazmente? Nisto entra o papel desempenhado pelo *abhyāsa*. *Abhyāsa* e *vairāgya* são, assim, utilizados conjuntamente para *citta-vṛtti-nirodha*. Após estas considerações gerais sobre a função de *vairāgya*, verifiquemos, agora, algumas das expressões usadas em I-15, com vistas à compreensão do que realmente significam as definições antes citadas.

Viṣaya são os objetos que produzem a atração e o conseqüente apego. Foram classificados sob dois títulos: aqueles que são vistos e aqueles sobre os quais apenas ouvimos falar, isto é, aqueles que são mencionados em escrituras. *Ānuśravika*, é claro, refere-se aos deleites que os seguidores das religiões ortodoxas esperam obter na vida após a morte. A prática de *vairāgya* procura destruir a sede pelas duas espécies de deleites.

Ver-se-á, do que foi dito acima, que o ideal do *Yoga* é inteiramente diferente do ideal religioso ortodoxo. Neste último, são prescritos modos especiais de vida e de conduta, e se o devoto de determinada religião age de acordo com tal código de conduta, ele espera viver, após a dissolução do corpo físico, num mundo superfísico, com todos os tipos de deleite e meios de alcançar a felicidade. Os céus das diversas religiões podem diferir em relação aos encantos que oferecem, mas a idéia fundamental é a mesma, isto é, uma espécie particular de vida que consiste em observar certas normas e determinado código moral, como garantia de uma vida feliz após a morte.

A filosofia do *Yoga* não nega a existência do céu e do inferno[2], mas apresenta ao *yogi* um ideal de realização, no qual não há lugar para os gozos e prazeres da vida celestial, por serem estes também temporários e sujeitos à ilusão. Os prazeres do mundo celestial nada são, se comparados à bem-aventurança e aos poderes que o *yogi* adquire quando sua consciência passa para planos de existência ainda mais elevados. Até mesmo a esses estados transcendentes, ele tem que renunciar, em seu progresso na direção de seu objetivo supremo. Todo poder e prazer "nascidos" do contato com *prakṛti* e que não são inerentes ao Eu e, por conseguinte, não tornam o *yogi* auto-suficiente. deve ser incluído em *ānuśravika viṣaya*.

Pode-se mencionar, aqui, não ser a sensação de prazer, ao entrar em contato com *viṣayas*, o que constitui *tṛṣṇa*. Em nosso contato com objetos sensoriais, alguns têm que, necessariamente, produzir uma sensação de prazer.

Quando a consciência atua nos planos superiores, através dos veículos mais sutis, a bem-aventurança é o acompanhamento natural inevitável, mas não é este senti-

---

[2] É oportuno considerar que o autor está visivelmente se referindo às religiões ortodoxas da Índia, nas quais o céu e o inferno são estados transitórios da alma, após a morte, entre uma vida e outra, no ciclo das reencarnações. Nessas religiões não se encontra o sentido de céu e inferno eternos, como ocorre em muitas religiões ocidentais. (N. ed. bras.)

mento de prazer ou bem-aventurança que constitui *rāga*. A atração e o conseqüente apego é que causam a escravidão e precisam ser destruídos pela prática de *vairāgya*.

É também necessário lembrar que a simples ausência de atração, em virtude da inatividade do corpo, ou da saciedade, ou da preocupação com outras coisas, não constitui *vairāgya*. Um homem que envelhece pode perder seu desejo sexual, durante algum tempo; um político empenhado em levar avante suas ambições pode, ocasionalmente, tornar-se indiferente a prazeres sensuais. Mas essa indiferença temporária em relação aos objetos nada tem a ver com *vairāgya*. A atração encontra-se apenas latente, pronta para vir à tona, tão logo as condições necessárias estejam presentes. O que é necessário para a verdadeira *vairāgya* é a deliberada destruição de todas as atrações e o conseqüente apego e o domínio consciente dos desejos. Este é o significado da expressão *vaśīkāra-saṃjñā*. O controle sobre os veículos, através dos quais os desejos se fazem sentir, bem como o consciente domínio decorrente de tal controle, são os elementos essenciais de *vairāgya*. Para se conseguir esta espécie de domínio, é preciso que se tenha tido contato com tentações de toda espécie, ter passado por provações de toda ordem, e sair não apenas triunfante, mas sem sentir a mais leve atração. Pois, se a atração é sentida, mesmo que a ela não se sucumba, não se terá dominado completamente o desejo.

Constata-se, portanto, que o isolamento do mundo ou a fuga das tentações não nos ajudam a adquirir o verdadeiro *vairāgya*, embora isso possa tornar-se necessário nos primeiros estágios da aquisição do autocontrole. Temos que aprender a lição e testarmo-nos em meio aos prazeres e às tentações — é claro que sem sucumbir às tentações nem permitir os prazeres, mas procurando passar pelas atraentes ilusões que envolvem tais prazeres, enquanto estivermos sob seu domínio. A verdadeira *vairāgya* não é caracterizada por uma violenta luta com nossos desejos. Isso vem naturalmente e em sua forma mais eficaz pelo exercício de nossa faculdade de discernimento chamada *viveka*. A fascinação desempenha papel muito importante na produção de *rāga* ou apego, é até mesmo uma análise comum de caráter intelectual, combinada com a razão e o bom senso, pode livrar-nos de muitos hábitos e apegos irracionais. Mas a verdadeira arma a ser utilizada na aquisição do autêntico *vairāgya* é a mais penetrante luz de *buddhi*, que se expressa como *viveka*. À medida que nossos corpos vão se purificando e nossa mente se tornando livre dos desejos mais grosseiros, essa luz aumenta seu brilho e destrói nossos apegos, expondo as ilusões neles subjacentes. De fato, *viveka* e *vairāgya* podem ser considerados dois aspectos do mesmo processo de dissipação da ilusão pelo exercício do discernimento, de um lado, e a renúncia, de outro. À medida que o processo vai atingindo seu nível mais profundo, ele vai-se fundindo cada vez mais com *jñāna*, tornando-se quase indistinguível dele.

Tat paraṃ puruṣa-khyāter guṇavaitṛṣṇyam.

I-16) Este é o mais elevado *vairāgya*, no qual, devido ao percebimento do *puruṣa*, cessa o mais leve desejo pelos *guṇas*.

Em relação ao *sūtra* anterior, foi mencionado que o discernimento e a renúncia fortificam-se mutuamente e produzem a destruição progressiva de ilusões e apegos, raiz e causa da escravidão. Isso resulta na liberação da consciência dos grilhões que a ligam aos mundos inferiores e todo o processo culmina, como veremos mais adiante em *Kaivalya*, objetivo final do *Yoga*. Nesse estado, *puruṣa*, tendo compreendido sua verdadeira natureza e tendo-se livrado do jugo da matéria, não tem mais atração nem mesmo pelas mais sutis formas de bem-aventurança, encontradas nos planos mais elevados da existência. Ele é totalmente auto-suficiente e superior a todas essas atrações que se baseiam no jogo dos *guṇas*. Este *vairāgya*, baseado na destruição de *avidyā* e na compreensão de que tudo está contido no próprio *puruṣa*, ou que *puruṣa* é a fonte de tudo, é a mais elevada espécie de *vairāgya* e é chamada de *para-vairāgya*. Ver-se-á que este *para-vairāgya*, que é uma característica da consciência do *puruṣa* somente pode aparecer na conquista de *Kaivalya*.

O fato de que a completa *vairāgya* só se desenvolve na conquista de *puruṣa-khyāti* significa que, embora possa não haver apego ativo nos estágios inferiores, ainda assim, as raízes do apego permanecem.

Isto quer dizer que, embora haja possibilidade de recidiva desse apego antes da conquista de *puruṣa-khyāti*, isto torna-se impossível após alcançado este estágio. Este fato foi muito bem exposto na muito conhecida *śloka* (II-59) do *Bhagavad-Gītā*: "Os objetos dos sentidos, mas não o gosto por eles, afastam-se de um abstêmio morador no corpo[3]; e mesmo o gosto por eles afasta-se dele após o Supremo ser visto".

Vitarka-vicārānandāsmitānugamāt saṃprajñātaḥ.

I-17) *Saṃprajñāta samādhi* é aquele que é acompanhado por raciocínio, reflexão, bem-aventurança e sentido de puro ser.

I-17 e I-18 tratam das duas variedades de *samādhi*, chamadas *saṃprajñāta* e *asaṃprajñāta*. Antes de começarmos a comentar estes dois *sūtras* importantes, é aconselhável que examinemos, de maneira geral, a natureza de *samādhi* e o inter-relacionamento dos diferentes tipos e estágios de *samādhi*, mencionados nos *Yoga-Sūtras*. Isso tornará mais fácil para o estudante o manejo desse tema que é muito difícil, embora fascinante, habilitando-o a observar seus diferentes aspectos no que tange a seu verdadeiro relacionamento. Com bastante freqüência, o tema *samādhi* é analisado de maneira casual e

---

[3] *Dehin*, o morador do corpo, é um nome típico no *Bhagavad-Gītā* para referir-se ao espírito. (N. ed. bras.)

desconexa, sem qualquer esforço no sentido de visualizar suas diferentes partes numa perspectiva correta.

Como os *sūtras* concernentes aos diferentes aspectos de *samādhi* estão espalhados por diferentes partes dos *Yoga-Sūtras*, ajudará o estudante se uma breve análise desses *sūtras* for feita aqui, indicando-se a ordem em que devem ser estudados. A maneira como o assunto *samādhi* é tratado nos *Yoga-Sūtras* pode parecer ao estudante um tanto estranha. Entretanto, é bom que ele se lembre de que esses *sūtras* pretendem prover, de uma forma muito condensada, todo o conhecimento essencial ao estudante avançado do *Yoga* e não servir como uma apresentação para o principiante que ainda deve aprender o A-B-C do assunto. Eis a razão por que Patañjali permite-se mergulhar numa discussão sobre os aspectos mais ocultos de *samādhi*, na seção I, e tratar dos diversos estágios de concentração que levam a *samādhi*, na seção III. Esta maneira de tratar um tema complexo deve parecer muito confusa ao estudante moderno, para quem as condições de compreensão de qualquer assunto são tão facilitadas quanto possível. Assim, se o assunto é novo para o estudante, e suas idéias não são muito claras, talvez seja melhor para ele direcionar o estudo dos *sūtras* referentes a *samādhi* do seguinte modo:

SAMĀDHI

(1) Os três estágios da meditação conduzindo a *samādhi*. (III-1 a 4);
(2) *Saṃprajñāta* e *asaṃprajñāta samādhi*. (I-17, 18);
(3) O processo essencial envolvido em *sabīja samādhi*. (I-41);
(4) As diferentes fases de *sabīja samādhi*. (I-42 a 50);
(5) A técnica de *nirbīja samādhi*. (I-51; III-8; IV-26 a 29);
(6) Os três tipos de transformações envolvidas em *samādhi*. (III-9 a 12).

Em geral, *samādhi* pode ser definido como um mergulho nas camadas mais profundas da consciência de quem esteja operando através dos diferentes graus da mente. A consciência é um aspecto da Realidade Última em manifestação e sua expressão depende do grau específico da mente através da qual ela esteja atuando — quanto mais grosseiro o meio, mais limitada a expressão. Da mesma forma que a progressiva involução da consciência na matéria, para fins de seu desdobramento, impõe-lhe crescentes limitações, progressivamente o processo reverso da evolução liberta a consciência destas limitações. Os diferentes estágios de *samādhi* representam esta liberação progressiva da consciência em relação às limitações em que se encontra envolvida, sendo que *Kaivalya* é o estado em que ela pode novamente funcionar em perfeita liberdade.

Como a consciência funciona em diferentes níveis, em diferentes graus da mente, através de diferentes mecanismos chamados veículos ou *kośa*s, sua liberação progressiva das limitações pode ser encarada sob outro ponto de vista. Pode ser considerada, por exemplo, sua retirada de um veículo para outro mais sutil. Cada veículo tem suas próprias funções e limitações, mas as funções tornam-se mais abrangentes e as limitações mais tênues, à medida que a matéria que compõe o veículo torna-se mais refinada. A progressiva retirada da consciência em *samādhi*, para veículos cada vez mais sutis, é representada, no diagrama, como "estágios de *samādhi*". O diagrama é suficientemente auto-explicativo, mas só pode ser compreendido em sua totalidade quando tiverem sido estudados, detalhadamente, os diferentes aspectos de *samādhi*.

O primeiro aspecto de *samādhi*, com o qual se ocupa Patañjali na seção I, é a distinção entre *saṃprajñāta* e *asaṃprajñāta samādhi*. Há muitos mal-entendidos com relação à natureza destes dois tipos de *samādhi* e muitos estudantes os confundem com *sabīja* e *nirbīja samādhi*s. De fato, os termos referentes aos diferentes tipos de *samādhi* são geralmente usados, por comentaristas, de maneira casual, sendo quase sempre negligenciadas as distinções sutis que caracterizam as diversas espécies e fases de *samādhi*. Um estudante dos *Yoga-Sūtras* precisa ter em mente que este é um tratado científico, em que cada palavra tem um significado específico e definido, e não há possibilidade de descuido quanto a expressões utilizadas ou de uso de palavras alternadas para uma mesma idéia. Quando Patañjali utiliza dois pares de palavras — *saṃprajñāta* e *asaṃprajñāta*, de um lado, e *sabīja* e *nirbīja*, de outro, em contextos inteiramente diferentes, é porque ele está tratando de duas idéias ou assuntos inteiramente diferentes, e atribuir o mesmo significado a dois pares de palavras demonstraria falha na interpretação de todo o assunto. Mais adiante discutiremos o significado de *sabīja* e de *nirbīja samādhi*s. Tentemos, primeiramente, entender o que significam *saṃprajñāta* e *asaṃprajñāta samādhi*.

Como freqüentemente acontece na utilização das palavras sânscritas, a chave para o significado de determinada palavra é dada por sua estrutura etimológica. *Saṃprajñāta samādhi* quer dizer "*samādhi com prajñā*". O prefixo "a̱", em sânscrito, significa "*não*" e, portanto, *asaṃprajñāta* quer dizer "*não o samādhi com prajñā*". Conseqüentemente, *asaṃprajñāta samādhi* não é *samādhi* sem *prajñā*, que seria o oposto de *saṃprajñāta samādhi*. É um estado de *samādhi* que, embora associado com *prajñā*, é, entretanto, diferente de *saṃprajñāta samādhi*. Portanto, pode ser considerado um correlato do *saṃprajñāta samādhi*. A palavra *prajñā*, em sânscrito, significa a consciência superior atuando através da mente em todos os seus estágios. Deriva de *pra*, que quer dizer "elevado", e *jñā*, que significa "conhecer". A característica que distingue essa consciência superior, a qual se desenvolve em *samādhi*, é que a mente é completamente isolada do mundo físico, e a consciência é centralizada em um ou outro grupo de veículos, começando pelo corpo mental inferior e finalizando com o veículo *ātmico*. A consciência está, assim, livre da carga e da interferência do cérebro físico.

Se tanto *saṃprajñāta* quanto *asaṃprajñāta samādhi*s são ligados a *prajñā* (*saṃprajña*), onde está a diferença entre os dois? A diferença está na presença ou na ausência de um *pratyaya* no campo da consciência. *Pratyaya* é um termo técnico utilizado em *Yoga* para designar o conteúdo total da mente a qualquer momento — aqui a palavra "mente" é usada em seu sentido mais amplo e não apenas como intelecto. Este *pratyaya* pode ser de qualquer tipo e pode existir em qualquer plano da mente. Uma imagem mental de uma criança, um conceito de um princípio matemático, uma visão todo-abrangente da Unidade da vida são todos *pratyayas* de diferentes tipos e pertencentes a diferentes planos.

Todavia, em *saṃprajñāta samādhi* há um *pratyaya* (chamado "semente") no campo da consciência, e a consciência é inteiramente dirigida para ele. A consciência é, assim, dirigida do centro para o exterior. Em *asaṃprajñāta samādhi* não há *pratyaya* e, portanto, nada há que retire a consciência para o exterior e que a retenha ali. Deste modo, tão logo o *pratyaya* (P) é abandonado ou suprimido, a consciência começa a retroceder automaticamente, para seu centro (O), e, depois de passar momentaneamente através deste centro *laya*, tende a emergir no próximo veículo mais sutil. Completado este processo, *pratyaya* (P') do plano seguinte mais elevado aparece, e a direção da consciência novamente se dá do centro para fora. Os estágios progressivos do recolhimento da consciência para seu centro e sua emergência no plano seguinte mais elevado podem ser ilustrados pelo diagrama da Figura 1:

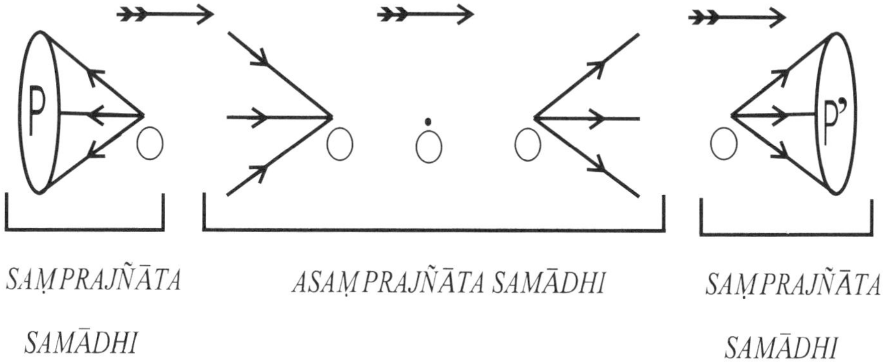

Figura 1

Desde o instante em que o *pratyaya* (P) é suprimido até o momento em que o *pratyaya* (P') do plano seguinte aparece, o *yogi* está no estágio de *asaṃprajñāta samādhi.*

Durante todo esse tempo, ele está plenamente consciente e sua vontade está dirigindo essa delicada operação mental de maneira muito sutil. A mente, sem dúvida, está num espaço em branco, mas é o espaço em branco de *samādhi*, e não o tipo de vazio que normalmente acontece no estado de sono profundo ou coma. A mente ainda está completamente desligada do mundo exterior, está ainda perfeitamente concentrada, está ainda sob o total controle da vontade. *Asaṃprajñāta samādhi*, portanto, representa uma condição muito dinâmica da mente e difere de *saṃprajñāta samādhi* somente quanto à ausência do *pratyaya* no campo da consciência. Em intensidade de concentração e atenção da mente é tal qual *saṃprajñāta samādhi*. Daí ser indicado pelo simples acréscimo do prefixo *a* ao "*saṃprajñāta samādhi*".

O vazio de *asaṃprajñāta samādhi* é, às vezes, chamado de "nuvem", na terminologia do *Yoga*, e a experiência pode ser comparada à de um piloto cujo avião penetra em uma massa de nuvens. A límpida paisagem torna-se subitamente embaçada, desaparece o sentido comum de direção e ele voa na certeza de que, se conseguir se manter, chegará, mais uma vez, ao céu claro. Quando a consciência do *yogi* sai de um plano e o *pratyaya* desse plano desaparece, ele se encontra num vazio e deve ali permanecer até que sua consciência, automaticamente, emerja no plano seguinte, com seu novo e característico *pratyaya*. Ele nada pode fazer senão esperar, pacientemente, com a mente concentrada e alerta, que as trevas dissipem-se e a luz do plano superior surja em sua mente. No caso do *yogi* avançado, esta experiência pode ser repetida muitas vezes, e ele passa de um plano para outro até que, do mais sutil dos planos, o *ātmico*, ele dá o mergulho final na Realidade — a consciência do *puruṣa*. A "nuvem" na qual ele agora entra é chamada de *dharma megha*, por motivos que serão explicados em IV-29. Quando ele sai dessa "nuvem" sagrada, já deixou para trás o domínio de *prakṛti* e encontra-se em seu próprio *svarūpa*.

Pode-se ver, portanto, que, no recolhimento progressivo da consciência, do plano mental inferior para sua origem, *saṃprajñāta samādhi* com seu característico *pratyaya* e *asaṃprajñāta samādhi* com seu vazio seguem um ao outro, alternando-se sucessivamente, até que a última barreira tenha sido transposta e o *yogi* esteja estabelecido em seu *svarūpa* e sua consciência tenha-se unificado com a consciência do *puruṣa*. O recolhimento da consciência em direção ao seu centro não é, assim, um mergulho firme e ininterrupto em profundidades cada vez maiores, mas consiste em alternados movimentos de consciência, para fora e para dentro, em cada barreira que separa dois planos.

O tempo empregado na passagem pelos diferentes planos e vazios intermediários depende do progresso alcançado pelo *yogi*. Enquanto o principiante pode permanecer enredado nos planos inferiores por um tempo considerável, ao longo de anos, o *yogi* mais adiantado pode transferir sua consciência de um plano para outro com a rapidez de um relâmpago, enquanto, no caso de um Adepto que tenha atingido *Kaivalya*, todos os planos realmente se fundem em um só, porque a passagem para cima ou para baixo é tão rápida e fácil, que basta apenas focalizar a consciência em um ou outro veículo. Em geral, quando o *yogi* ainda está aprendendo a técnica de *samādhi*, precisa empregar considerável tempo num determinado plano, estudando seus fenômenos e suas leis, antes de estar em condição de tentar passar ao plano superior seguinte. Seu progresso depende não apenas do atual esforço, mas também do impulso do passado e dos *saṃskāras* que traz de suas vidas anteriores. A ciência do *Yoga* não pode ser dominada em uma única vida, mas exige uma sucessão de vidas de persistência e devotamento exclusivo ao ideal do *Yoga*. E os impacientes, que não podem adotar esta remota expectativa, ainda não estão qualificados a ingressar nessa senda e progredir firmemente na direção de seu objetivo.

Após tratar genericamente da natureza de *saṃprajñāta* e *asaṃprajñāta samādhi*s, consideremos agora os dois *sūtras* em que Patañjali fez referência a esses aspectos de *samādhi*. Em I-17 ele menciona as características da consciência que se desdobra nos quatro estágios de *saṃprajñāta samādhi*, correspondentes aos quatro estágios dos *guṇas* mencionados em II-19. A palavra *anugamāt* significa "associado com" ou "acompanhado por", e o *sūtra*, portanto, num sentido amplo, significa que as quatro fases ou estágios sucessivos de *saṃprajñāta samādhi* são acompanhados pelas atividades ou estados da mente denominados, respectivamente, *vitarka*, *vicāra*, *ānanda* e *asmitā*. Qualquer pessoa familiarizada com a antiga classificação do Vedanta, ou a moderna classificação teosófica dos planos de manifestação e das funções dos veículos nesses planos, facilmente perceberá quão próximo esse progressivo desabrochar da consciência, através dos quatro estágios mencionados no *sūtra*, corresponde a esta classificação. A classificação dos elementos que constituem o lado fenomenal do universo, de acordo com as filosofias *Sāṃkhya* e do *Yoga* é funcional e não-estrutural, e é obviamente a razão por que Patañjali, ao assinalar os sucessivos estágios de *saṃprajñāta samādhi*, indicou somente as funções essenciais e dominantes da mente e não os nomes dos veículos através dos quais estas funções são exercidas. Há algo a ser dito a favor desta representação funcional dos estágios em comparação com a estrutural. Conquanto pareça vaga e difícil de entender, ela tem a vantagem de ser independente de qualquer forma particular de classificação dos planos e da terminologia adotada em relação a eles. Além disso, o *yogi* que está seguindo a senda do misticismo e está inclinado a encontrar seu Amado, pode não estar interessado na constituição e nos fenômenos dos diferentes planos, e pode não gostar de estudar esses planos de maneira objetiva. Um simples tratamento funcional dos diferentes estágios de *saṃprajñāta samādhi* deve, portanto, satisfazer às necessidades da maioria dos praticantes do *Yoga*. Mas, como um tratamento constitucional tem a grande vantagem de esclarecer, de maneira notável, toda a técnica do *Yoga*, não há razão para não aproveitarmos o conhecimento que se encontra a nossa disposição.

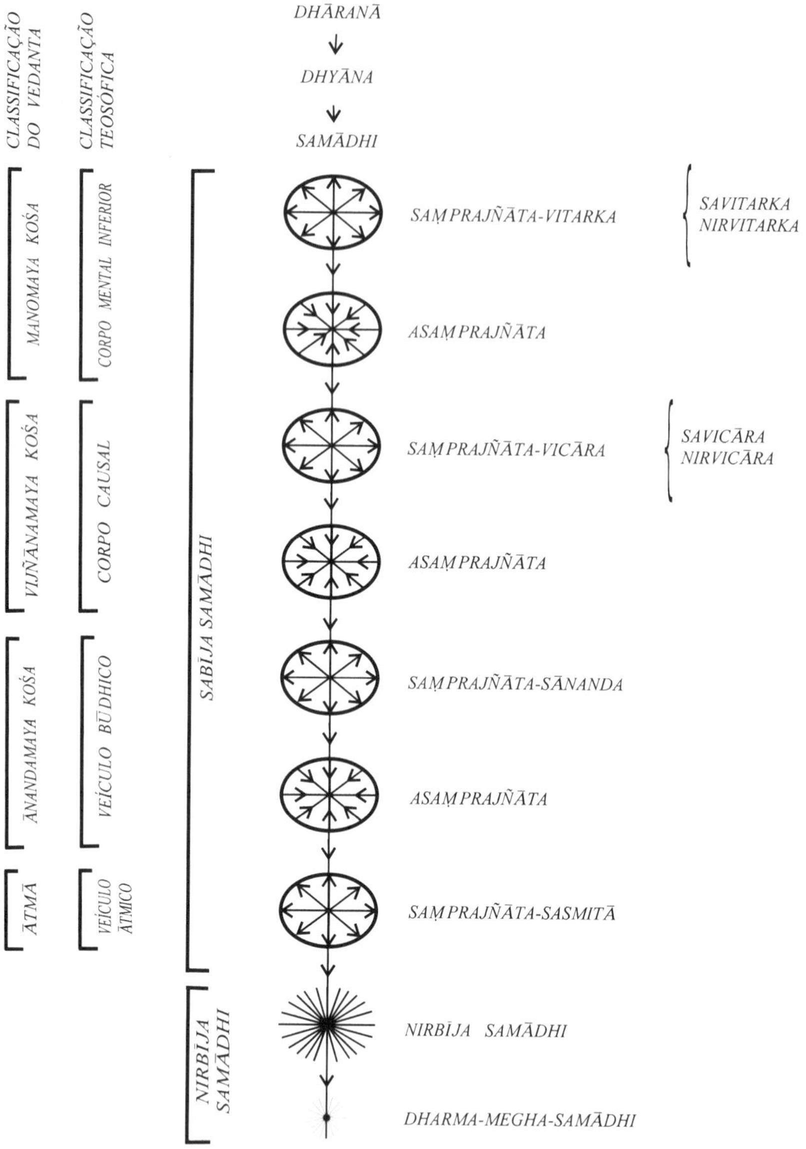

ESTÁGIOS DE SAMĀDHI

No diagrama da página 42 estão indicados os diversos estágios de *saṃprajñāta* e *asaṃprajñāta samādhis*, bem como sua correspondência com os diversos veículos e outros aspectos da questão implícita em nosso estudo. Ver-se-á que *saṃprajñāta samādhi* começa quando a consciência está completamente desligada do mundo externo, após passar pelos dois estágios preliminares de *dhāraṇā* e *dhyāna*. No primeiro estágio de *saṃprajñāta samādhi*, a consciência está, por conseguinte, centrada no mundo mental inferior e atua através do *manomaya kośa*. A função essencial da mente, neste estágio, é designada pela palavra *vitarka*. Observe-se que, quando uma pessoa puder deixar seu corpo físico e atuar nos dois veículos mais sutis chamados corpo astral ou corpo mental inferior, ela não estará, necessariamente, num estado de *samādhi*, ainda que seu corpo físico encontre-se numa condição inerte. Pode ser que ele esteja atuando meramente nesses corpos mais sutis de maneira comum, exercendo seus poderes de clarividência e trazendo ao cérebro físico, ao voltar ao corpo físico, os conhecimentos adquiridos. Esse estado no qual a clarividência e outros poderes podem ser exercidos é bastante diferente do estado de *samādhi*, por não estar presente a condição peculiar da mente, descrita em III-3. A mente está dirigida para diferentes objetos em sucessão e não concentrada em um único objeto.

Depois de dominar a técnica das fases *savitarka* e *nirvitarka* no primeiro estágio, o *yogi* pratica *asaṃprajñāta samādhi* e retira sua consciência para o plano imediatamente superior, atravessando a "nuvem" que acompanha *asaṃprajñāta samādhi*. A consciência do *yogi* emerge, então, no mundo mental superior e atua através de *vijñānamaya kośa*, ou corpo causal. A função essencial da mente ao atuar através desse veículo é chamada *vicāra*. O *yogi* começa agora a praticar *samādhi* neste plano, dominando lentamente a técnica das fases *savicāra* e *nirvicāra*, e mais uma vez pratica *asaṃprajñāta samādhi*, para liberar sua consciência do plano mental superior. Todo o processo cíclico tem de ser repetido mais duas vezes durante os dois últimos estágios de *saṃprajñāta samādhi*, a fim de que a consciência do *yogi* liberte-se dos sutis e dificilmente compreensíveis veículos *ānandamaya kośa* e *ātmā* e cujas funções essenciais são denominadas *ānanda* e *asmitā*. O significado das palavras *vitarka*, *vicāra*, *ānanda* e *asmitā* é explicado ao tratar-se dos quatro estágios dos *guṇas*, em II-19, neste sentido, o estudante deve procurar o referido *sūtra*.

O estudante deve notar, também, que, do começo ao fim do recolhimento da consciência, nos quatro estágios, há sempre algo no campo da consciência. É verdade que, durante o período de *asaṃprajñāta samādhi*, não há *pratyaya*, mas somente uma "nuvem" ou vazio. Mas uma "nuvem" ou vazio é também uma cobertura sobre a consciência pura. A nuvem é apenas uma impressão não nítida produzida na consciência, quando esta passa através da fase crítica entre o *pratyaya* de dois planos sucessivos.

Esta fase é semelhante ao estado crítico entre dois estados de matéria, líquido e gasoso, quando não pode ser chamado nem líquido nem gasoso. Assim, esta presença de um *pratyaya*, característica de todos os estágios de *saṃprajñāta samādhi*, significa que em *saṃprajñāta samādhi* a consciência pode conhecer somente a natureza de algo que esteja colocado em seu campo de iluminação. Ela não pode conhecer sua própria natureza. Se fazemos passar um raio de luz através de uma câmara escura e colocamos objetos variados no trajeto do raio, a luz imediatamente incidirá sobre estes objetos e nos permitirá vê-los. Os objetos são vistos com o auxílio da luz, mas não podemos ver a própria luz, porque, se todos os objetos forem removidos do caminho percorrido pelo raio de luz, a câmara ficará completamente escura, embora o raio de luz continue presente. Há um meio de se ver a luz? Não há meio de se ver a luz física fora dos objetos que ela ilumina. Mas a luz da consciência pode ser vista como realmente é, após transcorridos todos os estágios de *saṃprajñāta samādhi* e praticado o *nirbīja samādhi* para a remoção do véu final e mais sutil que cobre a Realidade, a consciência do *puruṣa*.

Estivemos mencionando *pratyayas* dos diversos planos, e o estudante poderia gostar de saber a que estes *pratyayas* se assemelham. Embora místicos e ocultistas, em todas as épocas, tenham envidado esforços para descrever os gloriosos e vívidos *pratyayas* dos planos superiores, aqueles que leram essas descrições podem ver que tais esforços falharam. Quanto mais elevado o plano que se procura descrever, maior é o fracasso. O fato é que é impossível ter uma idéia desses planos superiores, a não ser de maneira geral e vaga. Cada mundo só pode ser conhecido através do veículo que a consciência utiliza nele. A descida sucessiva da consciência aos mundos inferiores não é como a redução progressiva da intensidade do brilho de uma luz, por certo número de envoltórios. Cada descida sucessiva implica um decréscimo do número de dimensões de espaço e de tempo, o que impõe a cada etapa, limitações adicionais na consciência, as quais são inerentes ao trabalho desse plano.

Em alguns dos *sūtras* subseqüentes, a natureza dos diversos tipos de *samādhi*s é mais sofisticada. Entretanto, veremos que nenhuma tentativa é feita para descrever as experiências dos planos superiores. O conhecimento propiciado por esses *sūtras* é semelhante ao que deriva do estudo do mapa de um país. Um mapa não nos dá qualquer idéia sobre as paisagens, o cenário, etc. Pode dar-nos apenas informações sobre as posições relativas e os contornos das diversas partes de um país. Se desejamos, realmente, conhecer o país, temos de ir lá e vê-lo por nós mesmos. Assim, se desejamos saber em que consistem esses planos superiores, temos que praticar *samādhi* e entrar em contato direto com eles, por intermédio de seus respectivos veículos. E, mesmo tendo visto aqueles planos por nós mesmos, não estamos aptos a transmitir a outros qualquer idéia sobre eles. Tal conhecimento é direto e intransmissível.

Virāma-pratyayābhyāsa-pūrvaḥ saṃskāra-śeṣo' nyaḥ.

I-18) A impressão remanescente que perdura na mente com a supressão do *pratyaya*, após a prática anterior, é a outra (isto é, *asaṃprajñāta samādhi*).

A natureza de *asaṃprajñāta samādhi* é definida neste *sūtra*. O significado do *sūtra* deveria ficar claro até certo ponto, à luz do que já foi dito em relação ao *sūtra* precedente. Estendamo-nos um pouco na análise das diversas expressões utilizadas neste *sūtra*. *Virāma-pratyaya* significa "a cessação" do *pratyaya*. Isto, é claro, refere-se à "semente" de *saṃprajñāta samādhi*, que é abandonada e desaparece do campo da consciência na prática de *asaṃprajñāta samādhi*. Alguns comentaristas interpretam esta expressão como "a idéia da cessação" ou a "causa da cessação". Isto significaria que o *yogi* medita sobre a idéia da cessação do *pratyaya* ou sobre *para-vairāgya*. Esta interpretação não parece justificável no presente contexto e, se analisada cuidadosamente, nada significa senão o abandono da "semente" retida no *saṃprajñāta samādhi* anterior. Um *yogi* que medite sobre uma "semente" pode suspendê-la com a produção de um estado de vazio da mente, mas não pode deixar de lado a "semente" de *saṃprajñāta samādhi* e começar a meditar sobre a idéia de cessação. Qualquer pessoa pode ver que tal mudança de uma idéia para outra de natureza inteiramente diferente, em estado de *samādhi* é impossível.

Abhyāsa pūrvaḥ significa "precedida pela prática". Prática de quê? Prática de reter na mente a "semente" de *saṃprajñāta samādhi*. Esta expressão serve, portanto, para realçar o fato de que *asaṃprajñāta samādhi* somente pode ser praticado após a prolongada prática de *saṃprajñāta samādhi*. É, como já foi dito antes, uma condição intensamente ativa, não passiva. De fato, o recolhimento da consciência em *asaṃprajñāta samādhi* e sua passagem através do centro *laya* dependem da manutenção de uma pressão constante da vontade, que está implícita no esforço para manter a mente em estado de *saṃprajñāta samādhi*. Não há mudança nessa condição da mente, exceto o desaparecimento do *pratyaya*. A pressão deve ser exercida em *saṃprajñāta samādhi* antes que possa ser utilizada em *asaṃprajñāta samādhi*. O arco deve ser tencionado antes que a flecha seja liberada para trespassar o alvo.

Saṃskāra śeṣaḥ significa "a impressão remanescente". A impressão que perdura na mente, depois que *pratyaya* de um plano tenha sido suspenso e antes que *pratyaya* do próximo plano apareça, em condições normais, só pode ser o vazio. Mas este vazio não é um estado estático, embora esta possa ser a sensação do *yogi* quando o atravessa. É uma condição dinâmica, porque a consciência está sendo lenta ou rapidamente transferida de um plano para outro, como é mostrado na figura 1. A consciência não pode ficar suspensa indefinidamente no vazio. Ela precisa emergir em um dos dois lados do centro *laya*. Se a técnica de *nirodha pariṇāma* não tiver sido suficientemente dominada, ela pode ser impelida a voltar ao plano que acaba de deixar, e, então, as "sementes" que tenham sido suspensas, reaparecerão. Mas se a mente pode permanecer no estado de *niruddha* por um tempo suficientemente longo, como indicado em III-10, a consciência cedo ou tarde emergirá no plano superior seguinte.

Há dois outros pontos interessantes que podemos discutir sucintamente antes de deixarmos o assunto *asaṃprajñāta samādhi*. Um é a natureza do ponto 0 (figura 1) através do qual a consciência passa de um plano para outro. Esse ponto, que tem sido denominado "centro *laya*", é o centro comum no qual todos os veículos de *jīvātmā* estão, digamos, centralizados. Somente através de tal centro — *bindu*, em sânscrito, é que pode ocorrer a transferência da consciência de um plano para outro.

Na verdade, existe apenas o centro da Realidade, cercado por certo número de veículos concêntricos, e, qualquer que seja o veículo iluminado pela consciência, sua iluminação tem origem nesse centro. Mas a concentração da consciência num determinado veículo faz parecer que a consciência move-se, para cima e para baixo, ao longo da linha ou no ponto que liga todos os veículos. Um Adepto cuja consciência esteja permanentemente centrada no plano *ātmico*, volta temporariamente sua atenção para um determinado veículo e, por um certo tempo, os objetos ligados a esse veículo vêm para o campo de sua consciência. O centro de sua consciência parece, assim, deslocar-se para esse ou aquele veículo mas, na verdade, não se moveu de modo algum. A consciência, centrada todo o tempo na Realidade, apenas foi focalizada num ou noutro veículo. É neste sentido específico que a transferência da consciência de um veículo para outro, em *samādhi*, deve ser compreendida, a fim de não sermos envolvidos no absurdo filosófico de imaginar a consciência que transcende Tempo e Espaço movendo-se de um plano para outro.

O segundo ponto para o qual o estudante deve atentar é que, por ser o centro comum de todos os veículos o ponto de encontro de todos os planos, é para ele que a consciência deve sempre se recolher, antes que possa ser transferida para outro veículo, exatamente como uma pessoa que, transitando por uma estrada, deve retornar ao cruzamento antes de tomar outra estrada. Ver-se-á, pois, que *asaṃprajñāta samādhi* não é senão o recolhimento da consciência para o seu centro *laya*, antes que possa começar a atuar em outro plano. Se a consciência estabelecer-se permanentemente no centro da Realidade, como ocorre no caso de um Adepto altamente avançado, a questão do recolhimento para o centro deixa de existir. Dessa culminância, ele tem uma visão abrangente de todos os planos inferiores e pode instantaneamente começar a atuar em qualquer plano que preferir.

Pode-se indagar se este centro comum a todos os veículos é também o centro da Realidade no interior de cada *yogi*; por que não tem ele um vislumbre da Realidade ao atravessá-lo, ao passar de um plano para outro? A possibilidade de tal vislumbre certamente existe em conseqüência da natureza única desse ponto. O que, então, impede o *yogi* de atingir a Realidade sempre que pratica *asaṃprajñāta samādhi*? A resposta a esta pergunta está contida em alguns dos *sūtras* que se encontram na última parte da seção IV. São os *saṃskāras*, ainda perturbando a mente do *yogi*, obscurecendo sua visão e impedindo-o de ter um vislumbre da Realidade. Urge que esses *saṃskāras* sejam inteiramente destruídos, antes que o *yogi* esteja livre para entrar no campo da Realidade, a partir de qualquer ponto que desejar. Mas, embora o *yogi*, ainda sobrecarregado com *saṃskāras*, não possa ter um claro vislumbre da Realidade, ele pode sentir, por assim dizer, a Realidade cada vez mais, à medida que progride na direção de seu objetivo e o fardo de seus *saṃskāras* torna-se mais leve. Visto dessa maneira, cada *asaṃprajñāta samādhi* sucessivo é um precursor do *nirbīja samādhi*, que pode, e somente ele, oferecer uma visão límpida da Realidade.

Bhava-pratyayo videha-prakṛtilayānām.

I-19) Daqueles que são *videhas* e *prakṛtilayas*, o nascimento é a causa.

Este *sūtra* e o seguinte têm por objetivo estabelecer a diferença entre os dois tipos de *yogis*. O primeiro tipo de *yogi* aqui mencionado inclui os chamados *videhas* e *prakṛtilayas* e seu transe não resulta da autodisciplina regular referida nos *Yoga-Sūtras*. Depende de seu "nascimento", isto é, eles possuem a capacidade de passar ao transe de modo natural, sem esforço, como resultado de uma constituição física e mental peculiar. No caso do segundo tipo de *yogi*, o *samādhi* resulta da prática regular do *Yoga*, a qual requer certos traços elevados de caráter, ou seja, fé, energia etc., mencionados em I-20. Enquanto o significado de I-20 é bastante claro e óbvio, a interpretação de I-19 tornou-se confusa, em face dos diversos significados dados às palavras *bhava*, *videha* e *prakṛtilaya* pelos vários comentaristas. Vejamos, portanto, se não seria possível encontrar-se uma interpretação razoável deste *sūtra*, com base na experiência e no bom senso, ao invés de significados artificiais que apenas causam confusão.

O primeiro ponto a ser notado na interpretação deste *sūtra* é que ele realça um tipo de *yogi*, em contraste com aquele mencionado em I-20. Quais são as características dos *yogis* descritos em I-20? No caso deles, o estado de *samādhi*, ou iluminação, é precedido por fé, energia, memória, elevada inteligência, em outras palavras, é o resultado da posse, pelo *yogi*, daqueles traços essenciais de caráter necessários em qualquer empreendimento elevado. Os verdadeiros *yogis* desse tipo atingem seus objetivos de maneira normal, adotando os meios normais preconizados nos *Yoga-Sūtras*. Deduz-se, portanto, que os *yogis* do outro tipo, mencionado em I-19, não devem suas faculdades e poderes do *Yoga*, quaisquer que sejam eles, à utilização dos meios comuns. Suas faculdades e poderes vêm-lhes de um modo anormal. Este é um ponto importante, que fornece uma chave do significado do *sūtra*.

Quem são os *yogis* que porventura possuem as faculdades e os poderes do *Yoga* sem utilizarem os meios comuns? Qualquer pessoa ligada àqueles que detêm essas faculdades ou poderes, possivelmente se defrontará com alguns casos em que tais poderes e faculdades não resultem da prática do *Yoga* nesta vida, mas surjam ao longo de sua vida, naturalmente, sem qualquer esforço considerável de sua parte. Essas pessoas nascem com tais faculdades ou poderes, fato que é também corroborado em IV-1, sendo o "nascimento" mencionado nesse *sūtra* como um dos meios de adquirir *siddhis*. *Bhava* — palavra sânscrita — tem também a conotação de "acontecer", fortalecendo ainda mais a idéia da natureza acidental da presença dessas faculdades. É claro que nada há de realmente acidental no universo, que é governado por leis naturais em todas as esferas. Tudo que acontece resulta de causas conhecidas ou desconhecidas, e o eventual aparecimento de poderes psíquicos não é exceção a esta Lei (ver IV-1).

Surge agora a questão sobre quem sejam os *videhas* e os *prakṛtilayas*, os dois tipos de pessoas em que aparecem esses poderes psíquicos sem qualquer causa aparente. A palavra *videha*, literalmente, significa "incorpóreo", enquanto *prakṛtilaya*, quer dizer "fundido em *prakṛti*". Alguns comentaristas atribuíram significados a essas palavras, aparentemente artificiais e injustificáveis no contexto em que o *sūtra* está colocado. *Videhas*, muito provavelmente, refere-se ao grande número de psíquicos espalhados por todo o mundo, e que são médiuns por natureza. O psíquico é uma pessoa com uma constituição física peculiar, consistindo esta peculiaridade na facilidade com que o corpo físico denso pode ser parcialmente separado do duplo etérico ou *prāṇamaya kośa*. É esta peculiaridade que permite ao psíquico entrar em transe e a exercitar alguns poderes psíquicos. É possível que a palavra *videha* deva sua origem a esta peculiaridade da pessoa de ser capaz de tornar-se parcialmente "desincorporado", peculiaridade acompanhada da capacidade de exercer faculdades psíquicas de um tipo espúrio.

Da mesma forma, *prakṛtilayas* não são uma classe elevada de *yogis* que tenham obtido alguma espécie de *mokṣa*, como sugerem alguns comentaristas. Por outro lado, eles são pseudo-*yogis* que têm a capacidade de entrar numa espécie de estado passivo, ou transe, que externamente se assemelha ao *samādhi*, mas não é o verdadeiro *samādhi*. Tal *samādhi* é chamado *jaḍa-samādhi*. No verdadeiro *samādhi* a consciência do *yogi* vai-se fundindo cada vez mais com a Mente Universal e, depois, com a Consciência Universal — que é *Caitanya*. Como podem aqueles que estão fundidos em *prakṛti*, que é *jaḍa*, ser considerados *yogis* avançados! Esses pseudo-*yogis* são encontrados em grande quantidade e, sem dúvida, possuem certa capacidade de refletir a consciência superior em seus veículos. Tais poderes, porém, não estão sob seu controle, e a consciência que eles trazem para este plano é obscurecida, dando-lhes, na melhor das hipóteses, uma sensação de paz e de força, e uma vaga compreensão do Grande Mistério oculto neles. Esses poderes são, sem dúvida, devidos aos *saṃskāras* vindos à tona a partir das vidas passadas nas quais eles praticaram *Yoga*, mas também fizeram algo que lhes cortou o direito de temporariamente fazer mais progressos. Esses *saṃskāras* dão-lhes uma constituição peculiar dos veículos inferiores, mas não a vontade e a capacidade de trilhar a senda regular do *Yoga*. Somente no caso dos verdadeiros *yogis*, mencionados no próximo *sūtra*, é que essas qualificações estão presentes.

A interpretação do *sūtra*, da forma como foi referida acima, está em completo desacordo com as que foram dadas por conhecidos comentaristas ortodoxos. Sem autoridade que a apóie, pelo menos tem a vantagem de basear-se no bom senso e em fatos da experiência. Se considerarmos o contexto do *sūtra*, é evidente que os *yogis* mencionados no *sūtra* constituem uma pseudo variedade, inferiores aos que trilham a senda normal do *Yoga*, descrito nos *Yoga-Sūtras*. De fato, é provavelmente para ajudar o neófito a evitar confusão sobre este assunto que Patañjali chamou a atenção para essa distinção. Se Patañjali queria falar do tipo dos pseudo-*yogis*, acima mencionado, quando utilizou as palavras *videhas* e *prakṛtilayas*, é difícil afirmar, mas, dada a natureza teórica da questão, isso não trará grandes conseqüências.

Śraddhā-vīrya-smṛti-samādhi-
prajñāpūr-vaka itareṣām.

I-20) (No caso) dos outros (*upāya-pratyaya yogis*), fé, energia, memória e grande inteligência precedem e são necessárias para o *samādhi*.

No caso dos verdadeiros *yogis*, em contraste com os pseudo-*yogis* mencionados no *sūtra* anterior, a conquista dos diversos estados progressivos de consciência, em *samādhi*, é precedida pela presença, no *sādhaka*, de certos traços de caráter, essenciais para que se alcance um ideal espiritual elevado. Patañjali mencionou somente quatro desses traços no *sūtra*, mas a lista não pretende, necessariamente, ser exaustiva e, assim, cada traço mencionado tem implicações bem maiores que o significado literal da palavra. A idéia essencial, que o autor obviamente procura enfatizar e que o estudante deve tentar entender, é que a conquista do verdadeiro ideal do *Yoga* é a culminação de um longo e severo processo de construção do caráter e de disciplina, para o desabrochar de nossos poderes e faculdades a partir do nosso interior, e não o resultado do acaso, de proezas, de favores concedidos por alguém, ou da adoção de métodos vulgares de uma cultura autodidata, adquirida de maneira aleatória. Este aviso é necessário à vista do desejo oculto de grande número de aspirantes, de usufruir os frutos da prática do *Yoga* sem passar pelo necessário treinamento e disciplina. Ao invés de seguir a verdadeira senda do *Yoga* e tentar desenvolver em si mesmos as necessárias qualificações, eles estão sempre procurando métodos fáceis e novos instrutores, que eles esperam estejam aptos a conceder-lhes *siddhis* etc., como favores.

As quatro qualificações dadas por Patañjali são: fé, energia indomável ou vontade, memória e inteligência aguçada — essencial para *samādhi*. Fé é a convicção firme no que concerne à presença da verdade que procuramos em nosso interior e na eficácia da técnica do *Yoga*, em possibilitar-nos atingir o objetivo. Não é a crença comum, que pode ser abalada por argumentos contrários ou fracassos repetidos, mas aquele estado de certeza interior, que se faz presente onde uma mente purificada é irradiada pela luz de *buddhi* ou intuição espiritual. Sem uma fé como esta é impossível a alguém perseverar através de muitas vidas, necessárias ao aspirante comum para realizar o objetivo da disciplina do *Yoga*.

A palavra *vīrya*, em sânscrito, não pode ser traduzida. Combina em si mesma as conotações de energia, determinação, coragem, enfim, todos os aspectos de uma vontade indomável, que, em última instância, sobrepuja todos os obstáculos e força seu caminho para o objetivo desejado. Sem este traço de caráter não é possível a alguém fazer o esforço quase sobre-humano que é requerido no exercício da disciplina do *Yoga* até o fim.

A palavra *smṛti* não é usada aqui no seu sentido psicológico comum de memória, mas com um sentido especial. Acontece à grande maioria dos aspirantes, na senda, que as lições da experiência sejam esquecidas muitas e muitas vezes e, por conseguinte, precisem ser repetidas, o que redunda em enorme perda de tempo e esforço. O *yogi* precisa adquirir a capacidade de prestar atenção às lições da experiência e retê-las em sua consciência, para futura orientação. Imagine-se, por exemplo, um homem que esteja sofrendo de indigestão. Ele sabe que determinada espécie de alimento, do qual gosta, não lhe faz bem, mas, quando este alimento lhe é apresentado, ele esquece todos os sofrimentos que passou, cede às tentações, ingere o alimento e passa mais uma vez pelo sofrimento. Este é um exemplo rudimentar, mas que ilustra um estado da mente geralmente presente e que deve ser mudado antes que se torne possível o progresso no *Yoga*. Temos passado por todo tipo de infortúnios, vida após vida, a miséria da velhice, a de sermos afastados daqueles a quem amamos, o dos desejos não satisfeitos. Entretanto, envolvemo-nos mais e mais vezes nessas misérias, por nossos desejos. Por quê? Porque as lições dessas misérias não deixaram uma impressão permanente em nossa mente. O aspirante à Liberação deve, assim, ter a capacidade de aprender, rapidamente, com todas as experiências e, finalmente, não ter que repeti-las, mais e mais uma vez, por falta de lembrança das lições que delas vieram. Se nos fosse possível reter, permanentemente, tais lições em nossa memória, nossa evolução seria extraordinariamente rápida. A capacidade de reter tais lições em nossa consciência dá uma finalidade a cada um dos estágios em nossa viagem para a frente e evita que retrocedamos mais e mais vezes.

Samādhi-prajñā significa o peculiar estado da mente ou consciência, essencial à prática de *samādhi*. Nesse estado, a mente volta-se habitualmente para dentro, empenhada na busca da Realidade oculta em seu interior, absorta nos profundos problemas da vida, esquecida do mundo externo, ainda que tomando parte em suas atividades. *Samādhi-prajñā*, obviamente, não pode referir-se ao estado de consciência *durante* o *samādhi*, já que precede o estado de *samādhi*, e *samādhi* é o objetivo do *Yoga*.

Se *samādhi* tiver sido atingido com base na técnica regular do *Yoga* (*upāya-pratyaya*) trata-se, então, de *samādhi* verdadeiro, em que o *yogi* está vividamente consciente das Realidades dos planos superfísicos, e pode trazer consigo o conhecimento dos planos superiores, quando ele volta para o corpo físico. Ele detém total controle de seus veículos todo o tempo, podendo passar de um plano para outro sem sofrer qualquer perda de consciência. Por outro lado, se *samādhi* é o resultado do simples nascimento (*bhava-pratyaya*), então ele não é o verdadeiro *samādhi*, como já foi dito anteriormente. Este tipo espúrio de *samādhi* pode, quando muito, oferecer vislumbres imprecisos dos planos superiores, que não são confiáveis e não estão sob o controle da vontade — e mesmo estes podem desaparecer tão imprevisivelmente como apareceram.

Tīvra-saṃvegānām āsannaḥ.

I-21) (O *samādhi*) está mais perto para aqueles cujo desejo (pelo *samādhi*) é intensamente forte.

Este *sūtra* e o próximo definem os principais fatores dos quais depende a velocidade dos progressos obtidos pelo *yogi* rumo ao seu objetivo. O primeiro fator é o grau de dedicação. Quanto mais ardentemente ele desejar atingir o objetivo de sua busca, mais rápido será seu progresso. Em qualquer linha de empreendimento, o progresso é, em grande parte, determinado pela seriedade. Uma grande intensidade de desejo polariza todos os poderes e faculdades mentais e, assim, ajuda enormemente a realização dos objetivos de uma pessoa. Mas o progresso no *Yoga* depende da determinação do aspirante, em muito maior grau, e por esta razão. No caso de objetivos ligados ao mundo externo, o progresso implica mudanças no mundo exterior, condições que podem ser ou não tão favoráveis quanto desejado. Mas, no caso do objetivo do *Yoga*, as mudanças envolvidas estão todas dentro da consciência do próprio *yogi*, e os obstáculos são mais ou menos de natureza subjetiva e confinados em seus próprios veículos. Há, portanto, menos dependência de circunstâncias externas e as internas, acima mencionadas, são mais sujeitas ao seu controle. Se um homem ambicioso deseja galgar uma posição de poder e influência, tem que lidar com as mentes e atitudes de milhões de pessoas, mas o *yogi* tem que lidar apenas com uma única mente — a sua própria. É muito mais fácil lidar com a própria mente do que com a dos outros, *desde que se seja sério*. Nada realmente se interpõe entre o *yogi* e seu objetivo, exceto seus próprios desejos e fraquezas, que podem ser eliminados rápida e facilmente, desde que se queira tal coisa seriamente. Isto porque esses desejos e fraquezas são, em sua maioria, de natureza subjetiva, exigindo meramente compreensão e mudança de atitude.

"Sabeis que sofreis por vossa própria culpa. / Nenhum outro vos incita ou vós retém para fazer-vos viver e morrer. / Fazendo-vos girar na roda da vida e da morte e abraçar e beijar seus raios de agonia."

A Luz da Ásia (Edwin Arnold)

Segundo um grande sábio, é mais fácil conhecer seu *ātmā* do que colher uma flor, pois no segundo caso você tem que estender sua mão, enquanto no primeiro você tem somente de olhar para dentro.

Dificilmente o estudante necessita ser lembrado de que na prática essencial do *Yoga* estamos lidando com o recolhimento da consciência para dentro de si mesma e não com qualquer mudança material. O processo é mais de natureza de "deixar ir" do que de "construir" algo, o que, logicamente, toma tempo. *Īśvara-praṇidhāna*, por exemplo, que é um meio independente e auto-suficiente de ocasionar *samādhi*, pode ser desenvolvido com extraordinária rapidez, quando uma alma espiritualmente madura entrega-se de todo o coração a *Īśvara*. Trata-se aí de "desprender-se" de nosso apego às atrações e buscas da vida mundana e, neste processo, o progresso pode ser extremamente rápido. De fato, todo ele pode ser executado instantaneamente. Além de rápido, o processo é realmente muito fácil, desde que estejamos infalivelmente determinados. Enquanto que o "reter" exige força e esforço, o "desprender-se" não requer qualquer força ou esforço e pode ser conseguido com uma simples mudança de atitude.

A real dificuldade, para a maioria dos aspirantes, é que o grau de determinação é muito débil, e não há suficiente pressão da vontade para vencer todas as barreiras e dificuldades que surgem em seu caminho. Fraquezas e desejos, que simplesmente se desvaneceriam numa atmosfera de seriedade e enfoque realístico em relação aos problemas da vida, continuam a mantê-los escravizados, ano após ano, vida após vida, por não existir o desejo suficientemente determinado de atingir o objetivo. Eis por que a intensidade do desejo é condição *sine qua non* para um rápido progresso no caminho do *Yoga* e não há um limite para a redução do tempo requerido para a conquista do objetivo. De fato, a Auto-Realização pode ser instantânea, se a intensidade e a sinceridade do desejo forem igualmente grandes — mas há aí um grande "se". Geralmente, a intensidade do desejo aumenta gradualmente, com o progresso do aspirante, e somente quando ele se aproxima de seu objetivo é que o ritmo necessário é atingido.

Há que mencionar, porém, que esse desejo de encontrar o Eu Superior, não é desejo no sentido comum — somente utilizamos as mesmas palavras por falta de outras que melhor exprimam nossas idéias. A palavra "desejo", no caso, significa mais a qualidade da vontade indomável, da intensa concentração de propósito ante a qual todos os obstáculos e dificuldades dissolvem-se gradualmente. É devido ao fato de este *mumukṣutva* refletir-se, às vezes, no campo emocional de nossa consciência e ali produzir uma intensa aspiração de realização de nosso objetivo, que se justifica chamá-lo de desejo.

Mṛdu-madhyādhimātratvāt
tato 'pi viśeṣaḥ.

I-22) Mais uma diferenciação (surge) em razão da suave, média ou intensa (natureza dos meios empregados).

O outro fator que indica a velocidade de progresso do *yogi* é a natureza dos meios que ele adota na persecução de seu objetivo. *Aṣṭāṅga-Yoga,* de Patañjali, menciona somente os princípios gerais do método a ser seguido na liberação da consciência humana das limitações de *avidyā* e na obtenção da Auto-Realização. É verdade que, nesse sistema, foi traçada uma técnica bem definida para alcançar esse fim. No entanto, as diversas partes desta técnica não são rígidas em sua natureza, mas suficientemente elásticas para permitir ao aspirante adaptá-las às suas necessidades, ao seu temperamento e às suas conveniências pessoais. Jamais um sistema destinado a atender às necessidades espirituais de diferentes tipos de individualidades, em épocas distintas, e com diversas potencialidades e capacidades, poderia ser tão útil, e suportar o desgaste do tempo, caso exigisse submissão a tão rígida e uniforme linha de disciplina. O valor do sistema do *Yoga* de Patañjali reside na sua elasticidade e na capacidade de atender às necessidades de diferentes tipos de indivíduos, que compartilham o propósito uno e comum de desvendar o Grande Mistério oculto no interior deles e estão preparados para fazer os esforços e os sacrifícios necessários para consegui-lo. Assim, esse sistema apresenta todas as vantagens de seguir uma técnica definida e nenhuma das desvantagens do aprisionamento a um sistema rígido.

Embora o sistema de Patañjali permita uma grande amplitude, no que concerne aos meios que podem ser adotados na realização de um determinado propósito, ainda assim, por ser um sistema científico, ele se baseia na adoção de uma técnica bem definida para lidar com os diferentes problemas de *sādhana*. E onde existe técnica, o progresso ao atingir-se determinada finalidade depende da natureza dos meios empregados. Se queremos ser transportados para um ponto distante, por mais ansiosos que estejamos de chegar lá, nosso progresso dependerá de usarmos um carro de boi, um automóvel ou um avião. Há processos que não envolvem qualquer técnica bem definida, no sentido comum do termo. Em tais casos, a questão dos meios não é levada em conta, absolutamente. Por exemplo, se uma pessoa encontra-se num momento de irritação e deseja acalmar-se, pode voltar à sua condição normal adequando sua atitude, o que pode ser tão rápido, que parece quase instantâneo. Há certos sistemas de *Yoga* que não envolvem uma técnica sofisticada. Esta senda, baseada na auto-entrega, está indicada no próximo *sūtra*. Para trilhar tal senda não há realmente uma técnica. O progresso, aí, depende de intensificar, *ad infinitum*, uma atitude primária fundamental ou um processo psicológico, seja através do próprio poder inerente, seja com um auxílio subsidiário como *japa*.

Retornando à questão da velocidade do progresso nos casos que envolvem certo tipo de técnica, vejamos como Patañjali classificou esses "meios". Ele classificou-os em três classes — suave, média e intensa — seguindo, assim, o clássico método de classificação adotado no pensamento filosófico hindu. Sempre que for necessário classificar certo número de coisas pertencentes à mesma categoria e que não se distinguem entre si por diferenças bem marcadas, a prática usual é classificá-las, amplamente, em três subtítulos, como foi feito acima. Assim, também, em II-34 onde *vitarkas* têm de ser classificados, foi adotada a mesma classificação tríplice. Este pode parecer um sistema de classificação um tanto estranho, mas um exame mais atento mostrará que, embora não seja estritamente científico, ele é bastante recomendável. É simples, elástico e leva em consideração a natureza relativa dos meios empregados. O que pode ser considerado "intenso" por um *yogi* em um estágio de evolução, pode parecer moderado a outro mais avançado e movido por um desejo mais intenso.

Īśvara-praṇidhānād vā.

I-23) Ou pela auto-entrega a Deus.

É possível atingir *samādhi* seguindo-se outra senda, na qual o estudante não causa a supressão deliberada das *citta-vṛttis* pela força da sua vontade. Nesta senda ele simplesmente se entrega à vontade de *Īśvara* e funde todos os seus desejos com a Vontade Divina. O que é *Īśvara-praṇidhāna* e como pode levar a *samādhi* é explicado, detalhadamente, em II-32 e II-45. Não necessitamos, portanto, entrar nesta questão aqui. Mas tentemos compreender alguns dos próximos *sūtras*, que pretendem oferecer algumas idéias em relação a *Īśvara*, a quem o aspirante tem que se entregar neste método de atingir *samādhi*.

Esses *sūtras* relativos a *Īśvara* deram origem a uma controvérsia entre os eruditos, já que *Sāṃkhya* é considerada uma doutrina ateísta, enquanto o *Yoga* é considerado baseado em *Sāṃkhya*. A relação entre *Sāṃkhya* e *Yoga*, na verdade, não foi nitidamente estabelecida, embora a filosofia do *Yoga* esteja tão intimamente ligada com a *Sāṃkhya*, que o sistema do *Yoga* é algumas vezes mencionado como *Seśvara Sāṃkhya*. O estudante que pratica o *Yoga* não precisa preocupar-se com tais questões filosóficas acadêmicas. *Yoga* é uma ciência prática, e toda ciência prática tem, geralmente, uma base teórica, que pode ou não corresponder exatamente aos fatos que formam a verdadeira base da ciência. Dado que o sistema do *Yoga*, esboçado por Patañjali, é essencialmente um sistema científico, era inevitável que ele adotasse aquele determinado sistema de filosofia, eis que sua base teórica é mais científica em sua perspectiva e abrangente em seu tratamento. A escolha da *Sāṃkhya* para essa finalidade foi, por conseguinte, bastante natural. Mas isto não quer dizer, necessariamente, que o *Yoga* é baseado em *Sāṃkhya*, ou siga totalmente seu sistema. O próprio fato de diferenciar-se de

Sāṃkhya na fundamental questão de *Īśvara* e de haver sugerido um método independente de atingir *samādhi*, através de *Īśvara-praṇidhāna*, mostra que esta aparente similaridade dos dois sistemas não deve ser levada demasiadamente a sério. É também de grande importância o fato de *Sāṃkhya*, ao tratar amplamente de questões teóricas, praticamente silenciar quanto aos métodos práticos de obter-se a liberação do cativeiro de *avidyā*. Isso mostra que o sistema pretendeu não ser mais que uma filosofia puramente teórica, oferecendo uma teoria científica e mais plausível da vida e do universo, em termos do intelecto. As verdades genuínas da existência ficaram para ser descobertas direta e individualmente pela própria pessoa, seguindo um sistema prático, tal como esboçado nos *Yoga-Sūtras*.

Kleśa-karma-vipākāśayair aparāmṛṣṭaḥ
puruṣa-viśeṣa Īśvaraḥ.

I-24) *Īśvara* é um *puruṣa* particular, que é incólume às aflições da vida, às ações e aos resultados e impressões produzidos por essas ações.

Neste *sūtra*, Patañjali deu-nos duas idéias com relação a *Īśvara*. A primeira é que Ele é um *puruṣa*, uma unidade individual da Consciência Divina, como os outros *puruṣa*s. A segunda é que Ele não é submetido a *kleśa*, *karma* etc., como os outros *puruṣa*s, ainda envolvidos no ciclo da evolução. Como é mencionado adiante (em IV-30), *puruṣa* livra-se de *kleśa* e *karma* ao atingir *Kaivalya*, e o veículo através do qual o *karma* atua (*karmāśaya*) é, neste caso, destruído. De que forma, então, *Īśvara* difere dos outros *mukta puruṣa*s que atingiram *Kaivalya* e tornaram-se Liberados? A explicação dada algumas vezes, de que Ele é um tipo especial do *puruṣa* que não passou pelo processo de evolução, que *sempre* foi livre e intocado pelas aflições, não é muito convincente e é contra o que se conhece da ciência oculta.

A explicação da discrepância acima citada está em que, após a conquista de *Kaivalya*, o processo evolutivo ou de desenvolvimento não chega a um fim, mas abrem-se, ante *puruṣa* liberado, novos horizontes de realizações e trabalho. Dificilmente podemos compreender a natureza desse processo, ou o trabalho nele implícito, mas que depois de *Kaivalya* existem mais outros estágios é aceito como um fato na ciência oculta. O posterior desenvolvimento da consciência, que ocorre no progresso evolutivo além de *Kaivalya* passa por muitos estágios para, finalmente, culminar no estágio extremamente elevado e glorioso, no qual *puruṣa* torna-se a Divindade que preside um sistema solar. Durante os estágios anteriores, Ele ocupou funções cada vez mais elevadas nas Hierarquias que governam e dirigem as várias atividades no sistema solar. As funções dos *adhikāri puruṣa* de diferentes graus, como *Buddhas, Manus* etc., formam, por assim dizer, uma escada cuja extremidade inferior repousa na rocha de *Kaivalya*, enquanto a outra se perde na inimaginável glória e esplendor da Consciência Divina. A função de *Īśvara* é uma das mais elevadas, se não o mais elevado degrau dessa escada. Ele é o Supremo Dirigente de um sistema solar, ou *Brahmāṇḍa*. É em Sua Consciência que o sistema solar vive, move-se e tem o seu ser. Os diversos planos do sistema solar são Seus corpos e as forças que fazem funcionar a máquina do sistema solar são Suas forças. Resumindo, Ele é a Realidade a quem geralmente nos referimos como Deus.

Não sabemos quantos estágios mais de desenvolvimento da consciência existem entre este estágio e a Suprema Realidade não diferenciada, mencionada como *Parabrahman* no Vedanta. Que tais estágios existem é evidente e se deduz dos fatos de que os sóis não ocupam posições fixas, mas, provavelmente, giram em torno de outras estrelas, que os sistemas solares são partes de unidades maiores chamadas galáxias e estas, por sua vez, são partes de unidades ainda maiores chamadas universos. Qualquer que seja a relação entre sistemas solares, galáxias, universos e o cosmo como um todo e suas respectivas Divindades Dirigentes (e a Astronomia traz cada vez mais luz sobre esta fascinante questão), a concepção do cosmo pontilhado de inúmeros sistemas solares, com cada sistema solar governado por um *Īśvara*, é por si só uma idéia extraordinária, cuja verdade não se baseia em mera fantasia poética, mas no conhecimento definitivo de Adeptos do Ocultismo. E pensar que a Divindade Dirigente de cada um desses sistemas solares é um *puruṣa viśeṣa*, que passou pelo ciclo evolutivo, como todos nós, e atingiu aquele nível inconcebivelmente elevado, empresta novo significado à idéia da evolução humana e a situa numa base inteiramente nova. Trata-se de uma fascinante linha de pensamento, que pode ser perseguida por distintos caminhos; mas não é possível fazê-lo neste ponto. Há, porém, um aspecto que deve ser melhor esclarecido, antes de passarmos ao próximo *sūtra*.

Qual é a relação existente entre o *Īśvara* de um sistema solar e os inúmeros *puruṣa*s que estão ou submetidos à evolução pré-*Kaivalya*, ou ainda associados com um sistema solar após alcançarem a Liberação? De acordo com *Sāṃkhya*, cada *puruṣa* é uma unidade de consciência independente e separada e assim permanece eternamente. Deste modo, os *puruṣa*s, que fazem parte do esquema evolutivo em um sistema solar, devem ser completamente separados e independentes do *puruṣa viśeṣa*, que é seu Senhor governante, de acordo com esta filosofia. Mas, de acordo com a ciência oculta, os diversos *puruṣa*s, embora unidades de consciência separadas e independentes, são, entretanto, de maneira algo misteriosa, unos e participam de uma Vida e Consciência comuns. A consciência de *Īśvara* provê um campo no qual a consciência dos outros *puruṣa*s, no sistema solar, pode atuar e desenvolver-se. Eles são nutridos por Sua vida e evoluem de um estágio para outro, até que eles próprios estejam aptos a tornarem-se *Īśvara*s de novos sistemas solares. Assim, embora estejam em Seu sistema solar, existem Nele e sejam unos com Ele da maneira mais íntima, eles mantêm sempre seu centro independente e sua singularidade individual. Esta coexistência de Unidade e

Separatividade, até o fim, é um daqueles paradoxos da vida interna que o mero intelecto jamais poderá compreender e que somente a total compreensão de nossa verdadeira natureza poderá resolver.

Mas não há por que nos estendermos mais sobre esta questão. Já foi dito o bastante para mostrar que a idéia de *Īśvara* não foi artificialmente inserida na filosofia básica *Sāṃkhya* por conveniência, mas é uma parte integral daquela filosofia mais ampla do Oriente, baseada na experiência direta de uma linha ininterrupta de Adeptos e místicos, dos quais *Sāṃkhya* mostra apenas uma faceta. Deve-se lembrar que os *Yoga-Sūtras* constituem um livro de caráter técnico que apresenta a técnica do *Yoga* e que as doutrinas essenciais desta filosofia básica precisam ser compreendidas para que a técnica seja dominada de maneira adequada. Isso não quer dizer que o que não é dado nos *Yoga-Sūtras* não esteja de acordo com a filosofia do *Yoga,* na qual o livro baseia-se. As idéias nos *Yoga-Sūtras* devem ser estudadas tendo como pano de fundo a filosofia total do Oriente, não se justificando isolá-las e estudá-las como se fossem baseadas em *Sāṃkhya* ou em uma filosofia separada e independente.

Tatra niratiśayaṃ sarvajña-bījam.

I-25) Nele está o limite mais elevado da Onisciência.

Este *sūtra* nos dá uma outra idéia com relação a *Īśvara*, a Divindade Governante de um sistema solar. O significado do *sūtra* é fácil de ser entendido, mas, em geral, perde-se seu verdadeiro significado. A fim de compreender este significado, é necessário ter em mente que cada sistema solar é considerado uma manifestação separada e, em grande parte, independente da Realidade Una, correspondendo assim, sua separação e seu isolamento às enormes distâncias de outros sistemas solares. Pode-se imaginar os inúmeros Sistemas solares espalhados pelo cosmo, como tantos outros centros na Consciência da Realidade Una em manifestação, chamada de *Saguṇa Brahman*, na filosofia hindu. Em torno de cada centro, manifesta-se a vida do *Logos*, ou *Īśvara*, desse sistema, praticamente da mesma maneira que a vida de um *puruṣa* manifesta-se em torno do centro de sua consciência, através de um conjunto de veículos. Cada sistema solar pode, assim, ser considerado uma espécie de reencarnação de seu *Īśvara*, trazendo em cada nova manifestação, em escala macrocósmica, os *Saṃskāras* dos sistemas solares que o precederam.

Já que cada sistema solar é a manifestação da consciência de seu *Īśvara*, e cada *Īśvara* representa um estágio definitivo no infinito desenvolvimento da consciência no mundo do relativo, conclui-se que Seu conhecimento, ainda que quase ilimitado em relação aos outros *puruṣa*s no sistema solar, tem que ser considerado limitado em relação à Realidade Última, da qual Ele é uma manifestação parcial. Não nos esqueçamos de que manifestação implica sempre limitação, e mesmo um *Īśvara* está no domínio de *māyā*, por mais tênue que seja o véu de ilusão que separa Sua consciência daquela de *Nirguṇa Brahman*, que — e somente ela — pode ser considerada ilimitada na acepção Real do termo. Assim, a onisciência de um *Īśvara* é algo relativo e tem um limite, e é este limite que é mencionado neste *sūtra*.

Todos os *puruṣa*s, em determinado sistema solar, ou *Brahmānda*, estão passando por um processo de evolução, enquanto a "semente" da Onisciência em cada *puruṣa* desenvolve-se gradualmente. Este desenvolvimento ocorre lentamente, ao longo da evolução normal. Quando o *Yoga* é praticado e a consciência começa a atuar nos planos superfísicos mais sutis, o desenvolvimento é acelerado a um grau notável e as fronteiras do conhecimento são subitamente ampliadas a cada estágio sucessivo em *samādhi*. Quando *Kaivalya* é atingido, depois de *dharma-megha-samādhi*, ocorre uma enorme expansão de consciência, conforme descrito em IV-31. Mesmo depois de alcançado *Kaivalya*, como já foi dito, o desenvolvimento da consciência não chega a um fim, precisando ser acompanhado pela correspondente expansão do conhecimento. Há um limite para essa expansão de conhecimento no caso dos *puruṣa*s que estão evoluindo num sistema solar e cuja consciência é uma parte da consciência de *Īśvara* do Sistema? Deve haver, e este limite naturalmente será a relativa Onisciência de *Īśvara*, ou o conhecimento contido em Sua consciência. Nenhum *puruṣa* pode cruzar esse limite enquanto fizer parte do sistema solar e sua consciência estiver baseada, digamos, na consciência de *Īśvara*. Seu conhecimento pode continuar expandindo-se e pode parecer infinito, mas não pode ir além do conhecimento infinito do *Īśvara* do Sistema, do mesmo modo que o nível de uma fonte não pode ser superior ao do reservatório que a supre com água.

Sa pūrveṣām api guruḥ kālenāna-vacchedāt.

I-26) Não estando condicionado pelo tempo, Ele é o Instrutor até mesmo dos Antigos.

Vimos no *sūtra* anterior que o conhecimento que o *Īśvara* de um *Brahmāṇḍa* traz em Sua consciência estabelece um limite que ninguém pode ultrapassar. Não somente em conhecimento, mas também em outros aspectos, tais como o poder, Ele tem que ser a expressão mais elevada no sistema solar, e o poder de todas as entidades menores, tais como *Manus*, *Buddhas* e *Devatā*s, por mais elevado que seja seu *status*, Dele devem derivar o Seu poder. Eis por que Ele é chamado *Īśvara*, o Supremo Senhor ou Regente. Um sistema solar, ainda que insignificante quando comparado com o cosmo, é, ainda assim, um fenômeno gigantesco no tempo e no espaço. Muitos planetas nascem nele, vivem sua vida e então desaparecem, fornecendo, durante certo período de sua existência, um campo para a evolução dos inúmeros *jīvātmā*s, que fazem parte do sistema solar. Durante todo esse estupendo período, que se estende por bilhões de anos, quem guia as diferentes humanidades e raças que aparecem e desaparecem nos planetas habitáveis? Quem, de tempos em tempos, inspira e dá conhecimento àqueles que se tornam Instrutores e Líderes da humanidade? Somente *Īśvara* pode desempenhar esse papel, porque somente Ele sobrevive e continua, através de todas essas estupendas mudanças.

A palavra *guruḥ* tanto significa Instrutor, quanto Mestre, mas, aqui, visto estarmos lidando com um tratado sobre *Yoga*, a ênfase, obviamente, recai sobre a primeira acepção. Isto significa que Ele é o Supremo Instrutor, que não somente transmite conhecimento aos instrutores mais elevados, mas é também o verdadeiro Instrutor, que está por trás de todos os instrutores que tentam espargir a luz do conhecimento e a Sabedoria Divina no mundo. Os cientistas e outros que procuram o conhecimento podem, inutilmente, pensar que estão arrancando os segredos da natureza e alargando as fronteiras do conhecimento humano por sua própria engenhosidade e vontade indomável, mas essa atitude é absolutamente errada, nascida do egoísmo e da ilusão, que geralmente caracterizam buscas puramente intelectuais. É a pressão do Conhecimento e Vontade Divinos, que, por trás do progresso evolutivo do ser humano, vem naturalmente ampliando os limites do conhecimento humano, com os indivíduos tornando-se apenas instrumentos do Supremo guru, em Quem reside todo o conhecimento. Qualquer pessoa que tenha percebido, com mente aberta e coração reverente, o progresso fenomenal da ciência nos tempos modernos e a notável maneira como as descobertas têm sido feitas, uma após a outra, pode sentir a mão orientadora e invisível e a inteligência por trás de todas essas descobertas. É lamentável que esse espírito de reverência esteja faltando à ciência moderna, e ao homem — insignificante criatura de um dia — ser atribuído todo o crédito pela expansão rápida e fenomenal do conhecimento que tem ocorrido nos tempos recentes. Esta falta de reverência, produto de ruidoso materialismo, é que se encontra no âmago da equivocada direção que a ciência vem, gradualmente, seguindo, tornando o conhecimento, cada vez mais, um instrumento de destruição e infelicidade, ao invés de progresso ordenado e verdadeira felicidade. Se tal tendência crescer sem controle, o poderoso edifício da ciência tenderá a desabar, um dia, num cataclismo, que destruirá os frutos do conhecimento armazenado através dos séculos. Onde não há humildade e reverência na busca do conhecimento, é um mau presságio para aqueles nela empenhados.

Por mais que possa estar no campo da ciência, no campo da Sabedoria Divina, *Īśvara* não apenas é considerado a fonte de todo o conhecimento e sabedoria, mas também o único e verdadeiro Instrutor existente no mundo. Todos os grandes Instrutores Espirituais foram considerados corporificações do Grande Guru, e ensinaram em Seu nome e através de Seu poder. A "Luz no Caminho" é a luz de Seu conhecimento, a "Voz do Silêncio" é a Sua voz. Esta é uma verdade que todos os aspirantes que trilham a senda do *Yoga* precisam gravar em seus corações.

Tasya vācakaḥ praṇavaḥ.

I-27) Sua designação é *Om*.

Tendo sido dadas, nos três *sūtras* anteriores, algumas importantes informações sobre *Īśvara*, o autor fornece, nos próximos três *sūtras*, um método preciso para estabelecer-se contato direto com Ele. Antes de tratar desses três *sūtras*, é necessário que seja dada, muito resumidamente, uma idéia com relação à teoria do *Mantra-Yoga*, pois, sem uma idéia, pelo menos geral, sobre este ramo do *Yoga*, não é possível compreender adequadamente o significado desses *sūtras*.

Mantra-Yoga é o ramo do *Yoga* que procura produzir mudanças na matéria e na consciência pela ação do "Som", sendo a palavra "Som" usada aqui, não no sentido científico moderno, mas num sentido especial, como veremos agora. De acordo com a doutrina em que se baseia o *Mantra-Yoga,* a manifestação primordial da Realidade Última ocorre através de uma vibração peculiar, sutil, denominada *śabda*, que significa "Som" ou "Verbo". O mundo não é apenas criado, mas mantido por este *śabda*, que se diferencia nas inúmeras formas de vibração, subjacentes ao mundo dos fenômenos.

É necessário, primeiro, compreender como todos os fenômenos da natureza podem, em última análise, basear-se em vibração ou expressões peculiares de Energia. Primeiro, consideremos o lado material desses fenômenos. A matéria física, conforme constatado pela ciência, consiste de átomos e moléculas que, por sua vez, resultam de diversas combinações de partículas ainda menores, como os elétrons etc. A ciência não conseguiu até agora um quadro claro no que se refere à constituição última da matéria física, mas foi demonstrado, de modo claro e conclusivo, que matéria e energia são interconversíveis. A Teoria da Relatividade mostrou que massa e energia não são duas entidades diferentes, mas, sim, uma só e única, sendo a relação entre as duas dada pela bem conhecida equação de Einstein:

$$E = C^2 (m' - m)$$

Não somente a matéria é uma expressão de Energia, mas a percepção dos fenômenos materiais depende de vibrações de diferentes tipos. Vibrações de diferentes tipos, ao atingirem os órgãos dos sentidos, produzem os cinco tipos de sensação, estando, assim, o familiar mundo de luz, do som etc., baseado na vibração. A psicologia moderna não conseguiu investigar ou compreender a natureza dos fenômenos mentais, mas o estudo desses fenômenos pelos métodos ocultos mostrou definitivamente que sua percepção depende de vibrações em meios mais sutis do que o físico. Há alguns fenômenos conhecidos dos modernos psicólogos, tais como a transmissão de pensamento, que vêm em apoio desse ponto de vista.

Ver-se-á, portanto, que não há nada inerentemente absurdo na doutrina segundo a qual o fundamento de todo o mundo manifestado, existindo em muitos planos e consistindo de inúmeros fenômenos, é um agregado de vibrações de vários graus e tipos extraordinariamente complexo e vasto. Essas vibrações ou expressões de energia não somente constituem o material do mundo manifestado (usando-se a palavra material, aqui, em seu sentido mais amplo), mas também, por suas ações e interações, produzem todos os fenômenos dos diferentes planos. Esta conclusão, embora surpreendente, nada é comparada com a doutrina ainda mais misteriosa da ciência oculta, de acordo com a qual todas essas vibrações, infinitamente complexas, de enorme variedade, são expressões de uma Única Vibração, a qual produzida pela Vontade do Poderoso Ser, que é a Deidade Governante de determinado mundo manifestado, quer seja um sistema solar, quer seja um universo, quer seja o cosmo. Esta formidável, primária e integrada vibração, da qual derivam todas as vibrações em manifestação, é chamada *Śabda-Brahman*, isto é, a Realidade Última, em seu aspecto de "Som" — aqui, a palavra "Som" é utilizada em seu sentido mais abrangente e um tanto misterioso, como citado anteriormente. Esta doutrina, exposta em termos simples e gerais, significa que a Realidade Última, trazendo Consigo os *saṃskāras* de manifestações anteriores, diferencia-se na manifestação em duas expressões primárias e complementares: a primeira, uma Vibração Integrada composta denominada *Śabda-Brahman*, e a outra, uma Consciência Integrada subjacente, chamada de *Brahma-Caitanya* (isto é, a Realidade em seu aspecto de Consciência). Estas duas expressões são complementares e mutuamente dependentes, posto que são dualidades da Realidade Una e aparecem e desaparecem simultaneamente

Desse relacionamento primário de vibração e consciência, existente no mais alto nível de manifestação, flui a relação das duas em todos os planos de manifestação até chegar ao físico. Verifica-se, assim, que sempre que haja manifestação de consciência há uma vibração a ela associada, esteja-se ou não apto a percebê-la. Não apenas a vibração e a consciência encontram-se íntima e indissoluvelmente ligadas, mas há um relacionamento específico entre cada espécie de vibração e o aspecto particular de consciência que ela pode expressar; de tal modo cada espécie de vibração combina, por assim dizer, com um correspondente estado de consciência. Essa relação pode ser compreendida até certo ponto considerando-se sua expressão nos níveis inferiores, isto é, a percepção sensorial. Cada vibração particular de luz, com um comprimento de onda definido, produz, na consciência, sua percepção da respectiva cor. Cada específica vibração sonora produz, na consciência, a percepção da nota respectiva. Embora a ciência não tenha ainda conseguido descobrir o mecanismo oculto de outros tipos de sensação, é provável que, quando tais investigações tiverem sucesso, descubra-se que cada sensação de paladar, olfato e tato, corresponde a determinado tipo de vibração. Aquilo que é verdadeiro nos níveis inferiores é verdadeiro em todos os níveis de manifestação e, portanto, não há exagero em supor-se que a consciência pode ser influenciada ou alcançada por meio de vibrações. Em outras palavras, determinados estados de consciência podem ser causados por determinadas espécies de vibração. Não somente a consciência pode ser afetada pela vibração, mas a consciência, provocando determinadas vibrações, pode também influenciar a matéria e acarretar-lhe mudanças.

Os princípios amplos e gerais anteriormente citados formam a base do *Mantra-Śāstra*, a ciência de usar os *mantras* para obter certos resultados tangíveis bem como o *Mantra-Yoga*, a ciência da unificação ou desenvolvimento da consciência, com o auxílio de *mantras*. A idéia essencial, subjacente em ambos, é que, produzindo-se um tipo específico de vibração através de um veículo, é possível atrair uma espécie particular de força através do veículo, ou produzir determinado estado de consciência no veículo. Tais vibrações podem ser produzidas por meio de *mantras* — cada um deles representa uma combinação particular de sons a fim de produzir certos resultados específicos.

Como o *mantra* é um composto, ou seja, uma determinada combinação de sons arranjados de maneira particular, é interessante procurar saber quais os sons básicos utilizados em tais combinações. Sem entrar nos detalhes desta questão, pode-se afirmar simplesmente que as letras do alfabeto sânscrito são os elementos dos quais derivam todos os *mantras* de origem sânscrita. Imagina-se que cada letra seja o veículo de uma força eterna básica (por isto chamada de *akṣara*) e, quando introduzida em um *mantra*, contribui com sua influência específica para o efeito total, que é o objetivo do *mantra*, quase da mesma forma como os diversos elementos químicos contribuem, com suas propriedades específicas, para os componentes resultantes. O alfabeto sânscrito tem 52 letras e, por conseguinte, há 52 forças elementares básicas disponíveis para a produção de todos os tipos de efeitos, através da ação dos *mantras*, em suas diferentes permutações e combinações. Isso não significa, é claro, que o alfabeto sânscrito tenha sido favorecido com um lugar especial no esquema da natureza e que somente os sons produzidos por suas letras possam ser utilizados na construção de *mantras*. O que isto significa é que os efeitos dos sons produzidos pelas letras, no alfabeto sânscrito, foram pesquisados e avaliados, podendo, assim, ser utilizados na construção de *mantras*. Após esta breve introdução[4], consideremos agora o importante *sūtra* ora em discussão.

Em I-26 foi realçado o fato de que *Īśvara* é o verdadeiro Instrutor de todos e a fonte da Luz Interior, com cujo auxílio o *yogi* trilha a senda da Liberação. Como será revelada esta Luz Interior, como será descoberta, de tal modo que o *yogi* tenha dentro de si um guia infalível e sempre presente? Essa luz aparece quando a mente torna-se suficientemente purificada pela prática do *Yoga*, conforme indicado em II-28. Mas há certas dificuldades iniciais a serem superadas, antes que a prática do *Yoga* possa ser iniciada com a necessária seriedade. Essas dificuldades relacionam-se com as condições gerais da mente e que, no caso da grande maioria dos aspirantes, não são de modo algum favoráveis à prática do *Yoga*. A mente está sujeita a constantes distrações e, às vezes, violentas, que tornam impossível ao aspirante adotar uma vida de disciplina e mergulhar no recesso de sua consciência. Como podem ser superadas essas distrações para que a mente estabilize-se o suficiente e seja possível, para o aspirante, trilhar firmemente a senda do *Yoga*? Os dois *sūtras* subseqüentes tratam desta importante questão.

O primeiro e mais eficiente meio que Patañjali prescreve para superar a condição de distração da mente é *japa*, de *praṇava*, e a meditação sobre seu significado. Ele considera *praṇava* o *vācaka* de *Īśvara*. O que é um *vācaka*? O significado literal de *vācaka* é nome ou designação, mas no *Mantra-Yoga* ele tem um significado específico, que é essencialmente da natureza de um *mantra* e, quando usado de um modo especial, tem o poder de revelar a consciência e liberar o poder de um *Devatā* ou Ser Divino. Sendo uma combinação sonora que designa uma Entidade específica, ela é semelhante a um nome. Mas um nome comum é escolhido arbitrariamente para indicar alguém e não tem um relacionamento natural ou místico com a pessoa. Um *vācaka*, porém, é um nome que tem um relacionamento místico com o *Vācya* (a Entidade designada) e tem, inerente, o poder de revelar a consciência e liberar o poder do indivíduo a quem se destina. *Om*, por exemplo, é um *vācaka*, considerado pelos hindus o mais místico, sagrado e poderoso *mantra*, por ser o *vācaka* de *Īśvara*, o Poder Maior e a Suprema Consciência, no que diga respeito ao nosso sistema solar.

Pode parecer absurdo ao homem comum, não familiarizado com o lado interno da vida, que uma mera sílaba de três letras possa ocultar em si o poder potencial

---

[4] O autor aprofunda o tema do *Mantra-Yoga* em sua obra *Gayatri, O Mantra Sagrado da Índia*, Editora Teosófica, Brasília, DF. (N. ed. bras.)

que lhe é atribuído por todos os *yogis*, pelas referências difundidas pelas Escrituras Sagradas dos hindus. Mas fatos são fatos, e eles não são afetados de modo algum pela ignorância e pelos preconceitos de pessoas que neles não acreditam. Quem teria acreditado, há cinqüenta anos, que um simples nêutron, movendo-se entre alguns átomos de urânio, poderia produzir uma poderosa explosão e fazer toda uma cidade ir pelos ares? Qualquer pessoa que compreenda a teoria do *Mantra-Yoga* e a relação entre vibração e consciência deve ser capaz de entender que nada há inerentemente impossível na idéia de uma sílaba mística possuir tal poder. Além disso, devemos lembrar que os fatos da vida interior com os quais o *Yoga* lida, baseiam-se tanto na experiência quanto nos fatos da ciência, embora não seja possível ou desejável demonstrá-los.

Tajjapas tad-artha-bhāvanam.

I-28) Sua constante repetição e meditação sobre seu significado.

Como pode ser desenvolvido o poder de um *mantra* como o *praṇava*? Lembremo-nos de que este poder é potencial, não ativo. É o poder de uma semente que precisa ser desenvolvida, gradualmente, a partir do preenchimento de certas condições essenciais; não o poder de um motor elétrico, disponível pelo simples apertar de um botão. Isto é algo que muitas pessoas perdem de vista. Elas pensam que, simplesmente repetindo um *mantra* algumas vezes, podem obter o resultado desejado. Não podem. Um *mantra* não pode levar, desta maneira, ao resultado para o qual é feito, do mesmo modo que a semente de uma mangueira não pode satisfazer um homem que está com fome. A semente deve ser semeada, regada, e a tenra plantinha cuidada anos a fio, antes que possa dar frutos e satisfazer o faminto. Da mesma maneira, o poder que reside em um *mantra* deve ser desenvolvido gradualmente mediante a aplicação dos métodos corretos, antes de ser utilizado no avanço espiritual do *sādhaka*. O processo geralmente exige anos de disciplina intensa e concentrada, de prática, e até mesmo o *sādhaka* pode não ser bem-sucedido se não satisfizer às devidas condições. Quanto mais elevado o objetivo do *mantra*, mais difícil e prolongado o processo de desenvolvimento do poder nele latente.

Os dois principais meios de desenvolver o poder latente em *praṇava* igualmente aplicáveis a outros *mantras* similares, são oferecidos no *sūtra* que estamos considerando. O primeiro meio é *japa*. Esta é uma técnica muito conhecida de *Mantra-Yoga*, em que o *mantra* é repetido diversas vezes (primeiro em voz audível, depois silenciosamente, e, por último, mentalmente) da forma prescrita, até que os resultados desejados comecem a aparecer. A repetição do *mantra* é necessária, e por vezes os *sādhaka*s são instados a repeti-lo tantas vezes que isso se torna um teste de sua paciência e resistência. Mas ainda que, em geral, este número seja considerável, ele não representa, por si só, o fator mais importante. As outras condições — mental e emocional — são igualmente relevantes. *Japa* inicia por uma repetição mecânica, mas deve passar por estágios até uma forma de meditação e desenvolvimento das mais profundas camadas da consciência.

A eficácia de *japa* é baseada no fato de que todo *jīvātmā* é um microcosmo, contendo, assim, dentro de si, as potencialidades do desenvolvimento de todos os estados de consciência e todos os poderes presentes, em forma ativa, no macrocosmos. Todas as forças que possam ajudar essa centelha Divina, no coração de cada ser humano, a se transformar em um fogo crepitante, devem ser aplicadas. E o desenvolvimento da consciência acontece como resultado da ação combinada de todas essas forças, mais do que pela mera repetição do *mantra*. Ainda assim, o *mantra* tem que estar lá para integrar e polarizar essas forças, como a minúscula semente deve estar presente para utilizar o solo, a água, o ar e a luz do Sol no desenvolvimento da árvore. Não é possível tratar aqui do *modus operandi* de *japa* e da maneira pela qual ele desperta as potencialidades do microcósmico *jīvātmā*. Basta mencionar que a potência do *mantra* depende de sua capacidade de despertar vibrações sutis no interior dos veículos que ele afeta. Um *mantra* é uma combinação sonora e assim representa uma vibração física, perceptível ao ouvido físico. Mas esta vibração física é a expressão mais exterior do *mantra*. Oculta por trás da vibração física, e ligada a ela estão vibrações mais sutis, do mesmo modo que o corpo físico denso do homem é sua expressão mais externa e está ligada a seus veículos mais sutis. Estes diferentes aspectos de *vāk* ou "fala" são chamados de *vaikharī*, *madhyamā*, *paśyanti* e *parā*. *Vaikharī* é o som audível que, através dos estados intermediários pode levar até a forma mais sutil de *parā vāk*. É realmente pela ação dessas formas mais sutis do "som" que se verifica o desenvolvimento da consciência e as potencialidades ocultas tornam-se poderes ativos. Esta liberação de poderes toma um curso definido, de acordo com a natureza específica do *mantra*, tal e qual a semente cresce e torna-se uma árvore, mas uma determinada espécie de árvore, de acordo com a natureza da semente.

O outro meio de utilizar o poder latente em *praṇava* é *bhāvanā*. Esta palavra significa, literalmente, "habitar em um tema na mente". Tentemos entender seu significado no presente contexto. O objeto da prática dual prescrita neste *sūtra* é contatar a Consciência Divina de *Īśvara*. *Japa* tem o efeito de sintonizar os veículos. Contudo, algo mais é necessário para atrair a influência Divina e estabelecer contato com a Consciência Divina. Para que uma corrente elétrica passe por um mecanismo, é necessário não apenas condutância ou capacidade de transmitir a corrente, mas também voltagem, pressão para fazer a corrente fluir. Da mesma maneira e para fazer com que a consciência individual possa aproximar-se da Consciência Divina, é necessário não somente sintonizar os veículos, mas também ter uma força que pressione, ter uma atração que corresponda à voltagem no fluxo da corrente elétrica. Esta força que junta os dois — *jīvātmā* e *Paramātmā* pode assumir diversas formas. Em *Bhakti-Yoga*, por exemplo, assume a forma de intensa devoção ou Amor. No *Mantra-Yoga* assume a de *bhāvanā*, ou intensa meditação sobre o significado do *mantra* e do objeto que se busca alcançar. Este *bhāvanā* não é um mero processo intelectual, como o que se usa para encontrar a solução de um problema matemático. É uma ação conjunta de todas as nossas faculdades na persecução de um objetivo comum. De modo que aí está não somente o espírito da investigação intelectual, mas também o profundo anelo que sente aquele que ama por encontrar o Amado, e a vontade do *haṭha-yogi*, que quer vencer todas as barreiras que o separam do objeto de sua busca. Este tipo de *bhāvanā* polariza todos os nossos poderes e faculdades e produz a necessária concentração de propósito. Assim, aos poucos, as distrações que afastam a mente do aspirante do objeto de sua busca vão sendo removidas e ele se torna capaz de voltar sua atenção para dentro de si mesmo.

Tataḥ pratyak-cetanādhigamo
'py antarāyā-bhāvaś ca.

I-29) Daí (resulta) o desaparecimento dos obstáculos e a orientação da consciência para o interior.

Neste *sūtra*, Patañjali deu os dois resultados conseqüentes da prática prescrita no *sūtra* anterior. Primeiro, o despertar de um novo tipo de consciência denominado *pratyak cetanā* e, segundo, o gradual desaparecimento dos "obstáculos". Tentemos, primeiramente, entender o que quer dizer *pratyak cetanā*. Há duas espécies de consciência, de naturezas diametralmente opostas — *pratyak* e *parāṅga* — voltada para o interior, e voltada para o exterior, respectivamente. Se estudarmos a mente do indivíduo comum, verificaremos ser inteiramente voltada para o exterior. Ela está imersa no mundo exterior e ocupada, todo o tempo, com o desfile de imagens que passam continuamente no campo da consciência. Essa consciência voltada para o exterior é causada por *vikṣepa*, a projeção para o exterior, pela mente inferior, do que está presente dentro dela, no centro. Como trataremos amplamente da questão de *vikṣepa* ao comentar o próximo *sūtra*, deixemos de lado agora o assunto e tentemos entender o que é *pratyak cetanā*. Como foi dito antes, *pratyak cetanā* é a consciência voltada para o interior, ou consciência voltada para seu centro. É, assim, o exato oposto do voltado para o exterior, ou *parāṅga cetanā*, como explicam as seguintes figuras:

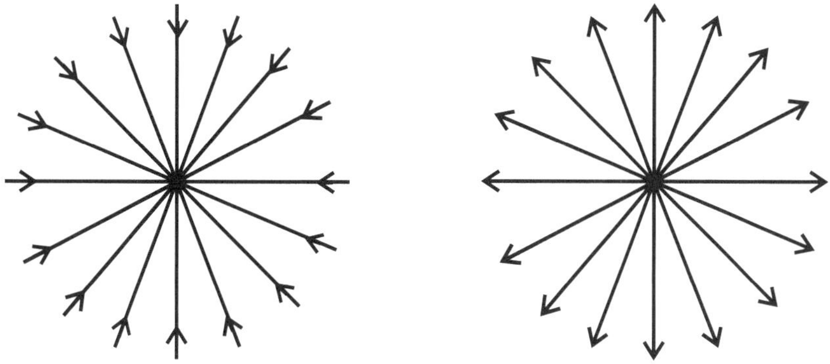

PRATYAK CETANĀ *PARĀṄGA CETANĀ*

Figura 2

Todo o objetivo e processo do *Yoga* consiste em retirar a consciência de fora para dentro, pois o supremo mistério da vida está oculto no próprio coração ou centro de nosso ser, e somente aí e em nenhum outro lugar ele pode ser encontrado. No caso do *yogi*, a tendência da mente inferior de correr para o exterior e ficar ocupada com os objetos do mundo externo deve, por conseguinte, ser substituída, gradualmente, por uma tendência de retornar, automaticamente, e sem esforço, à sua condição "centralizada". Somente nessas condições pode ela "unir-se", por assim dizer, aos princípios mais elevados. Convém dizer, no entanto, que a simples tendência de orientar-se para o centro não é *pratyak cetanā*, embora seja um estágio necessário à sua conquista. O verdadeiro contato com os princípios mais elevados, que resulta na irradiação da personalidade pela influência desses mais elevados princípios (*ātmā-buddhi-manas*), é que constitui a essência de *pratyak cetanā*. O contato é, sem dúvida, indireto, mas é bastante eficiente e real, para fazer com que a personalidade possa dele tirar muitas vantagens. A força de *ātmā*, a iluminação de *buddhi* e o conhecimento da mente superior filtram-se, aos poucos, na personalidade de uma forma sempre crescente e provêem o impulso e a orientação necessários para trilhar a senda do *Yoga*. O contato torna-se direto somente em *samādhi*, quando a consciência vai deixando um veículo após outro e centraliza-se em níveis cada vez mais profundos.

O outro resultado de *japa* e da meditação sobre *praṇava* é o gradual desaparecimento dos obstáculos que estão no caminho do *yogi*. Esses obstáculos são de vários tipos — impurezas e desarmonias nos veículos, fraquezas de caráter, falta de desenvolvimento etc. Mas *praṇava*, como vimos, toca o próprio coração do nosso ser, desperta no microcosmo vibrações que podem trazer para fora dele todos os poderes e faculdades latentes, que aí jazem adormecidas. Assim, todos os obstáculos, qualquer que seja sua natureza, cedem ao seu estímulo dinâmico. As deficiências são compensadas pelo desenvolvimento das faculdades correspondentes ou pelo fluxo do poder adicional. As impurezas são dissolvidas. As desarmonias nos veículos são atenuadas e os veículos tornam-se sintonizados entre si e com a Suprema Consciência de *Īśvara*. E, assim, dá-se uma completa regeneração da individualidade, uma regeneração que a torna apta a trilhar a senda de *Āṣṭāṅga-Yoga* ou de *Īśvara-praṇidhāna*.

É óbvio que um instrumento tão eficaz e poderoso em sua ação não pode ser usado de maneira casual e descuidada sem envolver o *sādhaka* em toda espécie de dificuldades e perigos. Uma cautelosa consideração das condições necessárias e a estrita observância de suas regras é, portanto, absolutamente imprescindível. Não há por que detalhar, aqui, tais condições; basta mencionar que pureza, autocontrole e um muito cauteloso e gradual uso do poder são algumas das condições essenciais. Assim, a prática só pode ser exercida, de maneira útil e segura, após terem sido suficientemente dominadas *yama* e *niyama*.

Os sete *sūtras* de I-23 a I-29 formam, de certo modo, um conjunto distinto, dando a técnica da senda do misticismo, na qual o aspirante vai direto ao seu objetivo, sem estudar e sem dominar os planos intermediários que o separam do objeto de sua busca. Nesta senda, a auto-entrega é a única arma e, ao usá-la, *japa* e a meditação sobre *praṇava* são a única técnica. *Japa* e a meditação orientam a consciência do aspirante exatamente na direção de seu objetivo, removem todos os obstáculos, e a auto-entrega faz o restante.

Vyādhi-styāna-saṃśaya-pramādālasyā-
virati-bhrānti-darśanālabdhabhūmi-
katvānavasthitatvāni citta-vikṣepās
te 'ntarāyāḥ.

I-30) Doença, languidez, dúvida, negligência, preguiça, mundanalidade, ilusão, não-conquista de um estágio, instabilidade, estes (nove) causam a distração da mente e são os obstáculos.

Foi mencionado no último *sūtra* que a orientação da consciência para o exterior é causada por *vikṣepa*. Neste *sūtra*, Patañjali refere algumas condições que fazem com que a mente distraia-se e, conseqüentemente, tornam impossível obter o sucesso na prática do *Yoga*. Essa situação de distração da mente, na qual ela constantemente escapa em todas as direções, para fora do centro, é chamada *vikṣepa*. Visto que esta condição da mente é a oposta daquela necessária à prática do *Yoga*, temos de compreender claramente a natureza de *vikṣepa* e os meios de evitá-la. Para que possamos fazer isto, examinemos antes a mente do homem comum. Há duas características que provavelmente encontraremos na grande maioria das pessoas. A primeira é a falta de objetivo. Elas são arrastadas vida afora, ao sabor das correntezas, indefesas. Não há em seu interior uma força direcional que possa modificar suas circunstâncias e dar um rumo certo à sua vida. Mesmo quando decidem ir à procura de algum objetivo especial, são facilmente jogadas para fora do caminho, por obstáculos que eventualmente surjam. Em resumo, não desenvolveram a necessária firmeza de propósitos que faz com que um homem procure atingir sua meta, inflexivelmente, até consegui-lo. É claro que há algumas pessoas excepcionais, que desenvolveram enorme força de vontade e são capazes de perseguir determinado alvo, até terem sucesso. Em geral, tais pessoas atingem o topo de suas respectivas áreas de atividades e tornam-se grandes empresários, inventores, cientistas e líderes políticos.

Embora o *yogi* não tenha ambições e a persecução de quaisquer metas mundanas não faça parte de sua vida, ainda assim, ele necessita de firmeza de propósitos, como qualquer pessoa ambiciosa que atue no mundo exterior. A procura dos ideais do *Yoga* requer, de fato, mais firmeza de propósitos que qualquer objetivo mundano, porque, em primeiro lugar, as dificuldades são maiores e, segundo, a área de atividade é interior e o objetivo, em grande parte, é desconhecido e intangível. O *yogi* geralmente tem que trabalhar com o inesperado, sendo que os resultados de seus esforços levam muito tempo para aparecer e, mesmo quando aparecem, não trazem consigo a espécie de satisfação pelas quais a natureza inferior do homem geralmente anseia. Assim, somente uma extraordinária firmeza de propósitos pode habilitá-lo a manter seu rumo diante de dificuldades e obstáculos. Se isso não estiver presente, ele, possivelmente, sofrerá frustração e desintegração de suas forças mentais, à qual normalmente tal frustração conduz. Nessas circunstâncias é provável que distrações de toda espécie, tais como as mencionadas no presente *sūtra*, apareçam e levem a um desvio da mente.

A segunda característica geral da mente comum é o fato de estar constante e completamente voltada para o exterior. A mente está acostumada a interessar-se somente pelos objetos do mundo exterior, e este hábito tornou-se tão forte que qualquer esforço para inverter a direção da consciência e fazer com que a mente retire-se da periferia para o centro, é acompanhado por uma luta mental. Mesmo no caso das pessoas geralmente chamadas introvertidas, a tendência é meramente se conservarem ocupadas com suas próprias imagens mentais, desconsiderando o que acontece no mundo exterior. Esta é uma condição algo anormal da mente e completamente diferente daquela em que a mente volta-se para o seu centro, ficando, assim, sintonizada com os princípios superiores.

Essa tendência centrífuga da mente não é relevante no caso do homem comum, já que seu interesse e seu campo de atividade estão no mundo exterior, daí não surgir a questão de atrair a mente para o interior. Mas o *yogi* tem que atrair a mente para o interior e a tendência centrífuga tem que, conseqüentemente, ser substituída por uma tendência centrípeta tão forte que torne necessário uma enorme força de vontade para manter a mente voltada para o exterior. Estas duas tendências que fazem a mente orientada para o interior ou orientada para o exterior correspondem a *pratyak* e *parāṅga cetanā* e podem ser ilustradas pelos mesmos diagramas utilizados para representar as duas formas de consciência ao estudar-se o último *sūtra*.

Essa condição da mente, em que se volta para o exterior e está sujeita a distrações, é também chamada *vikṣepa*. É a condição normal, no caso do homem comum, e é assumida como natural por ele, porque ele cresceu com ela, e ela não interfere com o tipo de trabalho que lhe é requerido. A palavra *vikṣepa* apresenta, em geral, somente este significado comum, sendo muito provável que tenha sido usada por Patañjali neste sentido, no presente contexto. Mas há um mistério subjacente a essa tendência natural da mente, de manter-se voltada para o exterior e que projeta alguma luz sobre a natureza de *vikṣepa*. Vale a pena aqui mencioná-lo rapidamente.

Se quisermos entender esse mistério, consideremos primeiramente o reflexo de uma imagem virtual em um espelho. Todos sabemos que, se um objeto é colocado em frente a um espelho plano, uma imagem exata dele é vista no espelho. Essa imagem aparece como se estivesse do outro lado do espelho, na mesma distância do objeto que está diante do espelho. A formação de tal imagem pode ser ilustrada pelo diagrama da Figura 3.

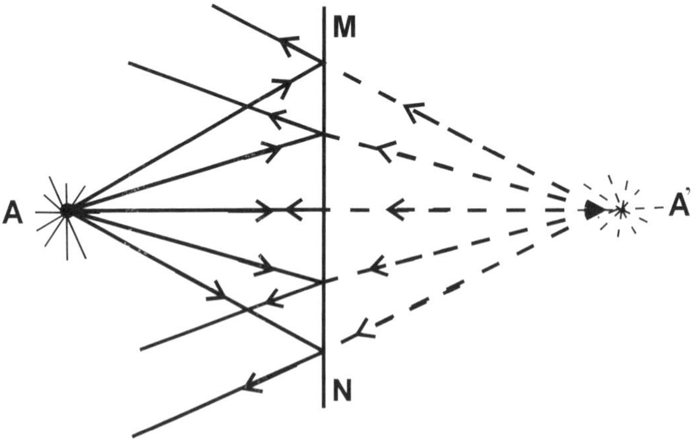

Figura 3

A é o objeto, e A' é a sua imagem formada pelo espelho MN. Ver-se-á que todos os raios vindos do objeto e atingindo o espelho são refletidos de tal maneira que, se os raios refletidos fossem produzidos do lado posterior do espelho, eles se encontrariam no ponto A', onde a imagem do objeto é vista. É devido ao fato de todos os raios refletidos parecerem vir do ponto A' que a imagem virtual do objeto é vista naquele ponto. É fácil verificar que a imagem virtual é pura ilusão produzida pelo reflexo peculiar dos raios de luz. Mas o ponto importante a ser notado neste fenômeno é que um objeto pode ser visto em um lugar onde não existe absolutamente nada que corresponda a ele.

De maneira semelhante, o mundo familiar de formas, cores, sons etc. que vemos fora de nós e no qual vivemos nossa vida é formado por um misterioso processo de projeção mental. As vibrações transmitidas pelos órgãos sensoriais ao nosso cérebro produzem, por intermediação da mente, uma imagem em nossa consciência. A mente, porém, projeta essa imagem para o exterior, e é esta projeção que produz a impressão de um mundo real fora de nós. Na verdade, esta impressão de um mundo familiar, sólido e tangível exterior a nós é pura ilusão! A imagem do mundo que vemos é uma imagem virtual, no sentido de que os objetos que vemos fora de nós não estão absolutamente ali. Seu aparecimento ali está baseado no mundo externo de átomos, moléculas e suas vibrações que estimulam os órgãos sensoriais, bem como no mundo interno da Realidade, última base da imagem mental. A mente produz a interação de espírito e matéria, e além disso projeta o resultado dessa interação para o exterior como uma imagem virtual, como indica a Figura 4.

Figura 4

Essa projeção para o exterior, pela mente inferior, daquilo que se encontra realmente no interior é que constitui a natureza fundamental de *vikṣepa*, e que se encontra na base desta condição da mente orientada para o exterior. O fato de a imagem do mundo que vemos fora de nós ser uma ilusão não significa necessariamente a negação do mundo físico.

O mundo físico é o estimulador da imagem do mundo, mas a imagem é a criação da própria mente (à luz da Realidade). Isso não contradiz as modernas idéias científicas. Consideremos, por exemplo, a questão da cor. Tudo que a ciência sabe é que as vibrações luminosas de uma certa freqüência dão a impressão de uma certa cor. A ciência conhece somente o lado objetivo do fenômeno, mas nada pode dizer sobre as razões de certa freqüência de vibração dar a impressão de uma determinada cor. O mundo físico da ciência é meramente um mundo de átomos e moléculas orbitantes e a ação de várias espécies de energia. O mundo mental que brota em nossa consciência por meio do mundo físico é algo totalmente à parte, ainda que dependente do mundo físico. Há um abismo entre os dois que a ciência não conseguiu e não conseguirá transpor, até que leve em consideração o mundo da Realidade, que se expressa através dos fenômenos da consciência.

Patañjali enumerou nove condições da mente ou do corpo que causam *vikṣepa* e, assim, constituem obstáculos na senda do *yogi*. Vamos considerá-las, resumidamente, antes de prosseguir.

(1) **Doença**: Este é, obviamente, um obstáculo no caminho do *yogi*, porque atrai a atenção da mente muitas e muitas vezes para o corpo físico e torna difícil conservá-la voltada para o interior. A saúde perfeita é uma necessidade para trilhar a senda do *Yoga*, e esta é, sem dúvida, uma das razões de o autor ter incluído *āsana* e *prāṇāyāma*, as duas práticas do *Haṭha-Yoga*, em seu sistema.

(2) **Languidez**: Algumas pessoas têm um corpo físico aparentemente saudável, mas falta-lhes vitalidade no sistema nervoso, de tal modo que se sentem sempre abaixo da média e pouco inclinados a empreender qualquer trabalho que requeira esforço prolongado. Essa fadiga crônica é, em muitos casos, de origem psicológica e devida à ausência de um propósito dinâmico e definido na vida. Em outros casos, deve-se a algum defeito em *prāṇamaya kośa*, o que resulta num suprimento inadequado de força vital para corpo físico. Qualquer que seja a causa, languidez resulta num obstáculo que mina todos os esforços para a prática de *sādhanā*.

(3) **Dúvida**: Uma fé inabalável na eficácia do *Yoga* e de seus métodos é condição *sine qua non* para o sucesso em sua prática. Tal fé é necessária para se obter sucesso em qualquer área de empreendimento, mas principalmente nesta, em face das condições peculiares sob as quais o *yogi* precisa operar. Na Divina aventura com que se comprometeu, o objetivo é desconhecido e não há padrões claramente definidos

pelos quais ele possa julgar e mensurar seu progresso. Há, portanto, a possibilidade de surgirem em sua mente vários tipos de dúvida. Há, realmente, uma Realidade a ser atingida, ou trata-se tão-somente de uma miragem? Os métodos que ele está utilizando são verdadeiramente eficientes? Será que esses métodos são os corretos para ele? Será que ele tem capacidade de vencer todos os obstáculos e atingir o objetivo? Estas e outras dúvidas de natureza semelhante podem assaltar sua mente, ocasionalmente, em especial quando ele está passando por períodos de depressão que inevitavelmente cruzam o caminho de todo aspirante. É aí que ele necessita de *śraddhā* — fé inabalável em seu objetivo, nele próprio e nos métodos que adotou. É possível que não haja como evitar esses períodos de depressão e de dúvida, especialmente nos primeiros estágios, mas sua atitude e sua reação a eles é que mostram se o *yogi* possui ou não a verdadeira fé. Se ele pode ignorá-los, embora os sinta, ele sai da sombra para a luz solar de novo e retoma, mais uma vez, sua viagem, com renovado entusiasmo. Se ele permitir que essas dúvidas e esses estados de ânimo interfiram em seu *sādhanā* e relaxe seus esforços, eles adquirirão um domínio progressivo de sua mente, até ser completamente desviado e abandonar de todo a senda.

(4) **Negligência**: Este é outro obstáculo que bloqueia o caminho de muitos aspirantes à vida de um *yogi*. Tem o efeito de relaxar a mente e, assim, minar sua concentração. Algumas pessoas são negligentes por natureza e, quando chegam ao campo do *Yoga*, carregam consigo sua negligência. A negligência é uma fraqueza que impede um homem de atingir a eminência em qualquer área de atividade, condenando-o a uma vida medíocre. Mas, no campo do *Yoga*, representa não apenas um obstáculo, mas também um grande perigo, e o *yogi* descuidado é semelhante a uma criança a quem é permitido brincar com dinamite. Ele está destinado a causar a si mesmo, cedo ou tarde, sérios danos. Ninguém deve pensar em trilhar essa senda, se não houver vencido a negligência e aprendido a prestar cuidadosa atenção não somente às coisas importantes da vida, mas também àquelas consideradas sem importância.

(5) **Preguiça**: Este é outro hábito que gera a distração da mente. Embora resulte no mesmo tipo de ineficácia na vida, como no caso da languidez, ainda assim é diferente. É um mau hábito mental, adquirido ao longo de continuada submissão ao gosto pelo conforto, pela facilidades, e pela tendência de evitar qualquer esforço. Se assim se pode dizer, a languidez é um defeito puramente físico, enquanto a preguiça é, em geral, uma condição puramente psicológica. O restabelecimento da saúde automaticamente cura o primeiro, mas o único meio de curar o segundo é uma prolongada disciplina, baseada na realização de tarefas duras e difíceis.

(6) **Mundanalidade**: O homem mundano está tão imerso nos interesses pertinentes à sua vida exterior, que não consegue tempo nem mesmo para pensar nos verdadei-

ros problemas da vida. Há muita gente que atravessa sua existência sem um pensamento sério sobre tais problemas. Quando uma pessoa assume a senda do *Yoga*, como resultado do alvorecer de *viveka* e do fato de tornar-se desperta para as ilusões da vida, o impulso do passado está ainda por trás dela e não é tão fácil cortar os interesses da vida mundana de modo repentino e total. Esses anseios pelos objetos do mundo ainda continuam a perturbá-la e a causar graves distrações em sua mente. É claro que tudo depende da realidade de *viveka*. Se *realmente* vemos as ilusões implícitas a esta busca de objetos mundanos como fortuna, honrarias, nome etc. então perdemos toda a atração por elas e, naturalmente, desistimos de procurálas. Mas, se *viveka* não é real — é do tipo falso —, resultado apenas do "pensar", ocorre, então, uma luta constante entre os desejos que impelem a mente para o exterior e a vontade do *yogi*, que tenta fazer a mente mergulhar no interior. A mundanalidade pode, portanto, ser uma causa séria de *vikṣepa*.

(7) **Ilusão**: Significa tomar uma coisa por aquilo que não é. Deve-se, geralmente, à falta de inteligência e de discernimento. Um *sādhaka* pode, por exemplo, começar a ver luzes e ouvir sons de várias espécies, durante suas práticas iniciais. Essas coisas são muita espúrias e não têm grande importância. Entretanto muitos *sādhaka*s excitam-se com essas experiências triviais e começam a pensar que alcançaram grande progresso. Alguns imaginam haver atingido altos estados de consciência ou são mesmo bastante ingênuos para pensar que viram Deus. Esta incapacidade de avaliar com exatidão nossas experiências supranormais decorre, basicamente, da imaturidade da alma, e aqueles que não fazem distinção entre coisas essenciais e coisas não essenciais, no desenvolvimento espiritual, têm seu progresso bloqueado nos estágios iniciais. Tendem a ficar emaranhados nessas experiências espúrias de natureza psíquica, e logo perdem o caminho. É fácil constatar que a excitação pouco saudável que acompanha essas indesejáveis condições da mente, causará grande perturbação, impedindo que a mente mergulhe no interior.

(8) **Não-conquista de um estágio**: A técnica essencial do *Yoga* consiste, nas etapas iniciais, em estabelecer a mente, com firmeza, nos estágios de *dhāraṇā*, *dhyāna* e *samādhi* e, uma vez atingido *samādhi*, impulsioná-la firmemente, degrau por degrau, para os níveis mais profundos da consciência. Todos esses estágios implicam mudanças de um estado para outro, o que resulta de um persistente esforço de vontade. Algumas vezes, esta passagem é fácil e é conquistada após razoável esforço. Outras vezes, é como se o *yogi* não fizesse progresso, e um muro intransponível bloqueasse seu caminho. O fracasso em obter uma base no estágio seguinte pode causar distração e perturbação à perfeita equanimidade da mente, a menos que o *yogi* tenha desenvolvido inesgotável paciência e capacidade de auto-entrega.

(9) **Instabilidade**: Outro tipo de dificuldade surge quando o *yogi* atinge uma base no estágio seguinte, mas não consegue mantê-la por muito tempo. A mente volta a seu estágio anterior e torna-se necessário considerável esforço para que a base seja recuperada. É claro que em todos esses processos mentais reversões desta natureza são até certo ponto inevitáveis. Mas uma coisa é perder-se a base no estágio seguinte pelo fato de somente a prática levar à perfeição, outra é perdê-la pela própria inconstância da mente. Somente quando a instabilidade decorre da inerente falta de firmeza da mente, é que se pode dizer que *vikṣepa* está presente e é necessário um tratamento especial.

Observe-se que os nove obstáculos enumerados neste *sūtra* são de um determinado tipo — aqueles que causam *vikṣepa* e, assim, perturbam o *yogi* na prática de *dhāraṇā*, *dhyāna* e *samādhi*. Pode haver também outras espécies de obstáculos. Cada defeito sério de caráter pode tornar-se um obstáculo. O *karma* pode colocar obstáculos no caminho do aspirante que tornem a prática do *Yoga* temporariamente impossível. É comum o apego a objetos, pessoas ou idéias interpor-se no caminho de aspirantes que adotam o *Yoga*. Os vários tipos de obstáculo são aqui tratados nos devidos capítulos. Defeitos de caráter, por exemplo, são comentados em *yama-niyama*.

A razão por que Patañjali tratou aqui desses tipos de obstáculos de modo particular, está, é claro, no fato de ser este o *Samādhi Pāda*, e ele se ocupa de todos os fatores essenciais envolvidos na compreensão de tão importante tema. Neste *sūtra*, ele dá uma idéia da natureza dos obstáculos que causam *vikṣepa*, antes de tratar, nos oito *sūtras* subseqüentes (I-32-39), dos vários métodos que podem ser adotados para a superação desta tendência.

Duḥkha-daurmanasyāṅgamejayatva-
śvāsa-praśvāsā vikṣepa-sahabhuvaḥ.

I-31) Dor (mental), desespero, nervosismo e respiração difícil são sintomas de uma condição mental dominada por distrações.

Depois de haver enumerado, no último *sūtra*, as condições que causam *vikṣepa*, o autor mostra, neste, alguns sintomas pelos quais pode ser reconhecida a presença de *vikṣepa*. O primeiro deles é a dor. A presença da dor, seja física ou mental, sempre indica algum defeito sério ou desarmonia no veículo. A dor física é um sinal positivo da doença, enquanto a dor mental mostra, de modo definitivo, que a mente não se encontra em um estado natural de saúde. Trata-se ou de um estado de conflito interior, em que ela está dividida entre desejos opostos, ou sob o domínio de *kleśas*. A dor é uma indicação proporcionada pela natureza, para que a pessoa perceba que nem tudo está bem com ela. Mas, enquanto a maioria das pessoas corre em busca de um médico, ao sentir qualquer dor física, muito poucas pessoas pensam em ter sua mente examinada, ou analisá-la elas próprias, mesmo ao sofrerem torturantes dores mentais. Isso, porém, é o que se faz realmente necessário.

Quando a dor é acompanhada da consciência de impotência ou de incapacidade de removê-la de forma eficaz, gera desespero e este leva, então, ao nervosismo, que nada mais é que um sintoma físico, externo, de desespero. O nervosismo, quando atinge certo grau de intensidade, perturba a respiração, pois desorganiza o fluxo das correntes *prāṇicas*. Assim, estes quatro sintomas representam, realmente, os quatro estágios que se seguem, um ao outro, sempre que a mente está nessa indesejável condição causadora de *vikṣepa*.

Como se trata apenas de meros sintomas, a maneira certa de lidar com eles é tratar a mente da doença fundamental que a aflige. E isto implicará um longo e tedioso processo de disciplina de toda a nossa natureza, já que todas as partes de nossa natureza são inter-relacionadas. Todo o problema referente ao sofrimento e à miséria humanos foi tratado por Patañjali, na seção II, de maneira magistral, em sua teoria dos *kleśas*. Ficará claro, para qualquer pessoa que haja compreendido essa teoria, que não pode haver solução fácil e eficaz para o problema do sofrimento humano, a não ser através da conquista da Grande Ilusão. Enquanto isso não for conquistado e a mente permanecer submetida às ilusões da vida inferior, o sofrimento e a miséria permanecerão e os sintomas externos que refletem a condição desordenada da mente continuarão a aparecer em maior ou menor grau.

Como antes já foi dito, Patañjali não trata aqui do problema fundamental do sofrimento e da miséria humanos, mas daquelas condições específicas da mente que produzem *vikṣepa* e interferem na prática de *dhāraṇā*, *dhyāna* e *samādhi*. Esse problema é de natureza mais restrita e deve ser resolvido mediante a adoção de meios de natureza mais específica e restrita, os quais são analisados nos oito *sūtras* seguintes.

Tat-pratiṣedhārtham eka-tattvābhyāsaḥ.

I-32) Para remover esses obstáculos (deveria haver) a prática constante de uma verdade ou princípio.

Certos comentaristas introduziram mistificações completamente desnecessárias na interpretação deste *sūtra*, chegando alguns ao absurdo de sugerir que os exercícios recomendados nos seis *sūtras* subseqüentes, para a remoção de *vikṣepa* e desenvolvimento de concentração de propósito, são métodos de prática de *samādhi*! Em certo sentido, considerando que a Realidade pode ser vista em toda a parte na vida, teoricamente não pode haver limite para a profundidade em que podemos penetrar ao buscar qualquer verdade, e isto pode levar a *samādhi*. Mas o contexto em que ocorre este *sūtra* e a natureza dos métodos ilustrativos que são dados nos *sūtras* subseqüentes, não deixam margem a dúvidas em relação a seu significado. O objetivo desses exercícios não é a conquista de *samādhi*; para tal conquista há uma série de diferentes passos claramente definida em *Āṣṭāṅga-Yoga*. O objetivo é, obviamente, reverter a tendência da mente, de correr sempre atrás de uma porção de objetos no mundo exterior e desenvolver a capacidade de perseguir constantemente um objetivo no âmago do domínio da consciência.

Já foi enfatizado anteriormente que o homem comum não somente carece de firmeza de propósitos, mas também da capacidade de manter a mente voltada para dentro. Ambas são condições *sine qua non* para a prática do *Yoga*. Daí a necessidade, para o aspirante, de desenvolver essas capacidades em alto grau. A remoção dos obstáculos sobrevém naturalmente, quando a firmeza de propósitos tiver sido suficientemente desenvolvida. Quando um objetivo dinâmico entra na vida de uma pessoa que tenha levado uma vida sem objetivos, suas forças mentais e outras forças tornam-se, pouco a pouco polarizadas, e todas as dificuldades, como aquelas mencionadas em I-30, tendem a desaparecer. No entanto, o aspirante à vida do *Yoga* deve, é claro, não apenas adquirir a capacidade de perseguir um objetivo com energia e perseverança, mas também seu objetivo precisa estar dentro de si mesmo. Os exercícios que Patañjali recomendou são de tal ordem que estas duas capacidades são desenvolvidas simultaneamente.

Maitrī-karuṇā-muditopekṣāṇāṃ sukha-
duḥkha-puṇyāpuṇya-viṣayāṇaṃ
bhāvanātaś citta-prasādanam.

I-33) A mente torna-se clara pelo cultivo de atitudes de cordialidade, compaixão, alegria e indiferença diante da felicidade, miséria, virtude e vício, respectivamente.

Ao oferecer uma quantidade de exercícios alternativos para superar *vikṣepa*, o autor começa com dois *sūtras*, cuja relevância em relação ao tema considerado não é, às vezes, bastante clara para o estudante. No *sūtra* que agora estamos analisando, Patañjali define a atitude correta do futuro *yogi* nas várias situações que podem surgir em seu relacionamento com aqueles entre os quais vive. Uma das maiores fontes de perturbação para a mente são as reações descontroladas que temos em relação ao nosso ambiente humano, àquilo que as pessoas fazem ao nosso redor, e às condições agradáveis ou desagradáveis nas quais nos vemos envolvidos. O homem comum não dispõe de um princípio bem definido para regular essas reações. Ele reage a essas coisas de um modo casual, segundo seu humor, seus caprichos, daí ser ele constantemente perturbado por todo tipo de emoções violentas. Algumas pessoas, considerando essas reações emocionais desagradáveis, decidem parar de reagir e gradualmente se tornam frias, com o coração endurecido e indiferentes àqueles que as cercam. Ambas as atitudes são indesejáveis e não ajudam a que passem a ter uma natureza calma, amável e compassiva, de acordo com os requisitos da vida superior. A vida espiritual não combina nem com reações violentas, nem com fria indiferença, que alguns estóicos mal orientados recomendam a seus seguidores. A vida espiritual requer uma natureza equilibrada, na qual nossas reações são corretamente reguladas pelos motivos mais elevados e estão em harmonia com a Grande Lei. O ponto a ser notado aqui é que o desenvolvimento de uma natureza dura e insensível, indiferente à felicidade e ao sofrimento dos outros, não é a verdadeira solução para o problema do equilíbrio mental. A liberação das perturbações assim obtida é mais aparente que real, porque é artificial e contra a Lei do Amor. Além do mais, há o perigo de o *yogi* que se permite tornar-se insensível, descambar para a Senda da Mão Esquerda[5] e criar para si e para os outros incontáveis sofrimentos.

Patañjali não apenas enfatiza a necessidade de o *yogi* controlar e ajustar suas reações ao seu ambiente, mas também estabelece o princípio geral em que deve basear-se tal ajuste. Este princípio, é claro, deriva das leis da psicologia e da experiência prática de lidar com o problema de adaptarmo-nos ao nosso ambiente. Ele assegura para o *yogi* o equilíbrio da mente, bem como a liberação de embaraços, da qual o *yogi* necessita para uma busca segura de seu objetivo.

O princípio em que o *yogi* deve basear-se para regular suas atitudes e reações é bastante claro no *sūtra*, mas há um ponto que pode ocasionar dúvida na mente do estudante. Patañjali prescreve a indiferença em relação ao vício. Pode parecer a alguns que isso não está de acordo com os ideais mais elevados da vida espiritual, e uma atitude de ajuda e compaixão ativas em relação ao vicioso seria melhor que aquela de mera indiferença. Esta objeção parece bastante razoável e podem ser citados alguns episódios da vida dos grandes instrutores espirituais e dos santos em apoio a este argumento. Cumpre lembrar, porém, que este *sūtra* não pretende impor um código de conduta a pessoas em geral ou àqueles que se tornaram iluminados e estão, assim, em condições de servir como instrutores espirituais. É um código de conduta recomendado ao estudante prático do *Yoga*, que é um aspirante à iluminação. Ele está empenhado na busca de um objetivo, de natureza extraordinariamente difícil, e não pode desviar suas energias para a tarefa de reformar os outros. De acordo com a tradição e a concepção de espiritualidade do Oriente, o trabalho ativo para a regeneração espiritual de outras pessoas acontece depois que uma pessoa obteve pelo menos certo grau de iluminação para si mesma. Se tentarmos mudar os outros, enquanto nós mesmos permanecemos ligados a todo tipo de ilusões e limitações, é possível que não tenhamos muito sucesso

---

[5] O autor esclarece melhor o tema da Senda dos Irmãos da Sombra ou da Mão Esquerda em I-47, II-28 e II-30. (N. ed. bras.)

nesse empreendimento e estejamos arriscando seriamente nosso próprio progresso. O aspirante ao *Yoga* não pode mostrar desaprovação ao vicioso, porque isso tenderia a acirrar ódio, com indesejáveis repercussões em sua própria mente. Também não pode demonstrar-lhe simpatia, pois isso seria encorajar o vício. Assim, a única solução que lhe resta é adotar uma atitude de indiferença.

O que resulta da observância da regra contida neste *sūtra* é a clareza da mente e a remoção de uma das causas da perturbação mental do principiante. Todas as distorções e todos os complexos que o homem comum desenvolve em seu conflitante relacionamento com os outros devem ser pesquisados e sua psique tornada saudável e harmoniosa. Do contrário, *vikṣepa* continuará a perturbá-lo e a impossibilitar a prática do *Yoga*.

Além de uma mente clara, outro requisito essencial à prática do *Yoga* é um sistema nervoso forte e tranqüilo. Como isso pode ser assegurado está indicado no próximo *sūtra*.

Pracchardana-vidhāraṇābhyāṃ vā prāṇasya.

I-34) Ou pela expiração e retenção da respiração.

O assunto de *prāṇāyāma* é tratado em II-49-53. No *sūtra* acima, Patañjali referiu-se somente a algumas práticas preliminares que têm apenas um objetivo limitado: a purificação dos *nāḍīs*. *Nāḍīs* são canais por onde fluem as correntes de *prāṇa*, ou vitalidade, no *prāṇamaya kośa*. Se esses canais não estiverem completamente desimpedidos e as correntes de *prāṇa* neles não fluírem facilmente, surgirão várias espécies de perturbações nervosas. Estas manifestam-se principalmente por uma sensação generalizada de inquietação física e mental, que causa *vikṣepa*. Esta condição pode ser superada pela prática de um dos muito conhecidos exercícios de respiração para a purificação das *nāḍīs* (*nāḍī śuddhi*). Como *kumbhaka* não se inclui entre esses exercícios e nenhum tipo de tensão encontra-se envolvido, eles são completamente inofensivos, embora altamente benéficos para o sistema nervoso. Se praticados corretamente, por longos períodos de tempo e, simultaneamente, for seguido o regime de vida do *Yoga*, o corpo físico tornar-se-á leve e cheio de vitalidade e a mente, calma e tranqüila.

Esses exercícios, entretanto, não devem ser considerados variantes da respiração profunda, que não tem outro efeito além de aumentar a absorção de oxigênio pelo corpo e, assim, fortalecer a saúde. Eles se situam mais ou menos entre a respiração profunda e o *prāṇāyāma* propriamente dito, cuja finalidade é o completo controle das correntes *prāṇicas* no corpo. Este ponto tornar-se-á claro ao examinarmos o tema *prāṇāyāma*, na seção II.

Deve-se notar que Patañjali não considera como *prāṇāyāma* esses exercícios preliminares para a purificação das *nāḍīs*. Ele define *prāṇāyāma* em II-49 e, de acordo com essa definição, *kumbhaka*, a cessação da inspiração e da expiração, é uma parte essencial de *prāṇāyāma*.

Viṣayavatī vā pravṛttir utpannā
manasaḥ sthiti-nibandhanī.

I-35) A ativação dos sentidos (superiores) também ajuda a estabelecer firmeza na mente.

O meio que Patañjali sugere a seguir para tornar a mente firme é sua absorção em alguma cognição sensorial superfísica. Tal cognição pode ser criada de várias maneiras, por exemplo, concentrando a mente em certos centros vitais do corpo. Um exemplo típico deste método é *Laya-Yoga*, no qual a mente é concentrada em *nāda*, ou sons superfísicos, que podem ser ouvidos em certos pontos dentro do corpo. De fato, esse método de sossegar a mente é considerado tão eficiente que, baseado nesse princípio, desenvolveu-se um ramo separado do *Yoga*.

É difícil dizer até que ponto esta unificação da mente com *nāda*, que constitui a base de *Laya-Yoga*, pode absorver o *sādhaka* em sua busca da Realidade. Dado que este método fundamenta um ramo independente e separado do *Yoga*, é possível que alguns *yogis* sejam capazes de avançar de modo considerável em sua busca através desse método. Mas é muito provável que *Laya-Yoga* una-se ao *Rāja-Yoga* em um ou outro estágio, a exemplo de muitos outros sistemas menores de *Yoga*, e seja útil apenas no trabalho preliminar de tornar a mente calma e tranqüila, propiciando ao *sādhaka* uma experiência direta com alguns fenômenos superfísicos. De qualquer maneira, a utilidade deste método, de superar *vikṣepa* e preparar a mente para os estágios avançados da prática do *Yoga*, é indiscutível.

Viśokā vā jyotiṣmatī.

I-36) Também (através de estados experimentados interiormente) serenos ou luminosos.

Em *Laya-Yoga* a mente torna-se serena pela absorção em *Anāhata śabda*. O mesmo pode ser obtido colocando-a em contato com outras sensações superfísicas ou outros estados de consciência transcendentes. A constituição do homem, incluindo tanto o corpo físico quanto o superfísico, é muito complexa e há um grande número de métodos disponíveis para estabelecer um contato parcial entre os veículos inferiores e os superiores. Alguns desses métodos dependem puramente de auxílio artificial, outros do *japa* de um *mantra* e, outros, ainda, de certo tipo de meditação. Qual desses métodos será adotado pelo *sādhaka*, dependerá dos *saṃskāras* que ele traz de vidas anteriores e da capacidade e do temperamento do instrutor que o inicia nessas práticas preliminares. Como resultado de tal prática, o *sādhaka* pode começar a ver em seu interior uma luz fora do comum, ou ter uma sensação de completa paz e tranqüilidade. Embora não sejam de grande importância por si mesmas, essas experiências podem reter a mente por sua força de atração e, aos poucos, proporcionar a necessária condição de serenidade.

O *sādhaka* deve, contudo, dispor-se a realizar essas práticas. Em primeiro lugar, não deve dar-lhes exagerada importância, e começar a imaginar que está fazendo grande progresso na senda do *Yoga*. Ele está simplesmente aprendendo o ABC da ciência do *Yoga*. Em segundo lugar, não deve permitir que tais experiências transformem-se em mera fonte de satisfações emocionais e mentais. Muitas pessoas começam a usá-las como um narcótico e uma fuga das tensões e pressões do dia-a-dia. Se adotadas tais atitudes incorretas, essas práticas, freqüentemente, tornam-se um obstáculo em vez de auxílio no caminho do *sādhaka*.

Vīta-rāga-viṣayaṃ vā cittam.

I-37) Também a mente fixada naqueles que estão livres de apego (adquire firmeza).

Vītarāgas são as almas que venceram as paixões humanas e elevaram-se acima de *rāga-dveṣa*. A meditação sobre a vida e o caráter de uma alma assim, naturalmente, ajudará o *sādhaka* a libertar-se de *rāga-dveṣa,* e desenvolver serenidade e estabilidade da mente. É muito conhecida a lei da vida segundo a qual tendemos a reproduzir, em nossa vida, as idéias que constantemente ocupam nossa mente. O efeito torna-se bastante ampliado se deliberadamente selecionamos alguma virtude e sobre ela ficamos a meditar constantemente. A justificativa para essa lei, utilizada na construção do caráter, é discutida em III-24, sendo, pois, desnecessário entrar em detalhes aqui. Cumpre notar, porém, que Patañjali recomenda a meditação não sobre uma virtude abstrata, mas sobre uma virtude do modo como se corporifica em uma personalidade humana. Há uma razão definida para isso. Em primeiro lugar, um principiante que está ainda tentando adquirir estabilidade da mente, provavelmente não se beneficiará muito da meditação sobre uma virtude abstrata. A associação entre uma personalidade amada, e uma humana ou divina, com uma virtude, aumenta enormemente o poder de atração dessa virtude, e conseqüentemente sua influência em nossa vida. Em segundo lugar, uma séria meditação sobre tal personalidade põe-nos em sintonia com ela e acarreta um fluxo de força e influência que acelera nosso progresso. O objeto da meditação pode ser o Mestre de alguém ou um grande Instrutor Espiritual, ou uma das Encarnações Divinas.

Svapna-nidrā-jñānālambanaṃ vā.

I-38) Também (a mente) apoiada em conhecimentos obtidos durante o sono, com ou sem sonhos (adquirirá firmeza).

Este *sūtra* discorre sobre outro método de vencer *vikṣepa* e parece ter sido compreendido de maneira completamente equivocada, e muitos comentaristas têm tentado explicá-lo de modo confuso. A chave para o significado do *sūtra* está na importância das palavras *svapna* e *nidrā*. Se interpretamos o *sūtra* como "meditando sobre o conhecimento obtido em sono com ou sem sonhos", ele parece sem sentido. Ninguém se preocupou em investigar que utilidade haveria em meditar sobre as imagens caóticas que passam pelo cérebro no estado de sonho. Mesmo se concordarmos quanto ao estado de sonho, em que há algumas imagens, embora caóticas, que diremos sobre o estado sem sonhos, quando a mente parece estar inteiramente em um espaço em branco? Como pode o *sādhaka*, perturbado por *vikṣepa*, utilizar essa condição vazia da mente para desenvolver a unidirecionalidade?

O fato é que *svapna* e *nidrā* não se referem à condição do cérebro durante o sono, mas aos veículos mais sutis aos quais a consciência transfere-se durante o período de sono. Quando vamos dormir, *jīvātmā* deixa o corpo físico e começa a funcionar no veículo mais sutil seguinte. É mantido um contato muito parcial com o corpo físico, de modo a possibilitá-lo a manter de forma normal suas atividades fisiológicas, mas a mente consciente de fato está funcionando no veículo mais sutil. Muitas pessoas, ditas psíquicas, têm uma capacidade natural de passar do corpo físico para o mundo mais sutil seguinte e trazer de volta, para o cérebro físico, um conhecimento mais ou menos vago de suas experiências naquele mundo. O homem comum, embora esteja no mesmo mundo mais sutil durante o sono, em geral não pode trazer de volta qualquer memória de suas experiências, porque seu cérebro não se encontra naquela condição peculiar requerida para essa finalidade. Caso algumas imagens mentais sejam transmitidas, elas se tornam distorcidas e misturadas com as imagens produzidas pela atividade automática do cérebro, daí resultando o sonho comum, caótico e sem significado. Às vezes, *jīvātmā* é capaz de registrar alguma idéia ou experiência no cérebro, produzindo, então, um sonho expressivo, mas isto é muito raro. Toda esta atividade mental está incluída no estado *svapna*.

Há um estado de consciência mais profundo, subjacente ao estado de *svapna*, correspondente a um mundo ainda mais sutil, para o qual uma pessoa pode passar durante o sono. Este corresponde aos subplanos superiores do mundo astral ou, em casos raros, aos subplanos inferiores do mundo mental. Quando isso acontece, o cérebro físico é completamente excluído das atividades da mente e, naturalmente, torna-se um espaço em branco. Esse estado é, tecnicamente, chamado de *nidrā*. Ver-se-á que, embora nesse estado o cérebro esteja vazio, a mente está trabalhando num nível mais elevado e lidando com fenômenos de natureza mais sutil.

Ora, é possível, com treinamento e práticas especiais, trazer para o cérebro físico uma memória de experiências tidas nesses mundos mais sutis, correspondentes aos estados de *svapna* e *nidrā*. Nestas condições, o cérebro está apto a transmitir as imagens mentais sem qualquer distorção, e o conhecimento obtido nessas circunstâncias é confiável. Neste caso, grande quantidade de informações úteis tornam-se disponíveis e muito trabalho pode ser realizado nesses planos mais sutis, durante o sono. A vida de vigília gradualmente se funde com a assim chamada vida em estado de sono, e não há uma interrupção brusca, como às vezes acontece quando se deixa o corpo ou se volta para ele depois do sono. É este conhecimento definido e útil sobre estes planos superfísicos que pode ser adquirido durante o sono, é que é mencionado neste *sūtra*, e não os sonhos caóticos ou a condição de vazio experimentados pelo homem comum. A obtenção deste conhecimento e sua transferência para o estado desperto tornam-se um assunto de cativante interesse, propiciando um método de superar a condição de *vikṣepa*. Neste caso, também a mente concentra-se cada vez mais, totalmente absorvida por um objetivo que está no "interior".

Entretanto, deve-se lembrar que esse tipo de atividade mental nada tem a ver com *samādhi*. É, antes, vinculada ao psiquismo, conquanto dele se diferencie por ser o resultado de um treinamento específico, o que torna mais útil e confiável o conhecimento adquirido.

Yathābhimata-dhyānād vā.

I-39) Ou pela meditação que se desejar.

Após oferecer alguns métodos para vencer a condição de *vikṣepa*, Patañjali conclui este assunto dizendo que o *sādhaka* pode adotar qualquer método de meditação de sua preferência. Isto recordaria ao estudante que as práticas recomendadas pelo autor representam apenas meios para atingir um objetivo definido, o que ele deve ter sempre em mente. Qualquer outro método que sirva para tornar a mente estável e concentrada pode ser adotado.

Outra idéia implícita no *sūtra* é que o método escolhido para esse propósito deve estar de acordo com o temperamento do praticante. Dessa maneira, a mente é ajudada a adquirir o hábito da unidirecionalidade pela atração natural pelo objeto da busca. Assim, um *sādhaka*, com tendências clarividentes, achará o método referido em I-38 não somente atraente, mas também útil. Outro, de temperamento emocional, terá uma predileção natural pelo método mencionado em I-37. Tais preferências são o resultado de treinamento e experiências em vidas anteriores e geralmente indicam o "raio" do indivíduo ou o tipo fundamental a que ele pertence.

É admissível uma pequena experimentação na seleção do método, mas não se tornar hábito tentar um método após outro, pois isso agravará o mal que se procura curar.

Paramāṇu-parama-mahattvānto
'sya vaśīkāraḥ.

I-40) Sua maestria estende-se desde o átomo mais ínfimo até a grandeza infinita.

Neste *sūtra*, Patañjali resumiu os poderes passíveis de serem adquiridos com a prática do *Yoga*. Na verdade, segundo ele, não há limite para os poderes do *yogi*. Isso pode parecer ao homem moderno um exagero, e ele pode desprezá-lo com mais uma ilustração das hipérboles encontradas em livros orientais, como os *purāṇas*. Que o *Yoga* confira alguns poderes aos seus praticantes ele está pronto a admitir; negar isto seria um absurdo diante dos fatos, das experiências de grande número de pessoas inteligentes. Mas reivindicar para o *yogi* a onipotência — e é o que se afirma, sem dúvida, neste *sūtra* — parecerá absurdo exagero dos fatos.

Considerada em seu sentido literal, a declaração feita neste *sūtra* parece realmente demasiado extensa. Mas vale lembrar que Patañjali dedicou quase uma seção inteira ao assunto dos *siddhis* ou poderes adquiridos através do *Yoga*. Espera-se, portanto, que o presente *sūtra* seja lido à luz de tudo o que será dito mais tarde sobre *siddhis*, na seção III. A generalização nele contida não é, por conseguinte, uma afirmativa sem base; se analisada juntamente com a seção III e as observações feitas, quando se tratar de III-16, parecerá completamente racional e inteligível.

Kṣīṇa-vṛtter abhijātasyeva maṇer
grahītṛ-grahaṇa-grāhyeṣu
tatstha-tadañjanatā samāpattiḥ.

I-41) No caso de alguém cujas *citta-vṛttis* foram quase completamente aniquiladas, ocorre a fusão ou completa absorção recíproca do conhecedor, do conhecimento e do conhecido, como no caso de uma jóia transparente (colocada sobre uma superfície colorida).

Por muitas razões, este é um dos *sūtras* mais importantes e interessantes do livro. Primeiramente, ele projeta luz sobre a natureza de *samādhi*, como talvez não o faça nenhum outro *sūtra*; em segundo lugar, faz com que sejamos capazes de obter certa visão interior da natureza da consciência e da percepção mental; por último, fornece uma chance do *modus operandi* dos muitos poderes que podem ser exercidos pelo *yogi*.

Se temos de compreender o significado subjacente no *sūtra*, devemos primeiro recordar a concepção filosófica em que ele está baseado. De acordo com esta concepção, o universo Manifestado é uma emanação da Realidade Última, e seus diferentes planos visíveis e invisíveis podem ser considerados como formados por uma espécie de condensação progressiva ou involução da consciência. Em cada estágio da condensação progressiva é estabelecido um relacionamento subjetivo-objetivo entre os aspectos mais condensados e menos condensados da consciência, os menos condensados assumindo a função subjetiva e os mais condensados, a objetiva. A Realidade Última na base do universo Manifestado é o único princípio puramente subjetivo, enquanto que todas as outras expressões parciais daquela Realidade no domínio da manifestação têm dupla função subjetiva-objetiva —, subjetiva, em relação àquelas expressões mais encobertas e objetiva, em relação às menos encobertas. Não somente há, em cada ponto, a possibilidade desse encontro do subjetivo com o objetivo, mas sempre e onde quer que tal encontro aconteça estabelece-se uma definida relação entre os dois. Assim, o universo manifestado não é, realmente, uma dualidade, mas uma triplicidade; daí toda manifestação da Realidade, em qualquer nível ou em qualquer esfera, ter três aspectos. Estes três aspectos, correspondendo aos lados subjetivo e objetivo da manifestação e à relação que deve existir entre eles, são referidos no presente *sūtra* como *grahītṛ*, *grahaṇa* e *grāhya*, e podem ser traduzidos como conjuntos de palavras tais como: conhecedor, conhecimento e conhecido, "cognoscente", cognição, cognicitivo, ou "percebedor", percepção e percebido.

Este fato fundamental implícito na manifestação de que o Um tornou-se o Três é a base da misteriosa identidade existente entre esses três componentes, aparentemente diferentes, da triplicidade. É devido ao fato de a Realidade Una ter-se tornado Trina que é possível produzir uma fusão do Três em Um. Este tipo de fusão é a técnica essencial e o segredo de *samādhi*, podendo ocorrer em quatro diferentes níveis de consciência, correspondendo aos estágios de *saṃprajñāta samādhi*: *vitarka*, *vicāra*, *ānanda* e *asmitā*. Mas o princípio essencial à fusão do Três em Um é o mesmo em todos os níveis, e o resultado também é o mesmo, isto é, a conquista, pelo conhecedor, do conhecimento perfeito e completo do conhecido.

Antes de prosseguirmos com a análise dessa fusão nos diferentes níveis, consideremos, em primeiro lugar, uma analogia utilizada, muito a propósito, por Patañjali, para familiarizar o estudante com a natureza essencial de *samādhi*.

Se colocarmos uma pequena peça de pedra comum sobre uma folha de papel colorido, a pedra não será de modo algum afetada pela luz colorida proveniente do papel. Ela se destaca contra o papel como se isso se devesse à sua impenetrabilidade a essa luz. Se colocarmos um cristal incolor sobre o mesmo papel, imediatamente notaremos uma diferença no modo como se comporta em relação à luz que provém do papel.

O cristal absorve parte dessa luminosidade e, assim, parece, pelo menos em parte, semelhante ao papel. O grau de absorção dependerá da transparência do cristal e da ausência de defeitos em sua substância. Quanto mais perfeito for o cristal, mais completamente deixará passar a luz e maior será sua semelhança com o papel colorido. Um cristal de perfeita transparência, sem defeitos internos ou cor, tornar-se-á tão completamente assimilado ao papel a ponto de quase desaparecer em meio à luz que ele emite. O cristal estará lá, mas em uma forma invisível e emitindo apenas a luz do papel sobre o qual repousa. Convém notar que é a ausência no cristal de quaisquer defeitos, características, marcas, ou qualidades próprias, que possibilita sua completa assimilação com o papel sobre o qual está colocado. Mesmo um simples traço de cor em um cristal que seja perfeito sob outras condições impedirá sua completa assimilação.

O comportamento de uma mente em relação a um objeto de contemplação é notavelmente semelhante ao do cristal em relação ao papel colorido. Qualquer atividade, impressão ou propensão que a mente tenha, fora do objeto de contemplação, impedirá que ela venha a se fundir completamente com ele. Só quando a mente tiver, por assim dizer, aniquilado totalmente a si mesma e destruído sua identidade independente, é que ela pode tornar-se assimilada ao objeto de contemplação e brilhar com a pura verdade entesourada nesse objeto.

Consideremos, por um momento, os vários fatores que impedem esse processo de assimilação. Antes de mais nada, vêm as várias tendências, algumas de caráter quase instintivo, que transmitem fortes preconceitos à mente e fazem com que ela flua natural e poderosamente por certas linhas predeterminadas. Tais tendências são, por exemplo, as de acumular posses, de se permitir toda espécie de prazeres, atrações e repulsões. Derivadas de vários tipos de desejo, elas são propensas a projetar na mente imagens mentais e tentações conforme sua própria natureza. Com a prática de *yama niyama* e *vairāgya*, procura-se eliminar da mente do iniciante todas essas tendências. Depois vêm as impressões sensoriais provenientes do contato dos órgãos dos sentidos com o mundo exterior. Ao longo das vias dos órgãos dos sentidos flui uma corrente contínua de impressões para dentro da mente, modificando-a constantemente, em uma infinita série de imagens. Essas impressões são eliminadas assim que *samādhi* foi praticado por meio de *āsana*, *prāṇāyāma* e *pratyāhāra*. O *yogi* tem de lidar, agora, apenas com a atividade inerente à própria mente, a atividade que ele pode levar adiante, com o auxílio das imagens armazenadas em sua memória e seu poder de arranjar e rearranjar essas imagens em inumeráveis formas. Procura-se controlar e canalizar esse tipo de atividade em *dhāraṇā* e *dhyāna* e direcionar essa atividade da mente para um único canal. Nada resta agora na mente, nada pode nela surgir, exceto a "semente" de *saṃyama* ou o objeto de contemplação. Mas a mente está ainda separada do objeto e, enquanto mantém seu papel subjetivo, não pode se tornar una com o objeto. Este autopercebimento da mente, que obstaculiza sua fusão com o objeto de contemplação e não a permite "brilhar" somente com a verdade oculta no objeto, é eliminada em *samādhi*. O tema dos *sūtras* subseqüentes analisa o modo como este autopercebimento é dissolvido para acarretar a fusão completa do conhecedor, do conhecido e do conhecimento.

Considerando a analogia do cristal de perfeita transparência colocado sobre um papel colorido, nota-se que, embora o cristal esteja livre de defeitos e possa, portanto, ser assimilado ao papel colorido, ainda assim, a luz colorida provinda do papel o colore. Portanto, ele ainda não é totalmente livre de defeitos. Uma influência externa ainda o altera, embora esta modificação seja de natureza muito sutil. Somente quando o cristal é colocado sobre um papel branco, que emite luz branca, é que ele brilhará com a luz branca, que inclui todas as cores em uma composição harmoniosa, símbolo da verdade Total ou Realidade.

Analogamente, em *sabīja samādhi*, embora todos os outros defeitos da mente tenham sido eliminados, um defeito ainda está lá. Trata-se de sua permeabilidade com a verdade parcial da "semente" da contemplação. Comparada com a verdade Total, que inclui e integra todas as verdades parciais, a verdade parcial da "semente" atua como um obstáculo e impede a mente de brilhar com a verdade Total. Assim, enquanto a verdade parcial de qualquer "semente", densa ou sutil, ocupa a mente, a verdade Total da Realidade Una não pode brilhar através dela. Para que ocorra a realização da verdade Total, que somente pode ser encontrada na consciência do *puruṣa*, segundo a terminologia do *Yoga*, é necessário remover até mesmo a impressão de qualquer verdade parcial realizada em *sabīja samādhi*. Isso é conseguido pela prática de *nirbīja samādhi* ou "*samādhi* sem semente". O cristal perfeito e transparente da mente pode, então, brilhar, com a pura e alva Luz da verdade. Por conseguinte, em *sabīja samādhi* os *vṛttis* da mente são substituídos por este puro, mas parcial conhecimento de um determinado aspecto da Realidade, porém em *nirbīja samādhi* esse conhecimento puro, todavia parcial, é substituído pela Realidade ou pela consciência do próprio *puruṣa*. A mente fundiu-se na Realidade Una e existe despercebida somente para irradiar seu inimaginável fulgor.

Do que foi dito acima sobre as condições a serem cumpridas antes da fusão do conhecedor com o conhecido em *samādhi*, deve ficar claro que a técnica do *Yoga* precisa ser adotada como um todo e não parcialmente. Se, por exemplo, os desejos comuns não tiverem sido eliminados, mas apenas moderados, será impossível praticar *samādhi*. Os desejos continuarão a exercer pressões inconscientes e a projetar na mente toda espécie de imagens, e nessas condições não será possível manter um tranqüilo e ininterrupto estado da mente, sem o qual *samādhi* não pode ser praticado. Esse estado não pode ser atingido mediante o simples exercício da força de vontade, como algumas pessoas supõem, já que o exercício da força de vontade em uma mente agitada, por desejos até mesmo subconscientes tende a gerar tensão mental, e uma mente sob tensão, o que pode ser até imperceptível, está completamente despreparada para a prática de *samādhi*. A tranqüilidade, pré-requisito para *samādhi*, é uma condição de extraordinária e habitual estabilidade, e a verdadeira estabilidade não pode existir onde há tensão. É necessário enfatizar estes fatos, repetidamente, pois os aspirantes não familiarizados com as Realidades da vida do *Yoga* lançam-se diretamente à prática da meditação sem qualquer preparação prévia, e começam então a se inquietar e a imaginar por que não fazem qualquer progresso. A prática do *Yoga* superior requer um preparo completo e constante, após longos períodos de tempo. Isto não quer dizer, é claro, que o aspirante não deva começar com algumas práticas simples e vá, gradualmente, ampliando-as até que tenha dominado as lições preparatórias.

Há uma palavra de grande relevância neste *sūtra*. É *kṣīṇa*. Esta palavra significa "atenuado" ou "enfraquecido". Não quer dizer "aniquilado" ou completamente "morto". Na prática de *saṃyama*, em *sabīja samādhi*, há sempre uma semente presente na mente. Assim, não se pode dizer que a mente esteja sem *vṛtti* ou modificação. Somente quando é praticado *nirbīja samādhi* é que a mente fica sem *vṛtti*. É verdade que, na fase final de cada um dos estágios, *vitarka*, *vicāra*, *ānanda* e *asmitā*, de *saṃprajñāta samādhi*, a verdade parcial que resplandece através da mente dificilmente pode ser chamada um *vṛtti*, no sentido comum. No entanto, não se pode dizer que a mente esteja presente em uma condição inalterada, pois a luz da verdade parcial, como explicado antes, ainda colore a mente. A mudança da condição comum da mente, na qual continuamente ocorre todo tipo de transformação, para uma condição em que somente um objeto continua a ocupá-la, é chamado de *samādhi pariṇāma* em III-11. O estado final atingido na transformação pode ser melhor descrito como aquele em que os *vṛttis* da mente tornaram-se *kṣīṇa*. Mas, obviamente, isso não significa a completa aniquilação ou desaparecimento dos *vṛttis*, como sugerem alguns comentaristas.

Tatra śabdārtha-jñāna-vikalpaiḥ
saṃ-kīrṇā savitarkā.

I-42) *Savitarka samādhi* é aquele em que o conhecimento baseado somente em palavras, o conhecimento real e o conhecimento comum baseados na percepção sensorial ou no raciocínio, estão presentes em um estado de mistura e a mente passa, alternadamente, de um para outro.

Os três processos puramente mentais de *dhāraṇā*, *dhyāna* e *samādhi* são explicados detalhadamente nos três primeiros *sūtras*, da seção III. Em I-41 foi analisada a natureza essencial de *samādhi*. É necessário, porém, notar que a palavra *samādhi* não é usada para expressar um estado específico ou definido da mente. Ela se aplica a uma extensa série de estados mentais superconscientes, os quais conduzem a um fim em *Kaivalya*. *Samādhi* deve ser alcançado antes de serem atingidos os planos superiores da consciência. Ele introduz o *yogi* nesses planos, mas a investigação destes reinos e o domínio das forças e dos poderes que neles atuam ainda têm que ser aperfeiçoados pelo *yogi*. Deste modo, o estado mental definido em III-3 é apenas uma condição preliminar que qualifica o *yogi* a iniciar-se na tarefa de investigação e controle, exatamente como o mestrado de uma universidade habilita um estudante a participar de um curso independente de pesquisa científica. Nos dez *sūtras* que iniciam em I-42, são dados mais alguns esclarecimentos sobre a técnica de *samādhi*, concernentes à investigação e ao domínio desses planos, de um lado, e à total compreensão da Realidade que está além deles, de outro. *Samādhi* com o primeiro objetivo é chamado de *sabīja samādhi* e com o segundo objetivo é chamado *nirbīja samādhi*.

Assim que o *yogi* tiver dominado a técnica de *samādhi*, como explicitada em III-3, e puder realizar *saṃyama* com relação a qualquer coisa passível de tornar-se um objeto de *saṃyama*, e da qual tenha que ser descoberta a Realidade Interior, surgirá a questão: como progredir mais? Como utilizar o poder que ele já adquiriu para a investigação e o domínio dos planos superiores da existência e os quais ele agora pode contactar através de seus veículos mais sutis?

A técnica desses estágios posteriores de evolução está incluída em I-42-51, embora não em detalhe, pois ninguém que não tenha passado pela disciplina do *Yoga* e atingido o estágio avançado, no qual está apto a executar *saṃyama*, pode realmente compreender essas coisas, mesmo teoricamente. É preciso entender que os *sūtras* acima mencionados não corporificam a técnica dos estágios mais elevados de *samādhi*, mas apenas indicam esses estágios e sua posição relativa na linha do progresso. Eles são sugestivos, não explanatórios. São como um esboço de mapa de um país que certo viajante tenciona explorar. Tal esboço de mapa fornece apenas a posição relativa das diversas regiões do país, e a direção que o viajante deve tomar para atingir seu objetivo. Mas algo mais que um simples esboço de mapa é necessário para se explorar uma país.

Antes de prosseguirmos na consideração dos *sūtras* referidos, procuremos, primeiro, compreender a distinção entre *sabīja* e *nirbīja samādhi*s. A propósito de I-17, sobre *saṃprajñāta samādhi*, foi dito que este tipo de *samādhi* tem quatro estágios. Estes estágios representam, como já foi explicado, os quatro níveis distintos e distinguíveis, nos quais a consciência funciona através dos quatro veículos mais sutis e correspondentes aos quatro estágios dos *guṇas* mencionados em II-19. Foi dito também, em relação a III-5, que a consciência mais elevada, funcionando nesses níveis em um estado de *samādhi*, é completamente diferente da consciência mental comum, com a qual estamos familiarizados e que se chama *prajñā*. Eis por que o *samādhi* deste tipo é denominado *saṃprajñāta*. Todos esses quatro estágios de *saṃprajñāta samādhi* estão incluídos em *sabīja samādhi*, conforme citado em I-46.

Por que o *samādhi* pertencente a esses quatro estágios é chamado de *sabīja samādhi*? A chave para tal pergunta está no significado da palavra *bīja* ou semente. Qual é a forma essencial de uma semente? É um aglomerado de diferentes espécies de matérias dispostas em diversas camadas — a camada mais externa formando a parte protetora e menos essencial, e a mais interna, ou núcleo, formando a parte real ou essencial de todo o conjunto. Portanto, a fim de atingirmos a parte essencial ou a verdadeira substância da semente temos de romper as várias camadas, uma após a outra, até chegar ao núcleo.

A constituição geral de uma semente, descrita acima, mostrará de imediato a pertinência de se chamar qualquer *samādhi* do tipo *saṃprajñāta*, de *sabīja samādhi*. *Saṃyama*, em *saṃprajñāta samādhi*, é sempre executado em relação a algum "objeto", chamado "semente", por apresentar diversas camadas, em termos de significado etc., encobrindo um núcleo essencial, que é a Realidade do objeto. Pode-se entrar em contato com as diferentes camadas do objeto ou "semente", desdobrando-o, por assim dizer, mentalmente, por meio da técnica de *samādhi*. Cada estágio sucessivo de *samādhi* revela à nossa consciência uma camada diferente e mais profunda da realidade do objeto e, continuando o processo de *saṃyama* através dos estágios sucessivos, terminamos por chegar à mais interna realidade do objeto. Cada estágio de *samādhi* desvela somente uma camada da realidade total oculta no interior do objeto, e o processo de aprofundamento talvez tenha que prosseguir, em certos casos, através dos quatro estágios, antes que a realidade última, oculta no objeto, seja revelada.

Entretanto, embora haja quatro estágios em *sabīja samādhi* e possa tornar-se necessário atravessá-los todos antes que o objeto sobre o qual *saṃyama* é aplicado revele-se em sua totalidade, isto não quer dizer que cada objeto, sobre o qual *saṃyama* possa ser aplicado, seja complexo o suficiente a ponto de requerer a travessia de todos os quatro estágios. Diferentes objetos distinguem-se em sua complexidade ou sutileza — alguns são mais complexos e apresentam contrapartes mais sutis que outros, conforme é explicado em III-6. Patañjali não discutiu, sistemática e detalhadamente, os diferentes tipos de "sementes" — sobre os quais *saṃyama* pode ser aplicado, assim como o método de "desdobrá-las" em *samādhi*, mas um estudo dos *sūtras*, na última parte da seção III, dará ao estudante uma boa idéia da grande variedade de objetos utilizados para *saṃyama*, na prática do *Yoga*. Um estudo cuidadoso desses *sūtras* não somente dará ao estudante uma idéia a respeito das diversas finalidades de *sabīja* e *nirbīja samādhi*, mas também esclarecimentos sobre a técnica de *samādhi*. Isso o ajudará a obter um melhor *insight* do significado dos dois algo enigmáticos *sūtras* I-42-43, que são os únicos em que Patañjali dá algumas informações definidas sobre os processos mentais envolvidos em *samādhi*.

Antes de prosseguir na análise desses dois *sūtras*, consideremos, primeiramente, algumas conclusões que podem ser extraídas de um estudo geral dos objetos (*viṣayā*) em relação aos quais *saṃyama* é aplicado, e os resultados obtidos de tal prática. Estas conclusões podem ser assim resumidas:

(1) Se duas coisas são relacionadas como causa e efeito, aplicando-se *saṃyama* sobre o efeito, é possível, então, obter conhecimento sobre a causa nele subjacente ou vice-versa — como, por exemplo, em III-16.
(2) Se certos fenômenos deixam uma impressão em qualquer meio, é possível entrar em contato com os fenômenos pela revivescência das impressões através de *saṃyama*, como, por exemplo, em III-18.
(3) Se determinado princípio da natureza encontra expressão em certo fenômeno, então, pela aplicação de *saṃyama* no fenômeno, é possível conhecer diretamente o princípio nele subjacente, como, por exemplo, em III-28 ou em III-29.
(4) Se determinado objeto é a expressão de um arquétipo, então, pela aplicação de *saṃyama* sobre o objeto, é possível obter conhecimento direto do arquétipo como, no caso, por exemplo, em III-30.
(5) Se determinado centro no corpo é um órgão de um veículo ou faculdade superior etc., então, pela aplicação de *saṃyama* sobre o centro, estabelece-se contato direto com o veículo, a faculdade etc., como no exemplo de III-33 ou III-35.
(6) Se algo existe em diversos graus de sutileza, uma derivada da outra, em uma série, então, pela aplicação de *saṃyama* sobre a mais afastada delas ou sobre a menos sutil, pode-se chegar ao conhecimento de todas as formas, passo a passo, como referido em III-45.

Um cuidadoso exame dos fatos acima mencionados mostrará que *saṃyama* é realmente um meio de passar de uma expressão externa para a realidade interna, qualquer que seja a natureza do relacionamento entre a expressão externa e a realidade interna. Como a realidade subjacente em todos os objetos está contida na Mente Divina, e o objetivo de *saṃyama* em *sabīja-samādhi* é conhecer tal realidade, conclui-se que o que o *yogi* faz em *saṃyama* é mergulhar em sua própria consciência, até atingir o nível da Mente Divina, em que se encontra a realidade do objeto. A "semente" sobre a qual se aplica *saṃyama* apenas determina a direção ao longo do qual se dará o mergulho da consciência. Isso pode ser ilustrado com o seguinte diagrama:

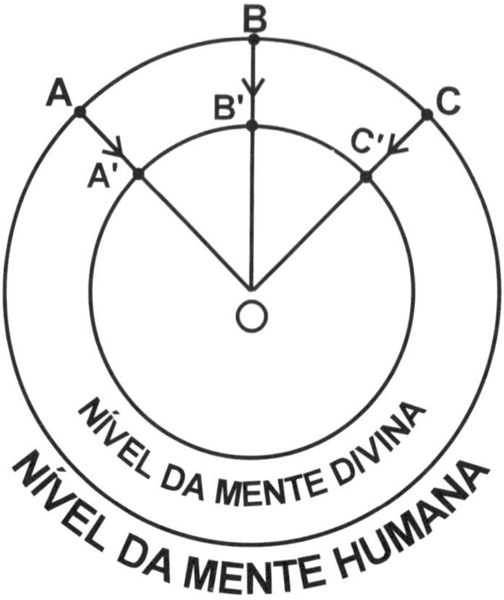

Figura 5

A, B e C são diferentes objetos que podem servir como "sementes" de *sabīja samādhi*. A', B' e C' são, respectivamente, as realidades desses objetos que podem ser encontradas na Mente Divina, através de *saṃyama*. "O" é o Centro da Consciência Divina. É possível constatar que, em cada caso, o processo essencial é o mesmo, isto é, da periferia, através de um raio, para o centro, até que o círculo intermediário seja atingido. Mas os diferentes objetos, representados por diferentes pontos no círculo externo, indicam a necessidade de prosseguir ao longo dos diferentes raios para o centro. Assim procedendo, a consciência automaticamente toca a realidade do objeto determinado, ao chegar no nível da Mente Divina. Desta forma, a "semente" apenas indica a direção do mergulho da consciência, a fim de atingir a correspondente realidade na Mente Divina. Não faz qualquer diferença quanto ao processo essencial de *saṃyama*, mas apenas orienta a consciência para a realidade, que é o objetivo da procura.

Em *nirbīja samādhi*, a meta do *yogi* é o Centro da Consciência Divina, representado por O no diagrama. Ao atingir o ponto "O", ele deve prosseguir ao longo de um dos raios e cruzar os estados intermediários da consciência. Eis por que *nirbīja samādhi* só pode vir depois de *sabīja samādhi*, quando todos os estágios de *saṃprajñāta samādhi* tiverem sido atravessados.

Tendo esclarecido um pouco o assunto, passemos à análise de I-42, que projeta alguma luz sobre a técnica de desdobrar a "semente" de *sabīja samādhi*. Este *sūtra* trata do processo mental envolvido no primeiro estágio de *samādhi* e pode ser melhor entendido quando relacionado a um objeto concreto, que tenha nome e forma. Estamos tão acostumados a aceitar como conhecido tudo que se encontra no âmbito de nossa experiência, que nunca prestamos qualquer atenção aos mistérios que obviamente estão ocultos nos mais simples objetos. Qualquer objeto físico que podemos perceber através dos nossos órgãos dos sentidos é de fato um conglomerado de diversas espécies de impressões mentais passíveis de serem classificadas, até certo ponto, mediante um processo de análise mental, com base em nosso conhecimento da percepção sensorial e em outros fatos descobertos pela ciência. Considere-se, por exemplo, um objeto concreto e simples como uma rosa. Nosso conhecimento em relação a uma rosa é como uma mistura constituída por fatos como os seguintes:

(1) Ela tem um nome, escolhido arbitrariamente e sem qualquer relação natural com o objeto.
(2) Ela tem uma forma, uma cor, um aroma etc., que podemos perceber através de nossos órgãos dos sentidos. São características que podem variar de uma rosa para outra, mas há um mínimo irredutível de características que são comuns a todas as rosas e que fazem de uma rosa, uma rosa.
(3) Ela é uma combinação particular de certos átomos e moléculas (ou elétrons, em um nível mais profundo), distribuídos de determinada maneira no espaço. A imagem mental formada em nossa mente, a partir desse conhecimento científico, é completamente diferente da imagem mental proveniente dos órgãos dos sentidos.
(4) Ela é um espécime particular de um arquétipo, ou seja, todas as rosas nascem em conformidade com esta rosa arquetípica.

O exame de alguns dos fatos anteriormente citados mostrará ao estudante como são confusas nossas idéias, mesmo com relação a objetos comuns com os quais entramos em contato todos os dias. Nosso verdadeiro conhecimento sobre o objeto real está misturado ou confundido com todo tipo de imagens mentais, não nos sendo possível separar o conhecimento puro, em meio a essas imagens mentais, pelos processos comuns de análise mental ou raciocínio. A única maneira de se fazer isso, é aplicando *saṃyama* ao objeto e fundindo a mente com ele, conforme explicado em I-41. O conhecimento interno, puro e real sobre o objeto é isolado do conhecimento externo, misturado, e assim o *yogi* pode conhecer o objeto real unificando a mente com ele.

Sem dúvida, há que haver dois estágios nesse processo de "conhecimento por fusão". No primeiro estágio, o conhecimento heterogêneo concernente ao objeto tem que ser separado em seus dois diferentes constituintes. Neste estágio, todos os constituintes do conhecimento, interno e externo, estão presentes, mas, de um estado não-diferenciado e confuso eles são separados cada vez mais, chegando a uma condição de constituintes claramente definidos e diferenciados. No segundo estágio, a mente está fundida com o conhecimento puro, que foi isolado no primeiro. Neste processo de fusão seletiva, naturalmente todos os demais constituintes que dependem da memória desprendem-se, automaticamente, e a mente brilha apenas com o conhecimento puro do objeto — nada mais. I-42 trata do primeiro estágio e I-43, do segundo estágio.

Consideremos agora a importância dos termos utilizados em I-42 para indicar esta separação e diferenciação desse conhecimento composto, em relação ao objeto, em constituintes claramente definidos. A palavra *tatra* refere-se ao estado de *samādhi* descrito no *sūtra* anterior, e é obviamente usada para salientar o fato de que este processo de separação ocorre num estado de *samādhi*, e não pode ser realizado por um processo comum de análise mental. Só quando a mente tiver sido inteiramente isolada das influências externas e atingido o estado concentrado de *dhyāna* é que ela pode, com sucesso, lidar com este problema da separação. *Śabda-arthajñāna* definem as três categorias de conhecimento que estão inextricavelmente misturadas na mente do homem comum e somente podem ser separadas em *savitarca-samādhi*. *Śabda* refere-se ao conhecimento baseado apenas em palavras, não estando, de modo algum, ligado ao objeto em questão. Em grande parte, nosso pensamento tem esta natureza superficial, baseando-se meramente em palavras sem, de modo algum, tocar o objeto. *Artha* refere-se ao conhecimento verdadeiro sobre o objeto ou seu significado real, que o *yogi* quer. E *jñāna* refere-se ao conhecimento comum, baseado na percepção dos órgãos dos sentidos e no raciocínio mental. A condição de incapacidade de distinguir claramente entre esses três tipos de conhecimento, e resulta que a mente paira entre eles alternadamente, procura-se transmitir pela palavra *vikalpaiḥ*. Isso é inevitável, na medida em que os três tipos de conhecimento não se separaram, por assim dizer, em três camadas distintas, mas estão presentes num estado de mistura ou "confusão", o qual se designa pela expressão *saṃkīrṇā*. Talvez auxilie o estudante a compreender essa progressiva separação dos três tipos de conhecimento, se ilustrarmos o processo a partir de um diagrama, como se vê na figura 6, a seguir:

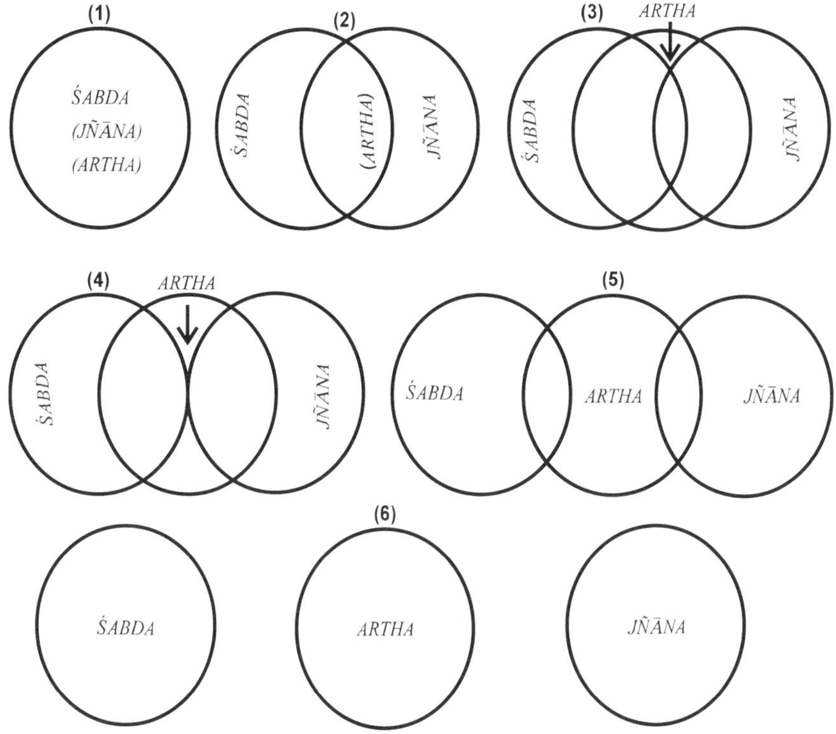

Figura 6

Aí se verifica que, enquanto no primeiro passo o conhecimento baseado em *śabda* cobre apenas os outros dois, a progressiva separação resulta, no último passo, na completa separação dos três. Os estudantes de ciência constatarão também a analogia de uma emulsão, útil para compreender esta progressiva resolução e separação em dois constituintes separados e distintos. Se dois líquidos imiscíveis são vigorosamente sacudidos juntos, é possível preparar uma emulsão na qual ambos parecem estar presentes numa condição homogênea, embora, na verdade, permaneçam separados. Mas, se a emulsão for deixada em repouso por algum tempo, os dois líquidos irão aos poucos se separando em duas fases distintas. Esta analogia é especialmente adequada, no caso, já que a ausência da agitação é que ocasiona a separação das duas fases, assim como em *savitarka samādhi*, é, na verdade, a extrema tranqüilização da mente que produz a separação dos diferentes tipos de conhecimento.

Quando os diferentes componentes mentais tiverem sido separados e puderem ser vistos em seu correto relacionamento, então não poderá haver confusão alguma ou alternância entre um e outro. Por eles serem confundidos um com o outro, e o próprio campo de cada um não estar definido, é que há confusão e, conseqüentemente, *vitarka* (ver, também, a este respeito em III-17). Quando o quadro mental é clarificado e cada componente visto na sua verdadeira perspectiva, *vitarka* tem que chegar ao fim.

Smṛti-pariśuddhau svarūpa-śūnyevārtha-mātra-nirbhāsā nirvitarkā.

I-43) Na clarificação da memória, quando a mente perde sua natureza essencial (subjetividade), por assim dizer, e somente o conhecimento real do objeto brilha (através da mente), *nirvitarka samādhi* é atingido.

O estágio *savitarka*, de *samādhi*, observado no *sūtra* anterior, prepara o terreno para o estágio *nirvitarka*. O estado de confusão mental, no qual os diferentes tipos de conhecimento estavam misturados, foi aos poucos substituído por um estado de maior clareza, no qual os três tipos de conhecimento são vistos separados e nitidamente distinguíveis. Esta clarificação é chamada de *smṛti-pariśuddhi*, neste *sūtra*. Por que tal separação do conhecimento, presente na mente do *yogi*, é chamada de "clarificação da memória"? Para compreender-se o motivo da utilização do termo *smṛti*, neste caso, o estudante deve reportar-se a I-6, em que os *vṛttis* ou modificações da mente são classificados sob cinco títulos, sendo *smṛti* ou memória, um deles. Se ele tiver compreendido as bases dessa classificação, verificará de pronto que a modificação da mente, em *savitarka samādhi*, é classificada como *smṛti*, ou memória. Uma vez que a mente do *yogi* desliga-se por completo do mundo exterior, a modificação não pode ser classificada como "conhecimento correto" ou como "conhecimento errôneo". Como ele não está dormindo, mas completamente consciente, também não se pode classificá-la como "sono". Como não está aplicando *saṃyama* a uma coisa imaginária, mas a uma coisa definida e cuja *realidade* está para ser conhecida, a modificação não pode se classificar como "imaginação". A modificação é realmente da natureza da memória, porque é uma reprodução na mente de algo que foi experenciado antes. Daí Patañjali chamar o processo de "clarificação da memória".

Uma vez clarificada a memória, a mente está pronta para o passo seguinte, isto é, a redução do autopercebimento ao limite máximo. Este processo mental, chamado de *svarūpa-śūnya*, é explicado no estudo de III-3. Não é necessário entrar neste assunto aqui, mas dois fatos podem ser mencionados a este respeito. O primeiro ponto que se deve notar é que a dissolução do autopercebimento mental só pode ocorrer após a separação do conhecimento composto e complexo, em relação ao objeto, em seus três constituintes claramente definidos. Isto está claro na palavra *pariśuddhau*, que significa "na clarificação de". O segundo ponto, para o qual pode ser chamada a atenção, o significado da palavra *iva*, após *śūnya*. A palavra *iva* quer dizer "como se" e é usada para significar que, embora a mente pareça desaparecer, ela ainda está ali. O próprio fato de o "objeto" estar "brilhando" na mente indica a presença dela. Somente sua natureza subjetiva, digamos, desapareceu no objeto, acarretando, assim, uma fusão do subjetivo com o objetivo, necessária para alcançar o estado de *samādhi*. É esta fusão que ocasiona o desaparecimento dos outros dois constituintes, *śabda* e *jñāna*, deixando somente o conhecimento puro ou *svarūpa* do objeto a preencher a mente. O objeto é, então, visto em sua realidade nua. A utilização da palavra *nirbhāsā*, que significa "brilhando", para descrever o preenchimento da mente com *svarūpa* ou conhecimento real do "objeto", depreende-se naturalmente do termo análogo utilizado em I-41 para ilustrar a fusão do subjetivo com o objetivo. A mente, embora ela própria imperceptível, como uma jóia transparente, ainda brilha, sob a luz do verdadeiro conhecimento do objeto. A utilização da palavra *nirvitarka*, para indicar estado de *samādhi* em que não há *vitarka* também requer uma explicação. Pode-se compreender a utilização da palavra *savitarka*, no *sūtra* anterior, porque o estado de *samādhi* é acompanhado por *vitarka*. Mas por que o uso da palavra *nirvitarka* para um estado em que não há *vitarka*? Simplesmente para indicar a natureza do estado que existia anteriormente. Quando alguém diz que sua mente está despreocupada, significa não apenas que nenhuma preocupação existe nela, mas também que esteve preocupada antes. A utilização da palavra *nirvitarka*, neste *sūtra*, significa, portanto, que o estado indicado é atingido depois de passar pelo estado sa*vitarka*, sendo a simples consumação ou culminância do estado anterior. A consciência ainda funciona no mesmo nível e no mesmo veículo, embora tenha chegado ao limite extremo de conhecimento, no que tange ao conhecimento desse objeto nesse plano. Qualquer mudança posterior nesse estado só pode ser uma repetição de si mesmo, como explicado em III-12. Somente pela prática de *nirodha* é que a consciência pode passar para o veículo seguinte e pode começar uma nova série de mudanças em um nível mais elevado.

Uma questão interessante que pode surgir na mente do estudante é: quem produz a fusão do subjetivo com o objetivo e também as demais transformações que têm lugar nos estágios posteriores de *samādhi*? Até onde *vitarka* está presente, as transformações devem ser produzidas pela ação da mente subjetiva — ainda ativa. Mas, quem fornece a direção e a força propulsora, depois que a mente subjetiva tiver se fundido com o objeto? Obviamente, o *puruṣa*, que está sempre presente no plano de fundo e que é o senhor da mente, conforme assinalado em IV-18. A mente é, em si mesma, inerte, e a constante presença do *puruṣa*, no plano de fundo, é que lhe dá não somente a capacidade de perceber, mas também a vontade de mudar. A mente é sempre um instrumento. Os verdadeiros *draṣṭā e kartā* são sempre o *puruṣa*. Assim, quando a mente inferior funde-se com o objeto, em *nirvitarka samādhi*, é o *puruṣa*, a partir de *seus princípios superiores*, que realmente está atuando e é, em última análise, o responsável pelas transformações contínuas e delicadas que ocorrem nos estágios ulteriores de *samādhi*. De fato, ao longo do ininterrupto desenvolvimento que acontece no *Yoga* até atingir *Kaivalya*, o *puruṣa* é que está dirigindo o processo de evolução. Sem dúvida, este ponto de vista não está de acordo com as concepções da filosofia *Sāṃkhya*, em que o *puruṣa* é considerado um simples *draṣṭā*, espectador, mas a técnica do *Yoga*, como indicado em outra parte, não se baseia unicamente em *Sāṃkhya*. Portanto, sem admitir-se o papel orientador de *puruṣa*, essa técnica seria ininteligível. Entretanto, este não é o momento de se entrar nesta questão filosófica.

Etayaiva savicārā nirvicārā ca
sūkṣma-viṣayā vyākhyātā.

I-44) Dessa maneira (como foi dito nos dois *sūtras* precedentes), *samādhi*s de sa*vicāra*, *nirvicāra* e estágios mais sutis (I-17) também foram explicados.

A dificuldade de compreender *samādhi*, mesmo no estágio menos elevado de *savitarka-nirvitarka* — a despeito de estarmos vivendo em um mundo de nomes e formas e estarmos familiarizados, até certo ponto, com o trabalho da mente concreta — deve facilitar a compreensão do motivo pelo qual Patañjali não tratou, em detalhe, dos estágios mais elevados de *samādhi* e incluiu todo o assunto em dois *sūtras*. I-44 apenas menciona que os processos mentais em *savicāra-nirvicāra*, bem como outros estágios mais elevados de *samādhi*, são análogos aos de *savitarka-nirvitarka-samādhi*. Isto é, o *samādhi*, em relação a *sūkṣma-viṣayā*s, ou objetos sutis, começa com *saṃyama*, no aspecto mais externo do objeto — o mais complexo — e termina com o isolamento do objeto em seu estado real — o mais simples. Vale referir, a propósito, que a progressiva involução da consciência na matéria é geralmente seguida de um aumento na complexidade das funções, enquanto o processo inverso de libertação da consciência das limitações da matéria significa uma simplificação de funções. Um exemplo servirá, de certa forma, para esclarecer este princípio geral. O processo de percepção de um mundo exterior requer a atuação dos órgãos dos sentidos no plano físico, havendo um órgão sensorial específico para contatar cada *bhūta*. Mas nos planos espirituais superiores a percepção origina-se de uma única faculdade, *prātibha*, que exerce as funções de todos os cinco órgãos sensoriais de maneira integrada.

Uma compreensão clara deste princípio fundamental ajudará o estudante a entender o papel de *samādhi* nesse processo de desvendamento dos aspectos mais sutis e mais profundos dos objetos no universo manifestado. *Samādhi* nada mais faz que reverter esta involução da consciência, e esta evolução ou desenvolvimento da consciência, automaticamente, revela os aspectos mais sutis desses objetos. O que o *yogi* faz é mergulhar cada vez mais profundamente em sua própria consciência. Isso põe em ação as mais abrangentes faculdades dos planos cada vez mais sutis, os únicos capazes de revelar os aspectos mais sutis dos objetos. Aquilo que o intelecto tem que se esforçar ao máximo — sem muito sucesso — para compreender, torna-se evidente à luz dessas faculdades superiores. Daí por que Patañjali não tentou tratar de assuntos que realmente estão além da capacidade de compreensão do intelecto dependente do cérebro.

Sūkṣma-viṣayatvaṃ cāliṅga-pary-avasānam.

I-45) O domínio de *samādhi*, no que concerne aos objetos sutis, estende-se ao estágio *aliṅga* dos *guṇas*.

Se diversos objetos apresentam diferentes graus de sutileza, como podem tais graus ser classificados? Os diversos graus de sutileza podem ser classificados de modo mais abrangente, por meio de sua ordenação nos planos em que eles existem. Mas, pelas razões referidas em I-17, Patañjali adotou uma base funcional e não estrutural para classificar os fenômenos e, assim, os graus de sutileza foram classificados de acordo com os estágios dos *guṇas*, mencionados em II-19. Como o assunto foi ali abordado amplamente, não é necessário discuti-lo aqui. Entretanto, vale mencionar que, de acordo com *Sāṃkhya*, todos os objetos são o resultado de diferentes combinações dos *guṇas* e, assim, a classificação dos objetos em quatro categorias, conforme os quatro estágios dos *guṇas*, é perfeitamente lógica. O último estágio dos *guṇas* é chamado de *aliṅga* e, desta forma, o limite de sutileza corresponde, naturalmente, ao estágio *aliṅga*.

Tā eva sabījaḥ samādhiḥ.

I-46) Esses (estágios que correspondem aos objetos sutis) constituem somente *samādhi* com "semente".

Todos os objetos, no reino de *prakṛti*, aos quais *saṃyama* pode ser aplicado para a descoberta de sua realidade relativa, foram resumidos em I-45. O *samādhi* que trata de qualquer um desses objetos é chamado de *sabīja samādhi*, pelas razões explicadas em I-42. Um objeto sobre o qual *saṃyama* é aplicado, é chamado, tecnicamente, de "semente", seja ele denso ou sutil. Assim, *sabīja-samādhi* também pode ser chamado de *samādhi* objetivo, em contraposição a *nirbīja-samādhi*, ou *samādhi* subjetivo, no qual não há nem "objeto" nem "semente" de meditação. O próprio buscador é o objeto de sua busca. O vidente, que adquiriu a capacidade de ver verdadeiramente todos os objetos no reino de *prakṛti*, agora quer ver a si mesmo, como ele realmente é.

O que distingue *sabīja-samādhi* de *nirbīja-samādhi* é, portanto, a presença de um objeto associado a *prakṛti*, cuja realidade relativa tem de ser compreendida. Em *nirbīja samādhi*, *puruṣa*, que está além do reino de *prakṛti*, é o objetivo "sem objeto". Ele é o buscador, assim como o objeto da busca. Também em *sabīja samādhi* ele de fato busca a si próprio, mas um véu, por mais tênue que seja, ainda obscurece sua visão. Em *nirbīja samādhi* ele tenta descerrar o último véu, a fim de obter uma visão completamente desobstruída de si mesmo. Isso é o que se entende por Auto-Realização.

Nirvicāra-vaiśāradye 'dhyātma-prasādaḥ.

I-47) Ao alcançar a pureza máxima do estágio *nirvicāra* (de *samādhi*) dá-se o alvorecer da luz espiritual.

I-47 visa estabelecer uma distinção entre os estágios menos e mais elevados de *samādhi* e enfatizar que a espiritualidade não está, necessariamente, associada a todos os estágios. Já vimos que *sabīja samādhi* começa no plano da mente inferior e seu campo estende-se até o plano *ātmico*. Em que ponto, nesses estágios sucessivos de *samādhi*, a luz da espiritualidade começa a despontar na consciência? Para estarmos aptos a responder a essa pergunta, devemos lembrar que o intelecto é o princípio separativo e constritivo no homem, o qual distorce sua visão e é responsável pelas ilusões comuns da vida inferior. Enquanto a consciência estiver funcionando somente dentro das regiões do intelecto, é forçada a permanecer presa àquelas ilusões. *Samādhi*, no campo do intelecto, enquanto revela os aspectos inferiores da realidade que está por trás dos objetos, nos quais *saṃyama* é aplicado, não traz consigo, necessariamente, uma percepção das mais elevadas verdades de uma natureza espiritual — não oferece, por exemplo, uma visão da unidade fundamental da vida. É concebível, por exemplo, que um cientista descubra muitas das verdades subjacentes ao mundo físico por meio de *samādhi*, mas ainda permaneça absolutamente alheio às verdades espirituais mais profundas, associadas à espiritualidade. Alguns dos *siddhis* inferiores, tais como os abordados em III-28-32, podem ser obtidos desta maneira. De fato, os magos negros, conhecidos como Irmãos da Sombra, são todos *yogis* eficientes na técnica do *Yoga* inferior e, sem dúvida, possuem muitos dos *siddhis* inferiores. Mas seu trabalho está confinado ao domínio do intelecto e eles permanecem ignorantes das mais elevadas verdades da existência. Sua visão egoísta e seus métodos maléficos os impedem de entrar nos reinos mais profundos e espirituais da consciência e, assim, adquirir a verdadeira sabedoria e iluminação espiritual.

Este *sūtra* mostra que a iluminação espiritual começa a inundar a mente quando o *yogi* atinge o último estágio de *nirvicāra samādhi* e está na fronteira que separa o intelecto do princípio espiritual imediatamente superior — *buddhi*, ou intuição. Nesse estágio, a luz de *buddhi*, fonte de sabedoria e espiritualidade, começa a espargir seu esplendor sobre o intelecto. Iluminado dessa maneira, o intelecto deixa de ser um escravo do eu inferior e passa a ser um instrumento voluntário do Eu Superior, atuando por meio de *ātmā-buddhi-manas*, pois as distorções e ilusões associadas ao intelecto não são realmente inerentes a este princípio; são conseqüências da ausência de iluminação espiritual. Um intelecto iluminado pela luz de *buddhi* e sob o controle de *ātmā* é um instrumento magnífico e poderoso, que até mesmo os Adeptos usam constantemente em Seu trabalho.

Ṛtambharā tatra prajñā.

I-48) Nesse (estágio) a consciência é portadora de Verdade e Retidão.

No *sūtra* anterior, foi mencionado o estágio no qual a consciência puramente intelectual converte-se na consciência espiritual em *samādhi*. O presente *sūtra* refere uma importante qualidade do novo tipo de consciência resultante dessa mudança. Isto chama-se *ṛtambharā*. Trata-se de palavra derivada de duas raízes sânscritas: *ṛtam*, que quer dizer "o correto", e *bhara*, que significa "portar" ou "sustentar": *ṛtambharā*, por conseguinte, significa, literalmente, portador da retidão. *Ṛtam* e *Satyam* (a Verdade) são duas palavras de significado muito profundo na escritura sagrada dos hindus e, sendo correlatas, geralmente são utilizadas juntas. Embora, às vezes, sejam empregadas como sinônimas, há uma sutil distinção em seu significado que muitas pessoas consideram difícil captar. Para compreender isto, devemos nos lembrar de uma doutrina muito conhecida da filosofia oriental, segundo a qual o universo, tanto o visível quanto o invisível, é uma manifestação de uma Realidade Divina, ou Espírito, que nele habita interiormente e é fonte e causa última de tudo que nele acontece em termos de tempo e espaço. Essa Realidade é citada como *Sat* e Sua existência no universo manifesta-se fundamentalmente de duas maneiras. Em primeiro lugar, constitui a verdade ou a própria essência de todas as coisas. A isto denomina-se *Satyam*. Em segundo lugar, determina a ordem das coisas, tanto em seu aspecto material quanto moral. A isto denomina-se *Ṛtam*. *Satyam* é, assim, a verdade relativa subjacente à manifestação constituindo as realidades de todas as coisas. *Ṛtam* é a ordem cósmica, que inclui todas as leis — naturais, morais ou espirituais — em sua totalidade e as quais são eternas e invioláveis em sua natureza. *Satyam* e *ṛtam* serão, portanto, vistos como dois aspectos de *Sat* em manifestação, um, estático e o outro, dinâmico. Eles são inseparáveis e, juntos, representam a própria fundação do universo manifestado. *Ṛtambharā prajñā*, é, assim, aquela espécie de consciência que dá uma percepção infalível do correto e da verdade subjacentes à manifestação. Seja o que for visto à luz deste *prajñā*, deve ser correto e verdadeiro.

Ao analisar-se o *sūtra* precedente, mencionou-se a influência do intelecto que produz distorção e viu-se como o intelecto, sem a iluminação de *buddhi*, é incapaz de perceber as profundas verdades da vida. Consideremos, agora, em síntese, como atua esse obscurecimento produzido pelo intelecto. Em nossa busca de conhecimento, queremos a verdade como um todo, mas o intelecto permite-nos ver apenas uma parte da verdade de cada vez. Assim, o conhecimento obtido por meio do intelecto nunca é perfeito — é de sua natureza nunca ser perfeito. A maneira como o nosso intelecto impede-nos de ver as coisas como elas são e ocasiona essa fragmentação da verdade é compreendida somente quando transcendemos o intelecto, em *samādhi*, e penetramos nos planos mais profundos da consciência, situados além do intelecto. Não apenas nada é visto como um todo pelo intelecto, mas também nada é visto em sua correta perspectiva, em sua relação com outras coisas e outras verdades existentes ao mesmo tempo. Isto faz com que se superestime a importância das verdades parciais, utilize indevidamente o conhecimento relativo às forças naturais, adote meios errados para atingir fins corretos, e tantos outros males dos quais a civilização moderna, baseada no intelecto, fornece muitos e notáveis exemplos. Esta falta de perspectiva e percepção do todo é característica de todo conhecimento e ação baseados no intelecto divorciado da sabedoria.

O conhecimento obtido em *samādhi*, quando a luz de *buddhi* ilumina a mente, não apenas é isento de erro e dúvida, mas relaciona-se com a Lei Cósmica subjacente que governa a manifestação. Baseia-se não somente na verdade, mas também na retidão. Eis a razão de *prajñā*, ou consciência, atuando nesses estágios superiores de *samādhi*, ser chamada de *ṛtambharā*. O conhecimento que o *yogi* obtém é perfeitamente verdadeiro e ele é incapaz de usá-lo mal, como o conhecimento obtido somente através do intelecto pode ser mal utilizado. A vida e a ação baseadas em tal conhecimento devem ser corretas e estar de acordo com a Grande Lei que governa todo o universo.

Śrutānumāna-prajñābhyām anya-viṣayā viśeṣārthatvāt.

I-49) O conhecimento baseado em inferência ou testemunho é diferente do conhecimento direto, obtido nos mais elevados estados de consciência (I-48), porque está confinado a um objeto particular (ou aspecto).

No *sūtra* anterior foi mencionada uma característica proeminente da nova consciência que surge no refinamento de *nirvicāra samādhi*. Este *sūtra* esclarece ainda mais a distinção entre conhecimento intelectual e conhecimento intuitivo. Como foi dito em I-7, há três fontes de conhecimento correto: cognição direta, inferência e testemunho. Todos os três podem ser obtidos no domínio do intelecto. A cognição direta, entretanto, representa uma parte muito limitada nesse domínio, por estar confinada aos pouco confiáveis relatos recebidos através dos órgãos sensoriais. Esses relatos, por si mesmos, não nos fornecem o conhecimento correto, tendo que ser constantemente conferidos e corrigidos pelos outros dois métodos acima mencionados. Todas as manhãs vemos o Sol erguer-se a Leste, deslocar-se no céu e pôr-se no Oeste; mas, por inferência, sabemos que isso é mera ilusão, já que o Sol parece mover-se devido à rotação da Terra em torno de seu eixo. Da mesma maneira, o familiar mundo das formas, cores etc., que percebemos por meio de nossos sentidos, não tem existência real. É tudo um jogo de elétrons, átomos, moléculas e energias de várias espécies que a ciência descobriu. Dificilmente compreendemos quão importantes são a inferência e o testemunho em nossa vida, até que tentemos analisar nosso conhecimento comum e os meios de obtê-lo. Estes dois instrumentos de obtenção e correção de conhecimento são peculiarmente intelectuais e desnecessários nos planos superiores da mente que transcendem o intelecto. Uma pessoa obrigada a descobrir objetos em um quarto em completa escuridão, tem de senti-los cuidadosamente. Se tal pessoa, contudo, puder obter um ponto de luz, não irá precisar de um método tão difícil de investigação e descoberta, já que terá condições de ver os objetos diretamente. O conhecimento, nos planos espirituais situados além do intelecto, não se baseia nem em inferência, nem em testemunho, apenas em cognição direta. Mas esta cognição direta nos planos espirituais, ao contrário da cognição direta obtida através dos órgãos sensoriais, não está sujeita a erros e não requer correção por meio de inferência e testemunho.

Que significa a expressão *viśeṣārthatvāt*? Literalmente, quer dizer "por ter um determinado objeto". Já foi dito que o intelecto é capaz de apreender somente uma coisa de cada vez, seja um objeto, seja o aspecto de um objeto. Esta fragmentação de conhecimento, esta inabilidade em distinguir coisas no plano de fundo do todo, constitui a maior limitação da percepção intelectual, da qual está livre a percepção intuitiva. Nos planos superiores da consciência, cada objeto não é visto de forma isolada, mas como parte de um todo, em que todas as verdades, leis e princípios ocupam seu devido lugar. O intelecto é como um telescópio que pode ser dirigido somente para uma determinada estrela que é vista isolada das demais. Quanto à consciência intuitiva é como o olho, que pode ver todo o céu simultaneamente e na verdadeira perspectiva. Analogia, sem dúvida, tosca, mas que pode ajudar o estudante a compreender a diferença entre os dois tipos de consciências.

A necessidade de utilizar o auxílio da inferência e do testemunho surge por causa da insuficiência do conhecimento, e esta insuficiência é devida à ausência da percepção do todo no plano de fundo. Sem dúvida, o conhecimento intuitivo pode não ser perfeito e pode carecer da precisão e do detalhe do conhecimento intelectual, mas até onde ele alcança está livre da possibilidade de erro e distorção. Uma luz tênue em um grande salão pode não dar um quadro muito claro de seu conteúdo, mas possibilita uma visão das coisas em termos de sua verdadeira proporção e perspectiva. À medida que a luz vai se tornando mais forte, todas as coisas vão aparecendo mais claramente, mas na mesma proporção e perspectiva. Por outro lado, um homem que tateia na escuridão, sentindo um objeto após o outro, pode ter uma idéia totalmente errada em relação a qualquer objeto, o que o obrigará a revisar constantemente e, algumas vezes, de modo drástico, suas conclusões incertas.

Taj-jaḥ saṃskāro 'nya-saṃskāra-prati-bandhī.

I-50) A impressão produzida por ele (*sabīja samādhi*) obstrui o caminho de outras impressões.

Em *sabīja samādhi*, *citta* é sempre moldado segundo certo padrão determinado pela "semente", objeto de *saṃyama*. O controle da vontade sobre a mente é tão completo que se torna impossível qualquer distração exterior produzir a mais leve oscilação na impressão criada pelo objeto. A natureza do objeto será diferente, de acordo com o estágio de *samādhi*, mas um objeto deverá sempre estar ali e isto evita que outras idéias tomem posse da mente. Mesmo na vida comum, verificamos que, se a mente estiver ocupada com pensamentos profundos ao longo de uma linha particular, será mais difícil que qualquer distração nela penetre. Quanto mais profunda a concentração, maior a dificuldade de qualquer distração entrar na mente. Mas, no momento em que a mente cessa de funcionar sob o controle da vontade e passa a uma condição de relaxamento, idéias de todos os tipos, que estavam latentes na mente subconsciente, começam a aparecer na mente consciente. Algo semelhante, embora em um nível muito mais profundo, aconteceria se a impressão criada pela "semente" em *saṃprajñāta samādhi* fosse removida, antes de adquirida a capacidade de manter a mente igualmente alerta e concentrada na condição de vazio. A súbita entrada de todo tipo de idéias, de maneira descontrolada, em face do vácuo que seria produzido, pode causar várias e sérias complicações.

Verifica-se, portanto, que *saṃprajñāta samādhi* não é somente um meio de aquisição de conhecimento e poder nas diversas regiões de *prakṛti*, mas também de alcance do objetivo final da Auto-Realização. Pois somente após suficiente prática de *saṃprajñāta samādhi* é que pode ser praticado o correspondente *asaṃprajñāta samādhi*, e somente depois de suficiente prática de *sabīja samādhi* nos quatro estágios é que pode ser praticado *nirbīja samādhi*. Isso talvez sirva para eliminar a falsa idéia, comum entre certos aspirantes superentusiasmados, de que é possível mergulhar diretamente no reino da Realidade, sem passar antes por longa e tediosa disciplina mental e adquirir a capacidade de aplicar *sāṃyama* em relação a qualquer objeto. Isto também explica por que os instrutores espirituais geralmente recomendam *saguṇa upāsanā* e desencorajam os aspirantes a empreender *nirguṇa upāsanā* nos primeiros estágios. O problema da vida espiritual e da Auto-Realização tornar-se-ia excessivamente fácil, caso os aspirantes tivessem apenas de sentar-se e esvaziar sua mente de uma maneira comum.

Tasyāpi nirodhe sarva-nirodhān
nirbījaḥ samādhiḥ.

I-51) Com a supressão até mesmo daquela (impressão), devido à supressão de todas (as modificações da mente), *samādhi* "sem semente" (é atingido).

Quando a capacidade de aplicar *saṃyama* tiver sido adquirida e o *yogi* puder passar facilmente ao último estágio de *sabīja samādhi*, correspondente ao estágio *asmitā*, de *saṃprajñāta samādhi* (I-17) e ao estágio *aliṅga* dos *guṇas* (II-19), ele estará pronto para o último passo, isto é, transcender completamente o reino de *prakṛti* e atingir a Auto-Realização. No estágio *asmitā*, a consciência atua na forma mais sutil de *citta* e a iluminação atinge seu mais alto grau. Mas, pelo fato de a consciência ainda estar no reino de *prakṛti*, ela estará necessariamente limitada em alguma extensão. Os véus da ilusão foram sucessivamente removidos, mas ainda se encontra presente um último, quase imperceptível, que impede a completa Auto-Realização. Daí o objetivo de *nirbīja samādhi* ser removê-lo. Nos primeiros estágios de *saṃprajñāta samādhi*, a suspensão da "semente" conduz ao surgimento da consciência no plano mais sutil seguinte; mas, depois de atingido o estágio *asmitā* e a consciência estar centrada no plano *ātmico*, a suspensão da "semente" levará ao surgimento da consciência no plano do próprio *puruṣa*. A luz, que até este estágio iluminava outros objetos, agora ilumina a si própria, pois se retirou para além do domínio desses objetos. O vidente está agora estabelecido em seu próprio Eu (I-3).

É impossível imaginar esse estado em que a luz da consciência ilumina a si mesma, ao invés de iluminar outros objetos exteriores a ela, mas o estudante, pelo menos, não cometerá o engano de pensar que se trata de um estado em que o *yogi* encontre-se imerso em um mar de bem-aventurança e conhecimento nebulosos. Cada estágio sucessivo de desenvolvimento da consciência aumenta substancialmente sua nitidez e claridade, produzindo um influxo adicional de conhecimento e poder. É absurdo, portanto, supor que, no último estágio que marca o clímax deste desenvolvimento, a consciência decaia subitamente num estado vago e nebuloso. Somente as limitações dos veículos através dos quais tentamos visualizar esse estado impedem-nos de compreendê-lo, ainda que limitadamente. Quando as vibrações do som tornam-se demasiado rápidas, elas dão a impressão de silêncio. Quando as ondas de luz tornam-se demasiado curtas, elas dão a impressão de trevas. Da mesma maneira, a natureza extremamente sutil dessa consciência transcendental da Realidade dá a impressão de um vazio para a mente.

A explicação acima deve possibilitar ao estudante compreender claramente a relação entre *nirbīja samādhi* e *asaṃprajñāta samādhi*. Constatar-se-á que *nirbīja samādhi* nada mais é que o último estágio de *asaṃprajñāta samādhi*. *Nirbīja samādhi* difere dos *asaṃprajñātas samādhis* anteriores por não haver nível mais profundo de *citta* para o qual a consciência possa recolher-se. Qualquer recolhimento posterior terá que ocorrer dentro da própria consciência de *puruṣa*. A consciência do *yogi* encontra-se, por assim dizer, no limiar do universo manifestado, e tem que mergulhar do último apoio de *prakṛti* para o Oceano da Realidade. O *yogi* é como um nadador que se encontra no alto de um penhasco elevado, junto ao oceano. Ele salta, de uma saliência para outra e chega, então, no nível menos elevado, do qual tem que saltar diretamente para o mar. O último salto é diferente de todos os precedentes, no sentido de que ele passa para um ambiente inteiramente diferente.

Nirbīja samādhi é assim denominado, não apenas por não haver "semente" no campo da consciência, mas também porque nesse tipo de *samādhi* nenhum novo *saṃskāra* é criado. Uma característica de uma "semente", isto é, sua natureza complexa de muitas camadas, já foi mencionada em I-42, daí denominar-se "semente" o objeto de *saṃyama* em *samādhi*. Mas outra característica de uma semente é que ela se reproduz quando semeada no solo. Tal potencialidade de reproduzir-se sob condições favoráveis está igualmente presente nas "sementes" de *saṃprajñāta samādhi*. Em *nirbīja samādhi*, não havendo "semente", não podem ser produzidos *saṃskāras*. Não apenas novos *saṃskāras* não podem ali ser produzidos, mas os antigos *saṃskāras* de *sabīja samādhi* vão, aos poucos, sendo dissipados por *para-vairāgya* e pelo contato parcial com *puruṣa* (IV-29). A consciência, assim, vai gradualmente se livrando dos tipos de *saṃskāras*, que tendem fazê-la retroceder ao reino de *prakṛti*. *Nirbīja samādhi* é, por conseguinte, não somente um meio de sair do domínio de *prakṛti*, mas também de esgotar os *saṃskāras* sutis, ainda remanescentes e que devem ser completamente destruídos, antes que se possa atingir *Kaivalya*.

SEÇÃO II

SĀDHANA PĀDA

SĀDHANA PĀDA

Tapaḥ-svādhyāyeśvara-praṇidhānāni kriyā-yogaḥ.

II-1) Austeridade, auto-estudo e entrega a *Īśvara* constituem o *Yoga* preliminar.

Os três últimos dos cinco elementos de *niyama* enumerados em II-32 foram colocados no *sūtra* acima sob o título *Kriyā-Yoga*. Este é um modo um tanto incomum de proceder, e nós deveríamos tentar captar o significado desta repetição em um livro que tenta condensar, ao máximo, o conhecimento. Obviamente, a razão por que *tapas*, *svādhyāya* e *Īśvara-praṇidhāna* são mencionados em dois contextos diferentes reside no fato de servirem a dois propósitos diferentes. Posto que o desenvolvimento do tema da "autocultura", na seção II dos *Yoga-Sūtras*, tem um caráter progressivo, segue-se que o propósito desses três elementos, em II-1, é de natureza mais preliminar do que em II-32. Sua finalidade, em II-32, é a mesma que a dos outros elementos de *niyama*, e foi examinada no ponto adequado. Qual o seu propósito no contexto de II-1? Vejamos.

Qualquer pessoa familiarizada com o objetivo da vida do *Yoga* e com o tipo de esforço necessário para alcançá-la, compreenderá que não é possível nem recomendável para alguém absorvido pela vida mundana e completamente sob a influência dos *kleśas* lançar-se de uma só vez na prática regular do *Yoga*. Se estiver suficientemente interessada na filosofia do *Yoga* e desejar ingressar na senda que leva a seu objetivo, deverá, primeiramente, acostumar-se à disciplina, adquirir o conhecimento necessário dos *dharma-śāstras* e, especialmente dos *Yoga-Śāstras*, e reduzir a intensidade do seu egoísmo e todos os demais *kleśas* dele oriundos. A diferença entre a perspectiva da vida do homem mundano comum e da vida que se requer que o *yogi* viva é tão grande, que uma súbita mudança de uma para a outra não é possível, e, se tentada, pode produzir uma reação violenta na mente do aspirante, lançando-o de volta à vida mundana com uma força ainda maior. Um período preparatório de autotreinamento, no qual ele vai gradualmente assimilando a filosofia do *Yoga* e sua técnica e acostumando-se à autodisciplina, torna a transição de uma vida para outra mais fácil e mais segura. Conseqüentemente, também habilita o simples estudante a verificar se está suficientemente preparado para adotar a vida do *Yoga* e tentar seriamente realizar o ideal do *Yoga*. Há muitos casos de aspirantes entusiasmados que, sem uma razão aparente, esfriam, consideram a disciplina do *Yoga* muito cansativa e desistem. Esses ainda não estão prontos para a vida do *Yoga*.

Mesmo onde haja a necessária seriedade e determinação ao trilhar a senda do *Yoga*, é preciso que se estabeleçam, permanentemente, o hábito e a disposição de buscar seu ideal. Mero desejo ou intenção não basta. Todos os desejos e poderes mentais do *sādhaka* devem ser polarizados e alinhados com o ideal do *Yoga*. Muitos aspirantes têm idéias bastante confusas e, às vezes, totalmente equivocadas, em relação ao objetivo e à técnica do *Yoga*. Muitos deles têm noções bastante exageradas sobre sua seriedade e capacidade para trilhar a senda do *Yoga*. Suas idéias tornam-se claras e sua capacidade e seriedade são testadas com rigor, ao tentarem praticar *Kriyā-Yoga*. Ou eles emergem da autodisciplina preliminar com um objetivo claramente definido, com determinação e capacidade de seguir até o fim, com vigor e sincera devoção, ou, aos poucos, vão compreendendo não se encontrarem ainda prontos para a prática do *Yoga*, e decidem sintonizar sua aspiração com a freqüência inferior do estudo meramente intelectual.

Esta autodisciplina preparatória é tríplice em sua natureza, correspondendo à tríplice natureza do ser humano. *Tapas* relaciona-se com sua vontade, *svādhyāya* com o intelecto, e *Īśvara-praṇidhāna* com as emoções. Esta disciplina, por conseguinte, testa e desenvolve todos os três aspectos de sua natureza, produzindo um crescimento integral e equilibrado da individualidade, tão essencial à consecução de qualquer ideal elevado. Este ponto ficará claro quando considerarmos a importância desses três elementos de *Kriyā-Yoga*, em II-32.

Há certa confusão quanto ao significado da palavra sânscrita *kriyā*. Alguns comentaristas preferem traduzi-la como "preliminar", outros, como "prática". Na verdade, *Kriyā-Yoga* é tanto prática quanto preliminar. É preliminar porque deve ser assumida nos estágios iniciais da prática do *Yoga*, e é prática porque submete a um teste prático as aspirações e a seriedade do *sādhaka*, desenvolvendo nele a capacidade de começar a prática do *Yoga*, em contraste com seu estudo meramente teórico, por mais profundo que possa ser.

Samādhi-bhāvanārthaḥ kleśa-tanūkara-ṇārthaś ca.

II-2) (*Kriyā-Yoga*) é praticada para atenuar os *kleśas* e produzir o *samādhi*.

Embora a prática dos três elementos do *Kriyā-Yoga* tenha por objetivo auxiliar no treinamento preparatório do aspirante, não se deve presumir que eles sejam de importância secundária e tenham uma utilização apenas limitada na vida do *sādhaka*. Quão eficaz é este treinamento e a qual elevado estágio de desenvolvimento ele é capaz de conduzir o aspirante, será visto aqui neste segundo *sūtra*, que dá os resultados da prática do *Kriyā-Yoga*. *Kriyā-Yoga* não somente atenua os *kleśas* e, assim, prepara as bases da vida do *Yoga*, mas também leva o aspirante ao *samādhi*, técnica essencial e final do *Yoga*. É, por conseguinte, capaz de construir, em grande parte, a superestrutura da vida do *Yoga*. A importância de *Kriyā-Yoga* e o alto estágio de desenvolvimento, a que pode conduzir o *sādhaka*, ficarão claros quando tivermos considerado os resultados finais da prática de *tapas*, *svādhyāya* e *Īśvara-praṇidhāna*, em II-43-45.

O estágio último de *samādhi* é, certamente, atingido com a prática de *Īśvara-praṇidhāna*, conforme indicado em I-23 e em II-45. Embora os dois resultados da prática de *Kriyā-Yoga*, enumerados em II-2, refiram-se aos estágios inicial e final da prática do *Yoga*, na realidade estão intimamente ligados e, de certo modo, são complementares. Quanto mais os *kleśas* forem atenuados, maior a capacidade do *sādhaka* de praticar *samādhi* e mais ele se aproxima de seu objetivo — *Kaivalya*. Quando os *kleśas* tiverem sido reduzidos a ponto de desaparecerem, ele estará em *samādhi* habitual (*sahaja samādhi*), no limiar de *Kaivalya*. Discutiremos esses três elementos de *Kriyā-Yoga*, como parte de *niyama*, em II-32.

Avidyāsmitā-rāga-dveṣābhiniveśāḥ kleśāḥ.

II-3) Falta de percebimento da Realidade, o senso de egoísmo ou "egoidade", atrações e repulsões em relação a objetos e o forte desejo de viver são as grandes aflições ou causas de todas as misérias da vida.

A filosofia dos *kleśas* é realmente o fundamento do sistema do *Yoga* esboçado por Patañjali. É necessário compreender completamente esta filosofia, porque ela responde, de forma satisfatória, àquela pergunta inicial e pertinente: "por que devemos praticar o *Yoga*?" A filosofia dos *kleśas* não é peculiar a este sistema de *Yoga*. Em suas idéias essenciais, forma o substrato de todas as escolas do *Yoga* na Índia, embora talvez não tenha sido exposta tão clara e sistematicamente como no *Sāṃkhya* e nos *Yoga-Darśanas*.

Muitos eruditos ocidentais não compreenderam inteiramente o verdadeiro significado da filosofia dos *kleśas*, e tendem a considerá-la apenas como uma expressão do pessimismo que, julgam eles, caracteriza o pensamento filosófico hindu. Na melhor das hipóteses, eles a analisam como se fosse uma engenhosa concepção filosófica, que fornece o fundamento necessário a certos sistemas filosóficos. Dificilmente estariam prontos a admitir que ela esteja relacionada aos pesados fatos da existência e que se baseia em uma análise precisa e científica dos fenômenos da vida humana.

A filosofia puramente acadêmica foi sempre especulativa, e a tarefa essencial do expositor de um novo sistema filosófico é considerada como sendo a apresentação de uma explicação plausível dos fatos fundamentais da vida e da existência. Algumas dessas explicações, que formam a base de certos sistemas filosóficos, são exposições extraordinariamente engenhosas e ilustrativas do pensamento racionalizado, mas são puramente especulativas e baseadas nos fenômenos superficiais da vida, observados através dos sentidos. A filosofia é considerada um ramo do aprendizado concernente às teorias em desenvolvimento sobre a vida e o universo. Se essas teorias são corretas e ajudam a resolver os problemas reais da vida não é preocupação do filósofo. A ele cabe fazer com que a teoria que ele defende seja intelectualmente sólida e explique os fatos da vida com o máximo de plausibilidade. Seu valor reside em sua racionalidade, engenhosidade e, talvez, em seu brilhantismo intelectual, mas não em sua capacidade de prover um meio de superar as eventuais misérias e sofrimentos da vida humana. Não é de se admirar que a filosofia acadêmica seja considerada, pelo homem comum, algo estéril e fútil e tratada com indiferença, quando não com disfarçado desprezo.

Ora, no Oriente, não obstante tenham surgido, de tempos em tempos, muitas filosofias engenhosas e de caráter puramente especulativo, a filosofia tem sido vista, no todo, como um meio de explicar os reais e mais profundos problemas da vida humana e prover meios definitivos e eficazes de resolvê-los. Não há muita demanda de sistemas filosóficos puramente especulativos, e os que existem são tratados com uma espécie de tolerância indiferente, como curiosidades intelectuais — nada mais. O grande problema da vida humana é muito urgente, muito grave, muito profundo e terrível para ser tema de meras teorias intelectuais, por mais brilhantes que estas possam ser. Se sua casa está pegando fogo, você quer um meio de escapar e não está disposto a sentar e ler brilhantes teses sobre arquitetura naquele momento. Aqueles que se satisfazem com filosofias puramente especulativas não compreenderam realmente o grande e urgente problema da vida humana e seu profundo sentido. Se eles virem esse problema como ele realmente é, somente se interessarão por estas filosofias se elas lhes proporcionarem os meios eficazes para sua solução.

Embora a percepção quanto ao significado interno do verdadeiro problema da vida humana dependa de uma mudança interna na consciência e do despertar de nossas faculdades espirituais, não podendo ser produzida por um processo intelectual de raciocínio imposto de fora, ainda assim, consideremos o homem no tempo e no espaço e vejamos se suas circunstâncias justificam a extraordinária complacência que encontramos não somente entre as pessoas comuns, mas também entre os chamados filósofos.

Primeiramente, consideremos o homem no espaço. Para nos proporcionar um verdadeiro retrato do homem no universo físico, do qual ele faz parte, nada melhor que as descobertas da ciência moderna. Mesmo antes que o homem pudesse usar um telescópio, a visão noturna do céu enchia-o de respeito e admiração pela imensidão do universo, do qual ele é uma parte insignificante. Mas as pesquisas dos astrônomos mostraram que o universo físico é, quase inacreditavelmente, muito maior do que aparece a olho nu. As 6.000 estrelas que estão ao alcance de nossa visão desaparelhada formam, de acordo com a ciência, um agrupamento que é apenas um entre pelo menos um bilhão de outros agrupamentos que se estendem ao infinito, em todas as direções. Os astrônomos fizerem cálculos aproximados do número de estrelas ao alcance de seus telescópios de alta potência, disponíveis hoje em dia, e acreditam haver 100 bilhões de estrelas somente em nossa galáxia — algumas menores que o nosso Sol e outras muito maiores. Esta galáxia, que é apenas uma das 100 mil já definitivamente conhecidas dos astrônomos, é tão imensa que a luz, a uma velocidade de 186.000 milhas por segundo (299.800 quilômetros por segundo), leva 100 mil anos para viajar de um lado para o outro. Neste vasto universo "conhecido", mesmo o nosso sistema solar, com seu diâmetro orbital máximo (de planetas) de 7 bilhões de milhas (11,2 bilhões de quilômetros) ocupa, comparativamente, um lugar insignificante. Limitando nossa visão ao sistema solar, verificamos, mais uma vez, que a Terra ocupa apenas um lugar insignificante nas enormes distâncias em que se encontra envolvida. Ela tem um diâmetro de 8.000 milhas (12.800 quilômetros) se comparada com as 865.000 milhas (1.390.000 quilômetros) do Sol, e move-se lentamente, na órbita deste, a uma distância aproximada de 93 milhões de milhas (149 milhões de quilômetros). Descendo ainda mais para nossa Terra, encontramos o homem ocupando uma posição insignificante, no que diz respeito ao seu corpo físico. Um micróbio movendo-se sobre a superfície de um grande globo escolar é, fisicamente, um objeto formidável em comparação com o homem movendo-se sobre a superfície da Terra.

Este é o espantoso quadro que a ciência oferece do homem no universo físico, mas tão grande é a ilusão de *māyā* e a complacência que produz, que nós não nos preocupamos com a vida humana nem trememos ante nosso destino, mas atravessamos a vida empenhados em nossas buscas mesquinhas e, algumas vezes, obcecados por um sentimento de auto-importância. Mesmo os cientistas que a cada noite perscrutam com seus telescópios este vasto universo, permanecem alheios ao profundo significado do que seus olhos vêem.

O quadro que a ciência apresenta do nosso mundo físico, em seu aspecto infinitesimal, não é menos desconcertante. Que a matéria física da qual se constituem nossos corpos consiste de átomos e moléculas, é algo sabido há muito tempo. Mas as recentes pesquisas da ciência neste campo levaram a algumas descobertas surpreendentes. Quanto aos duros e indestrutíveis átomos, que compunham o alicerce do materialismo científico moderno, verificou-se nada mais serem que diferentes permutações e combinações de dois tipos fundamentais de partículas de carga positiva e de carga negativa — prótons e elétrons. Os prótons formam o núcleo do átomo, com elétrons em número variável agitando-se por diversas órbitas, em tremenda velocidade, sendo o átomo, portanto, um sistema solar em miniatura. E, o que é ainda mais espantoso, constatou-se que estes elétrons podem ser nada mais que cargas de eletricidade, sem qualquer base material, já que massa e energia tornam-se indistinguíveis nas grandes velocidades com os quais os elétrons movimentam-se em suas órbitas. De fato, a conversão da matéria em energia — que agora se tornou um fato consumado — mostra que a matéria pode nada mais ser que uma expressão de energia armazenada. Esta conclusão, a qual significa, de fato, que a matéria se desfaz em energia, foi obtida, por uma ironia do destino, pelos esforços da ciência materialista, responsável pelos enormes preconceitos materialistas em nosso pensar e em nosso viver. Este implacável fato significa — e que o leitor reflita cuidadosamente sobre esta questão — que o mundo bem conhecido e assim chamado real, o qual percebemos através de nossos órgãos sensoriais — um mundo de formas, cores, sons etc — é baseado em um mundo fantasma, composto apenas de prótons e elétrons. Esses fatos tornaram-se de conhecimento comum. Mas quantos de nós, mesmo os cientistas que lidam com esses problemas, parecem apreender a importância desses fatos? Quantos são levados a fazer a pergunta que deveria, naturalmente surgir, à luz de tais fatos: "o que é o homem?" Há necessidade de qualquer outra prova de que o mero intelecto é cego e incapaz de até mesmo ver as verdades óbvias da vida, muito menos a verdade das verdades?

Deixando o mundo do espaço, observemos por um momento o mundo do tempo. Aqui, mais uma vez, deparamo-nos com grandiosas imensidões de uma natureza distinta. Uma infinita sucessão de mudanças parece estender-se em ambos os lados, para o passado e para o futuro. De toda essa infinita amplitude de tempo, um período de uns poucos milhares de anos atrás de nós é tudo que conhecemos com segurança, enquanto temos somente uma vaga e enevoada concepção do que se encontra no lapso do incerto futuro. Ao que saibamos, o Sol pode explodir a qualquer momento e destruir toda a vida no sistema solar, antes que tomemos conhecimento do que aconteceu. Estamos quase seguros de que atrás de nós se encontram milhões e milhões de anos, mas não quanto ao que então ocorreu, exceto por inferência do que observamos no universo visível de estrelas ao nosso redor. O passado é como uma gigantesca onda avançando e tudo devorando em seu caminho. Civilizações magníficas em nossa Terra, das quais restam somente vestígios e mesmo planetas e sistemas solares desapareceram nessa onda gigantesca, para nunca mais voltarem. A este semelhante e inflexível destino estão fadados, desde um grão de poeira até um sistema solar. O tempo, instrumento da Grande Ilusão tudo devora. Mesmo assim, veja-se o insignificante homem, cujas realizações e glórias vão igualmente desaparecer nesse vazio, como se pavoneia no palco do mundo, revestido de efêmera autoridade ou glória nos poucos momentos que lhe couberam. Sem dúvida, esse terrível panorama de incessantes mudanças, que se desdobra ante seus olhos, deveria fazê-lo parar e, pelo menos, refletir sobre o que tudo isso quer dizer. Mas ele faz isso?

O quadro acima, sobre o homem no tempo e no espaço, não é de modo algum exagerado. Basta que um homem isole-se, por um instante, de seu ambiente absorvente e pondere esses fatos da vida, para compreender a natureza ilusória de sua vida e sentir que o assim chamado prazer de viver se desvanece. Mas poucos de nós temos olhos para ver essa terrível visão, e se nossos olhos por acaso abrem-se, por um momento, descobrimos que o panorama é demasiado aterrorizante e os fechamos de novo. Completamente desatentos e alheios à verdadeira natureza da vida, continuamos a viver com nossas alegrias e tristezas, até que a chama da vida apaga-se pela mão da Morte.

Pois bem, o retrato acima, do homem no espaço e no tempo foi apresentado, não com a intenção de divertir o intelectualmente curioso, ou como alimento para reflexão do pensador, mas para preparar o terreno para a meditação sobre a filosofia dos *kleśas*, fundamento da filosofia do *Yoga*. Isto porque a filosofia do *Yoga* está baseada nas duras realidades da vida, mais duras que as realidades da natureza, trazidas a nós pela ciência. Aqueles que não estão conscientes dessas realidades, ou estão conscientes apenas superficialmente, em seus aspectos intelectuais, dificilmente têm condições de apreciar o objetivo ou a técnica do *Yoga*. É possível que considerem o *Yoga* um tema muito interessante para estudo, ou até mesmo fascinante em alguns de seus aspectos, mas não têm a determinação de enfrentar o enorme esforço e as provações necessários a que se rasguem os véus da ilusão criados pelo Tempo e pelo Espaço, e contatar a Realidade oculta por estes véus.

Com essa breve introdução, passemos agora a considerar a filosofia dos *kleśas* conforme esboçada nos *Yoga-Sūtras*. Analisemos, primeiro, a palavra sânscrita *kleśa*. Significa dor, aflição ou miséria mas, gradualmente, adquiriu o significado de causa da dor, da aflição ou da miséria. A filosofia dos *kleśas* é, assim, uma análise da causa subjacente e fundamental, da miséria e do sofrimento humanos, e do modo pelo qual esta causa pode ser eficazmente eliminada. Essa análise não é baseada numa consideração dos fatos superficiais da vida, como vemos através dos sentidos. Os *Ṛṣis*, que expuseram esta filosofia, eram grandes Adeptos que combinavam em si as qualificações de instrutores religiosos, cientistas e filósofos. Com esta tríplice qualificação e uma visão sintética, eles enfrentaram o grande problema da vida, determinados a encontrar uma solução para o enigma que Tempo e Espaço criaram para o homem prisioneiro da ilusão. Eles observaram os fenômenos da vida não somente com o auxílio de seus sentidos e de sua mente, mas com a plena convicção de que a solução encontra-se além até mesmo do intelecto, eles mergulharam cada vez mais profundamente em sua própria consciência, descerrando véu após véu, até descobrirem a suprema causa da Grande Ilusão, bem como da miséria e do sofrimento dela inevitavelmente resultantes.

Descobriram, conseqüentemente, em sua busca, outros mundos mais sutis, de extasiante beleza, ocultos sob o mundo físico visível. Descobriram novas faculdades e poderes dentro de si próprios — faculdades e poderes que poderiam ser utilizados para o estudo desses mundos mais sutis e para o prosseguimento de sua busca em direção às camadas ainda mais profundas de sua própria consciência. Contudo, eles não se deixaram envolver por esses mundos mais sutis e não descansaram até que tivessem penetrado no âmago de sua consciência, e encontrado uma eficaz e permanente solução para o grande problema da vida. Eles descobriram não apenas a suprema causa da miséria e do sofrimento humanos, mas também o único meio eficiente capaz de destruir tais aflições permanentemente. É muito importante que o estudante compreenda a natureza experimental desta filosofia dos *kleśas* e da filosofia maior do *Yoga*, da qual ela é parte integrante. Elas não resultam de especulação ou pensamento racional, como ocorre com muitos sistemas filosóficos. A filosofia do *Yoga* sustenta ser originária dos resultados de experiências científicas, guiadas pelo espírito de pesquisa filosófica, inspirada pela devoção religiosa. Não se pode, é claro, comprovar esse sistema, essencialmente científico, pelos métodos comuns da ciência e dizer ao cético: "venha, eu o comprovarei ante seus olhos". Não se pode julgá-lo pelos padrões acadêmicos comuns dos filósofos, que aplicam critérios puramente intelectuais para julgarem tais coisas. O único modo de verificá-lo é seguir a senda utilizada pelos descobridores originais e esboçada neste sistema do *Yoga*. O cético pode considerar injusto ser instado a aceitar a validade daquilo que ele quer comprovado, mas, dada a própria natureza das coisas, isto não pode ser evitado. Para os que tiverem analisado o problema fundamental da vida em seus verdadeiros aspectos, valerá a pena apostar, pois é o único caminho para fora da Grande Ilusão. Quanto aos demais, não importa se acreditam ou não nos ensinamentos do *Yoga*. Eles não estão ainda prontos para a Divina Aventura.

Antes de discutir em detalhes a filosofia dos *kleśas*, como esboçada na seção II dos *Yoga-Sūtras*, será interessante proceder a uma análise de todo o assunto, sob a forma de uma tabela. Esta mostrará, num relance, os diversos aspectos da matéria e seu inter-relacionamento.

Pelo resumo apresentado na tabela — um fato difícil de ser compreendido de outro modo — vê-se que todo o tema foi tratado de maneira magistral e sistemática. O estudante que quiser ter uma clara idéia da filosofia dos *kleśas* deverá, por conseguinte, acompanhá-lo cuidadosamente e sobre ele refletir, antes de passar ao estudo detalhado do assunto.

FILOSOFIA DOS KLEŚAS (SINOPSE)

PERGUNTAS	ASSUNTO	NÚMERO DOS *SŪTRAS* NOS QUAIS O ASSUNTO É TRATADO NA SEÇÃO II
1 – Que são os *kleśas*?	Enumeração e definições	3, 4, 5, 6, 7, 8, 9
2 – Como são eles destruídos?	Métodos gerais para destruí-los	10,11
3 – Por que devem os *kleśas* ser destruídos?	Eles nos envolvem num ciclo infinito de nascimentos e mortes e de misérias da vida	12, 13, 14, 15
4 – Pode seu resultado — misérias da vida — ser destruído?	Sim, aqueles que ainda estão no futuro	16
5 – Qual a causa fundamental dessas misérias?	União e identificação do conhecedor com o conhecido	17
6 – Qual a natureza do conhecido?	Interação de *bhūtas*, *indriyas* e *guṇas*, o que resulta em experiência e liberação	18, 19
7 – Qual a natureza do conhecedor?	O conhecedor é pura consciência	20, 21, 22
8 – Por que conhecedor e conhecido têm estado unidos?	Para a evolução dos poderes de *prakṛti* e para a Auto-Realização de *puruṣa*	23
9 – Como se uniram o conhecedor e o conhecido?	Através do véu da ilusão causado por *avidyā*	24

10 – Como podem ser separados o conhecedor e o conhecido?	Destruindo-se o véu de *avidyā*	25
11 – Como pode ser destruído esse véu de *avidyā*?	Por *viveka*, que levará *puruṣa* a um crescente percebimento de sua própria natureza, em 7 estágios	26, 27.
12 – Como *viveka* pode ser desenvolvido?	Pela prática do *Yoga*	28

Patañjali inicia o estudo do tema com uma enumeração dos cinco *kleśas*, em II-3. Os equivalentes, em português, das palavras sânscritas, não traduzem, nem plena nem corretamente, as idéias nelas contidas, tendo sido, portanto, utilizados os termos que mais se aproximam dos vocábulos sânscritos que designam os *kleśas*. O significado fundamental dos cinco *kleśas* será explicado nos *sūtras* subseqüentes.

Avidyā kṣetram uttareṣāṃ
prasupta-tanu-vicchinnodārāṇām.

II-4) *Avidyā* é a origem daqueles que são mencionados em seguida, estejam estes no estado dormente, atenuado, alternante ou expandido.

Este *sūtra* apresenta dois fatos importantes sobre a natureza dos *kleśas*. O primeiro é seu inter-relacionamento. *Avidyā* é a causa-raiz dos outros quatro *kleśas*, que, por sua vez, produzem todas as misérias da vida humana. Um estudo mais aprofundado da natureza dos outros quatro *kleśas* mostrará não apenas que eles podem crescer somente no solo de *avidyā*, mas também que os cinco *kleśas* formam uma série coerente de causas e efeitos. A relação existente entre os cinco *kleśas* pode ser assemelhada à relação entre a raiz, o tronco, os ramos, as folhas e os frutos de uma árvore. A conclusão de que os cinco *kleśas* relacionam-se entre si deste modo encontra-se ainda mais reforçada em II-10. Discutiremos essa questão quanto tratarmos daquele *sūtra*.

Outra idéia neste *sūtra* é a classificação dos estados ou condições em que os *kleśas* podem existir. Os quatro estados são definidos como (1) dormente, (2) atenuado, (3) alternante, (4) expandido. A condição dormente é aquela em que o *kleśa* está presente, mas de uma forma latente. O *kleśa* não pode expressar-se por falta de condições apropriadas para tanto, e sua energia cinética torna-se potencial. A condição atenuada é aquela em que o *kleśa* está presente de modo muito tênue ou frágil. Não é ativa, mas pode tornar-se ativa em um grau suave, quando aplicado algum estímulo. Na condição plenamente expandida, o *kleśa* está completamente operativo, tornando-se sua atividade tão evidente como o movimento das ondas na superfície do mar durante uma tempestade. A condição alternante é aquela em que duas tendências opostas se superpõem uma a outra de forma alternada, como no caso de dois amantes que alternam sentimentos de raiva e de afeição. Os sentimentos de atração e repulsão alternam-se, embora fundamentalmente estejam baseados no apego.

Somente no caso dos *yogis* avançados é que os *kleśas* estão presentes de forma dormente. No que se refere às pessoas comuns, os *kleśas* estão presentes nas outras três condições, dependendo das circunstâncias externas.

Anityāśuci-duḥkhānātmasu
nitya-śuci-sukhātmaKhyātir avidyā.

II-5) *Avidyā* é tomar o não-eterno, impuro, mal e não-*ātman* como sendo o eterno, puro, bem e *ātman*, respectivamente.

Este *sūtra* define *avidyā* como a raiz dos *kleśas*. Sem dúvida, a palavra *avidyā* não é usada no seu sentido comum de ignorância ou falta de conhecimento, mas no seu sentido filosófico mais elevado. A fim de captar este significado da palavra, é preciso recordar o processo inicial por meio do qual, de acordo com a filosofia do *Yoga*, a Realidade subjacente na manifestação torna-se envolvida na matéria. Consciência e matéria são separadas e completamente diferentes em sua natureza essencial, mas por motivos que serão estudados nos *sūtras* seguintes, têm que ser unidas. Como pode *ātmā*, que é eternamente livre e auto-suficiente, ser levado a assumir as limitações que estão envolvidas na associação com a matéria? Despojando-o do conhecimento, ou melhor, do percebimento de sua natureza eterna e auto-suficiente. Esta privação do conhecimento de sua verdadeira natureza, que o envolve no ciclo evolutivo, é produzida por um poder transcendental, inerente à Realidade Última, poder este que é chamado *māyā*, ou a Grande Ilusão.

Não há dúvida de que esta simples afirmação de uma verdade transcendente pode originar inúmeras questões filosóficas, tais como: "por que seria necessário para *ātmā*, que é auto-suficiente, ser envolvido na matéria?" "Como é possível para *ātmā*, que é eterno, tornar-se envolvido nas limitações de Tempo e Espaço?" Não há uma resposta verdadeiramente satisfatória para tais questões essenciais, embora muitas respostas, obviamente absurdas, tenham sido sugeridas, de tempos em tempos por diferentes filósofos. De acordo com aqueles que estiveram frente à frente com a Realidade e conhecem este segredo, o único método pelo qual este mistério pode ser elucidado é *conhecer* a Verdade subjacente na manifestação e que, por sua própria natureza, é incomunicável.

Como resultado da ilusão em que a consciência se envolve, ela começa a identificar-se com a matéria, com a qual se associa. Tal identificação torna-se cada vez mais plena, à medida que a consciência descende mais na matéria, até que seja atingido o ponto de inversão e começa a escalada na direção oposta. O processo inverso da evolução, em que a consciência aos poucos se desembaraça, por assim dizer, da matéria, resulta em uma conscientização progressiva de sua verdadeira natureza, e termina em uma completa Auto-Realização em *Kaivalya*. Recebe o nome de *avidyā* esta falta fundamental de conhecimento quanto à sua real natureza que começa com o ciclo evolutivo, é produzida pelo poder de *māyā* e termina com a conquista da Liberação em *Kaivalya*. *Avidyā* nada tem a ver com o conhecimento adquirido através do intelecto e que se refere às coisas concernentes aos mundos dos fenômenos. Um homem pode ser um grande erudito, uma enciclopédia ambulante, como se diz, e, no entanto, estar tão imerso nas ilusões criadas pela mente que possivelmente se encontre muito abaixo de um simples *sādhaka*, o qual está parcialmente consciente das grandes ilusões do intelecto e da vida nesses mundos dos fenômenos. A *avidyā* deste último é muito menor que a do erudito, apesar da enorme diferença, em termos de conhecimento, no que diz respeito ao intelecto. Esta ausência de percebimento de nossa verdadeira natureza resulta na inabilidade de distinguir entre o eterno, puro e bem-aventurado Eu espiritual, do não-eterno, impuro e doloroso não-Eu.

A palavra "eterno", no caso, significa, como de costume, o estado de consciência que está acima da limitação do tempo como o conhecemos — uma sucessão de fenômenos. O termo "puro" refere-se à pureza da consciência não afetada e não modificada pela matéria que lhe impõe a limitação dos três *guṇas* e conseqüentes ilusões. A expressão "bem-aventurado", é claro, refere-se à *ānanda*, ou bem-aventurança de *ātmā*, inerente nele e independente de qualquer circunstância ou fonte externa. A privação deste *sukha*, ou bem-aventurança, inevitável quando a consciência está identificada com a matéria, é *duḥkha*, ou miséria. Todos esses três atributos, mencionados na distinção entre o Eu e o não-Eu, são meramente ilustrativos e não categóricos, já que é impossível definir a natureza do Eu e distingui-lo do não-Eu, a partir das concepções limitadas do intelecto. A idéia central a ser apreendida é que *ātmā*, em sua pureza, é completamente consciente de sua verdadeira natureza. A progressiva involução na matéria priva-o progressivamente desse Autoconhecimento, e é à privação deste que se chama *avidyā*. Como esta questão pertence às realidades situadas além do contexto do intelecto, não é possível compreendê-la apenas por meio do intelecto.

Dṛg-darśana-śaktyor ekātmatevāsmitā.

II-6) *Asmitā* é a identificação ou mistura, por assim dizer, do poder da consciência (*puruṣa*) com o poder da cognição (*buddhi*).

Asmitā é definido neste *sūtra* como a identificação do poder da consciência com o poder da cognição. Mas, uma vez que o poder da cognição atua sempre através de um veículo, pode ser considerado, em seu significado mais amplo e inteligível, como a identificação da consciência com o veículo através do qual se expressa. Esta é uma idéia muito importante e muito interessante, que temos de compreender integralmente se desejamos dominar a técnica da liberação da consciência das limitações sob as quais ela opera no indivíduo comum. A palavra sânscrita *asmitā* é derivada de *asmi*, que significa, literalmente, "Eu sou". "Eu sou" representa o puro percebimento da Auto-existência, sendo, portanto, a expressão, ou *bhāva*, como é denominada, da pura consciência, ou *puruṣa*. Quando a pura consciência se vê envolvida na matéria e, devido ao poder de *māyā*, o conhecimento de sua verdadeira natureza é perdido, o puro "Eu sou" é transformado em "eu sou isto", em que "isto" pode ser o veículo mais sutil através do qual ela atua, ou o veículo mais denso, ou seja, o corpo físico. Os dois processos, quais sejam, a perda do percebimento de sua real natureza e a identificação com os veículos, são simultâneos. No momento em que a consciência identifica-se com seus veículos, ela cai de seu estado de pureza e torna-se prisioneira das limitações de *avidyā*. Em outras palavras, no momento em que o véu de *avidyā* cai sobre a consciência, sua identificação com seus veículos aparece imediatamente, embora filosoficamente *avidyā* deva preceder *asmitā*.

A involução da consciência na matéria é um processo progressivo e, por esta razão, ainda que *avidyā* e *asmitā* comecem onde o mais tênue véu de *māyā* envolve a consciência pura no veículo mais sutil, o grau de *avidyā* e *asmitā* vai aumentando à medida que a associação da consciência com a matéria vai tornando-se cada vez mais fortalecida. À medida que a consciência descende veículo após veículo, o véu de *avidyā* torna-se, por assim dizer, mais espesso e a tendência para identificar a si mesmo com o veículo torna-se mais forte e mais flagrante. Por outro lado, quando ocorre o processo inverso e a consciência é liberada de suas limitações em sua marcha evolutiva ascendente, o véu de *avidyā* vai tornando-se menos espesso e *asmitā*, mais fraco e mais sutil. Esta evolução no arco ascendente acontece em sete estágios claramente definidos e marcados, conforme indicado em II-27. Esses estágios correspondem à transferência da consciência de um veículo para outro mais sutil.

Deixemos agora os princípios abstratos e analisemos o problema em relação às coisas com as quais estamos familiarizados e que podemos entender mais facilmente. Consideremos o problema da expressão da consciência através do corpo físico. É bom lembrar, levando em conta esta questão, o fato de que a consciência normalmente expressa através do corpo físico, não é uma consciência pura e isenta de modificação por estar envolvida em um veículo. Ela já passou por diversas destas involuções e já se encontra sobrecarregada, por assim dizer, quando procura expressão através do veículo mais externo ou mais denso. A consciência está, portanto, condicionada pelas limitações de todos os veículos intermediários que formam uma espécie de ponte entre ela e o corpo físico. Entretanto, como o processo de involução e conseqüente identificação é, em essência, o mesmo em cada estágio da involução, podemos ter uma idéia dos princípios subjacentes, ainda que a expressão da consciência através do corpo físico seja complicada pelos fatores acima citados.

Voltando ao nosso problema, vemos, pois, que a associação da consciência condicionada, como dito acima, com o corpo físico, deve levar necessariamente a essa identificação com o veículo, e a linguagem usada por todos nós em nosso relacionamento comum reflete isto plenamente. Sempre usamos expressões tais como "eu vejo", "eu ouço", "eu vou", "eu sento". No caso do selvagem e da criança, esta identificação com o corpo é tão completa que não há o mais leve sentimento de discrepância ao se usar tal linguagem. Mas o homem educado e inteligente, cuja identificação com o corpo não é tão completa e que, até certo ponto, sente que ele é diferente do corpo, está consciente, pelo menos vagamente, de que não é ele quem vê, ouve, caminha e senta. Estas atividades são próprias do corpo físico, e ele apenas as testemunha através de sua mente. Contudo, pela força do hábito e dada à relutância em aprofundar-se no assunto, ou, ainda, por medo de parecer estranho ao usar a linguagem correta, ele continua a empregar a terminologia comum. Tão profundamente enraizada é esta identificação que até mesmo fisiologistas, psicólogos, filósofos, que devem estar familiarizados com o mecanismo da percepção sensorial e intelectualmente reconhecem a mera intermediação do corpo físico, dificilmente são de fato conscientes dessa tendência e podem identificar a si mesmos completamente com o corpo físico. Vale lembrar, a propósito, que o mero conhecimento intelectual desses fatos patentes por si só não capacita uma pessoa a separar-se de seus veículos. Quem possui mais conhecimentos detalhados sobre o corpo físico e suas funções do que um médico que dissecou centenas de cadáveres e sabe ser o corpo um mero mecanismo? Espera-se que, pelo menos um médico, para quem nada dentro do corpo é oculto, esteja acima dessa tendência de ver a si mesmo como o corpo. Mas será que um médico, de algum modo, é melhor do que um leigo, a esse respeito? Absolutamente, não. Aqui não se trata de uma questão de compreensão e visão comuns.

Asmitā ou identificação com um veículo não é um processo simples, mas um processo complexo e de variados aspectos. O primeiro aspecto a considerar é a identificação com os poderes e as faculdades associados com os veículos. Por exemplo, quando uma pessoa diz "eu vejo", o que realmente acontece é que a faculdade da visão é exercida pelo corpo, através dos olhos, e a entidade existente no interior apenas se torna ciente do resultado, isto é, o panorama apresentado ante seus olhos. Da mesma forma, quando ele diz "eu ando", o que de fato acontece é que a vontade, operando através da mente, movimenta o corpo sobre suas pernas, como um instrumento portátil, e a entidade interior, identificando-se com o movimento do corpo, diz "eu ando".

O segundo aspecto é a associação do veículo mais sutil neste processo de identificação, no qual é produzida uma *asmitā* composta — se é que tal expressão pode ser utilizada. Assim, quando uma pessoa diz que tem uma dor de cabeça, o que realmente acontece é que há uma ligeira perturbação no cérebro. Esta perturbação, por sua reação no veículo imediato mais sutil, através da qual se experimentam sensações e sentimentos, produz a sensação de dor. A entidade interior identifica-se com esse produto conjunto desses dois veículos, e o resultado é "ela" ter uma dor de cabeça, embora um pouco de reflexão mostre que não é ela, mas o veículo que está tendo a dor da qual ela está consciente. O mesmo ocorrendo em um nível um tanto mais elevado produz reações tais como "eu penso", "eu aprovo". É a mente que pensa e aprova e a consciência apenas se conscientiza do processo mental que se reflete no corpo físico. Ambição, orgulho e outros semelhantes traços desagradáveis do caráter humano são apenas formas altamente desenvolvidas e pervertidas desta tendência de nos identificarmos com as atividades da mente.

Um terceiro aspecto, a ser considerado nesse processo de identificação, é a inclusão de outros acessórios e objetos no meio ambiente. O corpo físico torna-se um centro em torno do qual se associa certo número de objetos, que, em menor ou maior grau, tornam-se parte do "eu". Esses objetos podem ser animados ou inanimados. Os outros corpos nascidos de um corpo tornam-se "meus filhos". A casa em que este corpo é guardado vem a ser "minha casa". Assim, em torno da umbra (sombra total) criada por *asmitā* com o corpo encontra-se uma penumbra (sombra parcial) contendo todos aqueles objetos e pessoas que "pertencem" ao "eu" que atua através do corpo, os quais produzem a atitude ou *bhāva* do "meu".

A discussão acima, geral e sucinta, de *asmitā* associada com o corpo físico, dará ao estudante uma idéia sobre a natureza desse *kleśa*. É claro que *asmitā*, manifestando-se através do corpo físico, é a forma mais densa do *kleśa* e, ao tentarmos analisar como opera essa tendência nos veículos mais sutis, encontraremos cada vez mais dificuldade de entendê-la e de lidar com ela. Qualquer pessoa refletiva é capaz de separar-se, *em pensamento*, de seu corpo físico e constatar que ela não se constitui numa saca de carne, osso e tutano, com cujo auxílio entra em contato com o mundo físico. Poucos, porém, podem separar-se de seu intelecto e compreender que suas opiniões e idéias não passam de padrões de pensamentos produzidos por sua mente, semelhantes àqueles produzidos por outras mentes. A razão por que temos tanto interesse e damos tanta importância às nossas opiniões está, é claro, no fato de que nos identificamos com nosso intelecto. Nossos pensamentos, opiniões, preconceitos e predileções são parte de nossas posses mentais, filhos de nossa mente, e eis por que sentimos e mostramos tanta estima indevida e indulgente em relação a eles.

Há, é claro, níveis de consciência, mesmo além do intelecto. Em todos eles *asmitā* está presente, ainda que se vá tornando mais sutil e refinado à medida que deixamos um veículo após outro. Não há por que se tratar aqui dessas manifestações mais sutis de *asmitā*, porque, a menos que se possa transcender o intelecto e funcionar nesses campos superintelectuais, não haverá realmente como compreendê-las.

Embora a questão da destruição dos *kleśas* seja abordada mais adiante em outros *sūtras*, há um fato que vale a pena mencionar aqui. Foram sugeridos muitos métodos pelos quais esta tendência de identificar a nós mesmos com nossos veículos pode ser gradualmente atenuada. Muitos deles são bastante úteis e ajudam-nos de modo eficaz, em certa medida, a liberar nossa consciência de nossos veículos. Entretanto, deve-se ter em mente que a completa dissociação de um veículo só acontece quando a consciência está apta a deixar o veículo deliberada e conscientemente e a atuar no próximo veículo mais sutil (é claro que com todos os veículos ainda mais sutis presentes no plano de fundo). Somente quando *jīvātmā* estiver apto a deixar voluntariamente um veículo e a "vê-lo" separado de si próprio, é que, então, é destruído, completamente, o falso sentido de identificação. Podemos meditar anos a fio, tentando, em pensamento, separar-nos do corpo, mas o resultado disto não será tão bom quanto a experiência de deixá-lo conscientemente e vê-lo realmente separado de nós. Nós, é claro, reentraremos nesse corpo e assumiremos todas as suas limitações, mas nunca mais ele exercerá sobre nós a mesma influência ilusória de antes. Teremos *realmente compreendido* que somos diferentes do corpo. Para o *yogi* avançado, que pode deixar, e deixa seu corpo, de vez em quando, podendo atuar independentemente dele de modo rotineiro, o corpo é semelhante a uma moradia. A própria idéia de identificar-se com o corpo parecer-lhe-á absurda. Portanto, a prática do *Yoga* é o meio mais eficaz de destruir, completa e permanentemente, *asmitā*. À medida que o *yogi* vai deixando um veículo de consciência após outro, em *samādhi*, ele vai destruindo, progressivamente, a tendência de se identificar com esses veículos. Desta maneira, com a destruição de *asmitā*, o véu de *avidyā* torna-se, automaticamente, mais tênue.

Sukhānuśayī rāgaḥ.

II-7) A atração que acompanha o prazer é *rāga*.

Rāga é definido neste *sūtra* como a atração que se sente por qualquer pessoa ou objeto, quando qualquer espécie de prazer ou felicidade é derivada daquela pessoa ou objeto. É natural, para nós, sentirmo-nos atraídos desta maneira, porque a alma prisioneira, tendo perdido a fonte direta de *ānanda* interior, tateia em busca de *ānanda* no mundo exterior, e qualquer coisa que ofereça uma sombra disso, sob a forma comum de felicidade ou prazer, torna-se querida para ela. Se nos sentimos atraídos por qualquer pessoa ou objeto, verificaremos sempre que a atração é devida a alguma espécie de prazer físico, emocional ou mental. Podemos ser dependentes de uma determinada espécie de alimento por considerá-lo agradável. Podemos ser ligados a uma pessoa, porque com ela obtemos algum prazer físico ou emocional. Podemos ser devotados a certo tipo de busca, por nos dar satisfação intelectual.

Duḥkhānuśayī dveṣaḥ.

II-8) A repulsão que acompanha a dor é *dveṣa*.

Dveṣa é a repulsão natural que se sente em relação a qualquer pessoa ou objeto que represente uma fonte de dor ou infelicidade para nós. A natureza essencial do Eu é bem-aventurança e, portanto, qualquer coisa que cause dor ou infelicidade no mundo exterior faz com que os veículos externos recuem daquela coisa. O que foi dito sobre *rāga* é aplicável a *dveṣa* em sentido contrário, já que *dveṣa* não é senão *rāga* com sinal negativo. Os dois formam um par de opostos.

Como estes dois *kleśas* formam a parte mais relevante da árvore quíntupla que produz os inumeráveis frutos da miséria e do sofrimento humanos, vale a pena anotarem-se alguns fatos que lhes dizem respeito.

(1) As atrações e repulsões que nos prendem a inúmeras pessoas e coisas, do modo acima indicado, condicionam nossa vida de maneira incrível. Consciente ou inconscientemente pensamos, sentimos e agimos de acordo com centenas dessas predisposições produzidas por esses laços invisíveis, dificilmente restando qualquer liberdade para o indivíduo agir, sentir e pensar livremente. É reconhecido o condicionamento da mente, que acontece quando estamos sob o domínio de qualquer atração ou repulsão muito forte, mas poucas pessoas têm qualquer idéia da distorção produzida em nossa vida por atrações e repulsões menos relevantes, ou o quanto nossa vida é condicionada por elas.

(2) Essas atrações e repulsões prendem-nos aos níveis inferiores da consciência, pois somente nestes elas podem ter liberdade de ação. É uma lei fundamental da vida o fato de, cedo ou tarde, nos encontrarmos onde nossos desejos conscientes ou inconscientes podem ser satisfeitos. Posto que atrações e repulsões são realmente os geradores de desejos pertencentes à vida inferior, eles naturalmente nos mantêm presos aos mundos inferiores, onde a consciência está sujeita às maiores limitações.

(3) As repulsões nos aprisionam tanto quanto as atrações. Muitas pessoas têm uma vaga consciência da natureza aprisionante das atrações, mas poucas estão em condições de compreender por que as repulsões prendem um indivíduo. Mas as repulsões o fazem tanto quanto as atrações, por constituírem também a expressão de

uma força que liga os dois componentes que se repelem mutuamente. Estamos ligados à pessoa a quem odiamos talvez de maneira muito mais firme do que àquelas a quem amamos, já que o amor pessoal pode ser facilmente transformado em impessoal, perdendo, assim, o seu poder aprisionante. Mas não é tão fácil transmutar a força do ódio e, desta forma, o veneno por ele gerado é removido da natureza de alguém com grande dificuldade. Como *rāga* e *dveṣa* formam um par de opostos, não podemos transcender um sem transcender o outro. São como as duas faces de uma moeda. À luz do que foi dito acima, pode-se constatar que *vairāgya* não é somente a liberação de *rāga* mas também de *dveṣa*. Uma mente livre e não condicionada não oscila de um lado para outro. Mantém-se estável no centro.

(4) Atrações e repulsões pertencem, de fato, aos veículos, mas, devido à identificação da consciência com seus veículos, sentimos que estamos sendo atraídos ou repelidos. Quando começamos a controlar e eliminar essas atrações e repulsões, pouco a pouco nos tornamos conscientes desse fato e, então, esse conhecimento torna-nos capazes de controlá-los e eliminá-los de modo mais eficaz.

(5) Que *rāga* e *dveṣa*, em sua forma grosseira, são responsáveis por muitas das misérias e dos sofrimentos humanos tornar-se-á evidente para qualquer um que possa ver a vida de forma desapaixonada e detectar causas e efeitos de modo inteligente. Mas somente aqueles que sistematicamente tentam atenuar os *kleśas* por meio do *Kriyā-Yoga* podem perceber as operações mais sutis destes *kleśas*, como eles permeiam toda a estrutura de nossa vida no mundo e impedem-nos de ter qualquer paz mental.

Svarasavāhī viduṣo 'pi tathā
rūḍho 'bhiniveśah.

II-9) *Abhiniveśa* é o forte desejo de viver que domina até mesmo os eruditos (ou os sábios).

O último derivado de *avidyā* é chamado *abhiniveśa*. Em geral é traduzido como desejo pela vida ou vontade de viver. Que todo ser humano, de fato, toda criatura viva, quer continuar a viver é, sem dúvida, uma verdade com a qual todos estamos familiarizados. Às vezes encontramos pessoas que nada têm a ganhar da vida. A vida dessas pessoas é um longo desfilar de misérias e, no entanto, seu apego à vida é enorme. A razão dessa aparente anomalia é que, por certo, os outros quatro *kleśas*, que resultam no desejo de viver, ou *abhiniveśa*, estão em plena atividade, apesar das circunstâncias externas desfavoráveis.

Há dois pontos, neste *sūtra*, que requerem uma explicação. Primeiro, o de que este forte apego à vida, que é universal, está fortemente estabelecido, mesmo nos eruditos. Seria de se esperar que pessoas comuns sentissem esse apego, mas, pelo menos de um sábio, que tudo conhece sobre as realidades da vida, poder-se-ia esperar que fosse mais desapegado da vida. Na verdade, não é isso que ocorre. O filósofo, bem versado em todas as filosofias do mundo e conhecedor intelectual de todos os problemas mais profundos da vida, é tão apegado a ela como a pessoa comum e ignorante de todas essas coisas. A razão por que Patañjali destacou este fato talvez resida em sua intenção de fazer com que o futuro *yogi* entenda que apenas o simples conhecimento do intelecto (*viduṣaḥ*, aqui, realmente significa "erudito" e não "o sábio") é, em si mesmo, inadequado para libertar o homem de seu apego à vida. A menos e até que a árvore dos *kleśas* seja destruída — raiz e ramos —, por uma prática sistemática da disciplina do *Yoga*, o apego à vida, em menor ou maior grau, prosseguirá, a despeito de todas as filosofias que possamos conhecer ou pregar. O futuro *yogi*, por conseguinte, não confia em tal conhecimento teórico. Ele trilha a senda do *Yoga*, a única que liberta dos *kleśas*.

O segundo ponto a ser notado neste *sūtra* está na expressão *svarasavāhī*, que significa "sustentado por sua própria força inerente", ou "potência". A universalidade de *abhiniveśa* mostra que existe alguma força constante e universal inerente à vida que, automaticamente, encontra expressão neste "desejo de viver". O desejo de viver não é o resultado de algum desenvolvimento acidental no curso da evolução. Parece ser uma característica essencial daquele processo. Que força é esta todo-poderosa, que parece subjacente à corrente da vida e que faz com que todo ser vivente agarre-se à vida todo o tempo, como um parasita? De acordo com a filosofia do *Yoga*, essa força tem raízes na própria origem das coisas e entra em ação no momento em que a consciência entra em contato com a matéria dando início ao ciclo evolutivo. Como foi dito em II-4, *avidyā* é a raiz de todos os *kleśas* e *abhiniveśa* é apenas o fruto ou expressão final da cadeia de causas e efeitos posta em movimento com o nascimento de *avidyā* e com a involução da consciência na matéria.

Foi dito, anteriormente, que os diversos *kleśas* não são desconectados entre si. Eles formam uma espécie de série, começando com *avidyā* e terminando com *abhiniveśa*. Este ponto de vista é apoiado por II-10, de acordo com o qual o método que pode destruir as formas sutis de *kleśa* é a reversão do processo através do qual elas são produzidas. Segundo este ponto de vista, portanto, *abhiniveśa* é apenas a fase final no desenvolvimento dos *kleśas*. Esta é a razão por que é *svarasavāhī*. Até que a causa inicial desapareça, os efeitos subseqüentes têm de continuar a aparecer, num fluxo sem fim.

Na série encadeada de *kleśas*, *rāga* e *dveṣa* aparecem como a causa imediata do apego à vida. Conclui-se daí que quanto maior o papel representado pelas atrações e repulsões na vida de um indivíduo, maior será seu apego à existência. A observação da vida mostra que isto, em grande parte, é verdadeiro. As pessoas que estão sob o domínio das mais violentas atrações e repulsões são as que mais se apegam à vida. Verificamos também que, na velhice, as atrações e repulsões perdem, temporariamente, um pouco de sua força e, *pari passu*, o desejo pela vida também se torna, comparativamente, mais fraco.

Te pratiprasava-heyāḥ sūkṣmāḥ.

II-10) Esses, os (*kleśas*) sutis, podem ser reduzidos pela sua reabsorção de volta à sua origem.

Em II-10 e II-11, Patañjali indica os princípios gerais, primeiro, da atenuação dos *kleśas* e, finalmente, de sua destruição. Os *kleśas* podem existir em dois estados: ativo e potencial. Em seu estado ativo eles podem ser reconhecidos facilmente por suas expressões exteriores e pelo percebimento definido que produzem na mente do *sādhaka*. No caso de uma pessoa que tem um acesso de raiva, é fácil observar que *dveṣa* está em plena operação. A mesma pessoa, quando se submete a uma disciplina rígida, adquire a capacidade de se conservar absolutamente calma, sem repelir qualquer pessoa, reduzindo, assim, este *kleśa* a uma condição potencial. *Dveṣa* cessou de funcionar, mas seus germes ainda estão ali e, surgindo condições muito favoráveis, poderão tornar-se ativos novamente. Seu poder tornou-se potencial, mas não completamente destruído. A transição da condição de plenamente ativo para a de perfeitamente dormente ocorre através de alguns estágios, mencionados em II-4. Com a prática de *Kriyā-Yoga* eles podem ser progressivamente atenuados, até que se tornem completamente dormentes, incapazes de serem despertados pelos estímulos comuns do mundo exterior. Sob certas condições extraordinárias, porém, eles podem tornar-se ativos novamente. Dois problemas, assim, têm que ser resolvidos, no que se refere à completa eliminação dos *kleśas*. Primeiro, reduzi-los ao estado inativo, ou *sūkṣma* e, então, destruir até mesmo seu poder potencial. O primeiro é geralmente citado como uma redução dos *kleśas* à forma de "sementes" que, sob condições favoráveis, ainda têm o poder de crescer, transformando-se em uma árvore; quanto ao segundo, trata-se de "torrar as sementes", de tal modo que, embora mantendo a forma externa de semente, elas se tornam realmente incapazes de germinar e transformar-se em árvore.

O problema de reduzir os *kleśas* à condição de "sementes" é, por si mesmo, divisível em duas fases: reduzir as formas plenamente ativas às formas atenuadas (*tanu*) e, em seguida, reduzir estas a uma condição de extrema inatividade (*prasupta*), da qual não possam ressurgir facilmente. Como a segunda fase destes dois problemas é a mais importante e fundamental em sua natureza, Patañjali tratou-a em primeiro lugar, em II-10. A primeira fase, ou seja, reduzir as formas ativas dos *kleśas* à condição de parcialmente latente, por ser comparativamente mais fácil, está tratada em II-11, embora em *sādhanā* ela preceda a segunda fase.

Em II-10 foi mencionado o método de reduzir os *kleśas*, que foram atenuados, até atingirem o estágio dormente. A terminologia utilizada por Patañjali é bastante apropriada e expressiva, mas muita gente considera difícil entender o significado deste fecundo *sūtra*. A expressão *pratiprasava* significa "involução" ou reabsorção do efeito na causa, ou seja, reversão do processo de *prasava* ou evolução. Se certo número de coisas deriva, em série, de uma coisa primária, por meio de um processo de evolução, elas podem ser todas reduzidas à coisa original, por um "contraprocesso" de involução e tal processo é chamado de *pratiprasava*. Consideremos a importância fundamental desta expressão no presente contexto.

Já vimos que os cinco *kleśas* mencionados em II-3 não são independentes entre si, mas formam uma série, começando com *avidyā* e terminando com *abhiniveśa*. O processo de desenvolvimento de *avidyā*, em sua expressão final de *abhiniveśa*, é um processo causal — um estágio leva, natural e inevitavelmente, ao seguinte. É, portanto, inevitável que, se queremos remover o elemento final desta série quíntupla, temos que inverter o processo pelo qual cada efeito é absorvido em sua causa imediata, desaparecendo, assim, toda a série. É uma questão de eliminar tudo ou nada. Isto quer dizer que *abhiniveśa* deve seguir o curso, retroativamente, até *rāga-dveṣa*, de *rāga-dveṣa* para *asmitā*, de *asmitā* para *avidyā*, e de *avidyā* para a Iluminação. Esta busca retroativa não é um simples reconhecimento intelectual, mas uma total compreensão que anula o poder dos *kleśas*, de afetar a mente do *yogi*. Tal compreensão pode chegar até certo ponto no plano físico, mas é obtida, em sua plenitude, nos planos mais elevados, quando o *yogi* pode ascender, em *samādhi*, àqueles planos. Não há, portanto, um atalho que leve à atenuação e destruição final dos *kleśas*. Isso envolve toda a técnica de disciplina do *Yoga*.

O fato de as formas sutis dos *kleśas* permanecerem em sua forma de "semente", mesmo depois de terem sido atenuadas ao limite extremo, é de grande importância. Significa que o *sādhaka* não estará livre de perigo até que tenha cruzado o limiar de *Kaivalya* e atingido a meta final. Na medida em que essas "sementes" estiverem escondidas em seu interior, não há como saber quando ele poderá tornar-se vítima delas. São essas "sementes" latentes de *kleśas* as responsáveis pela súbita e inesperada queda dos *yogis*, após eles terem chegado a grandes alturas de iluminação e poder. Isso mostra a necessidade de se exercer ao máximo o discernimento até se chegar realmente ao fim da senda.

Quando as formas latentes dos *kleśas* tiverem sido atenuadas ao limite máximo, e as tendências resultantes tornadas extremamente fracas — levadas quase ao nível zero — a pergunta que se faz é: "como destruir a potencialidade dessas tendências de modo que não possa haver possibilidade alguma de sua revivificação sob quaisquer circunstâncias?" Como torrar as "sementes" dos *kleśas* de modo que não possam voltar a germinar? Eis uma questão muito importante para o *yogi* avançado, pois seu trabalho não estará completo antes que isso tenha sido feito. A resposta a essa pergunta decorre da própria natureza dos *kleśas*, discutidos anteriormente. Se os *kleśas* estão enraizados em *avidyā*, eles não podem ser destruídos até que *avidyā* o seja. Isso significa que nenhuma liberação das formas mais sutis dos *kleśas* é possível até que a completa Iluminação de *Kaivalya* seja alcançada através da prática de *dharma-megha-samādhi*. Esta conclusão é confirmada em IV-30, de acordo com a qual a liberação dos *kleśas* e *karmas* somente é obtida após *dharma-megha-samādhi*, que precede a realização de *Kaivalya*.

Dhyāna-heyās tad-vṛttayaḥ.

II-11) Suas modificações ativas devem ser suprimidas pela meditação.

Este *sūtra* fornece o método de lidar com os *kleśas* no estágio preliminar, quando eles devem ser reduzidos de um estado ativo para um estado passivo. Os meios a serem adotados estão dados em uma palavra: *dhyāna*. É, portanto, necessário compreender o significado desta palavra em sua completa acepção. A palavra *dhyāna*, é claro, significa, literalmente, meditação ou contemplação, como explicado em III-2, mas, aqui, a palavra, sem dúvida, implica uma autodisciplina bastante abrangente, da qual a meditação é o pivô. É fácil verificar que um *sādhaka* que esteja sob o domínio dos *kleśas*, em sua forma ativa, terá de atacar o problema de muitos lados, simultaneamente. De fato, a técnica toda do *Kriyā-Yoga* terá de ser empregada com esta finalidade, pois um dos dois objetivos do *Kriyā-Yoga* é atenuar os *kleśas*, sendo sua redução da forma ativa para a passiva o primeiro passo para tal atenuação. *Svādhyāya*, *tapas* e *Īśvara–praṇidhāna*, todos os três elementos de *Kriyā-Yoga*, devem, portanto, ser utilizados nesta tarefa. Mas a parte essencial de todos esses três é realmente *dhyāna*, a concentração intensiva da mente, a fim de serem compreendidos e solucionados, de modo efetivo, os problemas mais profundos da vida, para a realização do objetivo principal do indivíduo. Mesmo *tapas*, o elemento de *Kriyā-Yoga* que externamente parece apenas envolver a prática de certos exercícios de autodisciplina e purificação, depende, em grande parte, de *dhyāna*, para sua eficácia. Isto porque não é a mera realização externa do ato que traz o resultado desejado, mas a concentração interior no propósito e a mente alerta subjacentes ao ato. Se estes últimos não estiverem presentes, a ação externa não terá nenhum valor. Nenhum sucesso no *Yoga* é possível, a menos que todas as energias da alma sejam polarizadas e subordinadas para a consecução do objetivo central. Assim, a palavra *dhyāna*, em II-11, implica todos os processos mentais e exercícios que possam ajudar o *sādhaka* a reduzir os *kleśas* ativos à condição de passivos. A palavra *dhyāna* pode incluir reflexão demorada sobre os mais profundos problemas da vida, mudança de hábitos de pensamento e atitudes, por meio da meditação (II-33), ou seja, *tapas*, bem como meditação, no sentido comum do termo.

Cumpre notar, a esse respeito, que reduzir os *kleśas* a uma condição passiva ou latente não significa meramente levá-los a um estado temporário de serenidade.

As violentas perturbações da mente e as emoções que resultam da atividade dos *kleśas* (*kleśa-vṛtti*) nem sempre estão presentes, e todos nós passamos por fases em que os *kleśas*, como *rāga-dveṣa*, parecem ter-se tornado dormentes. Um *sādhaka* pode passar algum tempo retirado em solidão. Enquanto ele estiver isolado de toda espécie de relacionamento social, *rāga* e *dveṣa* estarão, naturalmente, inoperantes, mas isso não quer dizer que ele os tenha reduzido a um estado dormente. Somente sua expressão externa terá sido suspensa e, tão logo ele retome sua vida social, esses *kleśas* reaparecerão com sua força usual. Reduzir os *kleśas* a um estado dormente significa tornar as tendências tão fracas que não mais surjam com facilidade, embora ainda não tenham sido desenraizadas.

Outro ponto relevante é que atacar determinada forma ou expressão de *kleśas* não é de muita utilidade, ainda que no princípio isso possa ser feito para se obter algum conhecimento quanto ao modo de atuar dos *kleśas* e a técnica para dominá-los. Um *kleśa* pode assumir inúmeras formas de expressão e, se apenas suprimirmos uma delas, ele poderá assumir outras. É a tendência geral que precisa ser atacada; é o isolamento, digamos, dessa tendência e o combate a ela como um todo que testam a inteligência do *sādhaka* e determinam o sucesso do empreendimento.

Kleśa-mūlaḥ karmāśayo
dṛṣṭādṛṣṭa-janma-vedanīyaḥ.

II-12) O reservatório dos *karmas*, os quais estão enraizados nos *kleśas*, causa toda espécie de experiências na vida presente e nas futuras.

Os *sūtras* 12, 13 e 14 expõem, de maneira lúcida e concisa, os aspectos essenciais das leis gêmeas do *karma* e da reencarnação, as muito conhecidas doutrinas formuladoras da Lei Moral Universal e o ciclo de nascimentos e mortes subjacentes à vida humana. Como os estudantes do *Yoga* estão geralmente familiarizados com os aspectos amplos dessas doutrinas, não é necessário discuti-las aqui[1], e nos limitaremos aos aspectos específicos referidos nestes três *sūtras*. Pode-se dizer, de início, que Patañjali não tentou nos dar uma idéia geral das leis do *karma* e da reencarnação. Seu objetivo é apenas mostrar a causa fundamental da miséria humana, de modo que tenhamos condições de analisar os meios adotados na disciplina do *Yoga*, para sua eficaz remoção. Portanto, ele refere somente certos aspectos dessas leis para embasar sua argumentação. Mas, a propósito, em três breves *sūtras*, ele nos dá a própria essência dessas leis universais.

---

[1] Uma exposição mais detalhada sobre *karma, saṃsāra* (ou reencarnação) e *dharma* pode ser encontrada em *A Tradição-Sabedoria, Uma Introdução à Filosofia Esotérica*, Lindemann R. & Oliveira P., Editora Teosófica, Brasília-DF. (N. ed. bras.)

A primeira idéia apresentada em II-12, para a qual devemos atentar, é que os *kleśas* são a causa fundamental dos *karmas* que geramos por nossos pensamentos, desejos e atos. Cada alma humana passa por uma série contínua de encarnações, colhendo os frutos dos pensamentos, desejos e das ações praticados no passado e gerando, durante o processo de colheita, novas causas que produzirão seus frutos nesta ou em futuras vidas. Assim, cada vida humana é uma corrente que flui, em que dois processos atuam simultaneamente: o resgate dos *karmas* elaborados no passado e a geração de novos *karmas*, que produzirão frutos no futuro. Cada pensamento, desejo, emoção e ação produz seu correspondente resultado com precisão matemática e este resultado é registrado, natural e automaticamente, em nosso livro-caixa da vida.

Qual é a natureza desse mecanismo registrador do qual depende a produção de causas e efeitos com precisão matemática? A resposta a esta pergunta está contida somente em uma palavra, *karmāśaya*, utilizada neste *sūtra*. Esta palavra significa, literalmente, "reservatório" ou "repositório" de *karmas*. *Karmāśaya*, obviamente, se refere ao veículo que, em nossa constituição interna, serve como receptáculo de todos os *saṃskāras* ou impressões de nossos pensamentos, desejos, sentimentos e ações. Além de servir como um registro permanente de tudo o que pensamos, sentimos ou fizemos ao longo do processo de evolução, estendendo-se por uma série de vidas, este veículo provê padrões e conteúdos das vidas sucessivas. Os que estão familiarizados, inclusive com fisiologia elementar, não deverão encontrar dificuldade em compreender e avaliar esta idéia, eis que a impressão produzida, em nosso cérebro, por nossas experiências no plano físico, fornece um paralelo exato. Tudo que experimentamos através de nossos órgãos sensoriais é registrado no cérebro, podendo ser recuperado sob a forma de memória daquelas experiências. Não podemos ver essas impressões, mas, ainda assim, sabemos que elas existem.

Os estudantes acostumados com o pensamento filosófico hindu não terão dificuldade em identificar este *karmāśaya* com o *kāraṇa śarīra* ou "corpo causal", na classificação do Vedanta de nossa constituição interna. Este é um dos veículos sutis da consciência, que está além de *manomaya kośa*, sendo assim chamado por ser a fonte de todas as causas que estarão agindo e moldando nossas vidas presente e futura. Ele é o receptáculo no qual os efeitos de tudo o que fazemos estão sendo constantemente produzidos e transformados em causas de experiências que atravessaremos nesta vida e em vidas futuras.

Então, o ponto importante a ser notado, aqui, é que, não obstante esse veículo causal seja a causa imediata ou efetiva das vidas presente e futura e dele, em grande parte, fluam as experiências que vão constituir tais vidas, ainda assim a causa real ou última dessas experiências são os *kleśas*. Porquanto são os *kleśas* os responsáveis pela contínua geração de *karmas*, servindo o veículo causal apenas como um mecanismo de ajuste dos efeitos destes *karmas*.

Sati mūle tad-vipāko jāty-āyur-bhogāḥ.

II-13) Enquanto a raiz estiver ali, precisa amadurecer e resultar em vidas de diferentes classes, duração e experiências.

Enquanto os *kleśas* estiverem atuando na vida de um indivíduo, o veículo dos *karmas* estará continuamente sendo alimentado pela adição de novas impressões causais, não havendo possibilidade de esta série de vidas ter um fim. Se a raiz permanecer intacta, os *saṃskāras*, no veículo causal, continuarão a amadurecer naturalmente e a produzir vida após vida, com sua miséria e sofrimento inevitáveis. Embora a natureza e o teor das experiências vividas pelos seres humanos sejam de infinita variedade, Patañjali classificou-as em três títulos: (1) classe, (2) duração de vida e (3) natureza agradável ou desagradável das experiências. Estas são as principais características que determinam a natureza de uma vida. Primeiro, *jāti*, ou classe, determina o ambiente do indivíduo e, assim, suas oportunidades e o tipo de vida que ele poderá levar. Um homem nascido em uma favela não tem as mesmas oportunidades que um outro nascido entre pessoas cultas. Assim, a espécie de vida que uma pessoa tem é determinada, em primeiro lugar, por *jāti*.

O segundo fator importante é a duração da vida. Isto, naturalmente, determina o número total de experiências. Uma vida interrompida na infância contém um número comparativamente menor de experiências que uma vida longa que segue seu curso normal. Sem dúvida, posto que as sucessivas vidas de um indivíduo formam um todo contínuo, de um ponto de vista mais amplo, uma vida intermediária curta não é tão importante. É como se uma pessoa não tivesse podido ter um dia completo de trabalho e tivesse ido deitar-se cedo. Outro dia surge, e a pessoa pode continuar normalmente seu trabalho.

O terceiro fator é a natureza das experiências vividas no tocante à sua qualidade agradável ou desagradável. *Jāti* também determina a natureza das experiências, mas, no caso, consideram-se as experiências em relação às oportunidades de crescimento da alma. Em *bhoga,* consideram-se as experiências quanto a seu potencial de causar dor ou prazer ao indivíduo. Há algumas pessoas bem situadas na vida, mas que enfrentam dificuldades — somente sofrimento e infelicidade desde o nascimento até a morte. Por outro lado, pode-se ter uma vida com circunstâncias comparativamente pobres, porém com experiências sempre agradáveis. Os prazeres e as dores que temos de suportar não são inteiramente dependentes de nosso *jāti*. Há um fator pessoal envolvido, como nós mesmos podemos ver ao analisar as vidas das pessoas em torno de nós.

Te hlāda-paritāpa-phalāḥ puṇyāpuṇya-hetutvāt.

II-14) Elas terão alegria ou tristeza como seu fruto, conforme sua causa seja virtude ou vício.

De que depende a natureza das experiências que passamos pela vida afora? Posto que tudo no universo atua de acordo com uma lei imutável e oculta, não pode ser mero acaso o fato de algumas dessas experiências serem de alegria e de tristezas. O que determina tal característica de prazer ou de dor das experiências? II-14 oferece uma resposta a essa pergunta. A característica agradável ou dolorosa do que experimentamos em nossa vida é determinada pela natureza das causas que as produziram. O efeito está sempre naturalmente relacionado à causa, sendo sua natureza determinada pela causa. Assim, aqueles pensamentos, sentimentos e ações que são "virtuosos" geram experiências agradáveis, enquanto os "viciosos" dão lugar a experiências desagradáveis. Contudo, não devemos considerar as palavras "virtuoso" e "vicioso" em seu sentido estreito, religioso ortodoxo, mas no sentido mais amplo e científico de viver em conformidade com a grande Lei Moral, que é universal em sua ação e matemática em sua expressão. Na natureza, o efeito está sempre relacionado com a causa e corresponde exatamente à causa que o colocou em movimento. Se ocasionamos uma pequena dor puramente física em alguém, é razoável supor que o fruto de nossa ação será alguma experiência, que ocasionará em nós uma dor física correspondente. Não seria, no caso, uma trágica calamidade que causaria terrível agonia mental. Isto seria injusto, e a lei do *karma* é a expressão da mais perfeita justiça que se possa conceber. Dado ser o *karma* uma lei natural, e as leis naturais atuam com precisão matemática, pode-se, até certo ponto, prever os resultados do *karma* de nossas ações e pensamentos imaginando suas conseqüências. O resultado do *karma* — ou "fruto", como geralmente é chamado — de uma ação está relacionado àquela ação, como uma cópia fotográfica está relacionada a seu respectivo negativo, embora a composição de diversos efeitos em uma experiência possa tornar difícil seguir os efeitos até suas respectivas causas. As concepções religiosas ortodoxas de céu e inferno, nas quais estão reservados prêmios e punições sem qualquer preocupação com o inter-relacionamento natural de causas e efeitos, são por vezes extremamente absurdas, embora em geral relacionem a virtude ao prazer e o vício à dor.

Pariṇāma-tāpa-saṃskāra-duḥkhair guṇavṛtti-
virodhāc ca duḥkham eva sarvaṃ vivekinaḥ.

II-15) Para quem desenvolveu o discernimento, tudo é miséria por causa da dor resultante das mudanças, ansiedades e tendências bem como dos conflitos que permeiam o funcionamento dos *guṇas* e das *vṛttis* (da mente).

Se a virtude e o vício geram, respectivamente, experiências agradáveis e dolorosas, pode-se questionar: "por que não adotar uma vida virtuosa, para logo assegurar uma série ininterrupta de experiências agradáveis e eliminar completamente todas as experiências dolorosas?" É claro que por algum tempo os resultados das ações viciosas que praticamos no passado continuariam a aparecer, mas, se persistirmos em nossos esforços e tornarmos nossa vida contínua e estritamente moral, eliminando vícios de toda espécie, chegará o momento em que os *saṃskāras* e *karmas* criados pelos pensamentos e pelas ações viciosas no passado extinguir-se-ão, e a vida dali em diante passará a ser uma série contínua de experiências prazerosas e felizes. Esta é uma linha de pensamento que agradará, em particular, ao aspirante que esteja passando por bons momentos e esteja ligado às coisas boas do mundo. A filosofia dos *kleśas* lhe parecerá desnecessariamente árdua e pessimista, e o ideal de uma vida completamente virtuosa parecerá prover uma solução muito feliz para os grandes problemas da vida. Isso satisfará seu inato sentimento religioso e moral e garantir-lhe-á a vida feliz e agradável que ele de fato deseja. O ideal religioso ortodoxo, que exige que as pessoas sejam boas e tenham boa conduta moral, de modo que possam ter uma vida feliz aqui e no além, é realmente uma concessão à fragilidade humana e ao desejo de preferir a assim chamada felicidade em vida à Iluminação.

Esta idéia de garantir uma vida feliz por meio da virtude, não considerando a impraticabilidade de se viver uma vida contínua e perfeitamente virtuosa enquanto ainda se está preso à ilusão, é resultado do engano sobre a própria natureza daquilo que o homem comum chama felicidade — e II-15 explica por quê. Este talvez seja um dos *sūtras* mais importantes, senão o mais importante, baseado na filosofia dos *kleśas*, e é necessário que se alcance realmente o sentido da idéia fundamental nele exposta, não somente para a compreensão da filosofia dos *kleśas* mas da filosofia do *Yoga* como um todo. Somente quando o aspirante tiver compreendido, até certo ponto, a ilusão subjacente à assim chamada "felicidade" que ele procura no mundo, pode ele realmente desistir dessa perseguição fútil e devotar-se, de todo o coração, à tarefa de transcender a Grande Ilusão e encontrar a única Realidade em que pode ser encontrada a verdadeira Iluminação e Paz. Que o estudante sério, portanto, pondere cuidadosamente sobre o profundo significado deste *sūtra*.

O *sūtra*, de maneira geral, quer dizer que *todas* as experiências são, ativa ou potencialmente, repletas de miséria para a pessoa sábia cuja percepção espiritual tenha despertado. Isto porque certas condições, como mudança, ansiedade, hábito e conflitos entre o funcionamento dos *guṇas* e das *vṛttis* são inerentes à vida. Consideremos cada uma destas condições e vejamos o que significam.

Pariṇāma significa mudança. Deveria ser óbvio para o menos inteligente dos homens que a vida, como a conhecemos, é governada por uma lei inexorável de mudança, a qual tudo permeia e aplica-se a todas as coisas, em todos os tempos. Nada na vida perdura, desde um sistema solar até um grão de areia, e todas as coisas estão num estado de fluxo, embora a mudança possa ser muito lenta, tão lenta que poderíamos não estar conscientes dela. Um efeito de *māyā* é tornar-nos inconscientes das contínuas mudanças que acontecem dentro e fora de nós. As pessoas temem a morte, mas não observam que ela é um simples incidente na contínua série de mudanças que ocorrem em nós e em torno de nós. Quando a conscientização dessa contínua e inexorável mudança, que a tudo afeta na vida, desperta em um indivíduo, ele começa a compreender o que significa ilusão. Esta conscientização é uma experiência bastante definida e é um aspecto de *viveka*, a faculdade de discernimento. O homem comum está tão imerso e completamente identificado com a vida em que se encontra envolvido, que não pode se separar mentalmente dessa rápida correnteza. Teoricamente, ele pode reconhecer a lei da mudança, mas não tem conscientização dela.

O primeiro resultado dessa conscientização, quando *viveka* desperta, é o medo. O próprio terreno sob nossos pés parece fugir. Parece que não temos onde pisar, nada em que possamos nos segurar nesta rápida sucessão de tempo e mudanças materiais. Todo o universo parece ser um fluxo em turbilhões de fenômenos, como água que corre sob uma ponte. Pessoas e objetos ao nosso redor, que pareciam tão reais, tornam-se meros fantasmas no panorama que passa ante nossos olhos. Parece-nos estar num vazio e engolfa-nos o horror de uma indescritível solidão.

Que fazemos quando essa conscientização chega-nos por acaso ou como resultado de uma contínua e profunda reflexão sobre a natureza real da vida fenomenal? Geralmente nos alarmamos, ficamos aterrorizados e tentamos escapar outra vez, mergulhando mais violentamente nas atividades e nos interesses da vida mundana, mesmo que teoricamente continuemos a acreditar na irrealidade das coisas ao nosso redor. Mas, se ao invés de tentarmos fugir desta horrível visão, nós a encararmos honestamente, adotando a autodisciplina prescrita no *Yoga*, então mais cedo ou mais tarde, sob essa rápida correnteza de fenômenos, começamos, primeiro, a sentir e, mais tarde, a discernir algo permanente, que transcende a mudança e nos dá um eterno apoio. Começamos a compreender que os fenômenos mudam, mas não Aquilo onde os fenômenos acontecem. Primeiro, apenas debilmente, porém, mais tarde, em toda a sua plenitude, essa conscientização do Eterno cresce dentro de nós. É preciso, no entanto, atravessar o vale do medo, antes que tal conscientização ocorra. Temos que ver todo o mundo sólido dos homens e das coisas desintegrar-se e desaparecer em um fluxo de meros fenômenos, antes que possamos ver o Real oculto sob o irreal.

Somente quando tivermos passado por esse tipo de experiência é que veremos, com tristeza, a ilusão e o *pathos* na vida do mundo, na busca dos pequenos prazeres e ambições, no amor e na felicidade efêmeros a que as pessoas apegam-se desesperadamente, na curta glória do homem no poder, no esforço de reter, tenazmente, coisas que mais cedo ou mais tarde terão de ser abandonadas. Vistos sob essa luz, até mesmo os prazeres mais requintados e as esplêndidas conquistas da vida tornam-se insignificantes e, o que é pior, assumem a forma da miséria. É uma prática comum solicitar-se a um sentenciado à morte que expresse seu último desejo, que ele gostaria de ver atendido, antes de morrer: uma bebida, um prato de sua predileção. Mas aqueles que vêem tal pessoa satisfazendo sua fantasia pela última vez estão conscientes de um *pathos* peculiar nesse desejo de agarrar-se a um prazer antes que a morte extinga a vida do indivíduo. Ao homem em quem *viveka* desenvolveu-se, a procura patética de prazeres, ambições etc., aparece sob luz similar. Todos nós, de certo modo, estamos sentenciados à morte, somente não estamos conscientes deste fato e não sabemos quando a sentença será executada. Se soubéssemos, todos os nossos assim chamados prazeres deixariam de ser prazeres.

Tāpa: A segunda aflição inerente à vida humana é *tāpa* ou ansiedade. Todos os prazeres, todas as indulgências e a assim chamada felicidade estão associados à ansiedade, consciente ou subconsciente. Pois a indulgência no prazer, ou tornar a nossa felicidade dependente das coisas incertas e passageiras do mundo exterior devido ao apego, significa medo de perder aqueles objetos que nos dão prazer ou felicidade. Se temos dinheiro, então há sempre o medo de que o dinheiro possa ser perdido e nossa segurança seja ameaçada. Se amamos pessoas, há o medo de que elas morram ou sejam afastadas de nós. A maioria de nós possui tais temores e ansiedades corroendo constantemente nosso coração, embora não tomemos conhecimento ou sequer estejamos conscientes deste fato. Somente quando uma crise acontece em nossa vida é que esses temores surgem em nossa consciência. Contudo, eles estão sempre presentes no subconsciente e em segredo envenenam nossa vida. Pode acontecer de estarmos muito entorpecidos para notá-los, ou sermos bastante "fortes", do ponto de vista mental, para permitir que eles nos preocupem muito. Dificilmente, porém, alguém que não esteja seguindo a senda do *Yoga* encontra-se acima deles.

Saṃskāra: Esta palavra significa impressão, mas no presente contexto ela pode melhor ser traduzida por "habituação"[2], como veremos agora. Há uma lei da natureza, segundo a qual toda experiência por que passamos produz uma impressão em todos os nossos veículos. A impressão assim produzida abre um canal para o fluxo de

---

[2] No original em inglês *habituation*, significando no contexto: germes de hábitos, sulcos de impressões mentais, emocionais e sensoriais. (N. ed. bras.)

uma força correspondente, e o canal torna-se, assim, cada vez mais profundo, à medida que a experiência se repete. Isso resulta em adquirirmos hábitos de várias espécies e habituarmo-nos à determinada espécie de ambiente, a modos de vida e prazeres. Mas ao mesmo tempo atua a lei de mudança, já mencionada, que altera constantemente nosso contexto externo, colocando-nos entre novos ambientes, circunstâncias e pessoas. O resultado dessa ação simultânea de duas forças naturais é que estamos sempre adquirindo novos hábitos, acostumando-nos a novas situações e também sendo forçados a deles nos afastarmos. Assim que adquirimos um novo hábito, ou nos fixamos em um novo ambiente, somos forçados a abandoná-los, às vezes suave e gradualmente, outras vezes violenta e subitamente. Esta contínua necessidade de ajustamento na vida é fonte de permanente desconforto e dor para todo indivíduo. A natureza dificilmente nos permite uma pausa para tomar fôlego, impelindo-nos todo o tempo para novas experiências, por mais que preferíssemos continuar com nossa rotina e com as situações confortáveis que conquistamos. É claro que o homem inteligente aceita esta necessidade de ajustamento e faz o que pode para adaptar-se, mas permanece o fato de que esta é uma das maiores angústias da vida da qual todos desejariam livrar-se.

Guṇa-vṛtti-virodha: A palavra *vṛtti* é, às vezes, considerada como referente aos *guṇas* e significando modificações ou funções dos *guṇas*. De acordo com esta interpretação, *Guṇa-vṛtti-virodha* seria a oposição ou o conflito entre as operações dos três *guṇas* entre si. Como isto não faz muito sentido, é melhor interpretar *vṛtti* como se referindo aos estados da mente. *Guṇa-vṛtti-virodha* significaria, então, o conflito entre as tendências naturais causadas pela preponderância de um dos *guṇas* e os estados da mente que se encontram em constante mutação. Tal conflito é muito comum na vida humana e é a causa de muita insatisfação na vida do indivíduo comum. O exemplo seguinte ilustrará esse conflito e mostrará como ele é uma das maiores causas da miséria humana.

Há um homem que é preguiçoso por temperamento, devido à predominância de *tamas* em sua natureza. Ele odeia atividade, mas é colocado em circunstâncias onde tem que se esforçar para ganhar a vida. Assim, ele deseja constantemente uma vida pacífica e inativa, e o resultado desse desejo forte, acalentado de modo persistente, é que em sua próxima vida seu desejo será atendido em um ambiente onde ele será forçado a ficar bastante inativo (ele pode nascer como um esquimó ou ser encarregado de um farol). Mas nesta vida poderá ocorrer a preponderância de *rājas* em sua natureza e, portanto, ele irá querer atividade onde não será possível muita atividade. E assim ele se lamentará e se sentirá insatisfeito com sua nova condição, como se sentia com a antiga. Por vezes, este conflito entre os *guṇas*, predominantes no tempo e no estado da mente ou desejo, é de natureza temporária, mas na ocasião tem sempre o efeito de produzir descontentamento.

Por conseguinte, pela ação de suas leis, a natureza está sempre acarretando esse tipo de oposição entre as nossas tendências e os estados de nossa mente, daí vermos por toda a parte um descontentamento generalizado. Ninguém parece contente com seu destino ou suas circunstâncias. Todos desejam o que não têm. Eis como *Guṇa-vṛtti-virodha* torna-se uma das causas da miséria humana em geral. O sábio percebe a inevitabilidade de tudo isso e, portanto, renuncia aos desejos integralmente, aceitando o que a vida lhe dá, sem euforia ou ressentimento. O que devemos lembrar a este respeito é que qualquer conjunto de circunstâncias em que nos encontremos é resultado de nossos próprios desejos, embora na ocasião em que um desejo específico realize-se, ele possa ter sido substituído por outro de tipo oposto. Nossos desejos não podem, pela própria natureza das coisas, concretizar-se de imediato, sendo necessário decorrer certo espaço de tempo para sua realização. Durante esse intervalo, nossa natureza, nosso temperamento e nossos desejos podem sofrer considerável mudança e, quando temos de encarar a realização de nosso próprio desejo, quase não podemos acreditar que, no passado, nós mesmos desejávamos aquilo que hoje chega até nós.

A existência dos quatro tipos de aflições, mencionadas antes, e que são inerentes à vida humana, produz tais condições, que ninguém que tenha desenvolvido *viveka* ou discernimento espiritual pode considerar a assim chamada felicidade da vida comum como a verdadeira felicidade. Na verdade, ao homem do mundo, imerso em sua busca ilusória do prazer ou do poder, a vida pode parecer uma mistura de prazeres e dores, alegrias e tristezas; mas para o homem sábio, cujas faculdades espirituais despertaram, *toda* a vida tem que parecer repleta de miséria, e sua felicidade ilusória não passa de uma "pastilha açucarada", contendo oculta em seu interior apenas dor e sofrimento. Esta é uma afirmativa que pode dar uma visão distorcida da vida, mas que o estudante reflita profundamente sobre estes fatos — estes pesados fatos da vida — e é provável que ele chegue à mesma conclusão. De qualquer modo, a menos que o aspirante à vida do *Yoga* compreenda a verdade cultuada neste *sūtra*, não estará realmente qualificado para tentar a longa e difícil escalada que leva ao topo da montanha da Auto-Realização.

Heyaṃ duḥkham anāgatam.

II-16) O sofrimento que ainda não chegou pode e deve ser evitado.

A próxima pergunta que naturalmente surge é se há possibilidade de evitar essa miséria que, como se viu no último *sūtra*, é inerente à vida humana. Grande número de pensadores que refletiram profundamente sobre esse problema, talvez viessem a concordar que a vida, em essência, é pura miséria, mas diriam que é preciso aceitá-la como ela é e torná-la o melhor possível, pois não há meios para escapar, exceto através da morte. É possível que não acreditem, como o religioso ortodoxo comum, que todos os desgostos e sofrimentos serão de alguma forma compensados na vida após a morte, mas não sabem o que pode ser feito a este respeito, salvo aceitar agradecidamente os pequenos prazeres e suportar as dores com estóica indiferença.

Neste ponto é que a filosofia do *Yoga* difere fundamentalmente da maioria das religiões ortodoxas do mundo, que não oferecem nada melhor do que uma felicidade incerta e nebulosa na vida após a morte. Afirmam eles: "viva uma vida de bondade, para assegurar felicidade após a morte; tenha fé em Deus e espere pelo melhor". Segundo a filosofia do *Yoga*, a morte não resolve seu problema espiritual, do mesmo modo como uma noite de sono não resolve seu problema econômico. Se você é pobre, não espera que, indo para a cama, aquele seu problema financeiro estará, automaticamente, resolvido no dia seguinte. Você terá que se levantar no dia seguinte e retomar seu problema de onde o deixou na noite anterior. Se você é economicamente pobre, não pode esperar ficar rico da noite para o dia; se você é pobre espiritualmente, prisioneiro de ilusões e limitações de todo tipo, não pode esperar tornar-se Iluminado em sua próxima vida ou, caso você não acredite em reencarnação, na vida vaga e sem fim que se supõe seguir-se à morte.

De acordo com a filosofia do *Yoga*, é possível ascender completamente acima das ilusões e misérias da vida e ganhar conhecimento, bem-aventurança e poder infinitos através da Iluminação, *aqui e agora*, enquanto ainda estamos vivendo no corpo físico. E, se não atingirmos essa Iluminação enquanto ainda estivermos vivos, teremos que voltar mais e mais vezes a este mundo, até que tenhamos realizado essa determinada tarefa. Portanto, não é uma questão de escolher ou rejeitar a senda do *Yoga*. É uma questão de escolhê-lo agora ou em alguma vida futura. Trata-se de conquistar a Iluminação o mais cedo possível e evitar o sofrimento no futuro, ou adiar o esforço e passar por mais sofrimentos desnecessários e evitáveis. Este é o significado de II-16. Esta não é uma vaga promessa de uma felicidade incerta para depois da morte, mas uma definida asserção científica de um fato verificado pela experiência de inúmeros *yogis*, santos e sábios que trilharam a senda do *Yoga* através das eras.

Draṣṭṛ-dṛśyayoḥ saṃyogo heya-hetuḥ.

II-17) A causa daquilo que deve ser evitado é a união do vidente com o visto.

Chegamos à questão dos meios, não da verdadeira técnica do *Yoga* a ser empregada, mas do princípio geral com base no qual a libertação dos *kleśas* deve ser realizada. Cumpre notar que o objetivo não é uma solução temporária e parcial do problema, mas uma solução permanente e completa, não um paliativo, mas um remédio que erradicará por completo a doença. Se a doença deve ser erradicada, é preciso ir à raiz da doença, e não nos ocuparmos apenas de seus sintomas superficiais. Qual é a causa da miséria produzida pelos *kleśas* e que deve ser evitada? A resposta é dada em II-17. A natureza do vidente e daquilo que é visto e a razão por que eles se encontram jungidos estão explicadas nos *sūtras* subseqüentes, mas, antes de tratarmos dessas questões, tentemos entender o problema de maneira geral.

Já foi mencionado, ao tratar-se da natureza de *asmitā* ou tendência da consciência a identificar-se com seus veículos, que este processo começa pela união da consciência com a matéria, pelo fato do véu de *māyā* envolvê-la na ilusão e em conseqüente *avidyā*. Este problema, vinculado à origem das coisas e que nos leva de volta à questão da involução inicial da consciência individual na matéria, é realmente um dos problemas fundamentais da filosofia, sobre o qual os filósofos vêm especulando desde o início dos tempos. É como os problemas que estão além do alcance do intelecto limitado, sendo inútil tentar resolvê-los através da ação do intelecto. Eles podem ser resolvidos — talvez fosse melhor dizer dissolvidos — somente à luz do conhecimento transcendente que podemos obter na Iluminação. Assim, não tentemos responder por que *puruṣa*, que é puro e perfeito, está jungido a *prakṛti*. Que nossa alma tenha paciência e aguarde, até que tenhamos transcendido o intelecto e suas ilusões, e estejamos face a face com aquela Realidade que tem consigo a resposta a esta pergunta final.

Mas, conquanto não possamos ter a resposta a esta pergunta fundamental, não há dificuldade em compreender que tal jugo aconteceu, e que ele é a causa da servidão. Jungir sempre sugere submissão, até mesmo na vida comum, e que deva ser a causa da submissão, no caso de *puruṣa*, é algo bastante concebível. É impossível, entretanto, conceber a natureza da servidão fora do que é dado na filosofia dos *kleśas*. Conhecer isso na verdadeira acepção do termo seria conhecer o supremo mistério da vida e já haver atingido a Iluminação. Seguramente, esta é a meta — aquilo que o aspirante pretende atingir através do *Yoga*.

Depois de analisar a causa da servidão em II-17, isto é, a sujeição conjunta do vidente e do visto, ou o envolvimento da consciência pura na matéria, Patañjali prossegue explicando a natureza essencial do vidente e do visto. Nos dois *sūtras* seguintes, II-18 e II-19, ele condensou todos os fatos essenciais concernentes ao mundo fenomenal, dando-nos, assim, uma magistral análise do visto.

Prakāśa-kriyā-sthiti-śīlaṃ bhūtendriyātmakaṃ
bhogāpavargārthaṃ dṛśyam.

II-18) O visto (lado objetivo da manifestação) consiste de elementos e órgãos dos sentidos; tem por natureza a cognição, a atividade e a estabilidade (*sattva, rājas* e *tamas*) e tem por propósito (proporcionar ao *puruṣa*) experiência e liberação.

Em II-18, vemos como as mentes magistrais que desenvolveram a ciência do *Yoga* tiveram a capacidade de ir ao âmago de cada questão e, depois de separar o essencial do não-essencial, conseguiram captar e formular os fatos essenciais. Em um curto *sūtra*, Patañjali analisou e colocou ante nós os fatos fundamentais relacionados com a natureza essencial do mundo fenomenal, sua percepção e seu propósito. Primeiro, ele apresenta a natureza essencial de todos os fenômenos que são objetos de percepção. Estes, de acordo com a concepção muito conhecida da filosofia hindu, são realmente compostos dos três *guṇas*, cuja natureza será explicada mais adiante. Ele, então, esclarece que a percepção do mundo fenomenal é de fato o resultado das interações dos *bhūtas* e dos *indriyas*, os "elementos" e os "órgãos sensoriais". Por último, menciona o propósito e a função do mundo fenomenal, que é duplo. Em primeiro lugar, propiciar experiência aos *puruṣa*s que parecem estar evoluindo nele e, em segundo lugar, através dessa experiência, conduzi-los, gradualmente, à emancipação e à Iluminação.

É necessário notar que a palavra utilizada em relação ao mundo fenomenal é *dṛśyam*, aquilo que é "visto" ou é capaz de ser "visto". O contato de *puruṣa* com *prakṛti* resulta no surgimento de uma dualidade que, em linguagem moderna, pode ser chamada de lados subjetivo e objetivo da natureza. Destes, *puruṣa* é a essência ou o substrato do lado subjetivo, e *prakṛti* a essência do lado objetivo dessa dualidade. À medida que a consciência recolhe-se para o interior, a linha divisória entre o subjetivo e o objetivo desloca-se continuamente, mas a relação entre os dois permanece a mesma. Com todos os veículos que não foram separados de sua consciência, *puruṣa* constitui a parte subjetiva desse relacionamento e chama-se *draṣṭā* ou o vidente. A porção de *prakṛti* assim separada constitui a parte objetiva e chama-se *dṛśyam* ou aquilo que é visto. Ambos, *draṣṭā* e *dṛśyam*, são, portanto, necessários ao mundo fenomenal.

Consideremos, primeiramente, a natureza essencial de todos os fenômenos que são objetos de percepção. Estes, de acordo com este *sūtra*, são o resultado da ação dos três *guṇas*, que encontram expressão através da cognição, da atividade e da estabilidade. A teoria dos *guṇas* é parte integrante da filosofia hindu e, segundo esta, toda a estrutura do universo manifestado repousa nestas três características fundamentais, ou atributos de *prakṛti*. De fato, conforme a doutrina *Sāṃkhya*, mesmo *prakṛti* não é senão uma condição de perfeito equilíbrio dos três *guṇas* — *triguṇa-sāmyāvasthā*.

Não obstante a teoria dos *guṇas* seja uma das doutrinas fundamentais da filosofia hindu, é surpreendente quão pouco ela é compreendida. Os *guṇas* são repetidamente mencionados no *Bhagavad-Gītā* — é raro não ocorrer a palavra *triguṇa* em qualquer livro, em sânscrito, sobre religião ou filosofia. Entretanto, ninguém parece saber o que os três *guṇas* na verdade significam. Há uma vaga idéia de que os três *guṇas* têm algo a ver com propriedades, pois o vocábulo *guṇa*, em sânscrito, em geral significa uma propriedade ou atributo. Esta é também a impressão geral que os vários contextos em que a palavra é utilizada parecem produzir. Mas é inútil procurar-se uma explicação clara do sentido real da palavra ou de seu verdadeiro significado em termos de pensamento moderno.

Não é difícil entender por que a natureza dos *guṇas* é tão difícil de ser compreendida. Os *guṇas* encontram-se na própria base do mundo manifestado e inclusive o trabalho da mente, através do qual tentamos compreender sua natureza, depende de seu inter-relacionamento. Tentar compreender a natureza dos *guṇas* com o auxílio da mente é o mesmo que tentar pegar a mão com um alicate seguro pela própria mão. Enquanto o *yogi* não atravessar a fronteira da manifestação e transcender o domínio dos *guṇas*, como indicado em IV-34, não terá condições de perceber sua verdadeira natureza. Mas isso não quer dizer que o estudante do *Yoga* nada possa entender de sua natureza e deva permanecer satisfeito com as vagas e nebulosas noções em geral prevalecentes em relação a essa doutrina básica. Os avanços verificados no campo das ciências físicas e a luz que tal fato projetou sobre a estrutura da matéria e a natureza dos fenômenos físicos possibilitaram-nos um tênue vislumbre da natureza essencial dos *guṇas*. Na verdade este conhecimento vincula-se aos aspectos superficiais dos *guṇas*, mas o estudante pode, através do exercício de intuição e pensamentos profundos, adquirir certa compreensão do assunto, o suficiente para convencê-lo de que os *guṇas* não são um simples e misterioso espectro filosófico, fazem parte daquele mistério profundo que cerca a formação de um universo manifestado. Este não é o lugar para se tratar, exaustivamente, deste assunto interessante, mas complexo, porém algumas idéias podem ser discutidas, a fim de que o estudante saiba onde ele deve procurar mais conhecimento, caso deseje compreender o assunto mais profundamente. Essa discussão envolverá certo conhecimento de modernas idéias científicas, embora se tente evitar, tanto quanto possível, detalhes tecnicistas. Afinal, se queremos compreender qualquer problema, em termos de modernos fatos científicos, temos que ter pelo menos um conhecimento geral desses fatos.

Qual é a natureza essencial dos fenômenos que percebemos através da intermediação dos órgãos sensoriais? O primeiro ponto que notaríamos ao chegar a uma resposta a esta pergunta, é que ao se examinar um objeto de percepção, verificar-se-á, sob análise, que ele consiste em certo número de propriedades ou *dharmas* cognoscíveis através dos órgãos dos sentidos. Que cada objeto é apenas um conjunto de propriedades, e que nosso conhecimento em relação a esse objeto limita-se à observação direta ou indireta de tais propriedades, é uma concepção filosófica bem conhecida, que todo estudante pode compreender.

A segunda pergunta que surge é: "qual é a natureza dessas propriedades ou melhor, de que depende a cognição dessas propriedades?" Se analisarmos o fluxo de fenômenos físicos à nossa volta, à luz do moderno conhecimento científico, encontraremos três princípios fundamentais subjacentes a esses fenômenos. Os três princípios que, em última análise determinam a natureza de cada fenômeno estão ligados ao movimento, e podem ser chamados de diferentes aspectos do movimento. É muito difícil expressar esses princípios por meio de simples palavras, pois não se conhecem vocábulos com um significado suficientemente abrangente, mas na falta de palavras melhores podemos denominá-las: (1) vibração, que envolve movimento rítmico de partículas, (2) mobilidade, que envolve movimento não-rítmico de partículas com transferência de energia, (3) inércia, que envolve posição relativa de partículas. Estes princípios são realmente os três aspectos fundamentais do movimento, e podem, toscamente, ser ilustrados respectivamente por um grupo de soldados marchando em uma parada, algumas pessoas andando numa multidão, e certo número de presos confinados em celas separadas. Qualquer que seja a natureza do fenômeno, nós encontraremos na base desse fenômeno, esses princípios atuando de várias maneiras, e determinando os *dharmas,* ou propriedades, manifestas.

A título de ilustração consideremos, um a um, os fenômenos sensoriais observados através dos cinco sentidos. A cognição dos fenômenos visuais depende da presença de vibrações luminosas que, por sua ação na retina do olho, dão a impressão de forma e cor. Os fenômenos auditivos dependem de vibrações sonoras, que, agindo sobre o tímpano do ouvido, produzem a sensação do som. A sensação de calor etc. depende do impacto sobre a pele de átomos e moléculas em movimento. As sensações de sabor e cheiro dependem da ação de substâncias químicas sobre as membranas do palato e do nariz, sendo que a natureza dessas substâncias — determinada pela posição relativa e a natureza dos átomos nas moléculas — é que determina a sensação experimentada. Em cada um destes casos encontramos vibração ou movimento rítmico, mobilidade ou movimento irregular, inércia ou posição relativa em ação e determinando a natureza do fenômeno sensorial.

Até agora admitimos a presença de partículas que, por seu movimento, determinam o fenômeno. Mas, o que são essas partículas? A ciência diz-nos que elas são apenas combinações de prótons, nêutrons e elétrons — os elétrons girando em torno do núcleo de prótons e nêutrons a uma velocidade extraordinária e determinando as propriedades dos átomos. Em vista da descoberta da equivalência e da interconversibilidade entre massa e energia, é provável que se descubra finalmente que o núcleo do átomo é também uma expressão de energia e que a base definitiva do universo físico manifestado nada mais é senão movimento ou energia. No dia em que isto for provado, conclusivamente, o materialismo do tipo ortodoxo será enterrado para sempre, e a filosofia do *Yoga*, completamente justificada.

Vemos, portanto, que todas as propriedades podem ser reduzidas a seus elementos mais simples — movimento ondulatório (*prakāśa*), ação (*kriyā*) e posição *(sthiti)* — pelo menos no que concerne ao universo físico. Já que estas são também as idéias associadas à natureza dos três *guṇas*, a ciência, até certo ponto, corroborou a teoria dos *guṇas*. Sem dúvida, os *guṇas* são subjacentes a todo o universo manifestado e não apenas ao mundo físico e, assim, não podemos compreender sua verdadeira natureza simplesmente levando em consideração suas manifestações físicas. Mas um estudo de sua interação no mundo físico pode ajudar o estudante a captar um tênue vislumbre de sua real natureza e da verdade contida em IV-13.

Há um outro ponto importante que temos de compreender em relação aos *guṇas*, se pretendemos captar o significado das idéias citadas em III-56 e em IV-34. Esse ponto tem a ver com a relação dos três *guṇas* entre si. Todo estudante de ciência elementar sabe que movimento ondulatório ou vibração é uma combinação harmoniosa de mobilidade e inércia. E, se os três *guṇas*, como vimos, estão conectados com os três aspectos do movimento, depreende-se que *sattva* é apenas uma combinação harmoniosa de *rājas* e *tamas* e não algo apartado de *rājas* e *tamas*. Assim, o desenvolvimento de *sattva* não é realmente a criação de algo novo, mas a harmonização dos *rājas* e *tamas* existentes. Este fato é muito importante, porquanto serve para lançar alguma luz sobre a relação de *puruṣa* e *sattva*. Quando *puruṣa* entra em contato com *prakṛti*, no começo do ciclo evolutivo, seu contato perturba o equilíbrio dos três *guṇas* e gradualmente faz com que atuem as forças de *prakṛti*. Através dessa atmosfera perturbada, *puruṣa* não pode ver seu *svarūpa*, porque este *svarūpa* pode ser expresso ou refletido apenas através de um *sattva guṇa* suficientemente purificado. Esta questão não surge nos primitivos estágios da evolução. Os veículos da consciência estão sendo organizados lentamente e os poderes latentes em *prakṛti* estão sendo desenvolvidos. Mas, depois de a evolução haver atingido um estágio suficientemente avançado e de o desejo de Auto-Realização ter nascido na alma, *rājas* e *tamas* devem ser substituídos, gradualmente, por *sattva*. O objetivo do *Yoga* é, portanto, harmonizar *rājas* e *tamas* em *sattva*. E como se trata da harmonização de dois opostos, uma harmonização perfeita implica, de fato, o virtual desaparecimento dos opostos e a conquista de uma condição que está livre dos opostos.

Surge agora a questão: "é o *triguṇa-sāmyāvasthā*, antes de *puruṣa* entrar em contato com *prakṛti*, exatamente a mesma condição de puro *sattva* desenvolvida depois de atravessar o ciclo evolutivo e atingir *Kaivalya*?". A resposta a esta pergunta tem que ser negativa. Porque, se as duas condições fossem as mesmas, todo o propósito da evolução, como referido em II-23, seria frustrado. Equivaleria a supor-se que *puruṣa*, descendo à matéria, atravessa o longo e tedioso ciclo evolutivo e, então, decai novamente à condição inicial.

Se as duas condições não são idênticas, qual a diferença entre elas? Este não é o momento de entrar nessa questão altamente filosófica, mas uma analogia científica serviria para de certo modo esclarecer a natureza da diferença. Uma condição de equilíbrio pode ser de duas espécies, que, por conveniência, podem ser chamadas de estática e dinâmica. No equilíbrio estático, duas coisas iguais e opostas combinam-se de tal maneira, que a combinação é nula. Nada se pode extrair desta combinação, porque ela não contém nenhuma energia potencial. Se misturamos quantidades equivalentes de um ácido e de uma base — dois opostos — obtemos um sal neutro, do qual nós não podemos obter nada mais. Por outro lado, é possível estabelecer um equilíbrio harmonioso entre dois iguais e dois opostos, o qual é dinâmico e contém energia potencial. Analisemos o exemplo de uma bateria. Nela estão acumulados, igual e harmoniosamente, dois tipos contrários de eletricidade. Externamente, a bateria também parece uma coisa inerte ou morta. Mas apenas externamente. Basta ligar os dois pólos para constatar a diferença.

Ora, o equilíbrio de *sattva* é de certo modo análogo ao da bateria. Potencialmente, ele contém a energia para produzir qualquer combinação dos *guṇas*, sempre que preciso, revertendo, entretanto, instantaneamente, à condição original quando a energia não é necessária. É neste sentido que o retrocesso dos *guṇas* à sua origem, em IV-34, deve ser entendido. Os *guṇas* não cessam de atuar permanentemente para *puruṣa* auto-realizado. Eles param de funcionar quando ele se recolhe a si mesmo, entrando em ação tão logo ele projeta sua consciência para o exterior. Em resumo, eles perdem sua atividade independente, tornando-se meros instrumentos dele.

Esta concepção do estado *guṇātīta* não apenas confere nova importância ao ciclo evolutivo, mas também está em conformidade com fatos conhecidos do Ocultismo. Os poderosos Adeptos do *Yoga*, que emergem do ciclo evolutivo como *Jīvanmukta*s, não se fundem com Deus, tornando-se indistinguíveis Dele por perderem, para sempre, sua identidade. Eles se libertaram do domínio dos *guṇas* e da ilusão de *prakṛti*, e ainda assim retêm todos os conhecimentos e poderes adquiridos através da evolução. De todos os equívocos e verdades parcialmente compreendidas da filosofia hindu, talvez nenhuma seja mais absurda, distorcendo fatos reais, que a idéia de *puruṣa* fundir-se completamente com Deus e Nele perder-se para sempre. Se um ser humano construísse uma casa e depois a demolisse tão logo a tivesse concluído, nós sem dúvida o consideraríamos louco. Todavia, atribuímos a Deus um tipo de irracionalidade ainda pior, ao acreditar que, ao alcançar *Jīvanmukti*, *jīvātmā* funde-se com *Paramātmā* e perde-se para sempre.

Tendo considerado a natureza do embasamento material do mundo fenomenal, passemos agora à segunda generalização contida no *sūtra*, que nos dá o *modus operandi* da percepção deste mundo. De que forma é percebido este mundo, que resulta da interação dos *guṇas*? Quais os elementos básicos envolvidos nesta percepção? Mais uma vez a resposta a esta pergunta está contida em uma generalização, que é uma obra-prima da técnica analítica. Segundo a filosofia do *Yoga*, há somente dois fatores envolvidos na percepção — *bhūtas* e *indriyas*. O que estes *bhūtas* e *indriyas* são, e como, por sua interação, produzem um percebimento do mundo exterior na consciência de *puruṣa*, está explicado, até certo ponto, na discussão da III-45 e da III-48. Portanto, não há por que abordar essa questão agora. Há, contudo, um fato importante que pode ser mencionado antes de passarmos à terceira generalização do *sūtra*. As palavras *bhūtas* e *indriyas* são utilizadas em seu sentido mais amplo e referem-se tanto ao plano físico quanto aos superfísicos. O mecanismo através do qual a consciência toma conhecimento dos objetos difere de um plano para outro, mas o *modus operandi* desse mecanismo, em cada plano, é essencialmente o mesmo, isto é, a interação de *bhūtas* e *indriyas*. Não somente o *modus operandi* é o mesmo em todos os planos, mas os cinco estados de *bhūtas* e *indriyas* mencionados em III-45 e em III-48 também são os mesmos em todos os planos. *Saṃyama*, nestes estados, levará, pois, ao domínio de *bhūtas* e *indriyas* em todos os planos.

A terceira generalização neste *sūtra* refere-se ao propósito do mundo fenomenal. Ele destina-se a propiciar a experiência e, em última análise, liberação para *puruṣa*. De certo modo — o que não é bastante compreensível pelo intelecto — é necessário que *puruṣa* desça à matéria e passe pelo processo evolutivo, antes que ele possa tornar-se perfeito e livre do domínio da matéria. O mundo fenomenal propicia-lhe as necessárias experiências e, somente através destas, os seus veículos podem evoluir e pode ocorrer o desenvolvimento de sua consciência. Como a semente que depois de semeada retira a necessária nutrição de seu meio e gradualmente se desenvolve em uma árvore completa semelhante à sua progenitora, o gérmen da Vida Divina, quando posto no mundo fenomenal, sofre a ação de todos os tipos de estímulos e influências e, gradualmente, desenvolve a Vida Divina e os poderes ocultos em seu interior. Como esta idéia é discutida mais amplamente em II-23, não a consideraremos aqui.

A idéia do *Yoga* de que, sem dúvida, o mundo fenomenal existe para o crescimento e a perfeição dos centros individuais da consciência, está em revigorante contraste com as frias e vãs especulações da ciência moderna sobre a origem e o propósito deste universo manifestado. A idéia de que este universo, magnífica e belamente planejado, no qual vivemos, não tem finalidade alguma, é de fato um insulto à inteligência humana, sendo, entretanto, tacitamente aceita pela grande maioria dos cientistas modernos, ou os assim chamados intelectuais. Se você perguntar a um cientista o que ele tem a dizer sobre qual o propósito implícito no universo, ele provavelmente se mostrará impaciente e responderá que não sabe e não se importa em saber. Por conveniência, ele terá ignorado a questão do "por quê" do universo, a fim de poder dedicar-se ao "como", sem ser importunado por qualquer dúvida desconfortável em relação à utilidade daquilo que está fazendo. A maneira mais conveniente de evitar perseguidores é fechar os olhos e esquecê-los.

Viśeṣāviśeṣa-liṅgamātrāliṅgāni guṇa-parvāṇi.

II-19) Os estágios dos *guṇas* são o particular, o universal, o diferenciado e o indiferenciado.

A natureza dos três *guṇas*, indicada no último *sūtra*, está mais detalhada neste. Os *guṇas*, de acordo com este *sūtra*, têm quatro estados ou estágios de desenvolvimento, correspondentes aos quatro estágios de *saṃprajñāta samādhi*, mencionados em I-17. Como consciência e matéria atuam juntas no mundo fenomenal, é de se esperar que a expressão das camadas mais profundas da consciência requeira uma forma mais sutil dos três *guṇas*. A natureza essencial dos *guṇas* permanece a mesma, mas elas sofrem uma espécie de sutilização, adaptando, digamos, cada um desses estados mais profundos e refinados de consciência e habilitando-os a expressarem-se através da matéria. Uma ilustração extraída do campo da ciência talvez permita ao estudante entender esta relação entre os estados de consciência e os estágios dos *guṇas*. O som pode ser transmitido através de um meio comparativamente pesado, como o ar; mas a luz, que é uma vibração mais perfeita, requer, para sua transmissão, um meio mais sutil como o éter.

Como são quatro os estados de consciência que o *yogi* tem de atravessar em *samādhi*, antes de ele ser liberado do domínio dos *guṇas*, seria natural que houvesse quatro estágios dos *guṇas*. Embora seja fácil compreender por que deveriam existir quatro estágios, ao chegarmos à natureza desses estágios, como definido no presente *sūtra*, encontramos certa dificuldade em captar o significado das palavras usadas para estes estágios. Desde que tais estágios correspondem aos quatro estágios do desenvolvimento da consciência em *samādhi*, vejamos se podemos encontrar algum auxílio analisando essas correspondências.

As características dos quatro estados de consciência, os estágios dos *guṇas* e os veículos através dos quais estes estados de consciência expressam-se estão indicados no quadro a seguir:

CARACTERÍSTICAS DOS ESTADOS DE CONSCIÊNCIA	ESTÁGIOS DOS *GUṆAS*	VEÍCULOS PARA EXPRESSÃO NA TERMINOLOGIA DO VEDANTA
vitarka	*viśeṣa*	*manomaya kośa*
vicāra	a*viśeṣa*	*vijñānamaya kośa*
ānanda	*liṅga*	*ānandamaya kośa*
asmitā	*aliṅga*	*ātmā*

Os quatro estágios de *saṃprajñāta samādhi* já foram discutidos, em I-17, quando foi mostrado que esses estágios correspondem ao funcionamento da consciência através dos quatro veículos, conforme indicado acima. Quando os estágios dos *guṇas* são estudados à luz dessas correspondências, os significados das palavras usadas para assinalar esses estágios tornam-se claros até certo ponto, embora seja impossível alcançar seu significado integral, devido às limitações do intelecto e do cérebro físico. Façamos o melhor possível, apesar de nossas limitações.

A palavra *viśeṣa* significa "particular", e o estágio *viśeṣa* dos *guṇas* refere-se, obviamente, ao estágio da mente inferior, que vê todos os objetos apenas como coisas particulares, com nomes e formas. Para a mente inferior, cada objeto parece ter uma existência separada e independente, além de uma identidade separada. O objeto está isolado, separado de seu arquétipo e da Divina consciência da qual faz parte e na qual, digamos, está embutido. Este estágio dos *guṇas* corresponde ao estágio *vitarka*, de *samādhi*, porque, enquanto a consciência atua através da mente inferior, *vitarka* é sua função mais importante e essencial. *Vitarka* é aquela atividade da mente inferior através da qual ela diferencia determinado objeto de todos os outros. Como diferenciamos um cão em particular, por exemplo, de todos os outros objetos no mundo fenomenal? O processo mental pode ser ilustrado pela seguinte linha de raciocínio. Um cão em particular, por exemplo, Bonzo, é um animal vivo. Isto o diferencia de todos os objetos inanimados. Bonzo é um animal da espécie canina. Isto o diferencia de todas as outras espécies. Bonzo é um *fox-terrier*. Isto o diferencia de todas as outras raças caninas. Podemos, assim, ir estreitando a gama de objetos dos quais Bonzo ainda deve ser diferenciado, até chegarmos ao último estágio, quando o objeto tiver sido completamente isolado na mente, tornando-se separado como um objeto particular no universo, diferente e distinguível de todos os demais. Este isolamento ou diferenciação de um objeto particular, ilustrado pelo exemplo acima, é chamado de *vitarka*, e é por este processo que o primeiro estágio de *samādhi* é alcançado. O estudante verá também, a partir do que foi dito antes, o significado da palavra *viśeṣa* — particular — indicando o primeiro ou o mais denso estágio dos *guṇas*.

Chegamos, então, ao estágio a*viśeṣa*, que significa universal ou não-específico. Corresponde à atividade da mente superior, cuja função é lidar com universais, arquétipos e princípios subjacentes ao mundo dos nomes e das formas. A mente inferior trata de objetos particulares, com nomes e formas, enquanto a mente superior, de idéias abstratas e arquétipos. Voltando à ilustração anterior, vimos que Bonzo era um cão, em particular, de uma raça particular. Mas o que é esta coisa denominada "cão", de que Bonzo é um representante particular? A palavra "cão" representa uma idéia abstrata. Da observação de um grande número de cães, isolamos todas as características que constituem sua condição "canina" e as combinamos num único conceito, caracterizado pela palavra "cão". Todo substantivo comum é uma destas abstrações, embora não estejamos atentos a este fato ao usarmos tais palavras. O processo mental mediante o qual estas qualidades são isoladas de objetos particulares e combinadas em um único conceito abstrato é chamado *vicāra*. A função da mente superior é formar tais conceitos universais e captar seu significado interior. Cumpre destacar que, enquanto *vitarka* isola determinado objeto de todos os outros, *vicāra* isola um determinado conceito, arquétipo, Lei ou princípio universal de todos os *sūkṣma viṣayas*, mencionados em I-44. Esse estágio, no qual a consciência atua através da mente superior, corresponde ao estágio *vicāra* de *saṃprajñāta samādhi* e ao estágio a*viśeṣa* dos *guṇas*. A justificativa para a utilização da palavra a*viśeṣa* — universal — referente a este segundo estágio dos *guṇas*, será deduzida, de certo modo, do que foi dito há pouco.

É interessante salientar que o simples processo mental de *vitarka*, ou *vicāra*, em que podemos empenhar-nos ao longo de nossos estudos e reflexões, não deve ser considerado equivalente aos processos mentais que acontecem no estado de *samādhi*. No estado de *samādhi*, a mente está completamente isolada do mundo exterior, fundida, por assim dizer, com o objeto, num estado de abstração. É um estado peculiar e incompreensível para o homem comum. Portanto, o pensamento concreto e abstrato são apenas tímidos reflexos, representações qualitativas dos processos mentais extremamente sutis que têm lugar em *samādhi*. A razão de palavras como *vitarka* e *vicāra* serem utilizadas para indicar esses processos mentais sutis está no fato de que os processos de raciocínio comuns são familiares ao estudante, e somente desta maneira é que ele pode ter alguma idéia dos processos mais sutis. Partir do conhecido para o desconhecido é sempre o método correto de avançar no reino da mente.

Chegamos, então, ao estágio seguinte dos *guṇas-liṅga*. Esta expressão significa um marco que serve para identificar, sendo que no presente contexto *liṅga-mātra* significa um estado de consciência em que objetos particulares, e até mesmo princípios, são meros marcos ou sinais que servem para distingui-los de outros objetos. Este estágio dos *guṇas* corresponde à consciência supramental, que transcende o intelecto e expressa-se através de *buddhi*, ou intuição. O estágio correspondente, em *samādhi*, é acompanhado por *ānanda*, o que confirma a conclusão de que este estágio dos *guṇas* corresponde ao funcionamento da consciência através do veículo *būddhico*, ou *ānandamaya kośa*, como é denominado na terminologia do Vedanta.

Mas por que este estágio dos *guṇas* é chamado *liṅga*? Porque, no estado correspondente da consciência, todos os objetos e princípios universais tornam-se parte de uma consciência universal. Eles são vistos incrustados, por assim dizer, em uma consciência, como partes de um todo indivisível. Mas eles ainda têm sua identidade, ainda são distinguíveis ou reconhecíveis. Cada objeto é ele próprio, fazendo, entretanto, parte de um todo. É uma condição de unidade na diversidade.

O seguinte e último estágio dos *guṇas* é *aliṅga*, isto é, sem marca ou diferenciação característica. Neste estágio, objetos e princípios perdem sua identidade separada. A consciência torna-se tão predominante que ela fica, por assim dizer, fora de foco. De acordo com os mais elevados conceitos da filosofia hindu, todos os objetos, arquétipos, enfim, tudo no universo manifestado, são uma modificação da consciência — *brahma-vṛtti*. No estágio *liṅga* o percebimento dos objetos existe lado a lado com o percebimento da consciência. No estágio *aliṅga*, aqueles objetos saem de foco e somente permanece o percebimento da consciência Divina, da qual eles são modificações. Um exemplo concreto talvez ajude o estudante a compreender o significado dos diferentes estágios dos *guṇas*. Suponhamos que temos certo número de objetos feitos de ouro — um anel, um bracelete e um colar — colocados sobre uma mesa. Podemos vê-los apenas como objetos separados, como uma criança os veria. Isso corresponde ao estágio *viśeṣa*. Podemos vê-los como ornamentos, com uma função comum de servir de adorno ao corpo humano, como uma mulher os veria. Este é o estágio a*viśeṣa*. Podemos vê-los como objetos com uma função comum decorativa, mas também podemos estar interessados no fato de que eles são feitos de ouro, isto é, vemos seu substrato comum e suas identidades separadas, simultaneamente, como um ourives os veria. Isso corresponde ao estágio *liṅga*. Por último, podemos ver somente o ouro, e quase não termos consciência de suas identidades separadas ou de sua função comum, como um ladrão os veria. Este estágio é análogo ao estágio *aliṅga*. Nele, o *yogi* está cônscio, principalmente, do substrato de todos os objetos fenomenais, particulares ou universais. Ele está predominantemente cônscio da Consciência Divina, na qual os objetos são meros *vṛtti*s ou modificações. Os objetos, como entidades separadas, existem, mas deixaram de ter qualquer significado para ele. Este estágio dos *guṇas* corresponde ao último de *saṃprajñāta samādhi*, do qual *asmitā* é a característica predominante. A consciência de pura existência, indicada por *asmitā*, absorve a consciência de objetos.

A progressiva expansão da consciência, que ocorre quando ela passa pelos diferentes estágios de *samādhi*, não significa que esses estados de consciência estejam separados uns dos outros por compartimentos estanques, e que os aspectos inferiores do objeto desapareçam quando os superiores são percebidos. Muitos estudantes sentem-se confusos por possuírem uma falsa concepção sobre o funcionamento da consciência nos mundos superiores. Eles pensam, por exemplo, que, quando o *yogi* passa ao mundo da mente superior, ele vive somente em um mundo de idéias abstratas, arquétipos e princípios, onde os objetos não têm nomes e nem formas com os quais ele está habituado. Tal mundo de pura abstração seria impossível de se viver e não existe em nenhum lugar, como o testificam as experiências de todos os místicos e ocultistas. O superior sempre inclui e enriquece o inferior, embora também habilite para a visão do inferior em sua correta perspectiva. O que era considerado importante pode agora parecer sem importância, ou o que era considerado insignificante pode agora assumir grande valor e vice-versa. Tudo, porém, está ali, dentro da consciência expandida, e, desta forma, o *yogi* não sente ter adentrado num mundo estranho e incompreensível. Por outro lado, toda expansão da consciência faz com que ele veja maior riqueza, beleza e importância em tudo o que está ao alcance de sua percepção. Expansão da consciência significa inclusão de mais e mais e exclusão de nada. Este fato está bastante claro no que é afirmado em III-50, III-55 e IV-31.

Verificar-se-á que os quatro estágios dos *guṇas* destacam a natureza predominante da percepção e da atividade mental que caracterizam esses estágios. Já vimos como as mudanças nos *guṇas* afetam a expressão da consciência através deles, mas não temos qualquer indicação quanto à natureza das mudanças ocorridas nos próprios *guṇas*. Este tipo de classificação, baseado nos efeitos secundários das mudanças nos *guṇas*, não esclarece, suficientemente, portanto, a natureza dos próprios *guṇas*. Dado que os *guṇas* encontram-se na própria base do universo manifestado, com suas raízes mergulhadas nas camadas mais profundas da consciência, sua natureza sutil só pode ser realmente percebida em *samādhi* (III-45). O intelecto pode, no máximo, habilitar-nos a ter uma idéia geral sobre a natureza e as expressões rudimentares deles no plano inferior.

Draṣṭā dṛśimātraḥ śudho
'pi pratyayānupaśyaḥ.

II-20) O vidente é pura consciência, mas, apesar de puro, parece ver através da mente.

Após tratar de *dṛśyam*, ou lado objetivo do mundo fenomenal, em II-18-19, Patañjali procura agora nos dar uma idéia sobre *draṣṭā*, ou o vidente, que é a base do lado subjetivo do mundo fenomenal. Esta é uma tarefa comparativamente mais difícil, porque o *puruṣa*, conforme a filosofia do *Yoga*, é a Realidade Última, oculta por trás do mundo fenomenal, em seu aspecto subjetivo. Embora seja através dele que *prakṛti* é galvanizado para a vida e acontece a cognição, ele sempre nos escapa, por estar sempre por trás do véu — a testemunha oculta do objetivo através do subjetivo. Se pegarmos uma lâmpada elétrica de luz poderosa e a cobrirmos com certo número de globos concêntricos, semitransparentes e coloridos, um dentro do outro, o mais periférico será iluminado, de alguma forma, pela lâmpada elétrica. Mas ainda que esta iluminação derive da lâmpada, não poderemos ver a luz da lâmpada elétrica como ela é, mas somente do modo como se apresenta depois de filtrada e enfraquecida por todos os globos intermediários. Se removermos o globo mais periférico, o seguinte será visto e a luz tornar-se-á mais forte e mais pura. Mas podemos ver agora a luz da lâmpada? Não! Ela ainda está oculta por trás dos globos restantes. À medida que vamos retirando um globo após o outro, a luz vai-se tornando cada vez mais forte e mais pura, mas nunca a veremos em sua pureza e plenitude, enquanto algum globo estiver cobrindo a lâmpada elétrica. Somente quando o último globo for retirado é que a luz da lâmpada elétrica será vista em seu brilho total. Pode um homem que nunca viu uma lâmpada elétrica saber, ao observar o globo mais externo, como é a luz de uma lâmpada elétrica? Não, até que ele tenha retirado todos os globos, um a um.

A relação de *puruṣa* com os veículos por meio dos quais ele se manifesta é algo parecido. A luz de sua consciência flui através de todo o conjunto de veículos, cada veículo retirando, por assim dizer, alguns de seus constituintes e fazendo reduzir sua intensidade, até que no corpo físico a luz da consciência encontra-se no máximo de seu entorpecimento e obstruída pelo maior número de limitações. A única maneira de ver a luz de sua consciência pura é desvencilhar-se de todos os veículos e ver essa luz em sua pureza, sem o obscurecimento sequer do mais sutil dos veículos, como mencionado em IV-22. Isto é o isolamento da consciência pura implícito na conquista de *Kaivalya*, objetivo último da vida do *Yoga*.

O primeiro ponto a ser destacado neste *sūtra* é que o vidente, o elemento subjetivo no mundo fenomenal, é a consciência pura e nada mais. A palavra *mātraḥ*, é claro, significa "somente", e é usada para enfatizar a necessidade de que o vidente não se deixe enganar por qualquer manifestação parcial de sua consciência através de um veículo mais sutil. Quando a consciência recolhe-se, passo a passo, dos mundos inferiores, em *samādhi*, e começa a atuar nos reinos superiores do espírito, a mudança é tão extraordinária e o súbito influxo de força, conhecimento e bem-aventurança, na progressiva supressão das limitações, é tão irresistível, que é possível a pessoa confundir essa manifestação parcial com a Realidade Última. O fato, no entanto, é que a consciência ainda se encontra obstruída pelos véus da matéria, véus tênues, por certo, mas véus, de qualquer modo, que impõem certas limitações e ilusões. A consciência não pode ser conhecida em toda a sua pureza enquanto não se transcenda o último veículo. Esse é *puruṣa*, o verdadeiro *draṣṭā*.

O segundo ponto a ser notado é que, embora o vidente seja pura consciência, e não a consciência modificada pelos veículos, ainda assim, quando ele se manifesta através de um veículo, *parece* estar perdido no *pratyaya* que no momento esteja presente na mente. Assim como um espelho reflete ou assume a forma de qualquer coisa colocada à sua frente e *pareça* ser essa coisa, do mesmo modo a consciência pura assume, por assim dizer, a forma do *pratyaya* e mostra-se indistinguível do *pratyaya*. Tomando-se outro exemplo, quando a luz pura de um projetor cinematográfico incide na tela, toma a forma do que está sendo projetado, embora em si mesma ela seja pura e completamente distinta do quadro. O *pratyaya*, conforme explicado anteriormente, é, sem dúvida, o conteúdo da mente, quando entra em contato com qualquer outro veículo e difere de veículo para veículo.

O *pratyaya* não apenas é indistinguível da consciência, mas, como resultado da mistura dos dois, as funções dos veículos parecem ser executadas pelo *puruṣa*. Assim, quando um pensamento abstrato é produzido através da mente superior, é *puruṣa* que produz o pensamento? Não! O pensamento é a função do veículo. O contato da consciência com o veículo o coloca em movimento e habilita-o a executar sua função respectiva. Quando um ímã é introduzido numa bobina produz-se uma corrente elétrica no fio. Para uma pessoa que ignore os fatos, o ímã parece produzir a corrente. Na verdade, não é o ímã que produz diretamente a corrente, ainda que, de maneira misteriosa, ele se vincule à produção da corrente. Se todo o mecanismo para a produção da corrente está presente e todas as condições necessárias estão estabelecidas, basta a inserção do ímã para que o mecanismo funcione e produza a corrente. De que forma o simples contato do *puruṣa* com a *prakṛti* galvaniza-a para a vida e faz com que execute sua função altamente inteligente, é um problema que tem sido muito debatido pelos filósofos. Para o estudante prático do *Yoga*, esta questão não tem grande importância. Ele sabe que todas essas questões teóricas somente podem ser resolvidas pelo conhecimento direto.

Tad-artha eva dṛśyasyātmā.

II-21) A própria existência do visto é por sua causa. (Isto é, *prakṛiti* existe somente para servir ao *puruṣa*).

Nos *sūtras* anteriores foram mencionadas as naturezas essenciais do vidente e do visto, tendo sido mostrado que, mesmo quando parecem completamente misturados em seu íntimo relacionamento, na verdade, eles são completamente distintos e separados um do outro, como óleo e água numa emulsão. Ressalta este *sūtra* que, nessa estreita associação entre *puruṣa* e *prakṛti*, *prakṛti* tem um papel subordinado de meramente servir ao *puruṣa*. O propósito do visto, como referido em II-18, é propiciar experiência e meios de emancipação para o *puruṣa*. O *sūtra* em discussão esclarece ainda mais este ponto e enfatiza que *prakṛti* existe somente para servir aos propósitos do *puruṣa*. *Prakṛti* não tem qualquer finalidade própria. Todo o drama da criação está sendo representado para providenciar experiência de crescimento e Auto-Realização para os *puruṣa*s envolvidos no espetáculo.

Kṛtārthaṃ prati naṣṭam apy
anaṣṭaṃ tad-anya-sādhāraṇatvāt.

II-22) Embora o visto torne-se não existente para aquele cujo propósito foi cumprido, continua a existir para os outros, por ser comum a todos (além dele).

Este *sūtra*, mais uma vez, trata de um problema filosófico puramente teórico, referente ao relacionamento existente entre *puruṣa* e *prakṛti*. Se o propósito de *prakṛti* é capacitar *puruṣa* a conseguir a Auto-Realização, que lhe acontece quando aquele propósito é cumprido? A resposta é que *prakṛti* cessa de existir no que concerne àquele *puruṣa*. Que significa isto? *Prakṛti* deixa de existir completamente? É claro que não, porque os outros *puruṣa*s que não tenham atingido *Kaivalya* ainda permanecem sob sua influência e continuam a trabalhar por sua emancipação.

Se *prakṛti* deixa de existir somente para *puruṣa* Auto-Realizado, será ele puramente subjetivo em sua natureza, ou possui uma existência própria e independente? A resposta a esta questão fundamental difere conforme as diversas escolas de pensamento que tentaram especular sobre o assunto. De acordo com o Vedanta, até mesmo *prakṛti*, o substrato do mundo fenomenal, é uma coisa puramente subjetiva, produto de *māyā*. Segundo *Sāṃkhya*, que, em grande parte, fornece as bases teóricas da filosofia do *Yoga*, *prakṛti* tem uma existência própria, independente. *Puruṣa* e *prakṛti* são os dois princípios últimos, eternos e independentes em existência. Os *puruṣa*s são muitos; *prakṛti* é uma. Os *puruṣa*s envolvem-se na matéria, passam pelo ciclo de evolução sob os cuidados de *prakṛti*, atingem a Auto-Realização e, então, saem completamente da ilusão e da influência de *prakṛti*. Mas *prakṛti* permanece sempre o mesmo. Conforme veremos, não há real contradição nesses dois pontos de vista. O Vedanta simplesmente conduz o processo de idealização a um estágio posterior, o único que pode ser o estágio último. Nele a multiplicidade dos *puruṣa*s, de um lado, e a dualidade dos *puruṣa*s e de *prakṛti*, de outro, são integradas na concepção mais elevada da Realidade Una.

Deve-se assinalar, neste ponto, que, de um sistema filosófico, por mais elevado e verdadeiro que seja, não se deve esperar um retrato absolutamente correto das verdades transcendentais, do modo como, na verdade, existem. Uma vez que a filosofia opera por intermédio do intelecto e este tem suas próprias limitações, ela não pode compreender ou formular verdades que estão além de seu âmbito. Assim, ao tratar, a seu modo, das realidades da vida espiritual, a filosofia pode fornecer-nos apenas interpretações parciais e distorcidas dessas realidades. Contradições, paradoxos e inconsistências são inevitáveis, quando tentamos ver e interpretar essas realidades por meio do intelecto. Temos de aceitar essas limitações, quando usamos o intelecto como instrumento de compreensão e descoberta dessas verdades nos estágios iniciais. É inútil jogar fora esse instrumento, por mais pobre e imperfeito que pareça, porquanto ele nos auxilie, pelo menos, na organização de nosso esforço para conhecer a verdade, do único modo que a verdade pode ser conhecida — pela Auto-Realização. Se queremos conhecer qualquer país, a única maneira é ir e vê-lo com nossos próprios olhos. Mas isto não quer dizer que devemos desfazer-nos dos mapas e desenhos que existem para nos darem uma idéia rudimentar do país. Mapas e desenhos não nos propiciam o verdadeiro conhecimento de um país, mas ajudam-nos a encontrá-lo e a vê-lo diretamente com nossos próprios olhos. Quando muito, a filosofia serve somente para tal finalidade. Aqueles que se contentam em adotá-la como um substituto da verdade real, equivocam-se. Aqueles que a ignoram completamente também erram, porque jogam fora algo que pode ser útil na persecução de seu objetivo. O estudante sensato do *Yoga* analisa com tranqüilidade as várias doutrinas filosóficas e religiosas, como tentativas de explanação e interpretação das verdades além do domínio do intelecto, utilizando-as, porém, do melhor modo possível, em sua direta descoberta dessas verdades. O *Yoga* é uma ciência essencialmente prática, cujas verdades e experiências das quais trata não dependem de determinada filosofia ou de filosofias que pretendem dar uma imagem racional do objetivo e dos vários processos que a ele conduzem. Não conhecemos, realmente, a natureza da eletricidade. Há muitas teorias. Mas isso não nos impede de utilizar esta força, para nossos fins físicos, de mil e uma formas. Do mesmo modo, a filosofia que fornece o plano de fundo teórico do *Yoga* e as inadequações desta filosofia não afetam, do ponto de vista material, os resultados que podem ser obtidos com a prática do *Yoga*. Que se dê à filosofia seu devido lugar no estudo do *Yoga*, sem misturá-la com o aspecto prático e científico do tema.

Sva-svāmi-śaktyoḥ svarūpopalabdhi-hetuḥ saṃyogaḥ.

II-23) O propósito da união de *puruṣa* e *prakṛti* é a conscientização, pelo *puruṣa*, de sua verdadeira natureza e do desenvolvimento dos poderes inerentes a ele e a *prakṛti*.

Em geral, imagina-se que a idéia da evolução é uma contribuição inteiramente nova dada pela ciência à civilização moderna, sendo Darwin considerado o pai da idéia. Mas, como se costuma dizer, nada há de novo sob o Sol, e a idéia da evolução chegou até nós de uma forma ou de outra, originária dos tempos primitivos. Seria de fato surpreendente se as mentes magistrais que viveram no passado e que possuíam tão admirável compreensão das realidades essenciais da vida, omitissem esta importante e onipresente Lei, fundamento da manifestação da vida. Talvez seja verdade que esta Lei não tenha sido estudada e apresentada em detalhes, como a temos agora. Mas, então, aquelas mentes magistrais não estudavam em grande detalhe nada pertencente ao mundo fenomenal que não fosse essencial à verdadeira felicidade humana. Julgava-se ser suficiente ter uma idéia generalizada dos princípios fundamentais. Eles jamais perderam de vista as limitações do intelecto, e provavelmente não pensavam que valesse a pena desperdiçar tempo e energia na acumulação de detalhes desnecessários, com relação aos princípios gerais que, quando muito, poderiam ser compreendidos muito imperfeitamente por meio do intelecto prisioneiro da ilusão. Imaginava-se que a energia necessária ao conhecimento dos detalhes não essenciais seria melhor empregada no desvendar do Grande Mistério da Vida, pois, quando isto ocorresse, todos os problemas da vida seriam automática e simultaneamente compreendidos e de um modo que jamais seria possível compreender por meio de um processo de raciocínio e de análise intelectual.

Mas, conquanto esses Adeptos da ciência da vida não pensassem valer a pena descer a detalhes não essenciais sobre os fatos dos mundos fenomenais, eles tentaram e conseguiram obter um quadro admiravelmente completo e verdadeiro dos princípios fundamentais. Foi essa clara e firme compreensão das leis e dos princípios fundamentais que lhes deu condições de expressar esses princípios e generalizações sob a forma de *sūtras*. Aquilo que a um escritor moderno ocuparia um capítulo, ou um livro, foi magistralmente condensado em um único *sūtra*. Há muitos exemplos desse conhecimento condensados nos *Yoga-Sūtras*. E II-23, aqui analisado, é um exemplo notável do que terminamos de mencionar. Em um *sūtra*, Patañjali colocou a idéia essencial e fundamental em que se baseia a teoria da evolução, tendo também conseguido inserir em sua generalização o aspecto mais importante da evolução, que, infelizmente, foi omitido na teoria científica moderna. Os cientistas modernos, em sua maioria, encontram-se tão absorvidos com detalhes, tão empolgados com suas próprias conquistas, tão obcecados por suas perspectivas materialistas, que freqüentemente lhes escapam os aspectos mais importantes de suas pesquisas, aspectos que estão à sua frente e que eles não poderiam deixar de reconhecer, se tivessem mentes abertas. A teoria da evolução, a que agora estamos nos referindo, é um exemplo.

Segundo a moderna teoria, considerada em termos muito gerais, há uma tendência evolutiva discernível nos corpos de plantas e animais, sendo que os corpos, em seu esforço para se adaptarem ao seu ambiente, desenvolvem novos poderes e capacidades. Expressando a idéia de um modo diferente, podemos dizer que o estudo do aspecto da forma das criaturas vivas mostra que tais formas estão, de maneira estável, embora lentamente, tornando-se cada vez mais complexas e capazes de expressar os poderes inerentes à vida. Vida e forma estão sempre juntas. Verifica-se que as formas evoluem. E a vida? A ciência moderna não sabe e, o que é mais surpreendente, não se importa em saber. Pois a idéia de que a vida evolui lado a lado com a forma é bem conhecida e é, sem dúvida, complementar à idéia da evolução das formas, desenvolvida pela ciência. É combinando esta idéia da evolução da vida com a da evolução das formas que a teoria da evolução torna-se inteligível e sua beleza e significado são revelados. As formas evoluem para prover melhores veículos para a vida em evolução. A simples evolução das formas seria um processo sem sentido, em um universo em que todos os fenômenos naturais parecem ser guiados pela inteligência e pelo desígnio. Entretanto, a ciência moderna persegue essa idéia da evolução das formas, recusando-se a combiná-la com sua idéia complementar. Não admira que ela se confunda com um excesso de detalhes nesse campo e deixe escapar a descoberta de alguns fatos básicos, de interesse geral e vital para a humanidade.

II-23 responde à pergunta: "por que *puruṣa* é levado a entrar em contato com *prakṛti*?" A resposta é: para desenvolver os poderes latentes em *prakṛti* e em si mesmo e, assim, possibilitar-lhe conquistar a Auto-Realização. Eis, em síntese, a idéia completa da evolução. Mas é necessário desenvolver um pouco mais esta idéia para perfeita compreensão de suas implicações. Vejamos, de início, quais os poderes de *puruṣa* e de *prakṛti* mencionados neste *sūtra*. A fim de compreender isso, temos somente de recordar como a evolução total conduz a um gradual desenvolvimento da consciência por um lado, e, *pari passu*, ao aumento da eficiência dos veículos por outro lado. Não considerando o reino mineral, no qual o desenvolvimento da consciência é tão rudimentar que se torna quase imperceptível, verificamos, ao estudar os reinos vegetal, animal e humano, que neles a consciência apresenta um notável aumento no grau de desenvolvimento, na medida em que se passa de um reino para outro. E lado a lado, com o desenvolvimento da consciência, verificamos que o veículo também se torna cada vez mais complexo e eficiente para a expressão do desenvolvimento desta mesma consciência. Não somente verificamos um substancial aumento nesta dupla evolução da vida e de forma, na medida em que se passa de um reino para outro, mas, considerando-se cada reino em si mesmo, pode-se delinear o curso da constante evolução, degrau por degrau, de tal modo que se pode ver a escada da vida em sua totalidade, tanto quanto permitam nossas limitações, estendendo-se do reino mineral ao estágio civilizado do reino humano, praticamente sem faltar nenhum degrau.

O que entendemos por poderes de *prakṛti* mencionados neste *sūtra*? Obviamente não se trata dos poderes gerais inerentes à natureza e que são, por assim dizer, independentes da evolução dual de vida e forma que acontece à nossa volta. Os poderes de *prakṛti*, aqui mencionados, são, sem dúvida, as capacidades que se desenvolvem nos veículos, à medida que vão progredindo em associação com a consciência. Ao se comparar o cérebro de uma lesma com o de um macaco e o deste com o de um homem altamente civilizado, será constatada a enorme mudança que ocorreu na capacidade do veículo, para expressar os poderes latentes na consciência. E os poderes mentais e espirituais hoje existentes nos homens e nas mulheres altamente civilizados e intelectuais nada são quando comparados àqueles desenvolvidos pelo *yogi* avançado, e que estão reservados para cada homem ou mulher quando, ao sair de sua infância espiritual, empreender sua evolução mais elevada. Um estudo dos vários *siddhis* ou poderes ocultos, tratados na seção III dos *Yoga-Sūtras*, dará ao estudante uma idéia das capacidades latentes, ocultas em cada um de nós, capacidades que podem ser desenvolvidas pela técnica delineada neste livro.

É necessário distinguir entre os poderes de *prakṛti* e os de *puruṣa*, embora em geral ambos sejam exercidos em conjunto. O poder de *prakṛti* é, obviamente, a capacidade do veículo de responder às exigências da consciência. Um determinado veículo da consciência é uma certa combinação de matéria em dado plano integrado e mantido unido por várias forças, sendo que sua eficiência depende do quanto ele tem condições de responder aos poderes da consciência. O cérebro de um idiota é feito da mesma substância do cérebro de um homem altamente intelectualizado, mas há uma enorme diferença entre os dois em termos de capacidade de responder às vibrações do pensamento. É na crescente peculiaridade e complexidade do veículo que reside o segredo de sua maior responsividade e eficiência, e isso é o que significa realmente a evolução do veículo.

Se a resposta à consciência determina a evolução do veículo, o que se entende por desenvolvimento dos poderes da consciência ou *puruṣa*? De acordo com a filosofia do *Yoga*, a consciência, em si mesma, não evolui. De algum modo, incompreensível ao intelecto, ela é perfeita, completa e eterna. Quando nos referimos aos poderes de *puruṣa*, nesse desenvolvimento conjunto dos poderes dos dois, isto significa o poder da consciência de atuar através do veículo e em colaboração com ele. Uma vez que *puruṣa* é pura consciência, e a consciência é eterna, não pode haver uma evolução de seus poderes, no sentido em que consideramos a palavra "evolução". Mas podemos supor que ele tem de adquirir a capacidade de usar aqueles poderes em associação com a matéria dos diferentes planos. Desse modo, à medida que prossegue a evolução, sua consciência torna-se capaz de expressar-se cada vez mais plenamente nesses planos e manipular e controlar seus veículos com crescente liberdade e eficiência. A dimensão de uma tarefa desta magnitude somente pode ser compreendida quando estudamos em detalhes o longo processo de evolução através dos diferente reinos da natureza e a constituição total do homem envolvido no processo. Enquanto estivermos confinados aos fenômenos do plano físico, jamais poderemos ter uma idéia adequada da magnitude e da natureza da tarefa, embora também no plano físico as diferentes fases desse longo processo apresentem um formidável espetáculo. É nos reinos invisíveis da mente e do espírito que a evolução produz seus resultados mais grandiosos e os poderes de *puruṣa* encontram sua mais importante expressão.

Talvez com um símile se possa ter uma idéia da necessidade e da maneira como tal desenvolvimento pode ser alcançado. A música que um grande músico pode produzir depende da qualidade e da eficiência de seu instrumento. Coloque em suas mãos um instrumento que ele nunca usou e ele se sentirá perdido, até que o tenha dominado. A qualidade inferior do instrumento representará grande desvantagem para ele. A qualidade da música que pode ser produzida depende de três fatores: capacidade do músico, eficiência do instrumento e coordenação de ambos. Embora *puruṣa* possua todos os poderes em potencial, a menos que disponha de um eficiente conjunto de veículos e aprenda a controlá-los e usá-los, ele pode permanecer como um espectador indefeso perante o drama do mundo que se desenrola ao seu redor. É mais ou menos deste modo que podemos visualizar, através do intelecto, o gradual desenvolvimento dos poderes de *puruṣa*, conjuntamente com os poderes de *prakṛti*, embora, fundamentalmente, esta seja uma questão última e vincule-se ao "porquê" da manifestação, estando, assim, além do alcance do intelecto.

O desenvolvimento simultâneo dos veículos em todos os planos da manifestação, bem como a capacidade de usá-los, não é o único propósito da união de *puruṣa* e *prakṛti*. *Puruṣa* precisa não apenas dominar esses veículos, mas também transcendê-los. Pois, até que e a menos que possa fazer isto, ele permanecerá submetido às limitações dos planos aos quais está confinado e sujeito às suas ilusões. Ele está destinado a ficar acima das limitações e ilusões desses planos, bem como a ser o senhor deles. Isto é o que a Auto-Realização, ou *svarūpopalabdhi*, pretende realizar. Estes não devem ser considerados como dois objetivos independentes. O completo domínio dos planos inferiores e sua transcendência são realmente dois aspectos do mesmo problema, uma vez que o completo domínio desses planos não é possível até que *puruṣa* liberte-se do controle de *prakṛti*. O último passo no domínio de qualquer coisa consiste, em geral, em transcendê-la ou ir além de sua influência e de seu controle. Somente então podemos conhecê-la inteiramente e controlá-la completamente.

Tasya hetur avidyā.

II-24) Sua causa (da união de *puruṣa* e *prakṛti*) é a falta de percebimento (por parte do *puruṣa*) de sua real natureza.

Após ter apresentado, no último *sūtra*, o propósito da união de *puruṣa* e *prakṛti*, Patañjali apresenta neste a efetiva causa da união, ou os meios pelos quais esta é produzida. Deve-se notar que a palavra *hetuḥ* é usada tanto com o sentido de objeto como de causa verdadeira, sendo que neste *sūtra* é usada com este último sentido. Por sua própria natureza, *puruṣa* é eterno, onisciente e livre, e sua involução na matéria, que envolve enormes limitações, é produzida pelo fato de ele perder o percebimento de sua real natureza. O poder que o priva deste conhecimento, ou melhor, do percebimento de sua real natureza, é chamado *māyā*, ou ilusão, na filosofia hindu, sendo que o resultado desta privação do conhecimento é denominado *avidyā*, ou ignorância. É óbvio que as palavras "ilusão" e "ignorância" são utilizadas no seu sentido filosófico mais elevado, e, quando muito tem-se um vislumbre do verdadeiro significado dessas palavras. Para compreender *māyā* e *avidyā*, em seu real sentido, é necessário resolver o Grande Mistério da Vida e libertar-se de seu domínio. Este é o fim, e não o ponto de partida da busca.

A maneira como *avidyā* traz consigo os outros *kleśas* e encontra-se na raiz de todas as misérias às quais a vida corpórea está sujeita, já foi estudada ao se explicar a natureza dos *kleśas*; há, porém, um aspecto desta união de *puruṣa* e *prakṛti* que precisa ser destacado, se quisermos compreender o significado dessa labuta e desse sofrimento indubitavelmente envolvidos na evolução. Já vimos que parece haver um grandioso propósito oculto por trás do funcionamento do universo, embora a natureza de tal propósito possa estar além de nossa compreensão. Uma parte desse propósito, que podemos ver e compreender, é a gradual evolução da vida, que culmina na perfeição e emancipação das unidades individuais de consciência, chamadas de *puruṣa*s. Somos levados aos mundos inferiores, a fim de que possamos atingir a perfeição, através das experiências destes mundos. É uma disciplina tremendamente entediante e longa, mas valiosa, como verá qualquer pessoa que compreenda o que esta perfeição significa e conheça aqueles em quem ela se encontra corporificada. De qualquer modo, gostemos ou não do processo, estamos nele e teremos que passar por ele. É inútil proceder como crianças que não querem ir à escola e têm que ir contra sua vontade. O melhor modo de nos livrarmos dessa necessidade é adquirir a perfeição o mais rápido que pudermos. Aí, então, não haverá necessidade de sermos forçados a permanecer nessa escola, e nossa liberdade chegará automaticamente.

É muitos necessário ressaltar este aspecto de nossa sujeição, porque aspirantes, especialmente na Índia, têm uma noção um tanto estranha sobre a causa e a natureza da sujeição em que se encontram. Eles consideram a vida nos planos inferiores não uma espécie de escola na qual tem de aprender certas coisas, mas, sim, uma prisão da qual têm que escapar o mais depressa possível. Dificilmente compreendem as implicações desta atitude, que de fato significa que eles consideram Deus um Ser sem coração, que manda Seus filhos aos mundos inferiores para divertir-se em vê-los passar por toda essa dor e sofrimento. Se a vida nos mundos inferiores for considerada uma escola, então não apenas não sentiremos qualquer ressentimento contra a severa disciplina à qual somos submetidos, mas também adotaremos os meios adequados para sairmos das eventuais misérias e sofrimentos desta vida. Obviamente, o meio adequado é aprender as lições que se tornam necessárias, tão completa e rapidamente quanto possível, ao invés de procurar meios de escapar, o que, a longo prazo, provam ser ineficientes. Vista sob esta luz, a disciplina do *Yoga* é somente a última fase de nosso treinamento por meio do qual nossa educação é completa e polida, antes de nos ser permitida uma vida livre e independente.

Tad-abhāvāt saṃyogābhāvo hānaṃ
tad dṛśeḥ kaivalyam.

II-25 A dissociação de *puruṣa* e *prakṛti*, resultante da dispersão de *avidyā*, é o verdadeiro remédio e (esta dissociação) é a Libertação do vidente.

Se a união de *puruṣa* e *prakṛti* foi ocasionada por *māyā* ou *avidyā* e, através do desenvolvimento dos *kleśas*, leva à miséria e aos sofrimentos da existência corporificada, daí, logicamente, o afastamento destes últimos somente é possível quando a união é dissolvida pela destruição de *avidyā*. A união é a única causa da escravidão. Sua dissolução tem que ser, portanto, o único meio disponível para a Emancipação, ou *Kaivalya*, do vidente. A escravidão é mantida por *puruṣa*, que se identifica com seus veículos diretamente do plano *ātmico* até o físico. A liberação dá-se quando ele se liberta, *em consciência*, de seus veículos, um após outro, até que se torna livre deles, mesmo utilizando-os como meros instrumentos.

Deve ficar claramente entendido, que a dissociação da consciência em relação a determinado veículo não é apenas uma questão de compreensão, resultante de um processo de raciocínio e análise intelectual, embora tais esforços possam ajudar-nos, até certo ponto, em relação a nossos veículos inferiores. A ilusão é destruída por completo, e em seu verdadeiro sentido, somente quando o *yogi* está apto a deixar o veículo voluntariamente em *samādhi* e olhá-lo, por assim dizer, de um plano mais elevado. Então ele compreende, definitivamente, que é diferente daquele veículo em particular e não poderá, nunca mais, após tal experiência, identificar-se com ele, conforme explicado em II-6. O processo de separação do veículo e o desvencilhar da consciência em relação a este veículo, repete-se várias vezes nos planos superfísicos, até que o último veículo — o *ātmico* — é transcendido em *nirbīja samādhi*, e o *puruṣa* fica livre (*svarūpe'vasthānam*) "em sua própria forma". Verificar-se-á, portanto, que o descartar-se dos sucessivos veículos de consciência nos planos mais sutis, que pode ser feito através da prática de *samādhi*, é o único modo de destruir *asmitā* e *avidyā*, e as pessoas que pensam que pela simples repetição mental de fórmulas como *ahaṃ brahmāsmi* (Eu sou *Brahman*), ou que tentam imaginar-se separadas de seus veículos para assim alcançar a Auto-Realização, realmente não conhecem a natureza da tarefa que tentam executar. É realmente espantoso o quanto as pessoas são capazes de subestimar os problemas e hipnotizarem-se na crença de que suas experiências, em geral triviais, significam a realização da verdade última.

Viveka-khyātir aviplavā hānopāyaḥ.

II-26) A prática ininterrupta do percebimento do Real é o meio para a dispersão (de *avidyā*).

Tendo sido apresentado no *sūtra* anterior o princípio geral subjacente à destruição de *avidyā*, o autor apresenta neste *sūtra* o método prático a ser adotado para se obter isto. O método prescrito é a prática, ininterrupta, de *viveka-khyāti*. O que é *viveka-khyāti*? *Viveka*, é claro, significa discernimento entre o Real e o irreal, e a idéia geral básica desta palavra é familiar aos estudantes da filosofia do *Yoga*. *Khyāti* costuma ser traduzida como "conhecimento" ou "consciência". Assim, *viveka-khyāti* significa conhecimento do discernimento entre o Real e o irreal. Como isto não faz muito sentido, analisemos as duas palavras, *viveka* e *khyāti*, mais detalhadamente.

Viveka é, em geral, utilizada para aquele estado da mente no qual ela está cônscia dos grandes problemas da vida e das ilusões que são inerentes à vida humana comum. No estado de *aviveka* considera-se tudo muito natural. Os grandes problemas da vida não existem para nós, ou, se existem, são de mero interesse acadêmico. Não há um desejo de questionar a vida, de vê-la além de suas ilusões comuns, de discernir entre as coisas de valor real e permanente e as de interesse passageiro. Quando a luz de *viveka* surge na mente, tudo isso muda. Tornamo-nos bem despertos para os problemas fundamentais da vida; começamos a questionar seus valores e a nos desapegar da corrente de pensamentos e desejos comuns e, acima de tudo, queremos encontrar aquela Realidade que está oculta pelo fluxo de fenômenos. Este não é um mero processo de reflexão, mas um estado iluminado da mente. Pode surgir, temporariamente, como resultado de algum choque na vida, ou pode crescer de modo natural e tornar-se uma característica permanente de nossa perspectiva da vida.

Quando característica normal de nossa vida, é realmente o precursor do desenvolvimento espiritual que se segue. A alma está despertando de seu longo sono espiritual e agora quer encontrar a si própria. Atingiu a maturidade e quer entrar na posse de sua herança Divina. O *viveka* comum é apenas um sintoma dessas mudanças que acontecem nos recessos da alma.

Agora, o ponto a ser notado, aqui, é que esta espécie de *viveka* é somente um reflexo da consciência espiritual na mente inferior, um sentido, por assim dizer, da Realidade oculta em nosso interior. Não é um verdadeiro percebimento da Realidade. *Viveka-khyāti* é o verdadeiro *percebimento* da Realidade, um contato imediato, direto, com a consciência espiritual mais íntima, o conhecimento *pratyakṣa* da Realidade. O que o sentido do tato é para o sentido da vista, *viveka* é para *viveka-khyāti*. No caso do primeiro, apenas sentimos a Realidade dentro de nós, de forma mais ou menos indistinta. No caso do segundo, estamos em contato direto com a Realidade, embora em diferentes graus.

O percebimento da Realidade, ou *viveka-khyāti*, é o oposto de *avidyā* — falta de percebimento da Realidade — correspondendo uma à outra exatamente como luzes e trevas. Quando *puruṣa* está plenamente cônscio da Realidade, ele encontra-se fora do domínio de *avidyā*. Quando perde este percebimento, ele recai em *avidyā* e nos outros *kleśas*. Verificar-se-á que o verdadeiro discernimento entre o Real e o irreal somente é possível quando já tivermos experimentado a Realidade e conhecido tanto o Real quanto o irreal. Quando se pede a um principiante que distinga entre o Real e o irreal, o que na verdade se quer é que ele aprenda a discernir entre as coisas de valor permanente na vida e aquelas que são transitórias.

À luz do que foi dito acima, o significado do *sūtra* que estamos estudando deve tornar-se claro. Como *avidyā* somente pode ser vencida pelo percebimento da Realidade, o cultivo deste é obviamente o único meio pelo qual a liberação dos grilhões pode ser atingida. O significado da palavra *Aviplavā* é evidente. O percebimento deve ser contínuo, sem perturbação. Somente então é que *Kaivalya* pode ser considerado atingido. Um mero vislumbre da Realidade não constitui *Kaivalya*, embora por certo indique que o objetivo está próximo. *Puruṣa* precisa ter atingido o estágio em que este percebimento não mais poderá ser obscurecido, mesmo temporariamente, por *avidyā*. Este ponto é desenvolvido com mais detalhes na última seção.

Taṣya saptadhā
prānta-bhūmiḥ prajñā.

II-27) Em seu caso (de *puruṣa*) o mais elevado estágio de Iluminação é alcançado em sete estágios.

Este *sūtra* apenas destaca que o estado de ininterrupto percebimento da Realidade é atingido através de sete estágios. Depois de o *yogi* ter obtido seu primeiro vislumbre da Realidade, ele tem que passar por sete estágios de percebimento progressivo, antes de atingir o objetivo final de *Kaivalya*. A expressão *prānta-bhūmiḥ* é usada para indicar que o progresso, através desses estágios não se verifica por saltos bruscos, por assim dizer, mas mediante a transição gradual de um estágio para outro, da mesma maneira como se atravessa um país dividido em sete províncias adjacentes.

Muito palavrório tem sido escrito, por alguns comentaristas, para explicar este *sūtra*. É bastante natural que o processo de conquista da plena Iluminação deva ser gradual e por estágios. Mas identificar essas mudanças transcendentais na consciência com processos comuns de pensamento, como tem sido feito por alguns comentaristas, é realmente absurdo. É melhor deixar o problema como está, como matéria de experiências transcendentais que não podem ser interpretadas em termos de processos do pensamento.

Yogāṅgānuṣṭhānād aśuddhi-kṣaye
jñāna-dīptir ā viveka-khyāteḥ.

II-28) Da prática dos exercícios que compõem o *Yoga*, da destruição da impureza, brota a iluminação espiritual, que evolui para o percebimento da Realidade.

II-28 trata do problema da necessidade de orientação na senda do *Yoga*. Já foi dito que *viveka* comum é uma expressão da consciência espiritual oculta por trás da mente. Se é real, ela transmite ao aspirante um anseio suficientemente forte para empreender a senda do *Yoga* e adotar sua disciplina. Mas não é suficientemente definido para conduzi-lo na senda do *Yoga* e dar-lhe a necessária orientação no misterioso reino do Desconhecido. De onde então virá essa orientação? De acordo com este *sūtra*, a orientação na senda do *Yoga* vem do interior, sob a forma de iluminação espiritual. Esta luz da consciência espiritual, semelhante à intuição, porém mais definida em sua ação, somente aparece quando as impurezas da mente tiverem sido destruídas, em grande parte como resultado da prática da disciplina do *Yoga*. Esta luz interior da sabedoria recebeu muitos nomes belos e sugestivos tais como "A Voz do Silêncio", "Luz no Caminho", e talvez a descrição mais vívida e iluminativa de sua natureza e de seu modo de expressão encontre-se no livro *Luz no Caminho*[3] de Mabel Collins.

---

[3] Editora Teosófica, 1999. (N. ed. bras.)

Há dois pontos para os quais o *sādhaka* precisa atentar, com relação a este *jñāna-dīpti*. O primeiro é que esta luz vem do interior e o torna, em grande parte, independente de orientação externa. Quanto mais penetramos nas profundezas de nossa consciência, mais devemos confiar em nossos recursos interiores, desde que nada de fora pode ajudar-nos. De certo modo, um *sādhaka* torna-se realmente qualificado para trilhar a senda do *Yoga* somente após esta luz interior ter aparecido em sua mente. Todo o treinamento preliminar do *Yoga* tem a finalidade de dar-lhe essa fonte interior de iluminação. Todos os instrutores que o ajudaram nos primeiros estágios têm este como seu principal objetivo, a fim de que ele possa permanecer de pé por si mesmo.

O segundo ponto a ser realçado é que essa luz interna da sabedoria continua a crescer e a dar orientação até que seja atingido o estágio de *viveka-khyāti*. Este é o significado da letra *ā* que precede a palavra *viveka-khyāti*, no *sūtra*. A luz torna-se cada vez mais forte, à medida que o *sādhaka* progride na senda e aproxima-se de seu objetivo, até obter sua primeira experiência da Realidade. Então, naturalmente, a luz espiritual da sabedoria torna-se desnecessária, no que lhe concerne, porque ele está agora na fonte original da Iluminação interior, a Luz da própria Realidade. Ver-se-á que o *viveka* comum, *jñāna-dīpti* e *viveka-khyāti* são manifestações, em diferentes graus, da mesma Luz que brilha em seu máximo e ininterrupto esplendor, em *Kaivalya*. *Viveka* possibilita ao *sādhaka* ingressar na senda do *Yoga*; *jñāna-dīpti* capacita-o a trilhá-la de modo seguro e firme; *viveka-khyāti* dá-lhe a experiência da Realidade; e *Kaivalya*, o vê permanentemente estabelecido naquela Realidade.

A filosofia dos *kleśas*, exposta por Patañjali de maneira tão magistral na primeira parte da seção II, trata, completa e eficazmente, do grande problema da vida humana. Vai à causa-raiz da escravidão e do sofrimento humanos e prescreve um remédio que não é apenas eficaz, mas que cura de forma permanente. Esta filosofia deve, portanto, ser considerada não mero acessório, mas parte integrante da filosofia do *Yoga*, uma vez que somente com base nela pode ser construída uma estrutura estável da vida do *Yoga*. Aqueles que chegam ao *Yoga* levados pela curiosidade, desistem, mais cedo ou mais tarde, incapazes de suportar a incessante tensão e o impiedoso despojamento da personalidade envolvida. Alguns vêm trazidos por ambição vulgar e espírito de auto-engrandecimento. Sua carreira, se não for logo interrompida de algum modo, termina geralmente em desastre, ou, o que é pior, leva-os à Senda da Mão Esquerda. Uns poucos vêm ao *Yoga* porque descobrem ser o único meio de garantir a libertação das limitações e ilusões da vida humana e suas misérias. Compreenderam perfeitamente a filosofia dos *kleśas* e mesmo os *siddhis* ou outras atrações da vida do *Yoga* não conseguem retê-los ou fazê-los permanecer nas ilusões dos planos superiores. Estas são as únicas pessoas realmente qualificadas para trilhar essa senda.

Yama-niyamāsana-prāṇāyāma-pratyāhāra-dhāraṇā-dhyāna-samādhayo'ṣṭāv aṅgāni.

II-29) Auto-restrições, observâncias, postura, controle da respiração, abstração, concentração, contemplação e êxtase são as oito partes (da autodisciplina do *Yoga*).

O sistema do *Yoga* delineado por Patañjali tem oito partes, sendo, portanto, denominado *Aṣṭāṅga-Yoga*. Outros sistemas, baseados em uma técnica diferente, por certo adotam outras classificações e têm, por conseguinte, diferente quantidade de *aṅgas*. Este *sūtra* limita-se a enumerar as oito partes componentes desse sistema do *Yoga*.

O único ponto a ser considerado, neste *sūtra*, é se os oito *aṅgas*, neste sistema, devem ser concebidos como partes independentes, ou como estágios que se sucedem em uma seqüência natural. O uso da palavra *aṅgas*, que significa "membros", indica que as partes devem ser consideradas como correspondentes, mas não seqüenciais; mas a maneira como Patañjali as abordou no texto mostra que elas apresentam um certo relacionamento seqüencial. Qualquer pessoa que examine cuidadosamente a natureza destas partes não pode deixar de ver que elas se correspondem entre si, de maneira definida, e seguem uma à outra, de modo natural, na ordem em que são citadas. Portanto, na prática sistemática do *Yoga* mais elevado, elas devem ser consideradas no sentido de estágios, devendo ser respeitada, tanto quanto possível, a ordem em que são dadas.

Mas, como um *sādhaka* pode escolher, para sua prática, qualquer dos *aṅgas*, sem respeitar a essa seqüência, tais partes podem também ser consideradas independentes, até certo ponto.

Ahiṃsā-satyāsteya-brahmacaryāparigrahā yamāḥ.

II-30) Os votos de auto-restrições compreendem abstenções de violência, de falsidade, de roubo, de incontinência e de cobiça.

Yama e *niyama*, os dois primeiros *aṅgas* do *Yoga*, destinam-se a prover uma base moral adequada para o treinamento do *yogi*. O próprio fato de serem colocados antes dos demais mostra seu caráter básico. Antes de abordar as qualidades morais e o modo geral de vida implícitos em *yama* e *niyama*, faz-se necessário dar algumas explicações sobre o papel da moralidade na vida do *Yoga*.

Por mais incrível que pareça, um alto grau de moralidade nem sempre é necessário à prática do *Yoga*. Há dois tipos de *Yoga*: inferior e superior. O inferior tem por objetivo o desenvolvimento de certas faculdades psíquicas e poderes supranormais. Para isto a moralidade transcendente implícita em *yama-niyama* não é necessária, em absoluto. De fato, age como obstáculo, por causar conflito interior e impedir ao *yogi* de prosseguir em sua busca de poder pessoal e em suas ambições. Há um grande número de *yogis* espalhados por toda a Índia, Tibete e outros países, que, sem dúvida, possuem poderes e faculdades supranormais, mas que não se distinguem do homem comum por qualquer traço especial de caráter, quer moral, quer espiritual. Alguns deles são boas pessoas, egocêntricos ou vaidosos, mas inofensivos. Outros, de outra classe, não podem ser considerados inocentes e inofensivos. Tendem a tomar parte em atividades questionáveis, e, quando provocados, podem causar dano àqueles que cruzam seu caminho. Há uma terceira classe de *yogis* que definitivamente trilham a Senda da Mão Esquerda e são chamados de Irmãos da Sombra. Eles têm poderes de várias espécies, desenvolvidos em alto grau; são inescrupulosos e perigosos, embora externamente possam até adotar um modo de vida que os fazem parecer religiosos. Mas qualquer pessoa em quem a intuição tenha sido desenvolvida pode descobri-los e distingui-los dos seguidores da Senda da Mão Direita, por sua contrastante tendência à crueldade, falta de escrúpulos e vaidade.

O *Yoga* superior, exposto nos *Yoga-Sūtras*, deve ser distinguido com muito cuidado do *Yoga* inferior, acima mencionado. O *Yoga* superior tem por objetivo não o desenvolvimento de poderes que podem ser usados para autoglorificação ou satisfação de vaidades, mas para a Iluminação e conseqüente liberação das ilusões e limitações da vida inferior. Dado que, para conseguir esta Iluminação, o *sādhaka* deve submeter-se a certas disciplinas físicas e mentais que são as mesmas adotadas pelos seguidores da Senda da Mão Esquerda, as duas parecem seguir paralelas até certo ponto. Mas logo chega o ponto em que as sendas começam a divergir rapidamente. Uma leva a uma concentração de poder, sempre crescente, no indivíduo, bem como seu isolamento da Vida Una; a outra, à fusão progressiva da consciência individual na Consciência Una e à libertação da escravidão e da ilusão. A esperança da primeira é, naturalmente, muito limitada e restrita ao domínio do intelecto, enquanto na Senda da Mão Direita não há limite para a realização do *yogi*.

Na senda do *Yoga* superior é essencial um alto grau de moralidade, não uma moralidade do tipo convencional, nem mesmo do tipo religioso comum. É uma moralidade transcendente, baseada nas leis superiores da natureza e organizada de modo a propiciar a liberação do indivíduo dos grilhões da ilusão e da ignorância. Seu objetivo não é atingir uma felicidade limitada, no âmbito das ilusões da vida inferior, mas conseguir a verdadeira e permanente felicidade, ou paz, transcendendo aquelas ilusões. Este é um ponto que precisa ser claramente entendido, porque para muitos estudantes da filosofia do *Yoga* a moralidade do *Yoga* parece ser desnecessariamente severa e proibitiva. Eles não conseguem entender por que não seria possível praticar uma moralidade que nos permitiria desfrutar prazeres razoáveis da vida mundana, bem como a paz e o conhecimento do mundo superior; usufruir o melhor destes dois mundos, por assim dizer. De acordo com alguns, *brahmacarya* deveria ser compatível com a indulgência sexual moderada. *Ahiṃsā* deveria permitir que uma pessoa se defendesse dos ataques de outras. Tais concessões com as exigências da moralidade do *Yoga* parecem bastante razoáveis de um ponto de vista mundano, mas qualquer um que estude cuidadosamente a filosofia do *Yoga* constatará a absoluta futilidade de tentar manter um pé neste mundo enquanto tenta conquistar a Grande Ilusão. Não que seja impossível praticar o *Yoga* sem desistir inteiramente dessas coisas, mas o progresso do *sādhaka* está fadado a interromper-se num ou noutro estágio, caso ele tente essas concessões.

Outro ponto importante a ser compreendido em relação à moralidade do *Yoga*, é que as virtudes prescritas têm uma finalidade muito mais ampla e um significado muito mais profundo do que aparentam na superfície. Cada virtude incluída em *yama*, por exemplo, é uma amostra típica de uma classe de virtudes que devem ser praticadas, a um elevado grau de perfeição. A proibição de matar, roubar, mentir etc. em *yama* não parece representar um padrão muito elevado de moralidade mesmo levados em conta os padrões comuns. De qualquer indivíduo decente e bom espera-se que se abstenha desse tipo de conduta anti-social. Onde está, pois, o alto padrão de moralidade exigido pelo *Yoga* superior? A fim de afastar esta dúvida, é necessário lembrar, como foi ressaltado acima, que cada virtude é mais abrangente em seu significado do que em geral se pensa. Assim, *Ahiṃsā* não significa apenas proibição de matar, mas não infligir voluntariamente, qualquer dano, sofrimento ou dor a qualquer criatura viva, por palavras, pensamentos ou ações. *Ahiṃsā* significa, assim, o mais alto grau de inofensividade somente encontrado entre santos e sábios. Qualquer pessoa comum que tente praticá-la seriamente em sua vida logo começará a sentir que a inofensividade perfeita é um ideal irrealizável. O mesmo aplica-se às outras virtudes contidas em *yama*. A que grau de perfeição tais virtudes podem ser desenvolvidas é mostrado nos onze *sūtras* (II-35-45).

Deve, assim, estar claro que a moralidade prescrita por *yama-niyama*, ainda que aparentemente simples, representa um código de ética muito drástico e destina-se a constituir uma base suficientemente forte para a vida do *Yoga* superior. Não se refere às aberrações e falhas superficiais da natureza humana, nem se propõe a criar um indivíduo bom, sociável e cumpridor das leis. Ela vai ao mais profundo da natureza humana e aí lança os fundamentos da vida do *Yoga*, de tal modo que ele possa suportar o enorme peso do arranha-céu em que se constitui, realmente, a vida do *Yoga*.

O principal objetivo desse implacável código ético é eliminar por completo todas as perturbações mentais e emocionais, que caracterizam a vida de um ser humano comum. Qualquer pessoa familiarizada com o funcionamento da mente humana não deveria ter dificuldade em compreender que nenhuma libertação de perturbações emocionais e mentais torna-se possível até que as tendências abordadas em *yama-niyama* sejam desenraizadas ou, pelo menos, suficientemente dominadas. Ódio, desonestidade, fraude, sensualidade e possessividade são alguns dos vícios comuns e inerentes à raça humana, e enquanto o ser humano estiver sujeito a esses vícios, seja em suas formas densas, seja em suas formas sutis, sua mente permanecerá vítima de distúrbios emocionais violentos ou dificilmente perceptíveis que, em última análise, têm suas principais origens nesses vícios. E, à medida que essas perturbações continuem a afetar a mente, é inútil empreender a prática mais sistemática e avançada do *Yoga*.

Depois dessas considerações gerais sobre *yama-niyama*, passemos a discutir sucintamente a importância das cinco qualidades morais citadas em II-30, sob o título *yama*. Visto ser este um assunto de grande relevância para o principiante, é possível discuti-lo em algum detalhe.

Ahiṃsā: Esta qualidade denota uma atitude e um tipo de comportamento em relação a todas as criaturas vivas, com base no reconhecimento da subjacente unidade da vida. Como a filosofia do *Yoga* é baseada na doutrina da Vida Una, é fácil ver por que nosso comportamento exterior deve ser pautado por esta oniabrangente Lei da Vida. Se compreendermos integralmente este princípio, a aplicação do ideal, em nossa vida, tornar-se-á muito mais fácil.

Há muitas pessoas que, sem fazerem qualquer esforço sério para praticar *Ahiṃsā*, começam a imaginar problemas e entram em discussões acadêmicas sobre o que é realmente *Ahiṃsā*, e o quanto ela é praticável na vida. Esta é, em essência, uma abordagem errônea do problema, pois nenhuma regra fixa e inflexível pode ser estabelecida neste ou em outros assuntos relacionados com nossa conduta. Cada situação na vida é única e requer um enfoque novo e vital. O que é correto sob certas circunstâncias não pode ser determinado de modo mecânico ponderando-se todos os fatos e pondo-os numa balança. A visão interior correta quanto à ação certa a ser adotada em qualquer conjunto de circunstâncias é o resultado de *buddhi* desenvolvida e purificada, ou da faculdade de discernimento, sendo que esta função de *buddhi*, livre das perturbações dos complexos em nossa mente, somente se torna possível após prolongado treinamento em fazer o que é certo a qualquer custo. Somente fazendo o que é correto pode-se adquirir mais força para agir corretamente no futuro e também adquirir a capacidade de ver o que é correto. Não há outro caminho. Assim, o *sādhaka* que deseja se aperfeiçoar na prática de *ahiṃsā* descarta todas as considerações acadêmicas, mantém rigorosa vigilância sobre sua mente, suas emoções, suas palavras e seus atos e começa a ajustá-los a seu ideal. Pouco a pouco, à medida que ele consegue pôr em prática seu ideal, as crueldades e injustiças contidas em seus pensamentos, palavras e atos vão se revelando, sua visão tornando-se clara, e, assim, sob quaisquer circunstâncias o modo de se conduzir corretamente será conhecido por intuição. De forma gradual, este ideal de inofensividade, aparentemente passivo, transformar-se-á em uma positiva e dinâmica vida de amor, em seu aspecto de terna compaixão, em relação a todos os seres vivos e em sua forma prática, o servir.

Satya: A segunda qualidade moral simbolizada pela palavra *satya* deve também ser considerada em sentido mais abrangente do que o de mera veracidade. Significa evitar rigorosamente todos os exageros, equívocos, fingimento e faltas semelhantes, implícitos no dizer ou fazer coisas que não estão de acordo com o que se conhece por verdade. O hábito de falsear a verdade é malvisto pela sociedade civilizada, embora haja muitas variantes de inverdades nas palavras e nas ações não consideradas repreensíveis em nossa vida convencional. Todas, porém, devem ser completamente eliminadas da vida do *sādhaka*.

Por que a verdade é essencial à vida do *Yoga*? Primeiro, porque a inverdade, em todas as suas variadas formas, cria todo tipo de complicações desnecessárias em nossa vida, sendo, assim, uma fonte de constante perturbação da mente. Para o homem insensato, cuja intuição tornou-se obnubilada, a mentira é o meio mais simples e mais fácil de escapar de uma situação indesejável ou de uma dificuldade. Ele é incapaz de ver que evitando uma dificuldade, ele cria, dessa forma, muitas outras dificuldades de uma natureza mais séria. Qualquer pessoa que se disponha a manter-se vigilante em relação aos seus pensamentos e atos, notará que, em geral, uma mentira dá origem a muitas outras para sustentá-la, e a despeito de todos os seus esforços, na maioria dos casos, as circunstâncias tomam tal rumo que a mentira cedo ou tarde é descoberta. Esse esforço para manter a falsidade e as aparências falsas causa uma estranha tensão em nosso subconsciente, preparando o terreno perfeito para todos os tipos de perturbação emocional. É claro, estas coisas não são notadas por aqueles que vivem uma vida de hipocrisias ou falsidades convencionais. Somente quando a pessoa começa a praticar a veracidade é que as formas mais sutis de falsidade começam a ser por ela percebidas. É uma lei da natureza, a de que nos conscientizamos das formas mais sutis de qualquer vício ao eliminarmos suas formas mais flagrantes.

Afora o que se mencionou acima, a veracidade tem que ser praticada pelo *sādhaka*, por ser absolutamente necessária ao desenvolvimento de *buddhi*, ou intuição. O *yogi* precisa enfrentar muitos problemas, cuja solução não pode ser encontrada nem em livros de referência, nem em conclusões baseadas no raciocínio correto. O único meio à sua disposição para resolver tais problemas é *buddhi*, ou intuição, pura e desobscurecida. Ora, não há nada que obscureça tanto a intuição e, praticamente, interrompa seu funcionamento como a mentira, em todas as suas formas. Uma pessoa que começa a praticar o *Yoga* sem antes adquirir a virtude da completa veracidade é como um homem que parte para explorar uma floresta à noite, sem qualquer luz. Nada o orienta em suas dificuldades, e, sem dúvida, as ilusões criadas pelos Irmãos da Sombra farão com que ele se perca. Esta é a razão por que o *yogi* deve primeiro vestir a armadura da perfeita veracidade, em pensamento, palavra e ação, pois nenhuma ilusão pode penetrar tal armadura.

Deixando de lado essas observações de caráter utilitário, a absoluta necessidade de o *yogi* levar uma vida de perfeita franqueza é uma conseqüência da verdadeira natureza da Realidade, na qual se baseiam o universo e nossa vida. Esta Realidade, em sua natureza essencial, é Amor e verdade, expressando-se através das grandes leis fundamentais do Amor e da verdade, que, em última análise, tudo vencem. A vida exterior e interior do *yogi* que procura esta Realidade deve, portanto, conformar-se estritamente a essas leis fundamentais da natureza, para que seus esforços sejam coroados de sucesso. Qualquer coisa que esteja contra a lei do Amor coloca-nos em desarmonia com ela e somos compelidos a recuar, cedo ou tarde, à custa de muito sofrimento para nós — eis a razão de ser prescrita *ahiṃsā*. De maneira semelhante, a mentira, qualquer que seja sua forma, coloca-nos em desarmonia com a lei fundamental da verdade e cria uma espécie de tensão mental e emocional que nos impede de harmonizar e tranqüilizar nossa mente.

Asteya: Literalmente, significa abster-se de roubar. No caso, também devemos considerar a palavra em seu sentido mais abrangente, e não apenas interpretá-la em termos do código penal. Poucas pessoas que tenham desenvolvido algum senso moral chegarão ao ponto, de fato, de roubar; mas muito poucas podem ser consideradas absolutamente inocentes do ponto de vista estritamente moral. Isto porque muitas formas indiretas e sutis de apropriação indébita são toleradas em nossa vida convencional e nossa consciência um tanto insensível não se perturba significativamente quando tomamos parte em transações obscuras. O chamado homem civilizado não se permitirá colocar em seu bolso uma colher de prata ao jantar fora de casa, mas é possível que sua consciência não o incomode quando ele dá ou recebe uma propina por cumprir seu dever.

Asteya não deve ser interpretada apenas como abstinência de roubo, mas como abstinência de qualquer tipo de apropriação indébita. O futuro *yogi* não pode se permitir apropriar-se do que não lhe pertence propriamente, não apenas dinheiro ou bens, mas até mesmo coisas intangíveis, porém altamente vantajosas, como crédito por coisas que não fez ou privilégios que de direito não lhe pertençam. Somente quando uma pessoa consegue eliminar, até certo ponto, esta tendência à apropriação indébita em suas formas mais grosseiras, é que começa a descobrir as formas mais sutis de desonestidade que permeiam nossa vida e das quais dificilmente nos conscientizamos. O aspirante que pretende trilhar a senda do *Yoga* superior tem de prosseguir, sistematicamente, na gradual eliminação dessas tendências indesejáveis, até que seus últimos traços tenham sido removidos, e a mente tornada pura e, em conseqüência, tranqüila. Ele deve praticar tais virtudes, como uma bela arte, objetivando uma purificação cada vez maior, na aplicação dos princípios morais aos problemas da vida diária.

Brahmacarya: De todas as virtudes compreendidas em *yama-niyama*, esta parece a mais proibitiva, e muitos estudantes sérios, profundamente interessados na filosofia do *Yoga*, esquivam-se de sua aplicação prática em suas vidas, porque temem ter de desistir dos prazeres do sexo. Muitos escritores ocidentais têm tentado resolver o problema sugerindo uma interpretação liberal de *brahmacarya* e considerando-o não em termos de completa abstinência, mas de atividade regulada e moderada no âmbito dos laços matrimoniais. O estudante oriental, mais familiarizado com as tradições e reais condições da prática do *Yoga*, não comete tal engano. Ele sabe que na verdadeira vida do *Yoga* não há como associar a auto-indulgência e a perda de força vital inerente aos prazeres da vida sexual e que ele precisa escolher entre as duas. Não se espera dele que renuncie à vida sexual, total e repentinamente, mas terá de fazê-lo por completo antes que comece a praticar, de forma séria, o *Yoga* superior, diferente do estudo meramente teórico, ou até mesmo das práticas preparatórias.

Ao estudante sério e avançado, esse desejo de combinar os prazeres da vida mundana com a paz e o conhecimento transcendental da vida superior parece um tanto patético e mostra a ausência do verdadeiro senso de valores em relação às Realidades da vida do *Yoga* e, portanto, inaptidão para vivê-la. Aqueles que eventualmente igualem ou mesmo considerem comparáveis os prazeres sensuais com a paz e a bem-aventurança da vida superior pela qual o *yogi* propugna, e, por conseguinte, hesitem em abandonar aqueles prazeres, precisam ainda desenvolver a forte intuição que, inequivocamente, lhes determina sacrificar uma mera sombra em benefício do que é real, uma sensação passageira pelo maior dos dons da vida. Que o estudante, ao hesitar em desistir de tais prazeres sensuais, ou procurar certa concessão, honestamente pergunte a si mesmo se acredita que uma pessoa escrava de suas paixões está realmente apta a empreender esta Divina Aventura, e a resposta que terá, vinda de dentro de si, será clara e não deixará dúvida.

Esta é, assim, a primeira coisa que precisa ser claramente entendida em relação a *brahmacarya*. A prática do *Yoga* superior requer completa abstinência da vida sexual, não sendo possível qualquer concessão neste ponto. É claro que há muitos *aṅgas* do *Yoga* que o futuro *yogi* pode praticar, até certo ponto, a título de preparação; mas ele tem que, definitiva e sistematicamente, preparar-se para abandonar completamente não apenas a indulgência física, mas, inclusive, pensamentos e emoções relacionados com os prazeres do sexo.

O segundo aspecto a ser levado em conta a esse respeito é que *brahmacarya*, em sua acepção mais ampla, não se refere somente à abstinência do sexo, mas ao libertar-se do anseio por todo o tipo de prazeres sensuais. A procura de prazeres sensuais é tão importante em nossa vida, e nossa felicidade depende tanto deles, que se considera bastante natural e irrepreensível o fato de qualquer pessoa desfrutá-los nos limites da moderação e das obrigações sociais. O uso de perfumes, a tolerância aos prazeres do paladar, o uso de casacos de peles e prazeres semelhantes são tão comuns que nenhuma culpa é sentida em sua busca, mesmo quando impliquem terríveis sofrimentos a um sem-número de criaturas vivas. Tudo isso é encarado como algo perfeitamente normal e bem poucas pessoas dedicam a essas coisas sequer um pensamento, ainda que fugaz. E, para o homem de vida mundana comum, os prazeres moderados, que não causem qualquer sofrimento a outras criaturas, realmente pouco importam. Fazem parte da vida normal, em seu estágio de evolução. Mas para o futuro *yogi* esses prazeres aparentemente inocentes são prejudiciais, não porque haja algo de "pecaminoso" neles, mas por sua potencialidade de infligir constantes perturbações mentais e emocionais. Ninguém que se deixe atrair pelos "objetos dos sentidos" pode esperar ser livre das preocupações e ansiedades que caracterizam a vida do homem mundano. Além de ser uma fonte de constante perturbação mental, a busca de prazeres sensuais tende a solapar a vontade e a manter uma atitude mental que se antepõe a uma busca, de todo o coração, do ideal do *Yoga*.

É, contudo, necessário que se compreenda o que realmente se busca, ao se renunciar aos prazeres sensuais. Na medida em que vivemos no mundo e nos movemos em meio a toda espécie de objetos que afetam nossos órgãos dos sentidos, não podemos evitar de sentir prazeres sensuais de vários tipos. Quando comemos um alimento saboroso, não podemos deixar de sentir um certo prazer sensual — é o resultado natural do contato do alimento com as papilas gustativas e o despertar de determinadas sensações. Deve então o *yogi* tentar a tarefa impossível de cortar de todo as sensações prazerosas? Não! De modo algum. O problema não está em ter a sensação, o que é totalmente natural e em si mesmo inofensivo, mas no ansiar pela repetição das experiências que envolvem sensações que causam prazer. Eis o que deve ser evitado e desenraizado, uma vez que o desejo (*kāma*) é que perturba a mente e cria *saṃskāras*, e não a sensação em si mesma. Como qualquer outra pessoa, o *yogi* movimenta-se em meio a toda espécie de objetos, mas sua mente não está apegada a objetos que dão prazer, nem repele aqueles que causam dor. Ele não é, portanto, afetado pela presença ou ausência de diversos tipos de objetos. O contato com um objeto produz uma determinada sensação, mas o assunto encerra-se aí.

Contudo, só se pode atingir essa condição de desapego, após severa e prolongada autodisciplina e uma renúncia a todos os tipos de objetos que dão prazer, embora no caso de alguns *sādhaka*s excepcionais, que trouxeram fortes *saṃskāras*, de vidas passadas, isto ocorra natural e facilmente. Há pessoas que permanecem na ilusão de estarem desapegadas dos prazeres dos sentidos, mesmo que exteriormente continuem a cultivá-los. Para que possam destruir essa auto-ilusão, elas devem perguntar a si mesmas, seriamente, por que continuam a se permitir tais prazeres se realmente já os superaram. O fato é que, para o *sādhaka* comum, somente pela renúncia aos prazeres dos sentidos a indiferença em relação a eles pode ser desenvolvida e testada. A austeridade é, assim, uma parte necessária da disciplina do *Yoga*. Aqueles que se permitem levar uma vida moderada, em termos de prazeres sensuais, na ilusão de que "estas coisas não os afetam" estão meramente adiando o esforço de uma perseverante busca do ideal do *Yoga*. Para aqueles de mente mundana, essa austeridade parece proibitiva, quando não sem sentido, e freqüentemente as pessoas cogitam, afinal, para que o *yogi* vive. Mas para o *yogi* o libertar-se do apego traz uma indefinível paz mental e uma força interior ao lado da qual os prazeres dos sentidos parecem intoleráveis.

Aparigraha: Algumas vezes, este vocábulo é traduzido como ausência de cobiça, mas não-possessividade talvez dê uma idéia melhor do que nela está subjacente. A fim de compreender por que é essencial para o futuro *yogi* eliminar essa tendência em sua vida, basta considerar o enorme prejuízo que causa à nossa vida. A tendência a acumular bens mundanos é tão forte que pode ser considerada quase um instinto básico da vida humana. É claro que, se vivemos no mundo físico, temos que possuir algumas coisas essenciais à manutenção do corpo, embora o essencial e o não-essencial sejam termos relativos e pareça não haver limite para a eliminação, inclusive, do que é considerado necessário à vida. Mas não nos satisfazemos com as necessidades da vida. Temos que ter coisas que podem ser classificadas como luxo. Estas não são necessárias para conservar corpo e alma juntos, servem apenas para aumentar nosso conforto e nosso prazer. Não nos limitamos, contudo, sequer ao luxo. Quando temos à nossa disposição tudo quanto nos possa assegurar conforto e prazer para o resto de nossa vida, ainda assim não ficamos satisfeitos e continuamos a acumular fortuna e coisas. Alguém imaginaria que um palácio seria suficiente para atender às necessidades de um ser humano, mas alguém que possua um palácio não está satisfeito e deseja construir outros mais. É claro que essas coisas supérfluas de nada servem, exceto para satisfazer nossa vaidade infantil e o desejo de parecer superior aos nossos semelhantes. Não há limite para nosso desejo de riqueza e de coisas materiais, que gostamos de ter ao nosso redor, e, obviamente, portanto, estamos tratando aqui de um instinto, que nada tem a ver com a razão ou o bom senso.

Afora as complicações que esse instinto humano causa no mundo, nos campos social e econômico — o que não é necessário discutir aqui — seu efeito na vida do indivíduo é de natureza tal, que sua eliminação pelo futuro *yogi* é de absoluta necessidade. Consideremos alguns fatores envolvidos nesta questão. Primeiro, você tem de despender tempo e energia acumulando coisas de que de fato não necessita. A seguir, é preciso gastar tempo e energia mantendo e guardando as coisas que você acumulou, com as preocupações e ansiedades da vida aumentando proporcionalmente à acumulação. Considere, então, o constante medo de perder as coisas, a dor e a angústia de verdadeiramente perder algumas coisas, de vez em quando, além do pesar de deixá-las para trás ao se despedir deste mundo. Agora some todas estas coisas e veja que colossal perda de tempo, energia e força mental resulta de tudo isso. Ninguém que se preocupe seriamente com a solução dos problemas mais complexos da vida pode desperdiçar seus limitados meios dessa forma. Assim, o futuro *yogi* limita suas posses e necessidades ao mínimo e elimina de sua vida todos os acúmulos desnecessários e atividades que dissipam suas energias e constituem uma fonte de perturbação constante da mente. Ele se satisfaz com o que lhe cabe pela ação da lei do *karma*.

Deve-se ressaltar, entretanto, que, na verdade, não é a quantidade de coisas que nos rodeia o que importa, mas, sim, nossa atitude em relação a elas. Pois podemos possuir poucas coisas, mas o instinto de possessividade ser muito forte. Por outro lado, podemos estar nadando em dinheiro e, ainda assim, estar livres de qualquer sentimento de posse. Contam-se muitas histórias interessantes nas escrituras hindus para ilustrar este ponto, sendo muito conhecida aquela sobre Janaka, que viveu em um palácio e a do eremita que viveu em uma choupana. É possível viver em circunstâncias as mais luxuosas, sem qualquer sentimento de posse e disposto a repartir tudo sem a mais leve hesitação. Mas isto não é fácil, embora seja possível, e o futuro *yogi* agiria bem se eliminasse tudo que fosse desnecessário, pois somente assim teria condições de aprender a viver uma vida simples e austera. Mesmo que não esteja apegado às suas posses, terá que despender tempo e energia para manter toda a parafernália, o que ele não pode permitir-se fazer.

É preciso ficar claro, porém, que a exigência de cultivar essa virtude depende, principalmente, de garantir-se um estado mental livre de apegos. As vantagens adicionais mencionadas anteriormente, embora importantes, têm um caráter secundário.

Jāti-deśa-kāla-samayānavacchinnāḥ
sārvabhaumā mahā-vratam.

II-31) Estes (os cinco votos) independem de classe, lugar, tempo ou ocasião, e, estendendo-se a todos os estágios, constituem o Grande Voto.

Após referir, em II-30, as cinco virtudes básicas que devem ser praticadas pelo futuro *yogi*, Patañjali estabelece outro princípio no *sūtra* seguinte, cuja importância não é, em geral, compreendida. Na prática de qualquer virtude, há ocasiões em que surgem dúvidas se é exeqüível ou aconselhável praticar uma particular virtude em uma situação determinada que surgir. Aspectos como classe, lugar, tempo ou ocasião podem estar envolvidos nessas situações, e o *sādhaka* pode ter dificuldade de decidir o que deve ser feito em tais circunstâncias. A título de ilustração, analisemos algumas situações hipotéticas. Um amigo seu, que você sabe ser inocente, vai ser enforcado, mas pode ser salvo se disser uma mentira. Deveria você dizer a mentira? (Ocasião).

Acúmulo de fortuna e sua devida distribuição é o *dharma* de um *vaiśya*, de acordo com o *varṇāśrama dharma*. Deve um *vaiśya*, que aspira a ser um *yogi*, entretanto, atenuar seu voto com relação a *aparigraha* e continuar a acumular riqueza? (Classe). Seu país está em guerra com outro. Você se alistaria no exército e concordaria em matar as pessoas da nacionalidade do inimigo, como se espera que você faça? (Tempo). Você tem que ir ao Ártico, região onde é necessário matar animais para conseguir alimento. Você estaria pronto a modificar seu voto quanto a *ahiṃsā*, nas circunstâncias peculiares em que você se encontra? (Lugar) Centenas destas questões, com certeza, aparecerão na vida do futuro *yogi*, sendo possível que ele, às vezes, fique em dúvida sobre se os cinco votos devem ser estritamente cumpridos, ou se pode haver exceções, em circunstâncias especiais. Este *sūtra* responde a todas estas dúvidas, esclarecendo de forma absolutamente clara que não são permitidas exceções na prática do Grande Voto, como os cinco votos são chamados coletivamente. Pode ser extremamente inconveniente para ele, que pode sofrer grandes penalidades na observância desses votos — inclusive a penalidade extrema da morte — mas nenhum desses votos pode ser quebrado, seja qual for a situação. Mesmo que a vida tenha que ser sacrificada na observância de seu voto, ele deve passar pela provação alegremente, na firme convicção de que o enorme influxo de energia espiritual que ocorre nessas situações compensa em muito a perda de uma simples vida. Aquele que está disposto a desvendar o Supremo Mistério da vida terá, em muitas ocasiões, que arriscar sua vida, fazendo o que é correto e, considerando a gigantesca natureza da realização que está em jogo, a perda de uma ou duas vidas não importa. Além disso, ele deve saber que em um universo governado pela Lei e baseado na Justiça, nenhum mal pode realmente acontecer à pessoa que tenta proceder de modo correto. Quando ele tem de sofrer, sob tais circunstâncias, geralmente isto é devido ao *karma* passado, sendo melhor, assim, passar por aquela experiência desagradável e terminar para sempre com a obrigação *kármica*. Quase sempre, os problemas surgem apenas para nos testar ao máximo, e quando mostramos nossa determinação de fazer o que é correto, a qualquer custo, eles são resolvidos da maneira mais inesperada.

Enquanto, de certo modo, essa intransigente adesão aos princípios de alguém torna a observância do Grande Voto tarefa nada fácil, podendo ocasionalmente acarretar grandes agruras, por outro lado simplifica, em grande parte, o problema de nossa vida e de nossa conduta. Elimina por completo a dificuldade de decidir o que deve ser feito em qualquer situação em que o *sādhaka* possa encontrar-se. A universalidade do Voto não deixa margem a que sua mente tente escapar, e sua maneira de agir, na maioria das vezes, será bem clara. Ele pode seguir o caminho certo, sem hesitação, sabendo que para ele não há outro caminho.

Há de se notar, entretanto, que, embora haja insistência em praticar o correto, a interpretação do que é correto é sempre deixada à sua escolha. Ele deve fazer aquilo que julga ser certo e não o que os outros lhe dizem. Se ele age errado, pensando ser o certo, a natureza lhe ensinará, através do sofrimento, mas a vontade de acertar a qualquer custo irá, progressivamente, clareando sua visão, conduzindo-o ao estágio onde ele possa ver, infalivelmente, o certo. Ver o correto depende do agir de modo correto. Daí, a enorme importância da retidão na vida do *yogi*.

Śauca-saṃtoṣa-tapaḥ-svādhyāyeśvara-praṇidhānāni niyamāḥ.

II-32) Pureza, contentamento, austeridade, auto-estudo e auto-entrega constituem as observâncias.

Chegamos agora a *niyama*, o segundo *aṅga* da disciplina que serve como fundamento para a vida do *Yoga*. Antes de abordarmos os cinco elementos de *niyama*, enumerados neste *sūtra*, é necessário analisar a distinção entre *yama* e *niyama*. Examinados superficialmente, *yama* e *niyama* parecem ter um propósito comum — a transmutação da natureza inferior, de modo que ela possa servir adequadamente como um veículo da vida do *Yoga*. Porém, um estudo mais cuidadoso dos elementos citados nos dois títulos revelará, de imediato, a diferença na natureza das práticas prescritas para que ocorram as mudanças necessárias no caráter do *sādhaka*. As práticas incluídas em *yama* são, de maneira geral, morais e proibitivas, enquanto as de *niyama* são disciplinares e construtivas. Aquelas têm por meta dar a base ética da vida do *Yoga*, e estas, organizar a vida do *sādhaka* com vistas à rigorosa disciplina do *Yoga* que deve seguir-se.

Esta diferença no propósito geral de *yama* e *niyama* envolve uma diferença correspondente na própria natureza das práticas. Na observância do Grande Voto vinculado a *yama* não é exigido do *sādhaka* fazer qualquer coisa[4]. Dia após dia, exige-se que ele reaja aos incidentes e eventos ocorridos em sua vida de maneira bem definida; mas o número e a característica do que surgirá em sua vida e que necessitará do exercício das cinco virtudes, dependerá, naturalmente, de suas circunstâncias. Se, por exemplo, ele for viver sozinho em uma floresta como um asceta, dificilmente lhe surgirá uma oportunidade de pôr em prática tais virtudes. O Grande Voto estará sempre preso a ele, mas, se assim podemos dizer, permanecerá inoperante por falta de oportunidade de praticá-lo.

O mesmo não se aplica a *niyama*, envolvendo práticas que devem ser realizadas regularmente, dia após dia, quaisquer que sejam as circunstâncias em que o *sādhaka* se encontre. Mesmo que ele viva só, completamente afastado de qualquer rela-

[4] O autor considera que os votos de auto-restrições em *yama* não são propriamente ações, mas antes abstenções de certas formas de agir, ou seja, reações passivas. (N. ed. bras.)

cionamento social, permanecerá tão intensa a necessidade de passar por essas práticas como quando ele vivia nos atormentados ambientes humanos.

Śauca: O primeiro elemento de *niyama* é *śauca*, ou pureza. Antes que possamos compreender como lidar com o problema de purificar nossa natureza, devemos clarear nossas idéias quanto ao significado de pureza. O que é pureza? De acordo com a filosofia do *Yoga*, o todo do universo, visível ou invisível, é uma manifestação da Vida Divina e é permeado pela Consciência Divina. Para o sábio Iluminado, ou santo, que teve a Visão Divina, tudo, desde um átomo até *Īśvara* de um *Brahmāṇḍa*, é um veículo da Vida Divina e, por conseguinte, puro e sagrado. Deste ponto de vista mais elevado, nada pode, portanto, ser considerado impuro no sentido absoluto. Assim, quando utilizamos as palavras "pura" e "impura", em relação à nossa vida, obviamente o fazemos em um sentido relativo. A palavra "pureza" aplica-se aos nossos veículos, não apenas ao corpo que podemos perceber com nossos sentidos físicos, mas também aos veículos superfísicos, que servem como instrumentos de emoção, pensamento e outras faculdades espirituais. Uma coisa é pura, em relação a um veículo, quando possibilita ou ajuda este a servir eficientemente como um instrumento da Vida Divina, expressando-se através dele, em determinado estágio de evolução. É impura, se obstaculiza a plena expressão dessa vida, ou cria dificuldades para o exercício das funções do veículo. A pureza, portanto, não é absoluta, mas somente funcional e relacionada ao próximo estágio de evolução que a vida está buscando atingir. Purificação, por conseguinte, significa eliminar dos veículos pertencentes a um indivíduo todos os elementos e condições que o impedem de exercer respectivas funções e atingir o objetivo em vista. Para o *yogi* tal objetivo é a Auto-Realização, pela fusão de sua consciência individual com a Consciência do Supremo, ou a conquista de *Kaivalya*, nas palavras dos *Yoga-Sūtras*. Purificação, para o *yogi*, portanto, significa especificamente a manutenção e transformação do veículo, de modo que possa servir, progressivamente, para produzir essa unificação.

Embora funcional, a pureza depende, em grande parte, da qualidade do material que compõe determinado veículo de consciência. A eficiência funcional do veículo depende não apenas de sua organização estrutural, mas também da natureza do material nele incorporado. A expressão da consciência através de um veículo pode ser comparada à produção de diferentes espécies de som, por uma corda metálica distendida. Sabemos que o som produzido depende de três fatores: natureza do metal, estrutura (diâmetro e comprimento) da corda e tensão a que ela é submetida. Da mesma maneira, a capacidade de um veículo, de reagir aos distintos estados de consciência, depende de seu material, de sua complexidade estrutural, que aumenta como um resultado da evolução, e de sua sensibilidade.

A razão por que o material do veículo determina, até certo ponto, sua capacidade vibratória, está no fato de a qualidade do material e a referida capacidade estarem indissoluvelmente ligados, em termos de natureza, sendo que cada tipo de material responde a uma limitada gama de vibrações. Assim, se desejamos refletir nos veículos inferiores as altas e sutis vibrações correspondentes às camadas mais profundas da consciência humana, é preciso supri-los com o tipo de material adequado.

Todos os veículos inferiores de um *jīvātmā* estão constantemente mudando, e a purificação consiste em, gradual e sistematicamente, ir substituindo o tipo de material comparativamente grosseiro dos corpos por outro mais refinado. No caso do corpo físico, a purificação é comparativamente simples e pode ser obtida provendo o corpo do tipo de material correto, sob a forma de alimento e bebida. De acordo com o sistema hindu da cultura do *Yoga*, os alimentos e as bebidas são divididos em três categorias: *tāmasicos*, *rājas*icos e *sāttvicos*. E somente aqueles considerados *sāttvicos* são permitidos ao *yogi* que está formando um refinado e puro veículo físico. Carne, álcool e muitos outros suplementos da dieta moderna tornam o corpo físico completamente inútil para a vida do *Yoga* e, se o aspirante vem embrutecendo seu corpo pelo uso desses alimentos, terá que passar por um prolongado período de dieta cuidadosa, para livrar-se do material indesejável e tornar seu corpo suficientemente purificado.

A purificação dos veículos mais sutis, que servem de instrumentos para a expressão dos pensamentos e das emoções, é produzida por um processo diferente e mais difícil. No caso, as tendências vibratórias vão se modificando gradualmente, com a exclusão de todos os pensamentos e emoções indesejáveis da mente, os quais são substituídos, de forma constante e persistente, por outros de natureza mais elevada e mais sutil. À medida que as tendências vibratórias desses corpos vão mudando, muda também, *pari passu*, sua matéria, e, depois de algum tempo, se o esforço prossegue por um período de tempo suficiente, os veículos estarão adequadamente purificados. O teste da verdadeira purificação é propiciado pelas tendências vibratórias normais que se encontram no veículo. Uma mente pura, fácil e naturalmente, tem pensamentos puros e sente emoções puras, tornando-se-lhe difícil abrigar pensamentos e emoções indesejáveis, assim como é difícil para uma mente impura abrigar pensamentos e emoções elevados e nobres.

Outra recomendação no sistema hindu de cultura espiritual para a purificação dos veículos mais sutis é o constante uso de *mantras* e orações. Estes fazem com que os veículos vibrem, quase sempre em altíssimos níveis de freqüência, produzindo um influxo de forças espirituais vindas dos planos superiores. O movimento daí decorrente, dia após dia, vai limpando, por assim dizer, todos os elementos indesejáveis dos diferentes veículos. Vê-se, assim, que a purificação, ou *śauca*, é uma prática positiva. Isto não acontece por si mesmo; tem-se que passar por muitos exercícios purificatórios, dia após dia, por longos períodos de tempo. Eis por que foi incluída em *niyama*.

Saṃtoṣa: O segundo elemento de *niyama* é *saṃtoṣa*, geralmente traduzido como "contentamento". Para o aspirante à vida do *Yoga* é necessário cultivar contentamento do mais elevado grau, pois sem ele não há possibilidade de manter a mente em uma condição de equilíbrio. O homem comum está sujeito, o dia inteiro, a toda espécie de impactos, aos quais reage segundo seus hábitos, preconceitos, treinamento ou o humor em que se encontra no momento conforme sua natureza, como se costuma dizer. Essas reações envolvem, na maior parte dos casos, maiores ou menores perturbações da mente, sendo difícil haver qualquer reação que não se faça acompanhar de perturbações dos sentimentos ou da mente. A perturbação produzida por um impacto dificilmente teve tempo de cessar antes que outro impacto tire-a do equilíbrio novamente. Algumas vezes a mente parece estar calma, mas esta calma é apenas superficial. Sob a superfície há uma corrente submersa de perturbação, como o marulho num mar superficialmente tranqüilo.

Esta condição da mente, que não precisa ser necessariamente desagradável e a qual é considerada natural pela maioria das pessoas, não conduz de modo algum à unidirecionalidade e enquanto perdura resulta necessariamente em *vikṣepa*, a forte tendência da mente de estar voltada para o exterior. Assim, o *sādhaka* tem que mudar esse estado de constante perturbação para um de constante equilíbrio e tranqüilidade, por meio de um exercício deliberado da vontade, da meditação e outros meios disponíveis. Ele visa a atingir uma condição de perfeita calma e serenidade, seja o que for que aconteça no mundo exterior ou mesmo no mundo interior de sua mente. Seu objetivo não é apenas adquirir o poder de abrandar uma perturbação mental se e quando esta aparecer, mas ter o mais raro poder de evitar de todo a ocorrência de qualquer perturbação. Ele sabe que, uma vez permitida a perturbação é necessário muito mais energia para superá-la por completo e, mesmo que externamente possa desaparecer com rapidez, a perturbação interior subconsciente persiste por um longo tempo.

Essa espécie de equanimidade somente pode ser construída com base no perfeito contentamento, ou seja, a capacidade de manter-se satisfeito, aconteça o que acontecer ao *sādhaka*. É uma condição extremamente positiva e dinâmica da mente que nada tem em comum com a mentalidade passiva, originária da preguiça e da falta de iniciativa, e que desperta, nas pessoas do mundo, com razão, profundo desprezo. Baseia-se na total indiferença a prazeres pessoais, conforto e outros aspectos que influenciam a humanidade. Seu objetivo é atingir aquela Paz que nos conduz completamente para além do domínio da ilusão e da miséria.

O cultivo desse supremo contentamento e conseqüente tranqüilidade da mente é o resultado de prolongada autodisciplina e de se passar por muitas experiências que implicam dor e sofrimento. Não pode ser adquirido por meio de uma simples afirmação da vontade, tudo de uma só vez. Hábitos mais fortes que a natureza e hábitos desenvolvidos através de inúmeras vidas não podem ser mudados de repente. Eis por que são necessários um constante estado de alerta e um treinamento da mente para manter a atitude correta, sendo também esta a razão de estar tal virtude contida no capítulo sobre *niyama*.

Tapas e os dois elementos seguintes de *niyama* já foram mencionados em II-1, e a razão por que juntos são chamados de *Kriyā-Yoga* foi referida ao se estudar aquele *sūtra*. *Tapas* é um termo muito abrangente e não possui, na verdade, um exato equivalente em nossa língua. Ele combina em si o significado de certo número de palavras: purificação, autodisciplina, austeridade. Tal palavra abranje várias classes de práticas, cujo objetivo é purificar e disciplinar a natureza inferior e fazer com que os veículos do *jīvātmā* fiquem sob o controle de uma vontade de ferro. O significado da palavra deriva, provavelmente, do processo de submeter-se o ouro impuro a um forte "calor", através do qual todas as impurezas são queimadas, permanecendo somente o ouro puro. De certa maneira, toda a ciência de construção do caráter por meio da qual purificamos e controlamos nossos veículos inferiores pode ser considerada uma prática de *tapas*. No sentido ortodoxo, porém, a palavra *tapas* é usada, em especial, com relação a alguns exercícios específicos, adotados para purificação e controle do corpo físico e desenvolvimento da força de vontade. Estes incluem práticas tais como jejum, obediência a votos de vários tipos, *prāṇāyāma* etc. Certas pessoas, por equívoco, fazem os votos mais incríveis na prática de *tapas*, tais como levantar uma das mãos e conservá-la nesta posição por anos, ainda que a mão venha a murchar. Mas tais práticas extravagantes são vistas como altamente censuráveis nas escolas esclarecidas do *Yoga*, sendo chamadas de *āsuric*, ou demoníacas.

A prática sistemática de *tapas* geralmente se inicia com exercícios simples e fáceis que exijem força de vontade e continua em estágios progressivos, com exercícios mais difíceis, cujo objetivo é provocar a dissociação entre veículo e consciência. No caso do homem comum, a consciência identifica-se, em grande parte, com o veículo, através do qual atua. A prática de *tapas*, dissolve, aos poucos, esta associação, habilita à consciência separar-se parcialmente do veículo e este progressivo percebimento do veículo, como parte do "não-Eu", significa atenuação de "*asmitā*", ou consciência do "eu sou isto". Somente quando esse poder de dissociar a consciência dos veículos tiver sido adquirido até certo ponto, o *sādhaka* poderá de fato purificar e controlar os veículos e usá-los para os propósitos do *Yoga*.

Svādhyāya: A palavra *Svādhyāya* é às vezes utilizada em um sentido limitado para o estudo das Escrituras Sagradas. Mas esta é apenas uma parte do trabalho a ser feito — o primeiro passo. Naturalmente o estudante precisa, primeiro, familiarizar-se, por completo, com toda a literatura essencial relativa aos diversos aspectos do *Yoga*, como ocorre no estudo de qualquer ciência. Neste sentido, ele adquire o necessário conhecimento dos princípios teóricos e práticos implícitos na busca do ideal do *Yoga*. Do mesmo modo, obtém uma idéia dos valores relativos dos diversos métodos, além de uma correta perspectiva em relação a todos os temas ligados às práticas do *Yoga*.

Embora esse estudo seja somente teórico e não o leve muito longe no caminho da Auto-Realização, nem por isso deixa de ter grande valor para o estudante. Muitas pessoas empenhadas nessa busca têm uma base intelectual muito vaga e confusa, faltando-lhes dominar o assunto, de modo claro e amplo, o que é necessário para um progresso estável. Estando insuficientemente providos do necessário conhecimento, tendem a simplificar exageradamente os vários problemas envolvidos na questão e a esperar resultados impossíveis. Mais cedo ou mais tarde, eles se tornam desencorajados e frustrados, ou vítimas daquelas pessoas inescrupulosas, que se apresentam como grandes *yogis* e prometem toda espécie de coisas fantásticas, para atrair as pessoas para seu rebanho. É necessário um preparo intelectual vasto e genérico para alcançar sucesso em qualquer esfera do trabalho científico e, visto ser o *Yoga* uma ciência *par excelence,* o mesmo aplica-se à ciência do *Yoga.*

Ainda que um estudo detalhado e completo da literatura do *Yoga* seja uma parte integrante de *svādhyāya*, constitui apenas o primeiro passo. O próximo é uma constante meditação e reflexão sobre os problemas mais profundos que foram estudados, no seu aspecto intelectual, em livros etc. Esta constante reflexão prepara a mente para a recepção do conhecimento real vindo do interior. Produz uma espécie de sucção e dirige o alento da intuição para a mente. O estudante começa, assim, a obter um *insight* mais profundo dos problemas da vida do *Yoga*. Quanto mais claro o *insight* destes problemas, mais aguçado torna-se o desejo de uma solução real, ou de aquisição daquele conhecimento transcendental sob cuja luz todas as dúvidas são completamente sanadas e a Paz do Eterno, atingida. Essa meditação profunda e esta reflexão sobre as grandes e fundamentais verdades da vida começam, de modo gradual e imperceptível, a tomar a forma de meditação no sentido comum do termo, isto é, a mente torna-se cada vez mais absorvida pelo objeto da busca. Tal objeto não precisa ser, necessariamente, uma verdade abstrata de natureza filosófica. Pode ser um objeto de devoção com o qual o *sādhaka* queira comungar e unir-se. A natureza do objeto irá variar conforme o temperamento do indivíduo, mas a condição da mente — um estado de profunda absorção e intenso desejo de saber — será, de certa forma, a mesma.

Para produzir esse estado unidirecionado de absorção, o uso de *mantras* é muito útil. O *sādhaka* pode usar o *mantra* de seu *Iṣṭa-Devatā* ou qualquer outro *mantra* bem conhecido, como *gāyatrī* ou *praṇava*. Estes *mantras*, como já foi mencionado, harmonizam os veículos inferiores da consciência, torna-os sensitivos às vibrações mais sutis e, finalmente, produzem uma fusão parcial das consciências superior e inferior. Pode-se ver, assim, que, embora *svādhyāya* comece com o estudo intelectual, deve passar pelos progressivos estágios de reflexão, meditação, *tapas* etc., até que o *sādhaka* esteja apto a extrair todo o conhecimento ou devoção do interior, por seus próprios esforços. Este é o significado do prefixo *sva,* em *svādhyāya*. Ele abandona todo auxílio externo, tais como livros, discursos etc. e mergulha em sua própria mente para tudo de que necessite em sua busca.

Īśvara-praṇidhāna: Esta denominação é geralmente traduzida como submissão a *Īśvara*, ou Deus, mas, pelo fato de a prática avançada de *Īśvara-praṇidhāna* poder desenvolver *samādhi*, é óbvio que a palavra é utilizada com um sentido bem mais profundo do que o esforço mental superficial do homem religioso comum para submeter-se à vontade de Deus. Quando tal pessoa faz afirmação mental deste tipo, o que ela realmente quer dizer é que a vontade de Deus é suprema no mundo que Ele rege e que a pessoa se submete a esta vontade alegremente, conquanto a experiência que suscitou aquela afirmação possa não ser agradável. Essa atitude não é diferente da de um súdito leal que se submete à vontade de seu rei.

É claro, porém, que, embora tal conduta do indivíduo piedoso seja superior à atitude comum de ressentimento em relação às calamidades e aos sofrimentos inevitáveis da vida e conduza a um estado de paz mental, ela não pode, por si mesma, levá-lo muito longe na senda do desenvolvimento espiritual e da realização, que culmina em *samādhi*. O fato de que a progressiva prática de *Īśvara-praṇidhāna* pode levar, finalmente, ao *samādhi*, mostra, definitivamente, que ela significa um processo de transformação muito mais profundo no *sādhaka* do que a mera aceitação de quaisquer experiências e provações que eventualmente ocorram ao longo de sua vida.

Para compreender a importância e a técnica de *Īśvara-praṇidhāna*, é necessário recordar como *puruṣa* se vê envolvido em *prakṛti*, através de *avidyā*, o que resulta em sua submissão à ilusão e aos conseqüentes sofrimentos e misérias da vida. Como esta questão já foi amplamente discutida quando se analisou a teoria dos *kleśas*, não é necessário entrar em detalhes aqui, mas há uma idéia central sobre tal problema que pode ser aqui resumida. De acordo com a filosofia em que se baseia a ciência do *Yoga*, a Realidade em nosso interior está livre da ilusão fundamental que é responsável pelas limitações e misérias de nossa vida. A consciência individual, ou *puruṣa*, é uma manifestação dessa Realidade. Como, então, ele se torna submisso à Grande Ilusão e aos conseqüentes sofrimentos da vida inferior? Pela imposição da consciência do "eu", que o impele a identificar-se com seus veículos e com o ambiente em que sua consciência está imersa. À medida que este véu de *asmitā*, ou "egoidade", cobre sua verdadeira natureza — *svarūpa* — ele se mantém preso às limitações e ilusões da vida, e o único caminho pelo qual pode recuperar sua liberdade é a retirada dessa capa representada pela consciência do "eu". Esta é a idéia sobre a qual repousa toda a filosofia do *Yoga*, sendo que todos os sistemas do *Yoga* visam à destruição dessa consciência do "eu", direta ou indiretamente, de um meio ou de outro. A prática de *Īśvara-praṇidhāna* é um dos meios. Ela tem por objeto a dissolução de *asmitā*, pela sistemática e progressiva fusão da vontade individual com a Vontade de *Īśvara*, destruindo, assim, a própria raiz dos *kleśas*.

A prática de *Īśvara-praṇidhāna*, por conseguinte, começa com a afirmativa mental "Seja feita a Vossa Vontade, não a minha", mas não termina aí. Há um sério esforço para produzir um contínuo recolhimento da consciência, a partir do nível da personalidade, que é a sede da consciência do "eu", para a consciência do Supremo, cuja vontade atua no mundo manifestado. Este esforço pode assumir muitas formas, segundo o temperamento e os *saṃskāras* anteriores do *sādhaka*. Pode haver um sério desejo de se transformar em um instrumento consciente da Suprema Vontade, que está encontrando expressão no desenvolvimento do universo manifestado. Essa Vontade encontra obstrução em sua expressão no nível humano devido às limitações da personalidade — quanto maior o egoísmo, maiores a obscuridade e a conseqüente obstrução. O *sādhaka* que está tentando praticar *Īśvara-praṇidhāna* tenta remover essa obstrução da personalidade praticando *niṣkāma-karma*, a fim de que sua personalidade torne-se um instrumento voluntário e consciente da Vontade Divina. É claro que este é um processo gradual e que o *sādhaka* precisa trabalhar, durante muito tempo, por assim dizer, no escuro, procurando fazer, escrupulosamente, o que ele pensa ser correto, sem ter qualquer conhecimento consciente da Vontade Divina. Não é necessário, entretanto, conhecer-se a Vontade Divina, até que a personalidade esteja sob controle, pois, mesmo que tal Vontade fosse conhecida, a personalidade teimosa e descontrolada não permitirá a Sua expressão livre e plena. Mas, como em todos os processos dessa natureza, o esforço para realizar um ideal gradualmente elimina as obstruções no caminho da realização e, se o *sādhaka* persegue seu ideal com perseverança, consegue se tornar um agente consciente do Divino. Seu falso "eu" inferior desaparece, e a Vontade Divina pode atuar livremente, através do centro sem "eu" de sua consciência. Eis o verdadeiro *Karma-Yoga*.

A prática de *Īśvara-praṇidhāna* assume uma forma diferente caso o *sādhaka* tenha um temperamento altamente emocional e esteja trilhando a senda de *bhakti*. No caso, a ênfase não se encontra na fusão da vontade individual com a Vontade Divina, mas na união com o Bem-amado através do amor. Mas, como o amor expressa-se, naturalmente, por meio da auto-abnegação e da subordinação de desejos pessoais à Vontade do Bem-amado, a senda de *bhakti* também leva, indiretamente, à dissolução do "eu" ou *asmitā*. Aqui o amor é que é a força motriz e que acarreta a destruição do egoísmo e a fusão da consciência, sendo *samādhi* o resultado.

O estudante cuidadoso será capaz de ver em *Īśvara-praṇidhāna* a essência do *Bhakti-Yoga*. Muitos estudantes do sistema do *Yoga* exposto nos *Yoga-Sūtras* pensam não haver muito lugar para um *bhakta* neste sistema e que a *bhakti* não foi dada toda a importância que merece, considerando-se sua relevância na cultura espiritual. De fato, a maneira como o assunto foi tratado por Patañjali dá esta impressão, mas não contém *Īśvara-praṇidhāna*, em resumo, toda a técnica essencial do *Bhakti-Yoga*? *Navadhā-bhakti*, que abrange o lado prático do *Bhakti-Yoga*, é apenas de natureza preparatória e visa conduzir o *sādhaka* ao estágio onde ele é capaz de renunciar a todo auxílio externo e entregar-se totalmente à Vontade do Senhor e Dele depender completamente. Sem dúvida, esta avançada técnica de cultura espiritual e união final com o Bem-amado em *samādhi* nada mais é que *Īśvara-praṇidhāna*.

Vitarka-bādhane-pratipakṣa-bhāvanaṃ.

II-33) Quando a mente é perturbada por pensamentos impróprios, a constante ponderação sobre os opostos (é o remédio).

Ao analisar *yama-niyama*, Patañjali apresentou dois *sūtras* que são de grande auxílio para o estudante prático do *Yoga*. O primeiro destes, expõe um método eficaz de tratar dos hábitos e das tendências que interferem na prática de *yama-niyama*. O estudante que tenta praticar *yama-niyama* traz consigo o impulso de todos os tipos de tendências de vidas passadas e, apesar de sua decisão, os hábitos e as tendências indesejáveis em que ele se envolveu afirmam-se fortemente e o obrigam a agir, sentir e pensar de maneira contrária a seus ideais. Que deve ele fazer em tais circunstâncias? Deve ponderar, constantemente, sobre os opostos das tendências indesejáveis, quando estas o perturbarem. Neste *sūtra*, o autor refere uma das leis mais importantes sobre construção do caráter, uma lei que a moderna psicologia reconhece e recomenda quando lida com os problemas da autocultura.

A racionalidade desta técnica, para superar maus hábitos e tendências indesejáveis, sejam relacionados à ação, ao sentimento ou ao pensamento, está no fato de que todas as tendências más têm raízes nos maus hábitos de pensamentos e atitudes e, portanto, a única e eficaz maneira de removê-los, completa e permanentemente, é atacar o problema na sua origem e alterar os pensamentos e as atitudes subjacentes nas manifestações indesejáveis.

Como se sabe, um hábito mental indesejável somente pode ser mudado se substituído por um hábito mental exatamente oposto[5] — ódio por amor, desonestidade por honestidade. Novos e desejáveis canais mentais são criados pelos novos pensamentos nos quais a energia mental começa a fluir, em uma medida sempre crescente, enfraquecendo e aos poucos substituindo os hábitos indesejáveis de pensamentos e atitudes equivocados deles derivados. Quanto de energia mental será requerido e quanto tempo será gasto dependerão, por certo, do vigor do hábito indesejável e da força de vontade do *sādhaka*, mas se ele colocar todo o seu coração nessa tarefa e for perseverante, o objetivo pode ser atingido.

---

[5] O autor aprofunda esta técnica em seu livro *Preparação para o Yoga*, Editora Teosófica, Brasília-DF, onde ele enfatiza a importância de se adquirir um ponto de vista oposto, que corresponde à virtude em questão. (N. ed. bras.)

Vitarkā hiṃsādayaḥ kṛta-kāritānumoditā lobha-krodha-moha-pūrvakā mṛdu- madhyādhimātrā duḥkhājñānānanta-phalā iti pratipakṣa-bhāvanam.

II-34) Uma vez que os pensamentos e as emoções (e ações) impróprios, como os de violência etc., sejam eles gerados diretamente, indiretamente ou aprovados, sejam eles causados por avidez, ira ou ilusão, e ou se apresentem em grau suave, médio ou intenso, resultam em dor e ignorância sem fim; por esta razão existe a necessidade de ponderar sobre os opostos.

Neste *sūtra* Patañjali apresentou uma brilhante análise dos fatores envolvidos nesta gradual transformação das tendências indesejáveis em desejáveis, e a psicologia moderna deveria incorporar muitas das valiosas idéias oferecidas neste *sūtra* em seu sistema de ética. Este *sūtra* é um típico exemplo da vasta e variada informação que pode ser condensada nas suas poucas palavras e prontamente colocada à disposição do estudante prático. O primeiro fator com que temos de lidar, com relação às más tendências que se procura superar por meio de *yama-niyama* é a questão da responsabilidade.[6]

Responsabilidade: Más ações podem ser (a) praticadas diretamente, (b) causadas indiretamente através da ação de outrem, (c) por conivência ou aprovação. A lei comum admite e reconhece a responsabilidade no caso de (a) e de (b), mas não de (c). Porém, de acordo com a ética do *Yoga*, a culpa está presente em todos os três tipos de más ações, restando apenas a questão do grau de responsabilidade. O homem que vê um ladrão assaltando uma casa e nada faz para evitar o crime é parcialmente responsável pelo crime e terá que, nessa proporção, assumir o resultado do *karma* e a degradação de caráter.

É importante ter idéias claras sobre esta questão, já que grande número de pessoas — honestas, boas — procuram enganar a si mesmas tranqüilizando sua consciência, ao suporem que, por não terem participado diretamente de uma má ação, estão completamente livres de culpa. Assim, por exemplo, na Índia há muitas pessoas que se horrorizariam se lhes pedissem que matassem uma cabra e que, no entanto, preferem acreditar não estarem incorrendo em nenhuma responsabilidade *kármica* ao comerem sua carne, porque o açougueiro seria o responsável pela morte da cabra. Isso demonstra, a propósito, a enorme capacidade dos seres humanos de se auto-iludirem, quando estão em jogo seus preconceitos ou sua autocomplacência.

Contudo, mais digno de nota que a prática indireta de uma ação má talvez seja o terceiro modo de nela participar. Nós, às vezes, testemunhamos um crime, mas,

---

[6] No original em inglês: *instrumentality*. (N. ed. bras.)

por insensibilidade ou pelo desejo de evitar problemas, nada fazemos ou tacitamente o aprovamos. Presumimos que, por não termos tomado qualquer parte, direta ou indiretamente, no crime, estamos completamente isentos de culpa. Mas não é assim, de acordo com a ética do *Yoga*, corporificada em *yama-niyama*. De acordo com as regras mais rígidas da moralidade do *Yoga*, um homem que se mostra indiferente ou conivente com um crime praticado em sua presença, no qual, por dever de humanidade, deveria ter interferido, é parcialmente culpado pelo crime. "Inação em um ato de misericórdia é ação em um pecado mortal", como advertiu Buda. Se, por exemplo, vemos uma pessoa sendo linchada, ou uma criança ou um animal sendo tratado com muita crueldade, é nosso dever interferir, quaisquer que sejam as conseqüências que nos advenham. E se salvamos nossa pele permanecendo indiferentes ou inertes, incorremos em responsabilidade e provocamos o retorno do *karma*. Isto não quer dizer, é claro, que temos de nos tornar importunos e intrometidos, interferindo constantemente na vida de outras pessoas, com o objetivo de corrigir erros. A vida do *Yoga* não significa dar adeus à razão e ao bom senso.

Causa: Outro fator a ser considerado é a causa das tendências más, que nos perturbam na prática de *yama-niyama*. Patañjali citou três: avidez, ira e ilusão. Deve-se esclarecer que as três são condições da mente que precedem pensamentos, sentimentos e atos equivocados. Isto é indicado pela palavra *pūrvaka*. *Lobha* é a condição da mente que produz o desejo de pegar coisas para si mesmo. *Krodha* é a agitação da mente, produzida quando qualquer pessoa ou coisa se atravessa no caminho da satisfação de nosso desejo. *Moha* é o condicionamento da mente, que resulta do apego a qualquer pessoa ou coisa. Todas essas condições da mente obscurecem *buddhi*, o que torna a pessoa incapaz de julgar o certo e o errado. É este confuso e obscuro estado da mente que prepara o terreno para pensamentos, sentimentos e atos equivocados. Eis por que ponderar sobre os opostos, clareando assim a confusão, foi prescrito como um remédio, no *sūtra* anterior. O que precisa ser lembrado é que temos de ir à raiz do mal e ali resolvê-lo.

Grau: A questão a ser considerada em seguida, no que respeita a *vitarka*, é o grau. Nos sistemas filosóficos hindus, o método usual de classificar certa quantidade de coisas distintas em grau ou intensidade é considerá-las sob três grandes sub-títulos: suave, médio e intenso. Este método de subdivisão é simples e elástico, embora impreciso. Mas, como o *sādhaka* precisa libertar-se por completo dessas tendências más, tal imprecisão não tem qualquer importância prática.

A importância de subdividir o grau ou a intensidade de *vitarka* não está em providenciar um método científico de classificação. Seu verdadeiro objetivo é pôr o *sādhaka* a par da importância de atentar para as pequenas faltas em seu pensamento e em sua conduta, que ele tende a negligenciar ou ignorar. O *sādhaka* tem que desenvolver escrúpulos em alto grau, no que concerne a seus pensamentos, sentimentos e ações, o que geralmente falta a pessoas que se empenham em viver de acordo com valores morais. Esta meticulosa atenção com nossa vida interior e com nossa vida exterior é que produz a perfeição moral e gera os resultados mencionados nos onze *sūtras* que começam em II-35.

Deve-se ter em mente que as formas mais sutis de uma má tendência não se revelam, a nós, a menos e até que as mais grosseiras tenham sido eliminadas. Esta completa eliminação de determinado tipo de *vitarka* dará a impressão de estar continuamente regredindo, e pode parecer ao aspirante que ele jamais conseguirá a perfeição pela qual vem lutando. Mas é bem melhor essa sensação de nunca chegar a algum resultado do que a complacência fácil, fatal para aquele que trilha a senda do *Yoga*. Os resultados da prática dos diferentes elementos de *yama-niyama* têm sua culminância descrita desde o *sūtra* II-35 até II-45 e podem sempre propiciar ao *sādhaka* avaliar seu progresso e saber definitivamente se ele completou sua tarefa de desenvolver qualquer traço particular do caráter.

Resultado: O último ponto tratado neste *sūtra* é o resultado das tendências que se procura erradicar pela prática de *yama-niyama*. As duas conseqüências inevitáveis de uma vida indisciplinada e incorreta são *duḥkha* e *ajñāna,* dor e ignorância — ambas palavras utilizadas não somente em seu sentido comum, mas também em seu sentido filosófico mais abrangente. O termo *duḥkha* é utilizado na filosofia do *Yoga* não apenas em relação às dores e aos sofrimentos comuns, que são os resultados do *karma* de maus pensamentos e más ações, como também àquele sentimento generalizado de infelicidade que permeia toda a vida humana e que sem dúvida envenena até mesmo os mais felizes e melhores períodos de nossa existência. Este ponto foi bem discutido em II-15 e não é necessário analisá-lo outra vez aqui. Da mesma maneira, *ajñāna* significa não apenas confusão mental e falta de sabedoria, produtos de nossas más tendências, mas também a falta daquele conhecimento fundamental de nossa verdadeira natureza Divina e que é responsável por nossa escravidão e nosso sofrimento na vida humana.

Duḥkha e *ajñāna* são, portanto, os dois resultados comuns e inevitáveis de uma vida não ajustada aos ideais corporificados em *yama-niyama*. Todas as tendências indesejáveis em nosso caráter produzem uma série infinita (*ananta*) de causas e efeitos que mantém a alma em escravidão e, conseqüentemente, em miséria. O único método de escapar deste círculo vicioso de causas e efeitos e que se encontra à disposição de um ser humano é, primeiro, disciplinar sua natureza inferior de acordo com os ideais de *yama-niyama* e, depois, trilhar os demais estágios da senda do *Yoga* para obter a Iluminação. Esta é a verdadeira razão por que *yama-niyama* devem ser praticados à perfeição e todo *vitarka* ser afastado através de uma "ponderação" sobre os opostos.

Talvez valha a pena mencionar que, embora os dez elementos incluídos em *yama-niyama* tenham sido citados especificamente e tenham que ser praticados separadamente, não se pode esquecer a unidade subjacente à natureza humana. Ainda que pareça ter diferentes aspectos, nossa natureza é essencialmente una. Não é possível, portanto, dividir a vida em compartimentos estanques e praticar os diversos elementos de *yama-niyama*, um a um, como se cada um deles tivesse uma existência independente e pudesse ser isolado dos demais. O fato é que todos estes elementos são estreitamente interligados e as qualidades que deles se espera desenvolver são os vários aspectos de nossa vida interior. Até que ponto somos capazes de desenvolver uma dessas qualidades dependerá, em grande parte, do caráter geral que dermos à nossa vida. Ninguém pode praticar *ahiṃsā*, por exemplo, mesmo que o tente o máximo possível, se negligenciar os outros elementos de *yama-niyama*, tal a ligação de uma das partes de nossa natureza com às outras. Todas as partes de nossa natureza estão unidas, e nos erguemos e caímos como um todo, na grande maioria das vezes. Assim, é a qualidade geral de nossa vida e da natureza moral que precisa ser melhorada, passo a passo, ainda que possamos nos concentrar em diferentes qualidades por algum tempo. O valor de um diamante depende da qualidade da pedra como um todo e não do polimento de uma de suas facetas. No entanto, a fim de produzir uma pedra perfeita, temos que cuidar das diferentes facetas, uma a uma.

Talvez seja interessante também averiguar por que a palavra *vitarka* é utilizada em relação àqueles pensamentos impróprios que se procura afastar da mente, na prática de *yama-niyama*. A palavra *vitarka* é usada para indicar um estado em que a mente passa de uma alternativa para outra, como referido em I-42. Esse estado encontra-se presente também nos estágios primários, quando uma pessoa tenta viver de acordo com um ideal. Há sempre hesitação e luta, e a mente vacila entre duas direções alternativas. Somente quando o *sādhaka* está bem estabelecido na retidão, fazendo o que é correto sob quaisquer circunstâncias, é que *vitarka* cessa de atuar e ele, o *sādhaka*, age invariavelmente de maneira correta, sem hesitar. O estudante verá, assim, como é apropriado o uso da palavra *vitarka* no presente contexto.

Ahiṃsā-pratiṣṭhāyāṃ tat-saṃnidhau vaira-tyāgaḥ.

II-35) Estando (o *yogi*) firmemente estabelecido na não-violência, deixa de existir hostilidade em (sua) presença.

Neste e nos dez *sūtras* subseqüentes, Patañjali expõe os resultados específicos da prática dos dez elementos de *yama-niyama*. O propósito de destacar-se estas conquistas, que assinalam a culminância da prática de *yama-niyama*, é duplo. Em primeiro lugar, enfatizar o fato de que a virtude tem que ser desenvolvida, ou seja, sua prática deve chegar a um alto grau de perfeição. Muitas pessoas imaginam haver atingido a perfeição no desenvolvimento de determinada virtude, quando, na verdade, se encontram na fase inicial. Em segundo lugar, ao indicar a natureza dos vários níveis de desenvolvimentos necessários a que a virtude seja obtida à perfeição, o autor indica uma forma de o *sādhaka* mensurar e julgar seu progresso e saber, definitivamente, quando obteve sucesso na realização dessa tarefa em particular. Não é preciso ressaltar que esses extraordinários aperfeiçoamentos não se baseiam em esperanças piedosas, mas em estreitas leis científicas comprovadas por inúmeros *yogis* e santos. A certeza dos resultados é a mesma que se tem — embora não de modo tão fácil — em relação ao fruto de uma pequena árvore plantada e nutrida com todo o cuidado. É claro, no entanto, que, como em todos os experimentos científicos, devem ser criadas as condições corretas para que se obtenham os resultados almejados. Se o *sādhaka* necessita desenvolver cada qualidade no grau indicado nos *sūtras*, é uma outra questão, mas não pode haver dúvida de que se pode fazê-lo.

O estudante da filosofia do *Yoga* verá, nesses desenvolvimentos incomuns que se verificam na prática de *yama-niyama*, as formidáveis possibilidades ocultas nas coisas aparentemente simples da vida. Ao que parece, basta penetrar profundamente em qualquer manifestação da vida para encontrar os mais fascinantes mistérios e fontes de poder. A ciência moderna, que trata das manifestações mais rudimentares da vida, apenas toca a fímbria destes mistérios, e os resultados por ela conseguidos não deixam de ser um tanto maravilhosos. Nada há, portanto, de surpreendente no fato de o *yogi*, que penetra nos mais sutis fenômenos da mente e da consciência, encontre mistérios ainda mais profundos e poderes ainda mais extraordinários. Esse ponto tornar-se-á mais claro quando tratarmos da questão dos *siddhis*.

II-35 mostra o resultado específico que se alcança no desenvolvimento de *ahiṃsā*. Isto é o que deve ser esperado, se *ahiṃsā* é uma qualidade dinâmica e positiva de amor universal, e não uma simples atitude passiva de inofensividade. Um indivíduo que desenvolveu *ahiṃsā* possui uma aura invisível plena de amor e compaixão, mesmo que isso possa não ser expressado em nível emocional. Da mesma forma, já que o amor é o poder que, em uma união espiritual, junta todos os fragmentos separados da Vida Una — qualquer indivíduo que dele esteja imbuído encontra-se interiormente sintonizado com todas as criaturas vivas, inspirando-lhes, automaticamente, confiança e amor. Eis como as violentas e odiosas vibrações daqueles que se aproximam do *yogi* ficam, por alguns instantes, subjugadas pelas vibrações mais fortes de amor e bondade dele emanadas, e até mesmo as feras tornam-se inofensivas e dóceis temporariamente. É claro que, quando uma criatura afasta-se da direta influência desse *yogi*, a natureza normal dessa criatura tende a afirmar-se, mas, mesmo esse breve contato pode deixar-lhe uma impressão de caráter permanente, elevando-a um pouco.

Satya-pratiṣṭhāyāṃ kriyā-phalāśrayatvam.

II-36) Estando firmemente estabelecido na veracidade, o fruto (da ação) repousa somente na ação (do *yogi*).

Este *sūtra*, que dá o resultado da aquisição da veracidade, requer uma explicação. O significado aparente do *sūtra* é que, no caso de um *yogi* que tenha adquirido essa virtude à perfeição, o fruto de qualquer ação que ele faça sucederá infalivelmente. Por exemplo, se ele diz algo sobre o futuro, o acontecimento previsto terá que se realizar conforme sua predição. Isso tem sido interpretado por muitos comentaristas de maneira um tanto absurda, com todas as leis da natureza sendo passíveis de serem violadas, apenas para sustentar a vontade destas pessoas. Por exemplo, se a pessoa diz que o Sol não se porá ao entardecer, então o movimento da Terra cessará, para tornar verdadeiras as suas palavras. As histórias nos *purānas* — na maioria dos casos, meras alegorias — são tomadas ao pé da letra, em apoio a tal opinião.

Não é necessário, porém, forçar a interpretação do significado deste *sūtra* com uma conclusão lógica e absurda, desde que compreendido seu significado subjacente. Vejamos:

Quando um homem comum diz ou faz algo com o objetivo de atingir determinado resultado, a meta visada pode ou não se materializar. É claro que qualquer pessoa inteligente, com pleno conhecimento de todas as condições pertinentes, tem toda a probabilidade de predizer o resultado, mas ninguém pode ter total segurança, dadas as muitas circunstâncias imprevistas no futuro, que podem afetar o curso dos acontecimentos. Somente pode predizer o resultado com segurança aquele cujo *buddhi* se tenha desenvolvido e purificado o suficiente para refletir a Mente Universal, na qual o passado, o presente e o futuro podem ser vistos em uma grande extensão. Ora, como foi dito antes, a prática da veracidade desenvolve e purifica *buddhi* de maneira notável, fazendo com que a mente de quem tenha chegado à perfeição nesta virtude seja como um espelho, refletindo, em alguma extensão, a Mente Divina. A pessoa tornou-se, por assim dizer, um espelho da verdade e o que quer que diga ou faça reflete, ao menos em parte, essa verdade. Naturalmente, qualquer coisa que a pessoa diga tornar-se-á verdadeira; qualquer coisa que tente realizar, será realizado. Mas a razão por que o "fruto repousa na ação", no caso dessa pessoa, não se deve a que Deus mude o curso dos acontecimentos e permita a violação das leis naturais, a fim de fazer cumprir suas palavras e determinações, mas do fato de que as palavras e ações dessa pessoa apenas refletem a vontade de Deus e antecipam o que está para acontecer no futuro. Visto sob este ângulo, o significado do *sūtra* torna-se bastante inteligível, sendo possível evitar a absurda suposição de que a Ordem Divina, no cosmo, pode ser contrariada pelos caprichos e pelas decisões de uma pessoa perfeitamente veraz. É sustentado que, se tal pessoa diz alguma coisa, mesmo por engano, essa coisa deve materializar-se a qualquer custo. Esta idéia baseia-se na suposição de que tal pessoa pode ser descuidada e irresponsável, como qualquer indivíduo comum no mundo. Quem haja desenvolvido a veracidade a tão elevado grau, deve ter adquirido, previamente, a capacidade de ponderar a respeito de cada palavra que sai de sua boca e dizer o que quer que tenha a dizer de forma sensata e com determinação.

Asteya-pratiṣṭhāyāṃ
sarva-ratnopasthānam.

II-37) Estando firmemente estabelecido na honestidade, todas as espécies de gemas apresentam-se (ante o *yogi*).

"Todas as espécies de gemas se apresentam" não significa que pedras preciosas comecem a voar e caiam a seus pés. É uma forma de dizer que ele se conscientiza em relação a todos os tipos de tesouros que se encontram à sua volta. Se ele está, por exemplo, atravessando uma floresta, torna-se consciente de qualquer tesouro eventualmente enterrado por ali, ou de qualquer jazida de pedras preciosas talvez existente no subsolo. Este conhecimento pode ter a natureza da clarividência ou de simples intuição, como o dos radiestesistas.

Enquanto tivermos a tendência a nos apropriarmos daquilo que não nos pertença, estaremos governados pelas leis comuns da natureza. Quando superarmos completamente esta tendência e sequer pensarmos em nos apropriarmos de qualquer coisa, ainda que se trate de um tesouro que esteja a nosso alcance, então estaremos, por assim dizer, acima da lei que nos confina estritamente aos limites que nos são impostos por nosso *karma*. Então, as pessoas ao nosso redor nos oferecem suas riquezas e misteriosamente percebemos toda espécie de tesouros e jazidas de pedras preciosas ocultos nas entranhas da terra. Para nós, porém, tudo isso é inútil agora. Nada podemos tirar para nós mesmos. Quando estamos presos a desejos comuns de riqueza etc., temos que obter tudo pelos meios normais. Quando tivermos vencido estes desejos, as leis comuns não mais nos prenderão.

Brahmacarya-pratiṣṭhāyāṃ vīrya-lābhaḥ.

II-38) Estando firmemente estabelecido na continência sexual, o vigor (é adquirido).

Vīrya, traduzido como "vigor", não significa apenas o vigor físico, que, sem dúvida, resulta da preservação da energia sexual. *Vīrya* relaciona-se a toda a nossa constituição referindo-se àquela vitalidade que torna todas as partes vibrantes. Assim, toda fraqueza, lassidão e incapacidade desaparecem, sendo substituídas por uma extraordinária resistência, força e energia. *Vīrya* aparece como se houvesse um formidável influxo de vitalidade, originário dos planos mais elevados, transmitindo vigor e força a todos os veículos por ela tocados.

Vale a pena mencionar aqui um fato interessante, relacionado com a conservação da energia sexual, envolvida em *brahmacarya*. É muito conhecida a doutrina da filosofia do *Yoga* no sentido de que há uma relação muito íntima entre a energia sexual e a energia necessária à regeneração mental, moral e espiritual, objetivo da disciplina do *Yoga*. De fato, a energia sexual pode ser considerada simplesmente uma forma grosseira desta energia mais sutil chamada de *ojas*. Enquanto a vida sexual continuar, muito deste tipo especial de energia disponível no corpo é consumida desta maneira. Mas, depois que *brahmacarya* estiver bem instalada, torna-se possível utilizar a energia dissipada nas várias mudanças que o *sādhaka* tenta desenvolver em seu corpo e em sua mente. A corrente de energia que anteriormente se dirigia para as regiões sexuais e estava sendo exaurida no prazer sexual, agora pode voltar-se para os propósitos acima mencionados. Mas, esta sublimação e o desvio desta energia só se tornam possíveis para aqueles que adquiriram um completo domínio de seus instintos sexuais e não simplesmente se abstiveram de tais prazeres por algum tempo. Estas pessoas que estão aptas a conservar, transmutar e dirigir continuamente esta energia para o cérebro denominam-se *ūrdhva-retas*. *Ūrdhva* significa "para cima" e *retas*, "energia sexual".

Este completo controle da energia sexual é adquirido não apenas mediante a abstinência do ato sexual, mas também por um controle muito estrito e rígido dos pensamentos e desejos, de tal modo que jamais na mente do *sādhaka* penetre o mais leve pensamento ou desejo relacionado com o sexo, ou sugerindo sexo. Isto porque a corrente de energia acima mencionada é extremamente suscetível ao pensamento, e os mais tênues pensamentos associados ao desejo sexual imediatamente movimentam e dirigem a corrente para os órgãos sexuais. Deste modo, *brahmacarya* não é tanto uma questão de abstinência do ato sexual, mas de controle dos pensamentos de maneira tão completa que não seja possível a mais leve provocação de nossos instintos sexuais. Somente em tais condições as energias mais grosseiras do corpo podem ser sublimadas, para servir aos propósitos mais elevados da alma. E, quanto mais cedo na vida dermos início a essa autodisciplina, mais fácil será adquirir esse controle.

Aparigraha-sthairye
janma-kathaṃtā-saṃbodhaḥ.

II-39) Com o estabelecimento da não-possessividade, surge o conhecimento do "como" e do "porquê" da existência.

Quando é atingida a perfeição em *aparigraha*, o *yogi* adquire a capacidade de saber o "como e o porquê" do nascimento e da morte. Embora não haja ambigüidade no significado literal do *sūtra* e *janma-kathaṃtā* tenha a acepção de conhecimento de nossos nascimentos anteriores, é difícil compreender o significado subentendido neste *sūtra*. Por que o conhecimento de seus nascimentos anteriores aparece no caso de um *yogi* que venceu o instinto de possessividade? Para compreender este enigma é preciso recordar a relação entre a personalidade transitória, formada de novo a cada encarnação, e a individualidade permanente, raiz de cada personalidade e que persiste ao longo das sucessivas encarnações. Agora, a personalidade atua nos três mundos inferiores com um novo conjunto de corpos, os quais são formados a cada encarnação sucessiva. Dado que esses corpos perecem um após o outro, ao fim de cada encarnação, e não passaram pelas experiências das vidas anteriores, neles não há impressões (*saṃskāras*) relativas a estas experiências. E como a memória depende da existência de impressões relativas a uma experiência, não há, naturalmente, memória de tais experiências, e todo o longo passado que se estende por centenas de vidas é um perfeito vazio para a personalidade. Mas, como já foi mencionado, a individualidade usa corpos "imortais", que passaram por todas aquelas experiências e com eles carregam suas respectivas impressões. Assim, *jīvātmā*, ou individualidade, tendo um registro permanente de experiências nos veículos mais sutis, possui uma memória detalhada de todas elas.

Deve ser fácil compreender que, se de alguma forma essas impressões puderem ser contactadas e as respectivas memórias trazidas para os veículos inferiores da atual personalidade, esta terá à sua disposição o conhecimento das experiências de vidas anteriores. Isso é o que acontece quando *aparigraha* é desenvolvido a um alto grau de perfeição. A essência da personalidade é a consciência do "eu", que, por sua vez, é o resultado da identificação, pela consciência, com as coisas de nosso ambiente e com nossos veículos inferiores, incluindo o corpo físico. O desenvolvimento da não-possessividade liberta-nos, em grande parte, desse hábito de nos identificarmos com nossos corpos e com as coisas que os rodeiam, *afrouxando os grilhões da personalidade*. O resultado natural desse afrouxamento é que o centro da consciência gradualmente se transfere para os veículos superiores de *jīvātmā*, e o conhecimento neles presente reflete-se cada vez mais nos veículos inferiores. Assim, embora os veículos inferiores não tenham passado pelas experiências das vidas anteriores, esta gradual fusão da personalidade com a individualidade resulta na filtragem de parte desse conhecimento para os veículos inferiores, fazendo, assim, com que a personalidade torne-se apta a partilhar todo esse conhecimento. Eis como a prática de *aparigraha* possibilita ao *yogi* conhecer vidas anteriores.

O desenvolvimento de tão extraordinário poder, decorrente da prática intensiva de *aparigraha*, mostra a importância de agir com intensidade. O segredo da descoberta dos ocultos e misteriosos fatos da vida parece residir na intensidade do esforço. Encaramos os fenômenos da vida de modo superficial, sendo, pois, natural que nada extraiamos deles, senão experiências comuns. Mas, no momento em que fazemos algo com grande intensidade e tentamos penetrar nos mais profundos recessos da vida, deparamo-nos com os mais extraordinários resultados e experiências. Os extraordinários resultados alcançados pela ciência no campo da pesquisa atômica poderiam ter-nos trazido esta grande verdade, mas, por acreditarmos somente na matéria, consideramos os fenômenos ligados à mente e à consciência algo intangível e, portanto, irreal. O cerne da questão, entretanto, é que os mistérios ocultos no reino da matéria nada são quando comparados àqueles relacionados com a mente e com a consciência. Isto é o que a ciência do *Yoga* provou. Para o *yogi* capaz de captar mesmo um tênue vislumbre desses mistérios, as notáveis realizações da ciência no campo da matéria e da força, tornam-se insignificantes, dificilmente parecem dignas de preocupação.

Śaucāt svāṅga-jugupsā parair asaṃsargaḥ.

II-40) Da pureza física (surge) repulsa pelo próprio corpo e indisposição para o contato físico com outros.

Os resultados do desenvolvimento da pureza são referidos em dois *sūtras*, um relacionado com a pureza do corpo físico, o outro com a pureza da mente. Os dois resultados obtidos quando o corpo físico torna-se completamente puro são de tal ordem que dificilmente podem ser esperados.

O corpo físico é, em essência, um objeto sujo, fato do qual ficará convencida qualquer pessoa que tiver um mínimo conhecimento de fisiologia. É notório que a beleza física não vai além da pele, sob a qual nada há senão uma massa de carne, ossos e todo tipo de secreção e refugos que despertam repulsa em nossa mente, quando vistos fora do corpo. Basta apenas um pouco de imaginação para visualizar o corpo como ele realmente é por dentro. Nossa identificação com ele, porém, é tão completa que, a despeito de conhecermos em detalhes seu conteúdo, não somente não sentimos repulsa por ele, mas o consideramos a mais amada de nossas posses. E muitos de nós chegamos ao extremo de pensar que nós somos o corpo físico!

Com a purificação comum do corpo físico tornamo-nos mais sensíveis e começamos a ver as coisas em sua verdadeira luz. Limpeza é, acima de tudo, uma questão de sensibilidade. Aquilo que é repugnante para uma pessoa de natureza e hábitos refinados, dificilmente é notada por outra pessoa de natureza grosseira e insensível. Assim, este sentimento de repulsa em relação ao próprio corpo, o qual se desenvolve em sua purificação, nada mais significa senão que nos tornamos sensíveis o bastante para ver as coisas como elas realmente são. É claro que pureza, no caso, significa algo de caráter mais superficial, produzido por processos externos, tais como o banho e *kriyās* do *Yoga*, tais como *neti, dhauti* etc. Uma pureza de outra natureza mais fundamental é aquela desenvolvida por *tapas*, como mencionado em II-43.

O segundo resultado que sucede à obtenção da pureza do corpo físico correlaciona-se, naturalmente, com o primeiro. É provável que uma pessoa que sinta repulsa por seu próprio corpo físico não esteja inclinada a sentir qualquer atração por outros corpos, que, provavelmente, sejam, em comparação, menos limpos. A indisposição para o contato físico com outros é, pois, natural e até esperada. Talvez seja este um dos motivos pelo qual *yogis* muito avançados procuram a reclusão, evitando o contato externo com o mundo . Deve-se destacar que isso não significa qualquer sentimento de repulsa em relação aos outros, o que seria, sem dúvida, repreensível e contrário à lei fundamental do Amor. Um amor positivo em relação ao morador no corpo é inteiramente compatível com uma ausência de desejo de entrar em contato com o próprio corpo, quando a pessoa é capaz de distinguir um do outro.

Sattvaśuddhi-saumanasyaikāgryendriya-
jayātma-darśana-yogyatvāni ca.

II-41) Da pureza mental (surge) pureza de *sattva*, disposição ao contentamento, unidirecionalidade, controle dos sentidos e aptidão para a visão do Eu.

O *sūtra* supra mencionado explica os resultados da pureza interior ou mental. Enquanto os outros três resultados derivados da pureza mental são facilmente compreensíveis, faz-se necessária uma explicação sobre *sattva-śuddhi*. Já foi explicado que a concepção hindu do universo manifestado, com todos os seus múltiplos fenômenos baseia-se nos três *guṇas*. *Sattva*, *rājas* e *tamas*. Foi também mencionado que somente *sattva*, o *guṇa* correspondente ao equilíbrio, pode capacitar a mente a refletir a consciência. De fato, depreende-se claramente dos muitos *sūtras* relativos ao assunto, que o objetivo do *yogi*, no que tange a seus veículos, é eliminar *rājas* e *tamas* e tornar *sattva* tão predominante quanto possível, a fim de que seu *citta* possa refletir *puruṣa* ao máximo grau. Assim sendo, do mais elevado ponto de vista, a purificação é o problema fundamental implícito na Auto-Realização, a qual consiste, essencialmente, na gradual eliminação dos elementos *rājasicos* e *tāmasicos*, a partir de *citta* atuando em diferentes níveis. Tal eliminação, é claro, é somente comparativa. Reduzir *rājas* e *tamas* a zero equivaleria a reduzir os *guṇas* a um estado de perfeito equilíbrio, e recolher completamente a consciência da manifestação conforme indicado em IV-34. *Sattva-śuddhi* é, portanto, a interpretação da purificação, em termos dos *guṇas*, já que ambos se modificam *pari passu*.

Será observado, também, que *Sattva-śuddhi* é a mudança fundamental envolvida na purificação interior, sendo os outros três resultados a conseqüência natural desta mudança. Pois todas as condições mencionadas em I-31, que são os efeitos secundários de *vikṣepa*, resultam da predominância dos elementos *rājasico* e *tāmasico* em nossa natureza. Uma mente conturbada e em desarmonia certamente não está preparada para a visão do Eu.

Saṃtoṣād anuttamaḥ sukha-lābhaḥ.

II-42) Superlativa felicidade resulta do contentamento.

O resultado do desenvolvimento do perfeito contentamento é a suprema felicidade. Isto é muito natural. A principal causa de nossa constante infelicidade é a perpétua conturbação da mente causada por todo tipo de desejos. Quando um determinado desejo é satisfeito, há uma cessação temporária desta infelicidade que, por comparação, sentimos como felicidade. Mas, outros desejos latentes logo se afirmam, e mais uma vez, voltamos àquela condição normal de infelicidade. Por vezes nos sentimos completamente sem desejos. Esta sensação é ilusória. A ausência de desejo na mente consciente, a qualquer momento, não significa necessariamente que nos tenhamos tornado sem desejos. Inúmeros desejos, alguns deles muito fortes, podem estar ocultos em nossa mente subconsciente. Estes, em sua totalidade, produzem uma generalizada sensação de descontentamento, mesmo quando nenhum desejo forte está presente na mente consciente. O verdadeiro e perfeito contentamento sucede à eliminação de nossos desejos pessoais, que constituem a fonte de infelicidade.

Pode-se objetar no sentido de que ausência de infelicidade não significa necessariamente presença da felicidade, que é um estado positivo da mente. Há uma razão definida para que a suprema felicidade habite em uma mente definida e perfeitamente calma. Uma mente calma está apta a refletir, em si mesma, a bem-aventurança inerente à nossa verdadeira natureza Divina. O constante surgimento dos desejos impede a manifestação desta bem-aventurança na mente. Somente quando esses desejos são eliminados e a mente torna-se perfeitamente calma, conhecemos o que é a verdadeira felicidade. Esta alegria constante e sutil chamada *sukha* e que vem do interior independe das circunstâncias externas e é realmente um reflexo de *ānanda*, um dos três aspectos fundamentais do Eu.

Kāyendriya-siddhir aśuddhi-kṣayāt tapasaḥ.

II-43) Perfeição dos órgãos dos sentidos e do corpo, com a destruição das impurezas por meio de austeridades.

A palavra *siddhi* é utilizada em dois sentidos. Tanto significa "poder oculto" como "perfeição". Aqui, obviamente, a palavra foi usada principalmente no segundo sentido. O desenvolvimento dos *siddhis* associados ao corpo verifica-se em *bhūta-jaya*, ou domínio dos *bhūtas*, como indicado em III-46. Pelo fato de *bhūta-jaya* também levar à perfeição do corpo — *kāya-saṃpat* — como definido em III-47, a perfeição do corpo implícita em II-43 é de um tipo diferente e inferior àquela referida em III-47. A perfeição, no caso, é obviamente funcional, isto é, possibilita ao *yogi* usar o corpo para as finalidades do *Yoga*, sem qualquer espécie de resistência ou impedimento da parte dele.

Como o propósito essencial de *tapas* é purificar o corpo e submetê-lo ao controle da vontade, como explicado em II-32, é fácil inferir por que o processo culminaria na perfeição funcional do corpo. A presença de impureza no corpo e a falta de controle é que prejudicam sua utilização como perfeito instrumento da consciência. A função dos órgãos dos sentidos também se torna perfeita, por depender realmente das correntes de *prāṇa*, controladas pelo *yogi* mediante práticas como aquelas de *prāṇāyāma*. *Prāṇāyāma* é considerado ser *tapas* por excelência. Como a prática de austeridades, algumas vezes, leva ao desenvolvimento de alguns dos *siddhis* inferiores, no caso de pessoas especialmente sensíveis, a palavra *siddhi* pode ser aplicável em ambos os sentidos acima mencionados.

Deve-se ter em mente o significado da expressão *aśuddhi-kṣayāt*. Ela mostra, de modo conclusivo, que a remoção da impureza é o principal propósito da prática de *tapas*. De igual modo, que somente quando o corpo houver sido purificado por completo é que ele pode funcionar perfeitamente como instrumento da consciência.

Svādhyāyād iṣṭa-devatā-saṃprayogaḥ.

II-44) Do auto-estudo resulta a união com a deidade desejada.

Svādhyāya atinge seu apogeu em comunhão com *Iṣṭa-Devatā*, por ser este seu supremo propósito. Conforme demonstrado em II-32, embora *svādhyāya* comece com o estudo dos problemas relacionados com a vida espiritual, seu principal propósito é abrir um canal entre o *sādhaka* e o objeto de sua busca. A natureza dessa comunhão diferirá de acordo com o temperamento e a capacidade do *sādhaka* e a natureza do *Iṣṭa-Devatā*. O elemento essencial nessa comunhão é o livre fluxo de conhecimento, poder e orientação desde a consciência superior até a inferior.

Samādhi-siddhir Īśvara-praṇidhānāt.

II-45) Conquista de *samādhi* pela auto-entrega a Deus.

O fato de que *Īśvara-praṇidhāna* pode, finalmente, levar ao *samādhi* é uma revelação surpreendente. Este fato já foi referido na seção I-23, em que Patañjali não apenas destaca a possibilidade de atingir *samādhi* através de *Īśvara-praṇidhāna*, mas também, em *sūtras* subseqüentes, mostra que a senda de *Īśvara-praṇidhāna* é praticamente uma senda alternativa e independente para se alcançar a meta, ao se seguir *Aṣṭāṅga-Yoga* com seus oito estágios ou partes. Anteriormente vimos em outros casos que podem ser alcançados resultados extraordinários impulsionando-se o desenvolvimento de uma virtude ou qualidade ao limite extremo. Entretanto, talvez a conquista de *samādhi* somente através de *Īśvara-praṇidhāna* seja o mais notável exemplo de tal conquista. Ou seja, aprimorando e intensificando progressiva e sistematicamente uma atitude de auto-entrega a Deus, podemos, por estágios, chegar à suprema Iluminação — algo que deveria fazer-nos parar e ficar maravilhados ante os magníficos mistérios ocultos sob as coisas comuns da vida. A justificativa para esta conquista excepcional foi explicada, até certo ponto, em II-32, mas talvez valha a pena resumir aqui os principais trechos, no encadeamento do raciocínio.

A servidão de *puruṣa* na matéria é mantida pelo poder de obscurecimento das *citta-vṛttis*, que o impede de ver a verdade fundamental de sua existência e conhecer a si mesmo, em termos de como ele é verdadeiramente em sua natureza Divina. Estas *citta-vṛttis* são causadas e mantidas pela consciência do "eu", que dá origem a inúmeros desejos e mantém a mente em estado de constante agitação, a fim de satisfazer esses desejos. Se, de alguma forma, essa força propulsora, que mantém a mente em perpétuo estado de movimento e mudança, puder ser aniquilada, a mente chegará automaticamente a um estado de repouso (*citta-vṛtti-nirodha*), tal como um carro vai parando aos poucos quando o fornecimento de gasolina é interrompido. Nem mesmo é necessário aplicar os freios, embora, sem dúvida, isto apresse o processo de paralisação. Como pode ser aniquilada essa força propulsora que conserva a mente em constante estado de agitação e que é finalmente responsável pelas *citta-vṛttis*? Obviamente, eliminando os desejos da personalidade que fornecem a força propulsora da mente, ou, em outras palavras, dissolvendo o "eu". Isto, como vimos, é exatamente o que se procura realizar através da prática de *Īśvara-praṇidhāna*. *Īśvara-praṇidhāna* desenvolve *para-vairāgya*, quebra os grilhões do coração, elimina os desejos da personalidade e assim, natural e inevitavelmente, reduz a mente a um estado de *citta-vṛtti-nirodha*, que nada mais é que *samādhi*.

Ao analisar-se II-43, mencionou-se que o vocábulo *siddhi* é utilizado em dois sentidos: perfeição e poder oculto. Também é utilizado no sentido de realização. No *sūtra* em discussão, são dois os seus significados: o de realização e o de perfeição.

Não somente o *samādhi* pode ser atingido através da prática de *Īśvara-praṇidhāna*, mas também aperfeiçoado por meio da mesma técnica. Isto também ficará claro em IV-29, em que é dada a técnica de *dharma-megha samādhi*. Esta condição será vista pelo estudante como o estágio mais elevado de *Īśvara-praṇidhāna*.

Sthira-sukham āsanam.

II-46) A postura (deve ser) estável e confortável.

Os estudantes do *Yoga* em geral estão familiarizados com as práticas designadas pela palavra *āsana*. De fato, muita gente que nada conhece do *Yoga* o confunde com estes exercícios físicos. Contudo, torna-se necessário, mesmo para o estudante da filosofia do *Yoga*, compreender claramente o lugar e o propósito dos *āsana*s no *Rāja-Yoga*, pois, em *Haṭha-Yoga* e em certos sistemas de cultura física, tal finalidade é muito diferente. Em *Haṭha-Yoga*, o tema *āsana*s é tratado extensamente, havendo pelo menos 84 *āsana*s descritos em detalhes, sendo atribuídos a muitos deles resultados bem específicos e, algumas vezes, exagerados. Não há dúvida de que muitos destes *āsana*s, ao afetarem as glândulas endócrinas e as correntes *prāṇicas*, tendem a acarretar marcantes alterações quando praticados de modo correto e por período suficientemente longo, fortalecem a saúde de maneira extraordinária. O *Haṭha-Yoga* é baseado no princípio de que é possível produzir mudanças na consciência colocando em movimento correntes de certos tipos de forças sutis (*prāṇa*, *kuṇḍalinī*) no corpo físico. Por conseguinte, o primeiro passo no contato com os níveis mais profundos da consciência é tornar o corpo físico perfeitamente saudável e pronto para o influxo e a manipulação dessas forças. Eis por que se põe tanta ênfase na preparação do corpo físico e se exige que o *sādhaka* pratique as diversas formas de exercício físico, analisados nos tratados sobre *Haṭha-Yoga*.

Em *Rāja-Yoga*, porém, o método adotado para operar mudanças na consciência é baseado no controle da mente pela Vontade e na gradual supressão das *citta-vṛttis*. A técnica do *Rāja-Yoga* é, portanto, dirigida para a eliminação de todas as fontes de perturbação da mente, sejam elas externas ou internas. Ora, uma das importantes fontes de perturbação da mente é o corpo físico. Até a moderna psicologia reconhece a íntima ligação entre mente e corpo e como ambos agem e reagem um sobre o outro todo o tempo. O *yogi* precisa, assim, eliminar completamente as perturbações provenientes do corpo físico, antes de tentar resolver o problema da mente. Isto é conquistado através da prática de *āsana*. O corpo físico é colocado em uma postura particular, e tem sido verificado que quando conservado assim por longo tempo, deixa de ser fonte de perturbação para a mente.

Patañjali apresenta apenas três *sūtras* sobre a técnica de *āsana*, mas neles condensou todo o conhecimento essencial sobre o assunto. O primeiro destaca os dois requisitos essenciais à prática de *āsana*, que tem que ser estável e confortável. O *yogi* tem que escolher qualquer um dos conhecidos *āsana*s adequados à prática da meditação, tais como *padmāsana* ou *siddhāsana*, e então praticar a permanência na referida posição até que consiga mantê-la por longos períodos sem a mais leve tendência a fazer qualquer movimento. Permanecer em qualquer *āsana* torna-se desconfortável após alguns minutos, e o principiante sentirá que não pode mantê-lo por qualquer tempo considerável sem sentir desconfortos menores em várias partes do corpo. Se, entretanto, o *āsana* é corretamente escolhido e praticado de maneira correta, sua prática estável e persistente irá aos poucos eliminando todos aqueles pequenos desconfortos, que em geral geram constantes distrações da mente. O *yogi* torna-se, então, capaz de manter seu corpo na postura correta indefinidamente, e a esquecê-lo por completo. Se, apesar da prolongada prática e da boa saúde, alguém continuar sentindo desconforto em manter a postura por longos períodos, há algo errado, ou na escolha do *āsana*, ou no método de praticá-lo, sendo recomendável aconselhar-se com alguém habilitado.

É também importante compreender integralmente a implicação da palavra "estável". Estabilidade não significa apenas a capacidade de permanecer mais ou menos na mesma posição, com liberdade para fazer movimentos e ajustamentos mínimos, de tempos em tempos. Significa certo grau de imobilidade, que, na prática, consiste em fixar o corpo em certa posição e eliminar movimentos de qualquer espécie. Tentando manter tal posição imóvel, o principiante tende a adotar certa rigidez, o que torna o corpo tenso. Isto está absolutamente errado e refletirá de modo adverso na saúde corporal. O ideal é a combinação de imobilidade com relaxamento. Somente, então, é possível esquecer totalmente o corpo.

Um determinado *āsana* é considerado dominado quando o *sādhaka* pode mantê-lo, estável e facilmente, por quatro horas e vinte minutos. Este período de tempo, segundo alguns livros de *Haṭha-Yoga*, não tem, de fato, grande importância, servindo para dar apenas uma idéia aproximada da duração que deve ter a prática para a aquisição de seu respectivo domínio. Uma vez adquirido o hábito, a posição pode ser mantida por qualquer período de tempo, enquanto a atenção do *yogi* está focalizada em sua mente.

Prayatna-śaithilyānanta-samāpattibhyām.

II-47) Pelo relaxamento do esforço e da meditação no "Infinito" (a postura é dominada).

Para adquirir o domínio de um *āsana*, Patañjali oferece duas sugestões valiosas. Uma é o gradual relaxamento do esforço. A manutenção do corpo físico em uma posição imóvel, por longos períodos de tempo, requer grande força de vontade, com a mente tendo que ser dirigida constantemente para o corpo a fim de mantê-lo na posição fixada. Mas não há dúvida de que tal estado da mente é o oposto daquilo que se almeja. A mente tem que ser liberada da consciência em relação ao corpo, não a ele presa pelo esforço de conservá-lo em determinada postura. O *sādhaka* é, assim, aconselhado a ir relaxando o esforço gradualmente e a transferir o controle do corpo, da mente consciente para a mente subconsciente. A mente consciente pode, deste modo, retirar-se do corpo sem afetar, de modo algum, a condição fixa do corpo. Trata-se de um processo gradual, mas é preciso que um esforço definido seja feito para quebrar a conexão entre mente e corpo, de tal modo que o corpo possa manter-se na posição prescrita sem exigir qualquer atenção da mente.

O outro meio recomendado para adquirir tal estabilidade é a meditação sobre *ananta*, a grande serpente que, de acordo com a mitologia hindu, sustenta a Terra. Para o homem instruído moderno, esta indicação parecerá sem sentido, mas, se ele compreender o significado nela subjacente, terminará por considerá-la bastante razoável. O que é esta serpente denominada *ananta*? É a representação simbólica da força que mantém o equilíbrio da Terra e a conserva em sua órbita em torno do Sol. Esta força, como é fácil de ver, deve ser semelhante à que atua em um giroscópio, um instrumento muito conhecido, e que é utilizado de vários modos para manter um objeto em uma posição de equilíbrio. Sempre que se torna necessário lidar com um corpo que tende a mover-se de um lado para outro, ou de qualquer outra maneira, e precisa ser trazido de volta e mantido em uma posição de equilíbrio, automaticamente, e de forma invariável, é aplicado o princípio do giroscópio no projeto do necessário equipamento. Ora, o problema de quem se senta em determinado *āsana*, para meditar, é muito semelhante. O corpo tende a desviar-se de uma posição fixa, mas precisa adquirir a tendência de voltar, automaticamente, à sua posição estável. É prescrita, assim, a meditação em *ananta*, a serpente que simboliza este tipo particular de força. A razão de esta força ser simbolizada por uma serpente ficará evidente para qualquer pessoa que tenha visto um giroscópio. O giroscópio, que lembra uma serpente enroscada, com sua cabeça levantada, como indicado na figura 7. No simbolismo hindu, qualquer coisa é em geral simbolizada por um objeto ou animal que mais se aproxime de sua aparência externa.

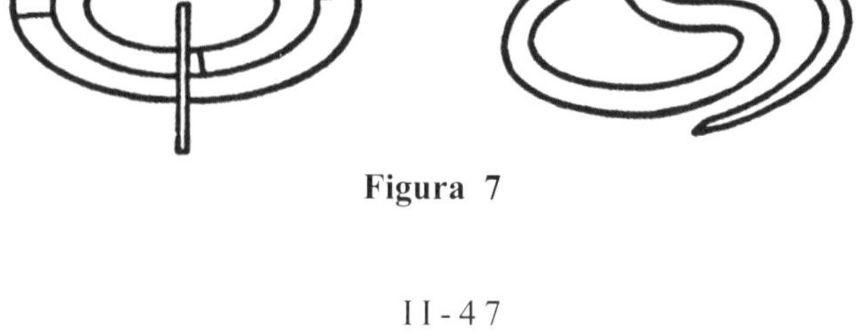

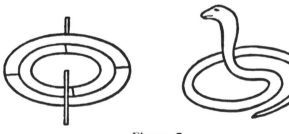

Figura 7

Como a meditação sobre essa força ajuda o *sādhaka* a adquirir estabilidade na posição física que ele deseja manter? Nada mais é necessário mencionar aqui senão a bem conhecida lei da natureza, segundo a qual a meditação ou a ponderação profunda sobre qualquer idéia ou princípio tende a atrair, gradualmente, a respectiva força em nossa vida. De fato, toda a ciência relativa à aquisição dos *siddhis*, ou poderes ocultos, como exposto na seção III dos *Yoga-Sūtras*, é baseada nesta verdade axiomática da filosofia do *Yoga*. Deve-se notar que o termo utilizado é *samāpattibhyām*, que significa "fundir a mente com". Isso é realmente o que acontece quando ponderamos profundamente ou meditamos sobre alguma idéia e abrimos um canal para o influxo de sua respectiva energia.

Tato dvandvānabhighātaḥ.

II-48) Então não há ataque dos pares de opostos.

O terceiro *sūtra* alude ao mais importante resultado da conquista da perfeição na prática de *āsana*: resistência aos pares de opostos. Esses pares de opostos, ou *dvandvas*, como são chamados em sânscrito, são as conhecidas condições opostas em nosso ambiente externo ou interno, em meio às quais nossa vida continuamente oscila. Estes *dvandvas* são de muitos tipos, alguns relacionados com a nossa natureza física, outros com a nossa mente. Assim, calor e frio são um par de opostos que afeta principalmente o corpo físico. Alegria e tristeza são um par que afeta a mente. Todas essas condições, relacionadas à mente ou ao corpo e que estão constantemente mudando, mantêm a consciência voltada para o ambiente exterior e impedem a mente de voltar-se para dentro. Elas produzem *vikṣepa*, ou distração, e o *sādhaka* precisa ter a capacidade de erguer-se acima delas, se quiser que sua mente fique livre para prosseguir na tarefa mais difícil de suprimir suas próprias perturbações e modificações internas. Um importante resultado do alcance da perfeição, na prática de *āsana*, é o libertar-se dessas perturbadoras reações às mudanças ocorridas no mundo externo. É óbvio que os *dvandvas* mencionados neste *sūtra* são os que afetam o corpo físico, tais como calor e frio, umidade e secura, e não outros relacionados à mente.

Neste *sūtra*, Patañjali apresentou somente um resultado da prática de *āsana*, um resultado com o qual o *sādhaka* está diretamente preocupado, na prática do *Yoga*. Mas há também outros importantes benefícios que provêm desta prática. Alguns dos resultados secundários da prática de *āsana* são:

(1) Tornar o corpo perfeitamente saudável e resistente à fadiga e à tensão.
(2) Adquirir aptidão para a prática de *prāṇāyāma*, como resultado da regulagem apropriada das correntes *prāṇicas* no corpo. De fato, aqueles que se tornam peritos na prática de *āsana*, descobrem que os movimentos respiratórios começam a confor-

mar-se naturalmente com os requisitos de *prāṇāyāma*, sendo assim possível praticar *prāṇāyāma* com a maior facilidade.

(3) Desenvolvimento da força de vontade. O corpo físico está diretamente e de maneira misteriosa relacionado ao *ātmā*, a fonte do poder espiritual. Obter controle sobre o corpo físico, que está implícito no domínio de *āsana*, produz um influxo extraordinário daquela força espiritual que se expressa na vida externa como força de vontade.

Tasmin sati śvāsa-praśvāsayor
gati-vicchedaḥ prāṇāyāmaḥ.

II-49) Isto tendo sido (realizado), (segue-se) *prāṇāyāma*, que é a cessação de inspiração e expiração.

A razão por que *prāṇāyāma* representa uma parte tão importante na técnica do *Yoga* reside na íntima relação existente entre *prāṇa* e mente. *Prāṇa*, que existe em todos os planos da manifestação, é o elo que liga a matéria e a energia, por um lado, e a consciência e a mente, por outro. Expressando-se através da mente, a consciência não pode entrar em contato com a matéria e atuar através dela, sem a presença intermediária de *prāṇa*. A matéria, em associação com a energia, não pode afetar a consciência, a não ser por intermédido de *prāṇa*. Eis por que *prāṇa* é encontrado em todos os planos. *Prāṇa* é necessário à vitalização e ao funcionamento de todos os veículos da consciência física ou superfísica. Esta capacidade de agir como intermediário depende de sua constituição peculiar. *Prāṇa* combina em si mesmo, de maneira misteriosa, as qualidades essenciais, tanto de matéria como de consciência, sendo assim capaz de servir como um instrumento para suas ações e reações recíprocas.

Esta íntima relação existente entre *prāṇa* e mente é utilizada em diversas escolas do *Yoga*, de diversas maneiras. Em *Haṭha-Yoga*, a manipulação das correntes *prāṇicas* é utilizada para propiciar o controle de *citta-vṛttis* e as mudanças na consciência. Em *Rāja-Yoga*, as *citta-vṛttis* são controladas pela consciência, através da vontade, e *prāṇa* fica, pois, sob o controle da mente. Patañjali incluiu ambas as técnicas em seu sistema, a fim de torná-lo tão abrangente e eficaz quanto possível. *Prāṇāyāma* é, portanto, utilizado na preparação da mente para *dhāraṇā*, *dhyāna* e *samādhi*, de um lado, e, por outro, *saṃyama* em relação a vários objetos ou princípios usados para a aquisição de *siddhis*.

Embora os estudantes da filosofia do *Yoga* estejam em geral familiarizados com a teoria de *prāṇāyāma* e haja uma literatura razoavelmente ampla sobre o assunto, valeria a pena analisar aqui, de modo sucinto, alguns fatos fundamentais a este respeito. Isto prepara o terreno para a compreensão do significado interno dos cinco *sūtras* em que Patañjali trata do assunto.

Muitas pessoas que não estudaram o assunto, ou o estudaram muito superficialmente, têm uma noção que *prāṇāyāma* é apenas uma forma de regulação da respiração. Não lhes ocorre pensar em como é possível, pela simples regulação do ato de respirar que é um processo fisiológico normal no corpo, produzir os resultados extraordinários atribuídos a *prāṇāyāma*. A natureza de *prāṇāyāma* é indicada pelos dois termos que formam a palavra composta, ou seja: *prāṇa* e *āyāma* (restrição). Trata-se da regulação de *prāṇa*. Mas o que é *prāṇa*? Não é a respiração, mas, sim, a força vital que mantém as atividades do corpo físico. Esta força vital não é algo vago e misterioso que a ciência médica acredita existir dentro do corpo, para manter seu equilíbrio e protegê-lo contra a doença e a morte. É um tipo real de energia composta altamente especializada, com uma base material que é inteiramente diferente dos outros tipos de energia que atuam no corpo. O veículo deste *prāṇa* não é o corpo físico denso, com o qual os fisiologistas estão familiarizados, mas o *prāṇamaya kośa*, um veículo um tanto mais sutil que interpenetra o corpo físico denso e atua associado com ele. Neste veículo mais sutil, que é praticamente a contraparte do corpo físico denso, fluem as correntes de *prāṇa*, ao longo de canais em cada órgão ou parte do corpo, vitalizando-os de diversas maneiras. Pois, embora seja uma força vitalizadora geral, *prāṇa* tem também funções específicas a realizar em diversos órgãos e partes do corpo, quando, então, assume diversos nomes bastante conhecidos. É o controle deste *prāṇa* que se visa em *prāṇāyāma*, e não a respiração, que representa apenas uma das muitas manifestações de sua ação no corpo físico.

Mas, não obstante *prāṇa* seja diferente de respiração, como a corrente elétrica é diferente do movimento das pás em um ventilador, ainda assim há uma conexão íntima entre os dois, uma conexão que nos permite manipular as correntes de *prāṇa* mediante controle da respiração. Esta conexão íntima entre respiração e *prāṇa* é, sem dúvida, responsável pela confusão entre os dois, mas é necessário que o estudante guarde em sua mente tal distinção com toda a clareza.

Os métodos adotados no controle e manipulação de *prāṇa*, pela regulação do ato de respirar, são um segredo muito bem guardado, que somente pode ser transmitido por um instrutor competente. Aqueles que adotam estas práticas após meras leituras de livros estão fadados a arruinar sua saúde e a se exporem até mesmo ao risco da insanidade ou da morte. Assim, ninguém deve atrever-se a praticar *prāṇāyāma* para divertir-se, ou para adquirir poderes sobrenaturais de vários tipos, ou, inclusive, para apressar seu progresso espiritual. Estas forças são muito reais, embora ainda até agora desconhecidas da ciência moderna, e muitas pessoas têm arruinado suas vidas por iniciarem, imprudentemente, as práticas contidas em falsa literatura sobre o *Yoga* ou seguirem o conselho de (*yogis*) imaturos e excessivamente confiantes. A prática de *prāṇāyāma* pode ser exercida com segurança e proveito somente como uma parte da completa disciplina do *Yoga*, e quando se está adequadamente preparado pela prática de outros acessórios do *Yoga*, tais como *yama-niyama*, *āsana* etc. e sob a supervisão de um guru competente.

Mas uma vez se abstendo estritamente da prática mal aconselhada do próprio *prāṇāyāma*, não há dano em tentar compreender sua base lógica e até onde se pode ir com segurança na manipulação da respiração, com vistas à melhoria da saúde física e da saúde mental. O conhecimento essencial em relação a este aspecto do assunto pode ser resumido como segue:

(1) Respiração profunda nada tem a ver com *prāṇāyāma* e pode ser praticada como um exercício para melhoria da saúde a qualquer limite razoável. Seus efeitos benéficos dependem principalmente do aumento da inalação do oxigênio e de um influxo um tanto maior de *prāṇa* no corpo. Como não afeta as correntes *prāṇicas* no corpo, sua prática não oferece qualquer risco.

(2) A respiração alternada pelas duas narinas começa logo a afetar as correntes *prāṇicas*, até certo ponto, e tende a remover a congestão dos canais pelos quais *prāṇa* flui normalmente. Já foi realçada a estreita relação existente entre a respiração e o fluxo das correntes *prāṇicas* no *prāṇamaya kośa*. Quando respiramos normalmente, as correntes *prāṇicas* seguem seu curso natural. Quando respiramos alternadamente pelas duas narinas, seu fluxo normal é, de certo modo, perturbado. O efeito pode ser assemelhado ao fluxo de água em um cano. Quando a água flui calmamente em uma direção, é possível que lodo e outras coisas sejam depositadas no fundo sem praticamente serem perturbadas pela água. Mas tente forçar a água em direções opostas, de modo alternado, e você perturbará imediatamente aquele depósito — se o processo continuar por tempo suficiente, o cano acabará limpo. Eis como, por hipótese, a respiração alternada pelas duas narinas limpa os canais *prānicos* ou, como dizemos, "purifica as *nādīs*". Agora, esta purificação das *nādīs* é um exercício preparatório e todos aqueles que pretendem praticar *prāṇāyāma* têm que passar por um longo curso de vários meses ou anos de duração. É semelhante aos exercícios preliminares sugeridos por Patañjali em I-34 e produz a mesma condição no sistema nervoso, isto é, ausência de irritação e tranqüilidade. Este exercício não apresenta qualquer risco, e pode ser adotado, com cuidado, por aqueles que levam uma vida bem regulada e pura, sem excessos de qualquer espécie. Mas, uma vez que as correntes *prāṇicas* são afetadas no processo, é necessário ter cuidado e moderação, sendo recomendável trabalhar sob a supervisão de um perito.

(3) O verdadeiro *prāṇāyāma* começa quando a respiração é interrompida por algum tempo, entre a inspiração e a expiração. Enquanto se respira de forma alternada pelas duas narinas, a respiração pode ser interrompida durante certo tempo, aumentando-se a duração gradual e cuidadosamente. A retenção da respiração, denomina-

da tecnicamente *kumbhaka,* afeta o fluxo das correntes *prāṇicas* de uma maneira muito notável e fundamental, habilitando o *yogi* a controlar cada vez mais essas correntes, de modo que possam ser orientadas da maneira desejada.

(4) *Prāṇāyāma* tem que ser praticado com *pūraka* e *recaka* (inspiração e expiração) por um longo período de tempo, sendo o período de *kumbhaka* lentamente aumentado para longos períodos de tempo. Este *kumbhaka,* acompanhado de *pūraka* e *recaka,* é chamado de *sahita kumbhaka.* Mas, após uma prática prolongada, é possível prescindir de *pūraka* e *recaka* e só praticar *kumbhaka.* Este *prāṇāyāma*, chamado de *kevala kumbhaka,* propicia completo controle sobre *prāṇa* e habilita o *yogi* a executar não somente todo tipo de proezas físicas, como também a elevar e dirigir *kuṇḍalinī* para os diferentes centros no corpo. Esta ciência é um segredo estritamente guardado, que somente um *celā* propriamente qualificado pode aprender de um guru propriamente qualificado.

O ponto importante a ter é o seguinte: não somente é *kumbhaka* o elemento essencial do verdadeiro *prāṇāyāma*, mas é também a fonte de perigo na prática de *prāṇāyāma.* No momento em que alguém começa a reter o alento, especialmente dentro, em qualquer maneira anormal, começa o perigo e nunca se sabe a que isto levará, a menos que haja um instrutor prático e competente, para guiar e corrigir, se necessário, o fluxo dessas forças. Se estiverem presentes todas as condições exigidas, e *kumbhaka* for praticada sob a direção de um instrutor competente, ela abre as portas de inesperados poderes e experiências. Sem a necessária preparação e orientação, porém, por certo levará ao desastre e, possivelmente, à morte, como muita gente imprudente e insensata descobriu a sua própria custa.

Deve-se ter em mente o significado das palavras *tasmin sati,* no começo do *sūtra.* Como este *sūtra* vem depois dos três que tratam de *āsana*s, tais palavras, obviamente, significam que a prática de *prāṇāyāma*, envolvendo *kumbhaka,* não pode ser experimentada, até que pelo menos um dos *āsana*s seja dominado. A prática de *āsana* prepara o corpo definitiva e lentamente para *prāṇāyāma.* É uma experiência geral dos estudantes práticos do *Yoga* que o corpo começa a assumir, naturalmente, cada vez mais a condição necessária à prática de *prāṇāyāma*, à medida que se obtém perfeição na prática de *āsana.* A respiração começa de modo lento e rítmico, e até mesmo *kumbhaka* ocorre, por períodos curtos, de maneira natural.

De fato, não somente é necessário dominar *āsana*, mas também adquirir certa perícia na prática de *yama-niyama*, antes de começar a praticar *prāṇāyāma.* A prática avançada de *prāṇāyāma* desperta *kuṇḍalinī*, mais cedo ou mais tarde. Isto pode ser feito com segurança somente após o desejo pela satisfação sexual ter sido completamente dominado e eliminado. Portanto, a menos que o *sādhaka* tenha praticado, por longo tempo, *brahmacarya* e outros elementos de *yama-niyama*, e tenha adquirido consciente e verdadeiro domínio sobre seus desejos e tendências, seria desastroso para ele empenhar-se na prática de *prāṇāyāma*. É preciso ser bem entendido que tais coisas não se destinam a pessoas de vida comum, com todos os seus desejos e prazeres e que por ingenuidade querem a paz e a bem-aventurança da vida interior, como um complemento a seus numerosos divertimentos no mundo externo. A porta dos prazeres e confortos da vida inferior tem que ser fechada completamente e de uma vez por todas, antes que se possa ter a esperança de fazer qualquer progresso verdadeiro na senda do *Yoga*.

Os diferentes elementos de *Aṣṭāṅga-Yoga* não são meramente oito partes essenciais e absolutamente independentes do *Yoga* que podem ser praticadas sem considerar sua relação de uma com as outras. Elas devem ser consideradas à luz de estágios progressivos, cada um destes preparando para os seguintes e exigindo um adequado grau de perfeição nos precedentes. Todo o tratamento do *Aṣṭāṅga-Yoga*, por Patañjali, bem como a experiência dos *sādhaka*s sustentam este ponto de vista.

É também necessário notar a diferença nas palavras utilizadas em I-34 e em II-49, no que se refere à respiração. No *sūtra* I-34 os termos usados são "expiração e retenção", enquanto em II-49 são "cessação de inspiração e expiração". Não é por qualquer descuido de expressão que se utilizam palavras diferentes para descrever a regulação da respiração nos diferentes lugares. Nenhuma palavra nos *Yoga-Sūtras* é insignificante ou desnecessária, embora possamos não ser capazes de ver isso claramente. A intenção óbvia do autor é mostrar que a prática de *prāṇāyāma*, que segue *yama-niyama* e *āsana* e que prepara a mente para os estágios posteriores de *dhāraṇā*, *dhyāna* e *samādhi*, é, essencialmente, a prática de *kumbhaka,* não obstante esta ter que ser precedida por um longo curso de *prāṇāyāma*, do qual participam também *pūraka* e *recaka*.

Bāhyābhyantara-stambha-vṛttir
deśakāla-saṃkhyābhiḥ paridṛṣṭo dīrghasūkṣmaḥ.

II-50) (Consta de) modificação externa, interna ou suprimida; é regulado por lugar, tempo e número (e se torna progressivamente) prolongado e sutil.

No *sūtra* acima, os vários fatores envolvidos na prática de *prāṇāyāma* foram abordados de maneira muito concisa. O primeiro fator é a posição em que o alento é mantido. Pode haver três modos de realizar *kumbhaka,* dos quais dependem os três tipos de *prāṇāyāma* mencionados neste *sūtra*. Ou o alento é mantido no exterior, após a expiração, ou mantido no interior, após a inspiração, ou simplesmente interrompido onde quer que se encontre no momento. É a posição ou maneira na qual o alento é mantido ou interrompido que determina o tipo de *prāṇāyāma*. O segundo fator é o lugar onde *prāṇāyāma* é praticado. Isto, sem dúvida, terá de ser levado em consideração na fixação do período de duração de *prāṇāyāma*, no tipo de alimento utilizado etc. Um *sādhaka* que está praticando *prāṇāyāma* nos trópicos terá que adotar um regime diferente daquele adequado à sua prática no alto do Himalaia. O terceiro fator é o tempo. No caso, tempo significa não apenas a relativa duração de *pūraka*, *recaka* e *kumbhaka*, mas também a época do ano em que *prāṇāyāma* está sendo praticado. A dieta e outros itens devem ser mudados de acordo com a estação. Quanto ao vocábulo "número", obviamente, refere-se ao número de vezes em cada sessão, e o número de sessões realizadas por um dia. O *sādhaka* começa, em geral, com um pequeno número de vezes em cada sessão, aumentando gradual e cuidadosamente tal número conforme a orientação de seu instrutor.

Após citar os fatores envolvidos na regulação da prática de *prāṇāyāma*, o autor menciona duas palavras que indicam a natureza do objetivo para os quais os esforços do *sādhaka* devem ser dirigidos. Em primeiro lugar, o período de *kumbhaka* precisa ser prolongado de forma gradual e cuidadosa. A quarta espécie de *prāṇāyāma*, mencionada no próximo *sūtra*, não pode ser praticada até que o *sādhaka* tenha adquirido a capacidade de praticar *kumbhaka* durante períodos razoavelmente longos. Não somente ele tem que prolongar o período de *kumbhaka*, mas precisa também, gradualmente, ir transferindo o processo do plano externo para o interno e invisível. Isto quer dizer que *prāṇāyāma*, de simples controle e manipulação do processo visível da respiração, torna-se um processo de controle e manipulação das correntes *prāṇicas* fluindo em *prāṇamaya kośa*. É possível que esta transferência de atividade do plano exterior para o interior ocorra somente depois que *kumbhaka* seja praticado com facilidade, sem qualquer tensão, por períodos razoavelmente longos. Isto, contudo, deve ocorrer se *prāṇāyāma* for usado para sua verdadeira finalidade na disciplina do *Yoga*.

Bāhyābhyantara-viṣayākṣepī caturthaḥ.

II-51) O *prāṇāyāma* que vai além da esfera do interno e do externo é a quarta (variedade).

O quarto e mais elevado tipo de *prāṇāyāma* mencionado neste *sūtra* transcende por completo os movimentos da respiração. O alento externo é mantido suspenso em qualquer posição externa ou interna, e nada demonstra que qualquer atividade esteja em andamento. No entanto, as correntes *prāṇicas* em *prāṇamaya kośa*, agora sob completo controle do *sādhaka*, estão sendo manipuladas e dirigidas com vistas a produzirem as desejadas mudanças no veículo.

Para conduzir operações de tal delicadeza e importância, é necessário que o *sādhaka* seja capaz de entender claramente o mecanismo do *prāṇamaya kośa* e dirigir as correntes de *prāṇa* de forma deliberada e infalível. Tal visão direta, que significa clarividência do tipo mais inferior, desenvolve-se, natural e automaticamente, ao longo da prática de *prāṇāyāma*.

A quarta espécie de *prāṇāyāma* referida neste *sūtra* é o verdadeiro *prāṇāyāma*, em relação ao qual todas as práticas anteriores são mera preparação. O que se verifica no decorrer dessas práticas — como as correntes *prāṇicas* são usadas para despertar *kuṇdalinī*, como *kuṇdalinī* ativa os *cakras* no *suṣumnā* — não é mencionado por Patañjali, pois todas essas coisas de natureza prática, carregadas de possibilidades perigosas, são ensinadas pessoalmente pelo guru ao *celā*. Patañjali tratou sempre de princípios gerais, deixando de lado instruções relativas a detalhes práticos.

Tataḥ kṣīyate prakāśāvaraṇam.

II-52) A partir disso desaparece o que encoł re a luz.

Neste *sūtra* e no próximo são dados dois resultados da prática de *prāṇāyāma*, os quais são de grande importância para o *yogi*. O primeiro é o desaparecimento daquilo que encobre a luz. Muitos comentaristas afastaram-se por completo do assunto ao interpretarem este *sūtra* e considerando, equivocadamente, esta luz como luz da alma. Atribuem, assim, à prática de *prāṇāyāma* a conquista de resultados que aparecem depois que se obtém considerável sucesso nas práticas subseqüentes de *dhāraṇā*, *dhyāna* e *samādhi*. Esta falha de interpretação é muito mais surpreendente à vista do *sūtra* seguinte. Se *prāṇāyāma* prepara a mente para a prática de *dhāraṇā*, que representa o primeiro passo no controle mental, como pode ele produzir a remoção daquilo que encobre a luz da alma, que é a culminância do controle mental?

O encobrimento da luz mencionada neste *sūtra* não é, obviamente, utilizada com referência à luz da alma, mas à luz ou luminosidade que acompanha os veículos mais sutis associados ao veículo físico e que nele interpenetra. A distribuição de *prāṇa* no *prāṇamaya kośa* e o desenvolvimento dos centros psíquicos no indivíduo comum são tais que ele é bastante insensível aos planos mais sutis. Quando, através da prática de *prāṇāyāma*, as necessárias mudanças na distribuição de *prāṇa* tiverem sido feitas e os centros psíquicos tiverem sido ativados, o mecanismo dos corpos mais sutis entra em um próximo e mais íntimo contato com o cérebro físico, e é possível tornar-se cônscio dos veículos mais sutis e da luminosidade que está associada a eles.

Uma vantagem adicional, para o *sādhaka*, desse "contato" com os veículos mais sutis, é que as imagens mentais com as quais ele tem que trabalhar em *dhāraṇā* e *dhyāna*, tornam-se muito precisas e quase tangíveis. As imagens mentais obscurecidas e manchadas que uma pessoa comum é capaz de formar em seu cérebro são substituídas por imagens nítidas, bem definidas, nos veículos mais sutis. Estas imagens são manipuladas e controladas com muito mais facilidade.

Dhāraṇāsu ca yogyatā manasaḥ.

II-53) E a mente fica preparada para a concentração.

O segundo resultado da prática de *prāṇāyāma* é o preparo da mente para a prática de *dhāraṇā*, *dhyāna* e *samādhi* — *Antaraṅga-Yoga*. Para praticar-se *dhāraṇā*, eficientemente, é necessário ter-se a capacidade de formar imagens mentais vívidas e nítidas, e ser capaz de vê-las claramente. Enquanto nossas imagens mentais estiverem manchadas e confusas não será fácil concentrar-nos nelas ou manipulá-las, como o sabem, a partir da experiência prática, todas as pessoas que tentam meditar. A mente não parece conseguir retê-las de modo adequado e elas tendem a escapar facilmente. *Prāṇāyāma*, removendo esta dificuldade, facilita muito a concentração. Dizer que *prāṇāyāma* é absolutamente necessário para *dhāraṇā* talvez não seja justificável, à vista do sucesso também alcançado pelos seguidores de outras escolas do *Yoga*. Mas não há dúvida de que ajuda muito na prática de *dhāraṇā*. Eis por que Patañjali fez de *prāṇāyāma* parte integrante de sua técnica do *Yoga*.

Sva-viṣayāsaṃprayoge citta-svarūpānukāra
ivendriyāṇāṃ pratyāhāraḥ.

II-54) Em *pratyāhāra*, ou abstração, é como se os sentidos imitassem a mente, retirando-se dos objetos.

Pratyāhāra é o próximo *aṅga* ou parte componente do *Yoga*, depois de *prāṇāyāma*. Parece existir considerável incerteza na mente do estudante comum, com relação à natureza dessa prática do *Yoga*. Patañjali tratou do assunto em dois *sūtras* e os comentários não são muito esclarecedores. Para compreender o que *pratyāhāra* realmente significa, recordemos como ocorre a percepção mental dos objetos no mundo exterior. Percebemos um objeto, quando as diversas vibrações que dele emanam atingem nossos órgãos dos sentidos e a mente liga-se a estes órgãos assim ativados. Na verdade, do ponto de vista fisiológico e psicológico, há muitos estágios intermediários entre a recepção da vibração pelos órgãos dos sentidos e a percepção pela mente. Para simplificar, confinemo-nos, porém, à simples representação do mecanismo da percepção sensorial, da forma como em geral é entendida. Isto pode ser representado pelo seguinte diagrama:

Bhūtas (elementos)	*Indriyas* (órgão dos sentidos)	*Tanmātras* (sensações)	*Citta* (mente)	*Buddhi* (percepção)	*Ātmā* (espírito)
Prithvi (terra) →	nariz →	olfação →	MENTE	←	☼
Jala (água) →	língua →	gustação →			
Tejas (luz) →	olho →	visão →			
Vāyu (ar) →	pele →	tato →			
Ākāśa (éter) →	ouvido →	audição →			

É uma questão de experiência comum o fato de as respectivas vibrações poderem atingir um determinado órgão sensorial em particular, mas, se a mente não está ligada, por assim dizer, a esse órgão sensorial, as vibrações mantêm-se despercebidas. O relógio, em nossa sala, funciona todo o tempo, mas raramente ouvimos seu tique-taque. Embora vibrações sonoras cheguem constantemente aos ouvidos, a mente consciente está desligada do órgão de audição, no que se relaciona a essas vibrações. Quando passamos por um estrada, as vibrações de centenas de objetos atingem nossa vista, mas só algumas são percebidas por nós, o restante não chega de modo algum à nossa consciência, dada esta falta de contato entre a mente e aquelas vibrações. Inúmeras vibrações de todo o tipo de objetos estão assim constantemente atingindo nossos órgãos dos sentidos, mas, em sua maioria, permanecem despercebidas. Ainda assim, umas poucas conseguem atrair nossa atenção e estas, em sua totalidade, constituem o conteúdo de nosso percebimento do mundo exterior.

Um fato muito interessante a respeito desse processo de percepção sensorial é que, embora a mente ignore, automaticamente, a grande maioria das vibrações que bombardeiam os seus órgãos sensoriais, ela não pode, voluntariamente, excluí-las. Algumas poucas vibrações sempre conseguem chamar a atenção, e a mente geralmente se torna indefesa em relação a essas indesejáveis intrusas. Na verdade, quanto mais a mente tenta afastá-las, mais numerosas e insistentes elas se tornam, conforme qualquer um pode verificar por si mesmo, fazendo alguns poucos esforços neste sentido.

Entretanto, para a prática de *Rāja-Yoga*, o mundo exterior tem de ser completamente excluído, sempre que necessário, a fim de que o *yogi* possa combater apenas contra a sua mente. Aprofundemo-nos um pouco mais nesta questão. Se examinarmos o conteúdo de nossa mente, a qualquer momento, quando não estivermos fazendo nenhum esforço mental específico, descobriremos que as imagens mentais, que estão presentes e mudando constantemente, podem ser divididas em três categorias: (1) impressões sempre mutáveis produzidas pelo mundo exterior, através de vibrações que colidem com os órgãos sensoriais; (2) memórias de experiências passadas flutuando na mente; (3) imagens mentais vinculadas à antecipação do futuro. Os itens (2) e (3) referem-se a categorias totalmente mentais, não dependentes de qualquer realidade objetiva exterior à mente, enquanto (1) a resultados diretos do contato com o mundo exterior. O objetivo de *pratyāhāra* é eliminar (1), por completo, da mente, deixando apenas (2) e (3), que são dominados através de *dhāraṇā* e *dhyāna*. *Pratyāhāra* interpõe, por assim dizer, um anteparo entre os órgãos sensoriais e a mente, isolando-a completamente do mundo externo.

À luz do que foi dito acima, deve ser fácil a compreensão do significado do *sūtra* bastante enigmático que estamos analisando. Será mais fácil apreciar a maneira pela qual a idéia foi apresentada, se nos lembrarmos de que, de acordo com a psicologia do *Yoga*, os sentidos realmente são parte da mente inferior. Eles são, como se diz, os postos avançados da mente no mundo exterior e devem seguir a liderança da mente. Quando a mente quer entrar em contato com o mundo exterior, eles devem começar a funcionar. Quando a mente decide retirar-se, eles devem estar prontos a fazer o mesmo, rompendo assim toda a conexão com o mundo lá fora. Esta relação entre mente e sentidos foi, de modo muito apropriado, comparada à relação, numa colméia, entre as abelhas e a abelha-rainha. As abelhas seguem a rainha, em grupo, quando ela voa de um lado para outro, e não agem independentemente dela.

É possível essa total ruptura de contato com o mundo exterior, da maneira indicada? Não somente é possível, mas absolutamente necessária, caso os estágios mais elevados da senda do *Yoga* tenham que ser trilhados. Mas, para alcançar tal sucesso, a vida do *Yoga* precisa ser adotada como um todo. Todas as diferentes etapas ou partes integrantes da disciplina do *Yoga* são interligadas. Ademais, o sucesso na resolução de determinado problema depende, em grande parte, de até que ponto outros problemas correlatos, especialmente os que o antecederam, tenham sido dominados. Se *yama* e *niyama* não tiverem sido suficientemente praticados, e todas as perturbações emocionais eliminadas, se *āsana* e *prāṇāyāma* não estiverem sob domínio, e o corpo físico não tiver sido inteiramente controlado, por certo a prática de *pratyāhāra* estará fadada ao fracasso. Mas, se toda a vida do *sādhaka* estiver de acordo com o ideal do *Yoga*, e todas as suas energias forem empregadas em alcançar seu objetivo final, o sucesso virá, mais cedo ou mais tarde.

Conviria também mencionar que, embora *pratyāhāra* pareça ser um controle dos sentidos pela mente, a técnica essencial é, sem dúvida, a retirada da mente para dentro de si mesma. É um tipo de abstração tão completo, que os órgãos sensoriais param de funcionar. Qualquer menino de escola que esteja muito interessado na leitura de um romance abstrai-se do mundo exterior. Qualquer inventor como Edson, que esteja absorto em uma pesquisa, pode esquecer totalmente o mundo lá fora. Mas, em tais casos, não obstante o alto grau de abstração, esta é involuntária, e existe algo no mundo exterior em que a mente está concentrada. Em *pratyāhāra*, a abstração é voluntária, e a mente não é influenciada por nenhum objeto de atração do mundo exterior. Seu campo de atividade é exclusivamente interno, com o mundo externo sendo mantido de fora por absoluta força de vontade, como em *Rāja-Yoga*, ou pela força atrativa suprema de um objeto de amor interior, como em *Bhakit-Yoga*.

Tataḥ paramā vaśyatendriyāṇām.

II-55) Segue-se então o completo domínio dos sentidos.

A prática bem-sucedida de *pratyāhāra*, como vimos no *sūtra* anterior, permite um completo controle sobre os *indriyas*, no sentido de não mais nos tornarmos seus escravos, mas, seus senhores, ligando-os e desligando-os como ligamos e desligamos a luz elétrica em nossa sala. O que tal poder significará para o homem comum pode facilmente ser imaginado, mas para um *rāja-yogi* é uma condição *sine qua non*.

É interessante notar como os primeiros cinco *aṅgas* do *Yoga* eliminam, uma após outra, as diversas fontes de perturbação da mente, e a preparam para a luta final com seus próprios *vṛttis*. Os primeiros a serem eliminados por *yama-niyama* são aqueles distúrbios emocionais resultantes de imperfeições de ordem moral na natureza de um indivíduo. Os próximos a serem eliminados pela prática de *āsana* são as perturbações que surgem no corpo físico. A seguir, vêm as causadas pelo fluxo irregular ou insuficiente das forças vitais no envoltório *prāṇico*. Todos são integralmente removidos pela prática de *prāṇāyāma*. Por fim, através de *pratyāhāra*, é removida a maior fonte de perturbações, provenientes dos órgãos sensoriais. Completa-se, deste modo, *bahiraṅga*, ou *Yoga* externa, e o *sādhaka* capacita-se a trilhar os estágios ulteriores de *antaraṅga* ou *Yoga* interna.

SEÇÃO III

VIBHŪTI PĀDA

VIBHŪTI PĀDA

Deśa-bandhaś cittasya dhāraṇā.

III-1) Concentração é o confinamento da mente dentro de uma área mental limitada (objeto de concentração).

Como já foi mencionado, os cinco primeiros *aṅgas* do *Yoga* eliminam, passo a passo, as causas externas da distração mental. *Yama* e *niyama* eliminam as perturbações causadas pelos desejos e pelas emoções descontrolados. *Āsana* e *prāṇāyāma* eliminam as perturbações provenientes do corpo físico. *Pratyāhāra*, desligando a mente dos órgãos sensoriais, isola o mundo externo e as impressões por ele produzidas na mente. A mente fica, pois, completamente isolada do mundo externo, e o *sādhaka* pode, portanto, combatê-la sem qualquer interferência externa. Somente nestas condições é possível a prática exitosa de *dhāraṇā*, *dhyāna* e *samādhi*.

Conquanto os diversos *aṅgas* do *Yoga* pareçam ser independentes uns dos outros e seja possível, até certo ponto, praticar *āsana*, *dhyāna* etc. independentemente dos demais *aṅgas*, ainda assim, é preciso lembrar que eles têm também um relacionamento seqüencial e a prática eficaz de um *aṅga* requer, pelo menos, um domínio parcial daqueles *aṅgas* que o precedem. A principal razão pela qual a grande maioria de aspirantes à vida do *Yoga* luta com a mente, ano após ano, para então, geralmente, desistir do esforço como se fora uma tarefa sem esperança, está na falta de uma preparação sistemática, sem a qual até mesmo a prática elementar de *dhāraṇā* torna-se muito difícil — sem falar nos demais estágios ulteriores de *dhyāna* e *samādhi*. Teoricamente, o estudante pode iniciar com a mente e, de certo modo, ter sucesso na prática da meditação, mas ele não consegue ir muito longe desta maneira e seu progresso está fadado a interromper-se mais cedo ou mais tarde. Somente quando ele se preparar da forma acima indicada é que poderá prosseguir, resoluto, na direção de seu objetivo. Nos raros casos em que alguns tiveram sucesso praticando a meditação sem qualquer outro tipo de preparação, verificar-se-á que já haviam desenvolvido as necessárias qualificações, mesmo que não tenham passado por todas as práticas nesta vida. Ter as qualificações, e não ter realizado as práticas prescritas, é que determina que o *sādhaka* seja capaz de praticar *dhāraṇā*, *dhyāna* e *samādhi*. Tais qualificações para a vida do *Yoga* são o resultado culminante de várias vidas de esforço nessa direção, não sendo necessário realizar cada uma das práticas em determinada vida. Algumas pessoas nascem, por exemplo, com alto grau de *vairāgya* e mostram, até mesmo em sua infância, notável capacidade de controlar seus veículos. Elas não têm que passar pela longa e tediosa disciplina que é essencial para o homem comum. De qualquer maneira, Patañjali mostrou, de modo inquestionável, a necessidade de passar pelos cinco primeiros *aṅgas* do *Yoga*, antes de se empreender a prática de *dhāraṇā*. Consultar, por exemplo, II-53.

Antes de abordar a questão de *dhāraṇā*, é preciso referir que, embora a palavra "concentração" deva ser utilizada para a tradução de *dhāraṇā*, há uma grande diferença entre o que um homem comum quer dizer por "concentração da mente" e o que esta expressão significa na psicologia do *Yoga*. Sem entrar em minúcias, pode-se afirmar que a principal diferença — e uma diferença fundamental — é que segundo a psicologia moderna, a mente não pode se fixar em qualquer objeto por um tempo considerável. Deve permanecer movendo-se, mesmo quando atingido o mais alto grau de concentração. De acordo com este ponto de vista, concentração é o movimento controlado da mente numa esfera limitada. Mantendo a mente assim confinada, torna-se possível obter todos os notáveis resultados, a partir de um esforço mental concentrado. Mas, com base na psicologia oriental em que se assenta a ciência do *Yoga*, ainda que a concentração se inicie com o controle do movimento da mente, ela pode chegar a um estado em que todo movimento ou mudança pára. Nesse estágio último, a mente torna-se una com a natureza essencial do objeto de concentração, não podendo, assim, mover-se mais.

A psicologia oriental reconhece a utilidade do tipo comum de concentração, mas afirma que há duas limitações neste tipo de concentração. Uma, no sentido de que a mente jamais pode compreender inteiramente a natureza essencial do objeto de concentração. Por mais profundo que seja o alcance da mente, ela chega apenas aos aspectos superficiais de sua natureza, sem nunca atingir o âmago. A segunda limitação é que, com este tipo de concentração, a consciência permanece sempre confinada na prisão do intelecto. Não pode se liberar das limitações do intelecto e tornar-se apta a funcionar nos níveis mais profundos através dos veículos mais sutis. Isto porque, para conseguir saltar de um plano para outro, a mente deve, primeiro, ser conduzida àquela condição de imobilidade, embora "brilhando" com o objeto que absorve o campo da consciência. Este ponto já foi detalhado em outras partes neste livro, não sendo, pois, necessário repeti-lo.

Chegamos agora ao estágio específico de concentração abordado neste *sūtra*. Em *dhāraṇā*, como é chamado este primeiro estágio, a mente é confinada a uma esfera limitada, definida pelo objeto de concentração. A expressão *deśa-bandha* significa "confinamento em um território", o que permite uma limitada liberdade de movimentos. A mente é, por assim dizer, internada em um território mental limitado e deve ser conduzida de volta imediatamente, se ela se distrair. A razão por que se torna possível uma limitada liberdade de movimentos, quando a mente está se concentrando em determinado objeto, será percebida se nos lembrarmos de que todo objeto apresenta inúmeros aspectos, e a mente só pode considerá-los um a um. Em conseqüência, quando percebe um aspecto após o outro, ela se move, estando, porém, realmente fixada no objeto de concentração. Ou pode ser que o objeto envolva um processo de raciocínio que consista em muitas etapas logicamente interligadas e formando um todo integrado. No caso, também pode haver movimento sem de fato afastar-se o objeto de concentração. Somente quando a mente deixa de contatar o objeto e um objeto dissociado e irrelevante nela se interpõe é que *dhāraṇā* pode ser considerado rompido. O principal trabalho em *dhāraṇā*, portanto, consiste em manter a mente continuamente atenta em relação ao objeto e trazê-lo de volta imediatamente, tão logo a conexão interrompa-se. O objetivo do *sādhaka* deve ser reduzir, progressivamente, a freqüência de tais interrupções e procurar finalmente eliminá-las por completo. Todavia, não é só a eliminação das interrupções que precisa ser almejada, mas também a completa focalização da mente no objeto. Impressões vagas e manchadas têm que ser substituídas por imagens mentais nítidas, definidas, para tanto elevando o nível de vigilância e de poder de atenção. Assim, a condição da mente durante o período em que está ocupada com o objeto é tão importante como a freqüência das interrupções que rompem a conexão. Mas, como a natureza deste estágio de concentração é geralmente compreendida, não há por que esmiuçar mais este ponto.

Tatra pratyayaikatānatā dhyānam.

III-2) Fluxo ininterrupto (da mente) na direção do objeto (escolhido para meditação) é contemplação.

Foi ressaltado no *sūtra* anterior que o *sādhaka* deve almejar a eliminação dos pensamentos intrusos, que são chamados distrações, e procurar fazer com que tais interrupções sejam progressivamente reduzidas em termos de freqüência. Quando consegue eliminar por completo as distrações e pode continuar com a concentração no objeto, sem quaisquer interrupções, pelo tempo que quiser, ele atinge o estágio de *dhyāna*. Verifica-se, portanto, que o eventual aparecimento de distrações na mente constitui a diferença essencial entre *dhāraṇā* e *dhyāna*. Pelo fato de este *sūtra* ser muito importante do ponto de vista prático, examinemos primeiramente o significado das várias palavras sânscritas utilizadas na definição de *dhyāna*.

Analisemos, em primeiro lugar, *pratyaya*, termo freqüentemente utilizado nos *Yoga-Sūtras*. Tal palavra abrange várias noções, tais como conceito, idéia, causa etc., mas na terminologia do *Yoga* ela é usada, em geral, para designar o conteúdo total da mente que ocupa o campo da consciência em um determinado momento. Uma vez que a mente é capaz de reter, simultaneamente, grande variedade de objetos, uma palavra há que ser usada para simbolizar todos estes objetos abrangidos conjuntamente, qualquer que seja sua natureza. *Pratyaya* é um termo técnico para indicar esse conteúdo total da mente. À vista do que foi dito acima sobre *dhāraṇā*, pode-se observar que este *pratyaya* com o qual a mente mantém-se em contato contínuo, em *dhyāna* é fixo, porém algo variável. É fixo no sentido de que a área em que a mente move-se é definida e permanece a mesma. É variável porque, dentro dessa área ou esfera limitada, há movimento. Algumas ilustrações esclarecerão este ponto. Quando um cientista focaliza seu microscópio numa gota de água suja, o campo de visão é definido e limitado dentro de um círculo e ele nada pode ver fora dele. Mas, dentro daquela faixa circular de luz há movimentos constantes, de toda espécie. Ou, tome-se o exemplo de um rio que flui entre margens bem definidas. O movimento das águas é constante, mas ele está confinado aos limites das margens do rio. Uma pessoa que olha para um rio, de um avião, vê algo que está fixo e que se movimenta ao mesmo tempo. Estas explanações ajudam-nos a compreender a natureza dual do *pratyaya* em *dhyāna*, e a possibilidade de manter a mente movendo-se dentro dos limites definidos pelo objeto da meditação.

A palavra sânscrita *tatra* significa "naquele lugar" e obviamente se refere a *Deśa*, ou lugar, ou território mental no qual a mente está confinada. A mente deve permanecer unida com *pratyaya* dentro dos limites definidos em *dhāraṇā*. A mente de qualquer pessoa permanece unida com *pratyaya* enquanto ela estiver em consciência de vigília. Porém, não somente o *pratyaya* está mudando todo o tempo, como também está mudando o território mental, uma vez que a mente passa rapidamente de um assunto para outro.

Ekatānatā, que significa "estender-se continuamente" ou "ininterruptamente", refere-se à ausência de interrupções decorrentes de distrações que estão presentes em *dhāraṇā*. De fato, como foi dito antes, a continuidade do *pratyaya* é a única coisa a distinguir *dhāraṇā* de *dhyāna*, do ponto de vista técnico. Esta continuidade pode ser comparada àquela do fluir das águas de um rio, ou à do óleo sendo derramado de um para outro vasilhame. Por que é essencial alcançar esse tipo de continuidade antes que *samādhi* possa ser praticado? Porque toda interrupção na continuidade significa distração, e distração significa falta da adequada concentração e falta de domínio da mente. Se a mente desvia-se do objeto escolhido, isto quer dizer que algum outro objeto tomou seu lugar, pois é preciso haver continuidade no funcionamento da mente. Somente em *nirodha* a continuidade de movimento pode ser interrompida sem outro objeto ocupando a mente. Agora, se uma distração quebra essa continuidade, aparentemente não há grandes danos, pois a mente tem condições de retomar de imediato o encadeamento e continuar seu trabalho de aprofundar-se no objeto. Na verdade, porém, o aparecimento da distração não é tão inócuo como parece. Demonstra ausência de suficiente domínio da mente e respectiva falha no poder de concentração profunda. Ao praticar *dhāraṇā*, descobre-se que à medida que aumenta a profundidade de abstração e o domínio da mente vai-se tornando mais forte, a freqüência de aparecimento das distrações vai diminuindo. Assim, continuidade é algo a ser considerado como uma espécie de aferição do controle que se torna necessário sobre a mente, bem como da intensidade de concentração. A conquista de *dhyāna avasthā* mostra que a mente está ficando pronta para o último estágio da verdadeira prática do *Yoga*. A menos e até que esta condição seja atendida, a prática de *samādhi* não pode ser iniciada, e os verdadeiros segredos do *Yoga* permanecerão ocultos para o *sādhaka*.

Tad evārthamātra-nirbhāsaṃ
svarūpa-śūnyam iva samādhiḥ.

III-3) A mesma (contemplação), quando há consciência somente do objeto de meditação e não de si mesma (a mente), é *samādhi*.

Chegamos agora ao último estágio da concentração da mente. Isto assinala a culminância do preparo prévio que a torna adequada para o mergulho no reino das realidades ocultas por trás do mundo fenomenal. O tema referente a *samādhi* foi tratado integralmente na seção I, em que foram considerados seus aspectos mais genéricos e mais profundos. No presente contexto é, portanto, necessário tratar apenas de seus aspectos introdutórios, especialmente no que se refere à sua relação com *dhāraṇā* e *dhyāna*. Dado o modo incomum como o tema *samādhi* foi tratado por Patañjali, será necessário que o estudante estude, cuidadosamente e diversas vezes, seus vários aspectos, antes que ele possa captar sua natureza essencial e sua técnica. Mas o tempo e a energia mental que ele despenderá serão proveitosos, pois desta forma ele obterá uma compreensão da técnica essencial do *Yoga*, a única que pode abrir os portões do mundo da Realidade.

Quando o estado de *dhyāna* tiver sido bem estabelecido e a mente puder reter o objeto da meditação sem quaisquer distrações, será possível conhecer o objeto muito mais intimamente do que no pensamento comum, mas, mesmo então, não será possível obter um conhecimento direto da sua verdadeira essência e a realidade nele oculta parecerá escapar ao *yogi*. Ele é semelhante a um general que alcançou os portões do forte que tem de conquistar, os quais, no entanto, estão fechados, e ele é incapaz de entrar. O que se interpõe entre ele e a realidade do objeto que ele quer conhecer? III-3 dá uma resposta a esta pergunta. A própria mente está impedindo a compreensão da verdadeira essência do objeto de meditação. Todas as distrações foram completamente eliminadas e a consciência está plenamente focada no objeto de meditação. De que modo a mente interfere na total compreensão da essência do objeto? Interpondo a consciência de si mesma entre a realidade oculta por trás do objeto e a consciência do *yogi*. É esta autoconsciência, ou subjetividade, pura e simples, que serve como véu para separá-la do objeto e ocultar a realidade que o *yogi* está procurando.

Para compreender como a consciência da mente em si mesma pode tornar-se uma barreira a um ulterior progresso, recordemos como essa autoconsciência interfere no trabalho intelectual de ordem superior. Um grande músico é capaz de criar suas melhores obras ao perder-se por inteiro em seu trabalho. Um inventor resolve seus maiores problemas quando não está consciente de solucionar qualquer problema. É em tais momentos que essas pessoas têm inspiração e contato com aquilo que estão procurando, desde que, é claro, tenham dominado a técnica e suas mentes estejam plenamente concentradas. É o desaparecimento da autoconsciência que, de algum modo, abre a porta para um novo mundo em que normalmente elas não têm condições de entrar.

Algo semelhante, embora em um nível muito mais elevado, ocorre quando *dhyāna* passa à condição de *samādhi* e o portão que conduz ao mundo das realidades abre-se. Patañjali chama este desaparecimento da consciência da mente em relação a si mesma de *svarūpa śūnyam iva*. "A forma própria da mente, ou sua natureza essencial, desaparece, por assim dizer". Examinemos esta expressão, cuidadosamente, pois cada palavra nela é importante. O que é *svarūpa*? Tudo em manifestação tem duas formas. Uma, externa, que expressa sua natureza superficial e não-essencial, chamada de *rūpa*, e uma forma interna, que constitui a própria essência, ou substância, de sua verdadeira natureza, e que é denominada *svarūpa*. No caso da mente no estado de *dhyāna*, *rūpa* é o *pratyaya*, ou objeto de meditação. É através deste que a mente encontra sua expressão. *Svarūpa* é a consciência residual de sua própria ação ou função no processo de *dhyāna*, sendo essencialmente a natureza subjetiva da mente. Esta consciência regularmente se enfraquece à medida que *dhāraṇā* passa à condição de *dhyāna* e aumenta a concentração da mente em *dhyāna*. Mas, ainda assim, está presente, embora fraca, em todos os estágios de *dhyāna* e somente quando desaparece totalmente é que *dhyāna* passa à condição de *samādhi*.

A palavra *śūnyam* significa vazio ou zero, e aqui deve ser interpretada como zero, pois se trata de uma questão de reduzir a autoconsciência residual ao ponto de extinção e não de esvaziar algo no limite extremo. De fato, como os objetos de meditação continuam a preencher a mente por completo, não pode surgir a questão de esvaziar a mente. *Svarūpa śūnyam*, portanto, significa reduzir ao máximo a autoconsciência ou o papel subjetivo da mente. A fim de que o estudante não imagine que o *svarūpa* realmente desaparece quando *samādhi* toma o lugar de *dhyāna*, o autor adiciona a palavra *iva,* que significa "como se". O *svarūpa* somente parece desaparecer, mas não é isto o que realmente ocorre, pois, quando chega ao fim o *samādhi*, imediatamente *svarūpa* se manifesta.

A questão de como é possível conhecer a mais íntima natureza de um objeto de meditação pela fusão da mente com ele é muito interessante e foi bem analisada em I-41. Aqui é suficiente destacar que o aparente desaparecimento da autoconsciência significa, de fato, a dissolução do relacionamento sujeito-objeto e sua fusão na consciência. Com o desaparecimento do *svarūpa* mental, entra em ação uma faculdade mais elevada que o intelecto, ocorrendo a percepção da realidade oculta por trás do objeto, por intermédio dessa faculdade que percebe se unificando com o objeto da percepção. Aquele que percebe, bem como o objeto percebido e a percepção, fundem-se em um único estado.

Quando a autoconsciência tiver desaparecido, que resta na mente? Somente o objeto de meditação pode permanecer, pois toda espécie de distração deve ser eliminada antes que o estado de *dhyāna* possa ser firmemente estabelecido. Este é o significado da expressão *arthamātra-nirbhāsaṃ*. A expressão *tad eva* significa "o mesmo" e é usada, aqui, para enfatizar que *samādhi* é apenas uma fase avançada de *dhyāna* e não uma nova técnica. A única diferença entre as duas, como já vimos, é a ausência da autoconsciência mental que faz o objeto brilhar sob uma nova luz.

A diferença entre as três fases do mesmo processo que culmina em *samādhi* pode ser representada do modo que se indica a seguir. Se *A* é o objeto escolhido para *saṃyama* e *B, C, D, E,* etc. são distrações, então o conteúdo da mente, em intervalos regulares de momentos sucessivos nas três fases, pode ser representado pela série seguinte de *pratyayas* presentes na mente. O círculo em torno das letras representa a autoconsciência mental.

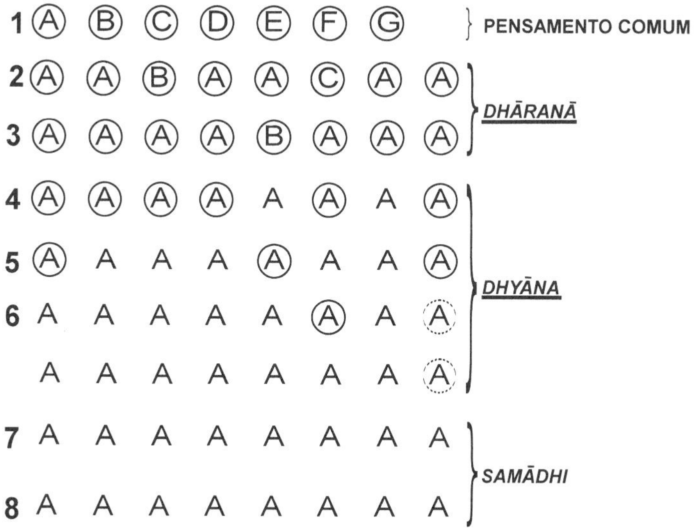

No caso, verifica-se que a freqüência das distrações continua decrescendo em *dhāraṇā*, enquanto a freqüência e o grau de autoconsciência mental continuam decrescendo em *dhyāna*. Em *samādhi* há completa liberdade, tanto no que se refere às distrações quanto à autoconsciência, e somente o objeto permanece no campo da consciência. Sem dúvida, há possibilidade de modificações posteriores, mas associadas ao próprio objeto e sem afetarem as duas condições que determinam o estado de *samādhi*. Porém, estes desenvolvimentos adicionais foram abordados em I-42 a 49.

As transformações que ocorrem em *dhāraṇā*, *dhyāna* e *samādhi* são fenômenos puramente mentais e relacionados com a consciência. A mente já se desligou do corpo, e seja o que for que se verifique no âmbito da mente não pode ser julgado com base na condição do corpo. As funções fisiológicas continuam normais mas não há reação por parte do corpo nem ao mundo externo, nem ao mundo interno. Esta falta de resposta aos estímulos externos no corpo físico, em estado de *samādhi*, induz muita gente a confundir transe comum com *samādhi*. O simples transe, porém, não pode ser prova de ter-se alcançado *samādhi*. O corpo também não responde aos estímulos externos, seja durante o sono ou sob a influência de anestésicos ou drogas. O mesmo ocorre quando, em casos de psiquismo paranormal, os veículos mais sutis retiram-se do corpo físico e a consciência começa a funcionar no mundo mais sutil e próximo ao físico. Em todos esses casos o corpo está inerte, mas a mente inferior funciona parcial ou inteiramente no veículo mais sutil seguinte. Como antes, ele ainda se encontra sob completo domínio das distrações. Os processos mentais que conduzem a *samādhi* têm lugar no corpo mental inferior e exigem a quietude dos veículos inferiores. Portanto, o fato de uma pessoa estar em verdadeiro *samādhi* é determinado unicamente pela condição de sua mente, de maneira alguma pela inércia do corpo físico.

É necessário chamar a atenção para esses fatos óbvios, porque os que não conhecem bem a filosofia do *Yoga* e são amadores no psiquismo inferior, geralmente confundem a inércia do corpo físico com *samādhi*, considerando uma pessoa que consegue permanecer inconsciente por qualquer espaço de tempo um grande *yogi*! Esta condição de mera inércia é geralmente referida como *jaḍa-samādhi* e, na verdade, nenhuma relação apresenta com o verdadeiro *samādhi*, embora exteriormente sejam muito semelhantes. Uma pessoa que retorna do verdadeiro *samādhi* traz consigo o conhecimento transcendental, a sabedoria, a paz e a força da vida interior, ao passo que a que retorna de *jaḍa-samādhi* não está mais sábia do que alguém que retorna do sono. Às vezes, quando é psíquica, a pessoa pode ser capaz de trazer para o cérebro físico memórias claras ou confusas de algumas de suas experiências do plano sutil mais próximo. No entanto, nada há de notável ou confiável em tais experiências e, por certo, nada há em comum com o conhecimento transcendente obtido no verdadeiro *samādhi*.

A dimensão da ignorância existente em relação a essas coisas é, por vezes, fantástica. Há algum tempo, foi publicado, em um jornal hindi muito conhecido, um artigo a respeito dos diversos estágios de *samādhi*. Dele consta uma série de fotografias de um *yogi* que, imaginava-se, estava passando por diferentes estágios de *samādhi*, um após o outro. A série de fotografias, tanto quanto se podia ver, apenas mostrava uma crescente apatia em seus olhos, mas o espantoso é que nelas se percebia também uma luz *física* saindo cada vez mais do corpo físico nos estágios avançados do *samādhi*! Como se a luz que se revela na consciência do *yogi* em *samādhi* pudesse ser fotografada! Mas o poder da ignorância é tal, que deturpa e vulgariza as mais elevadas verdades da vida, além de considerar tudo em termos do físico, única parte da vida que é tangível e visível para o homem comum.

Trayam ekatra saṃyamaḥ.

III-4) Os três em conjunto constituem *saṃyama*.

Do que foi dito antes, deve ficar claro, ao abordar-se *dhāraṇā*, *dhyāna* e *samādhi*, que estas são, de fato, as diferentes fases do mesmo processo mental, com cada estágio sucessivo diferindo do precedente, no que tange à profundidade de concentração atingida e ao mais completo isolamento do objeto de contemplação em relação às distrações. Iniciando em *dhāraṇā* e terminando em *samādhi*, todo o processo é denominado *saṃyama*, na terminologia do *Yoga*, sendo que o domínio prático de sua técnica abre a porta não somente a todo tipo de conhecimento, como também a poderes e realizações superfísicas conhecidas como *siddhis*.

É necessário ter em mente dois fatos acerca de *saṃyama*. Primeiro, trata-se de um processo contínuo, e a passagem de um estágio para outro não é marcada por qualquer mudança abrupta na consciência. Em segundo lugar, o tempo empregado para atingir o último estágio depende inteiramente do progresso alcançado pelo *yogi*. O principiante pode ter de despender horas e dias para chegar ao estágio final, enquanto o Adepto é capaz de consegui-lo quase instantaneamente e sem esforço. Como *samādhi* não requer qualquer movimento no espaço mas apenas um mergulho, por assim dizer, no âmago da consciência de uma pessoa, o tempo não é um fator essencial no processo. O tempo gasto pelo *yogi* decorre inteiramente da falta de domínio da técnica.

Taj-jayāt prajñālokaḥ.

III-5) Pelo seu (de *saṃyama*) domínio (surge) a luz da consciência superior.

Já foi ressaltado anteriormente, quando se analisou *saṃprajñāta samādhi*, em I-17, que *prajñā* é a consciência mais elevada que aparece no estado de *samādhi*.

Mas, como a palavra *samādhi* abrange extensa série de estados de consciência, *prajñā* é aplicada a todos os estados de consciência em *samādhi*, começando com *vitarka* e terminando em *asmitā*. Há dois estágios decisivos na sutilização de *prajñā*. Um deles é mencionado em I-47, em que a luz da espiritualidade irradia a consciência mental. O outro é indicado em III-36, quando a consciência de *puruṣa* começa a iluminar a do *yogi*. O papel de *prajñā* chega ao fim quando *viveka khyāti*, ou a percepção pura da Realidade, toma seu lugar, como indicado em IV-29.

Tasya bhūmiṣu viniyogaḥ.

III-6) Sua (de *saṃyama*) aplicação (se dá) por estágios.

Este *sūtra* expõe outro fato importante sobre a aplicação de *saṃyama*, que, como já foi dito, é um processo composto de *dhāraṇā*, *dhyāna* e *samādhi*, quando aplicado a um objeto. Embora o processo venha a ser essencialmente o mesmo em todos os casos, ele será mais ou menos complicado de acordo com a natureza do objeto ao qual é aplicado. Todos os objetos no universo não são igualmente misteriosos, se assim podemos dizer. O mistério neles oculto depende da profundidade da realidade em que estão enraizados. Consideremos como exemplo os seguintes objetos: um pedaço de pedra, uma rosa e um ser humano. Todos os três objetos têm um invólucro físico e, embora as partículas físicas que constituem a forma física tornem-se progressivamente mais organizadas, à medida que passamos do primeiro para o terceiro, ainda assim não há muita diferença entre eles, se considerarmos apenas sua natureza física. Mas que enorme diferença existe entre eles, se tentarmos ignorar suas formas externas e desvendar o mistério oculto em seu interior! Qualquer tolo pode ver que há alguma diferença entre eles, embora todos os três estejam fisicamente no mesmo nível. Uma rosa desperta, mesmo no homem comum, pensamentos e emoções que uma pedra jamais poderá despertar, enquanto o mistério implícito em uma forma humana é um dos eternos enigmas do universo. A filosofia materialista pode usar toda a lógica a seu dispor para provar que, essencialmente, não há diferença entre os objetos, salvo quanto às suas funções e às suas estruturas, e, sem refletir, as pessoas podem repetir, sem pensar, estes dogmas de um universo mecanicista. Na vida real, porém, ninguém os leva a sério, e inclusive os materialistas têm de reconhecer e levar em conta essas diferencas em sua vida. A voz da intuição não pode ser silenciada por esses dogmas intelectuais.

O que causa as diferenças entre "objetos" como os acima mencionados? Por que uma rosa é um objeto mais misterioso que um pedaço de pedra e um ser humano é infinitamente mais misterioso que uma rosa? Para compreender essas diferenças, é necessário ter em mente que a forma exterior de qualquer objeto físico ou mental é apenas uma cobertura de uma realidade interior e aquilo que mentalmente percebemos do objeto não constitui a totalidade deste. Como no caso de um navio, a parte submersa na água é muito maior do que a visível, do mesmo modo o que mentalmente percebemos em um objeto é apenas uma pequena fração do que para nós está oculto. As pesquisas científicas nos deram a conhecer, por métodos experimentais e racionais, uma parte dessas realidades ocultas, mas o que sabemos a partir daí é muito pouco e, comparativamente, menos significante se confrontado com à totalidade daquilo que está além do alcance das investigações científicas. Esses aspectos submersos de todos os objetos só podem ser investigados à exaustão pelos métodos do *Yoga*, sendo *saṃyama* a chave que abre as portas desses mundos ocultos.

Como se disse antes, todos os objetos no universo manifestado são uma expressão da Realidade Última, mas as raízes de distintos objetos encontram-se em diferentes níveis da combinação espírito-matéria, através da qual tal Realidade se manifesta. Podemos simbolizar este fato no diagrama mostrado a seguir e no qual o centro dos círculos concêntricos representa a Realidade Última e os sucessivos círculos, os diferentes planos de existência, em ordem crescente de densidade (figura 8).

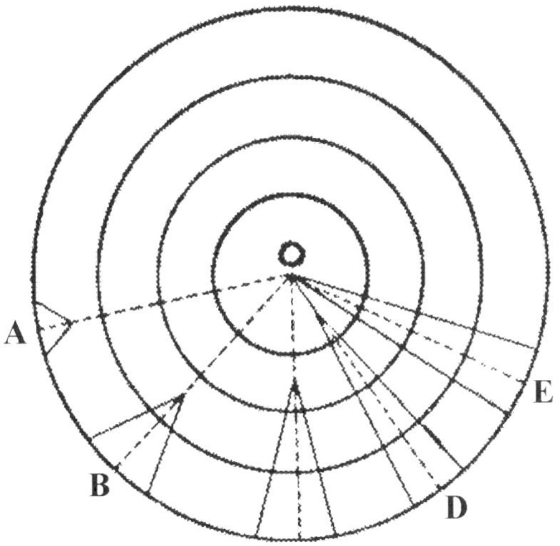

Figura 8

No que se refere aos objetos A, B, C, D, representados pelos arcos do círculo mais periférico, verifica-se que suas raízes encontram-se em planos de existência progressivamente mais sutis, enquanto o objeto E está radicado na própria Realidade Última.

Comparando os três objetos antes mencionados, é fácil constatar que, no que se refere a um um pedaço de pedra, tem-se um simples aglomerado de matéria física sem um esquema básico, não estando suas raízes, portanto, muito profundas. No caso de uma rosa, também há um conglomerado de diferentes espécies de matéria, mas cuja combinação difere da de uma pedra em dois aspectos. Primeiro, a rosa tem inerente a capacidade orgânica de crescimento e de decomposição; em segundo lugar, sua forma corresponde a um arquétipo. Mesmo a um observador superficial parecerá óbvio que uma rosa tem raízes mais profundas na realidade do que um pedaço de pedra. Chegando-se à forma humana, não se pode deixar de sentir estarmos em face de um mistério profundo. O que se tem aqui é não só uma estrutura material mais elaborada, mas a forma é o veículo de fenômenos complicados, tais como pensamentos e emoções, além de outros aspectos da consciência. Quaisquer que sejam a natureza e a potencialidade da consciência humana, não pode haver a menor dúvida de que as raízes de um ser humano são muito mais profundas do que as de uma rosa. É desnecessário discutir aqui quão profundamente elas penetram no coração do universo manifestado. De acordo com a filosofia em que se baseia a ciência do *Yoga*, elas atingem o próprio Centro da Realidade Última. Isto é o que realmente significa a doutrina da natureza idêntica de *jīvātmā*s e *Paramātmā*.

É preciso ter em mente o fato de que há enormes diferenças na complexidade interna dos objetos, se quisermos compreender por que a técnica de *saṃyama* é uma ciência muito complicada, que deve ser dominada por estágios. Alguns objetos, digamos, apenas tocam a superfície da realidade, enquanto outros penetram mais profundamente nela. Embora *saṃyama* seja necessário para revelar o mistério subjacente em todos os casos, ele não pode ser o mesmo na prática real. Daí haver substancial diferença entre o principiante, que recentemente dominou a técnica de *samādhi*, e o Adepto, que pode, quase que instantaneamente, passar aos reinos mais elevados da existência, sem muito esforço. Toda a ciência da matemática é baseada nas quatro operações — adição, subtração, multiplicação e divisão — mas o principiante que aprendeu bem estas operações ainda tem um longo caminho pela frente antes de tornar-se um perito em matemática.

Na linguagem dos *Yoga-Sūtras*, esses diferentes estágios associados ao uso de *saṃyama* significam a conquista dos quatro estágios sucessivos de *samprajñāta samādhi* mencionados em I-17 e do estágio de *nirbīja samādhi*, mencionado em I-51. Na linguagem do Ocultismo, eles significam o funcionamento da consciência através dos veículos crescentemente sutis referidos em I-17. Entretanto, a base fundamental de ambos é a mesma, ou seja, penetração em diferentes profundidades da consciência, as quais se expressam nos diferentes graus de *citta*. Os *Yoga-Sūtras* tratam de *samādhi*, do ponto de vista funcional, enquanto o Ocultismo o faz do ponto de vista estrutural. Esta é razão por que, externamente, os dois modos de tratamento parecem diferir. Mas o estudante que haja apreendido a natureza de *samādhi* verá que não há diferença essencial entre os dois, porque passar em *samādhi*, de um veículo para outro, significa entrar em contato com os níveis e com os aspectos mais profundos da consciência. A equivalência entre estes já foi demonstrada em II-19.

Trayam antaraṅgaṃ pūrvebhyaḥ.

III-7) Os três são internos em relação aos precedentes.

Os três processos mentais de *dhāraṇā*, *dhyāna* e *samādhi* constituem o *Yoga* propriamente dito e os cinco *aṅgas* precedentes podem ser considerados meramente preparatórios. Todo o processo de *saṃyama* ocorre no reino da mente, nele não estando envolvida nenhuma parte do homem visível. Daí ser denominado *antaraṅgam*. Isso, entretanto, não significa que os cinco primeiros *aṅgas*, que são externos em relação aos três últimos, não sejam absolutamente essenciais. De fato, sem o trabalho preparatório envolvido nos precedentes, é impossível empreender a mais sutil e difícil tarefa implícita nos últimos. Pelo menos, as condições essenciais — objetivo dos cinco primeiros *aṅgas* — devem ser atendidas, embora não necessariamente pelos mesmos meios. Elas podem ser obtidas por outras práticas do *Yoga* ou por *Īśvara-praṇidhāna*, conforme mencionado em I-23.

Tad api bahir-aṅgaṃ nirbījasya.

III-8) Mesmo esse (*sabīja samādhi*) é externo em relação ao sem-semente (*nirbīja samādhi*).

O tema *nirbīja samādhi* já foi tratado em I-51. Vários outros assuntos a ele relacionados serão também discutidos na seção IV. Este *sutra* é apresentado aqui somente para enfatizar a distinção entre *sabīja* e *nirbīja samādhi* e informar ao estudante que *nirbīja samādhi* é um estágio mais avançado, na senda da Auto-Realização, do que *sabīja samādhi*. *Sabīja samādhi* diz respeito ao conhecimento e aos poderes exercidos no reino de *prakṛti* do lado de cá do portal que leva a *Kaivalya*. Por outro lado, *nirbīja samādhi* almeja transcender o reino de *prakṛti* e viver no estado de Iluminação implícito em *Kaivalya*. Este último é, portanto, naturalmente, interno em relação ao anterior. O *puruṣa* tem, primeiro, de conquistar todos os reinos de *prakṛti* através de *sabīja samādhi*, para, então, ganhar a completa Auto-Realização que o torna não somente Senhor desses reinos, mas também independente deles.

Vyutthāna-nirodha-saṃskārayor abhibha-va-prādurbhāvau nirodha-kṣaṇa-cittān-vayo nirodha-pariṇāmaḥ.

III-9) *Nirodha pariṇāma* é aquela transformação da mente na qual esta é progressivamente permeada pela condição de *nirodha*, que intervém momentaneamente entre uma impressão que desaparece e outra impressão que a substitui.

Após abordar os três estágios de meditação que conduzem até *samādhi*, Patañjali passa a tratar dos três tipos fundamentais de transformação mental que estão envolvidos na prática do *Yoga* Superior. Esses quatro *sūtras* (III-9-12) que tratam desta questão são muito importantes por lançarem luz sobre a natureza essencial dos processos mentais envolvidos na prática do *Yoga*, elucidando mais a técnica de *samādhi*.

O ponto importante a ser notado em relação a esses três *pariṇāmas* é que eles não são estados, mas modos de transformação. Em outras palavras, não representam condições estáticas, mas dinâmicas. No processo progressivo de Auto-Realização através de *samādhi*, a mente pode passar de um para outro estágio através do uso de três, e somente três, tipos de transformações seqüencialmente inter-relacionados e que constituem, de fato, três partes integrantes de um complexo e mais amplo processo, que deve ser repetido em cada plano, à medida que, pouco a pouco, a consciência recolhe-se em direção ao Centro da Realidade. As transformações comuns da mente acontecem de acordo com as leis de associação ou raciocínio, ou de acordo com os estímulos aplicados pelo mundo externo através dos órgãos dos sentidos. Os três tipos de transformações que agora estamos analisando são de uma categoria especial, sendo adotados somente na prática do *Yoga* Superior, depois que o *yogi* tiver adquirido a capacidade de, voluntariamente, passar ao estado de *samādhi*.

O *sūtra* em discussão define *nirodha pariṇāma*, ou a transformação que resulta na supressão de *citta-vṛttis*. Visto que o *Yoga* é descrito em I-2 como a supressão de *citta-vṛttis*, é fácil constatar quão importante torna-se compreender este *sūtra* integralmente. Tão logo se inicie o controle da mente, *nirodha* entra em ação. A palavra *nirodha*, em sânscrito, tanto significa restrição quanto supressão, sendo que os primeiros esforços para o controle da mente, começando com *dhāraṇā*, envolvem *nirodha* não tanto no sentido da supressão como no da restrição. Uma reflexão um pouco cuidadosa mostrará que, mesmo na prática preliminar de *dhāraṇā*, *nirodha*, no sentido de supressão, está envolvido até certo ponto. Ao tentar-se praticar *dhāraṇā*, a vontade está procurando, todo o tempo, suprimir as distrações e substituí-las pelo único objeto no qual a meditação é aplicada. Tornar-se-á óbvio para qualquer pessoa que, em cada um desses esforços para substituir uma distração pelo objeto escolhido, é preciso haver um estado momentâneo, no qual nem a distração nem o objeto escolhido estão presentes, ficando a mente realmente sem qualquer *pratyaya* — exatamente o que acontece quando a direção de um objeto em movimento é de repente revertida, sendo necessário que haja um instante em que o objeto não esteja em movimento, mas parado. É porque *nirodha*, neste sentido limitado, participa do problema do controle da mente desde o princípio, que Patañjali começou por *nirodha pariṇāma* a tratar do assunto. Deve-se notar, no entanto, que o verdadeiro *nirodha*, ou completa supressão, é o último no ciclo de transformações, vindo depois de *samādhi pariṇāma* e *ekāgratā pariṇāma* na prática real.

Vimos que *nirodha* é aquele estado momentâneo e não modificado da mente, que intervém quando uma impressão que ocupa o campo da consciência é substituída por outra. Neste *sūtra*, a impressão que ocupa o campo da consciência tem o nome de *vyutthāna saṃskāra* e a que se opõe ou tenta substituir *vyutthāna saṃskāra* é chamada de *nirodha saṃskāra*. Entre duas impressões sucessivas é preciso haver um estado momentâneo, no qual a mente não tem, absolutamente, qualquer impressão, ou está presente em uma condição não modificada. O objetivo de *nirodha pariṇāma* é produzir, voluntariamente, este estado momentâneo e, gradualmente, prolongá-lo, de modo que a mente se mantenha nesse estado não modificado durante considerável espaço de tempo. Este prolongamento do estado de *niruddha*, por meio de esforços repetidos, é expresso pela frase *nirodha-kṣaṇa-cittānvaya*, que significa "permeação da mente pelo momentâneo estado de *nirodha*, ou completa supressão de *vṛttis*". *Nirodha pariṇāma* abrange todo o processo, começando com o primeiro esforço na supressão da "semente" e terminando com o firme estabelecimento do estado de *niruddha*. O *yogi* deve estar apto a manter o estado de *niruddha* por um tempo suficientemente longo, para possibilitar à consciência passar através da "nuvem", ou vazio, e emergir no plano seguinte.

Ao passar de uma condição em que a "semente" de *samādhi* ocupa o campo da consciência para uma condição de completo *nirodha*, há uma luta entre duas tendências contrárias, a da "semente", de surgir de novo no campo da consciência, e a da mente, de permanecer na condição de *nirodha*. Nenhuma outra distração pode surgir e ocupar o campo da consciência, pois esta tendência já foi eliminada nos dois processos anteriores de *samādhi pariṇāma* e *ekāgratā pariṇāma*. *Samādhi pariṇāma* eliminou a tendência de surgirem distrações no campo da consciência, e *ekāgratā pariṇāma* estabeleceu a tendência de a mesma impressão — a "semente" — persistir sem interrupção. Esta é a razão por que, quando a força de vontade é exercida para suprimir a "semente", é somente esta semente específica que pode aparecer outra vez. Isto mostrará também por que os estados de *samādhi* e *ekāgratā* têm de ser atingidos antes que a vontade possa ser exercida para produzir o estado de *niruddha*. Se essas técnicas não tiverem sido dominadas, então após cada esforço de supressão, poderá surgir um novo *pratyaya*, ou distração, como acontece no caso do homem comum que tenta praticar *nirodha*. Agora o estudante será também capaz de compreender a importância da expressão *abhyāsa pūrvaḥ*, em I-18, pois *asaṃprajñāta samādhi* não é senão o estado da mente em que o *pratyaya*, ou "semente", tenha desaparecido pela prática de *nirodha*. Esta condição de *nirodha* não é um estado comum de vácuo mental, mas um estado de *samādhi*, em que o *yogi* detém o completo controle da mente.

O primeiro esforço para suprimir a "semente" de *saṃprajñāta samādhi* produz um vazio apenas momentâneo. A tendência da "semente", de voltar a emergir na consciência, é tão forte, devido à prática anterior de *ekāgratā*, que ela retoma a posse da mente e a transforma à sua própria imagem. A repetição do esforço, na supressão, torna, porém, cada vez um pouco mais fácil produzir o estado *niruddha* e nele manter a mente por pouco mais de tempo. Este tipo de prática contínua aumenta gradualmente a tendência da mente de permanecer no estado de *niruddha*, e enfraquece a tendência da "semente", de reaparecer no campo da consciência, conforme indicado no próximo *sūtra*.

Uma simples experiência física talvez sirva para ilustrar a oposição das duas tendências acima citadas. OB é uma haste ligada a uma plataforma OA e mantida na posição OB por uma mola C, conforme indica a figura 9.

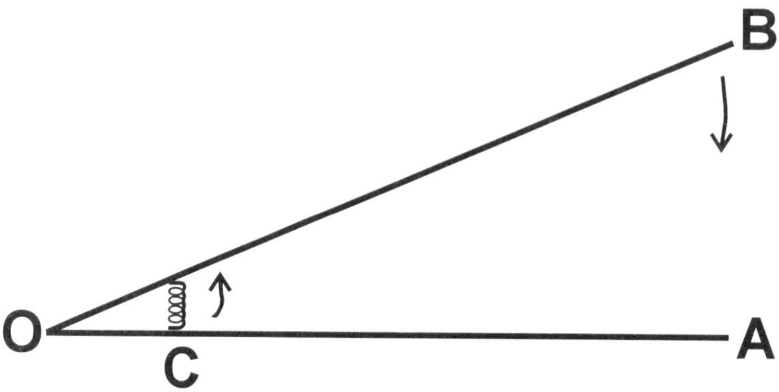

Figura 9

Se a uma criança pede-se que pressione a haste OB na direção de OA, ela terá dificuldade em fazê-lo, e apenas por alguns momentos conseguirá tocar a base na primeira tentativa. Cada tentativa subseqüente, porém, tornará mais fácil para a criança trazer a haste à posição OA e aí mantê-la por mais tempo. Com prática suficiente a criança poderá aprender a conservar a haste nessa posição OA pelo tempo que quiser. A tendência da haste, de retornar à sua posição original, terá sido completamente dominada pela prática. Da mesma maneira, a tendência da "semente", de ressurgir no campo da consciência, pode ser dominada através de suficiente prática, com o estado de *niruddha* mantido por um espaço de tempo suficiente para que a consciência atravesse o centro, *laya*, e emerja no próximo plano imediatamente superior.

Tasya praśānta-vāhitā saṃskārāt.

III-10) Seu fluxo torna-se tranqüilo pela impressão repetida.

O significado deste *sūtra* ficará claro com a explicação dada no *sūtra* anterior. A tendência da mente de permanecer no estado de *niruddha* também cresce com a prática e finalmente se torna tão vigorosa, pela força dos *saṃskāras*, que pode permanecer facilmente nessa condição, por qualquer período de tempo. Note-se a importância da expressão *praśānta vāhitā*. O fluxo desse estado de *niruddha* torna-se, após suficiente prática, fácil e pacífico. Não há nenhuma luta, do tipo que possa ter existido em certo grau nos estágios iniciais, quando a tendência não estava firmemente estabelecida. Tal luta produziria uma condição instável da mente, de todo inconveniente para o propósito almejado.

Vale a pena destacar, a esta altura, que a resistência, por parte da mente, para que se produzam as diferentes transformações, não se deve tanto à própria mente, mas aos *saṃskāras* de *vāsanās* ainda ocultos nela. Se estes tiverem sido removidos em grau suficiente, a passagem de uma condição para outra pode ocorrer sem muita resistência. De fato, se *vairāgya* tiver sido desenvolvido em alto grau, as mudanças necessárias poderão ser efetuadas com relativa facilidade, como o demonstra a vida dos grandes instrutores espirituais do mundo. Eis por que o *yogi* deve subir com as duas asas de *vairāgya* e *abhyāsa*, como referido em I-12. Inclusive, no último estágio, quando *dharma-megha-samādhi* é praticado (IV-29) para a conquista de *Kaivalya*, é a prática de extrema *vairāgya* que destrói os restantes *saṃskāras* das mais sutis *vāsanās* e libera a consciência do *yogi*.

Sarvārthataikāgratayoḥ kṣayodayau cittasya samādhi-pariṇāmaḥ.

III-11) *Samādhi pariṇāma* é aquela transformação que consiste no desaparecimento (gradual) das distrações com o simultâneo surgimento da unidirecionalidade.

O segundo tipo de transformação mental que está envolvido nos diversos estágios de *samādhi* é *samādhi pariṇāma*. Esta transformação começa realmente com a prática de *dhāraṇā* e continua até que o estado de *ekāgratā* seja atingido. Como indica a definição de *samādhi pariṇāma*, dada pelo autor, sua natureza essencial é a redução gradual da condição de multidirecionamento da mente para a de unidirecionamento.

Primeiro, os vários objetos que, no caso do homem comum, ocupam a mente, um após o outro, são substituídos por um determinado objeto escolhido, a "semente" de *samādhi*. Todos os demais objetos, salvo aquele escolhido para *saṃyama*, que são tecnicamente chamados "distrações", são eliminados por completo tão logo *dhyāna* é perfeito. Inicia, então, um novo tipo de movimento, ou transformação, da mente, em que a consciência começa a mover-se, em profundidade, como se diz, e o objeto é destituído de seus invólucros ou elementos não essenciais, tais como nome ou forma. A "semente" é aberta e suas diversas camadas expostas, a fim de se chegar ao núcleo, que é o seu *svarūpa*. Quando este processo analisado em I-43 estiver concluído, e o objeto "brilhar" na mente, em seu verdadeiro *svarūpa*, nada mais se poderá fazer nesse plano. A conquista do estágio *nirvitarka* marca o completamento de *samādhi pariṇāma* no que concerne ao estágio *vitarka* de *saṃprajñāta samādhi*. Se a mente for mantida concentrada no objeto, poderá meramente reproduzir o irredutível *svarūpa* do objeto. Aqui tem início *ekāgratā pariṇāma*, tratado no *sūtra* a seguir.

Tataḥ punaḥ śāntoditau tulya-pratyayau
cittasyaikāgratā-pariṇāmaḥ.

III-12) Assim também, a condição da mente em que o "objeto" (na mente) que desaparece é sempre exatamente similar ao "objeto" que surge (no momento seguinte) é denominada *ekāgratā pariṇāma*.

A característica de *ekāgratā pariṇāma* que, como vimos, é a consumação de *samādhi pariṇāma*, é que exatamente o mesmo *pratyaya* surge repetidas vezes no campo da consciência e produz a impressão de que um único *pratyaya*, fixo e imutável, ocupa o campo. A sucessão de imagens exatamente similares, em um *pratyaya* aparentemente estacionário, deve-se à natureza intermitente do universo manifestado — assunto explicado de forma sucinta em IV-33. Todo o universo aparece e desaparece alternadamente, mas o intervalo denominado *kṣaṇa* é tão pequeno que o fenômeno parece ser contínuo. Uma lâmpada elétrica, de corrente alternada, emite uma luz contínua, mas sabe-se que a luz é descontínua e que aos períodos de iluminação seguem-se, de modo alternado, períodos de escuridão em intervalos mínimos. Não é somente em *samādhi* que tal descontinuidade entra na percepção do *pratyaya*. Ela está presente em todos as percepções e em todos os pensamentos, desde o plano da mente inferior até o plano *ātmico*. Onde quer que haja manifestação, terá de haver descontinuidade, ou sucessão, denominada *kramaḥ* em III-15 e em IV-33.

A projeção de uma cena cinematográfica sobre uma tela serve para ilustrar, até certo ponto, a diferença entre os três *pariṇāmas*. A cena em movimento na tela é produzida, como explicado em IV-33, por uma sucessão de imagens dissimilares incidindo sobre a tela em intervalos inferiores a um décimo de segundo. Isto produz uma ilusão de continuidade, embora, na verdade, haja descontinuidade na projeção. Se todos os quadros no rolo do filme forem exatamente similares, uma imagem estacionária e imutável aparecerá na tela. Mas sabemos que a aparência estacionária e imutável de tal imagem é uma ilusão. O que vemos como uma imagem imutável compõe-se de um número de imagens similares (*tulya*), em uma sucessão tão rápida que se tornam indistinguíveis. Se reduzirmos a velocidade de projeção suficientemente, a ilusão desaparecerá e poderemos ver imagens similares sucedendo, uma após a outra, em intervalos regulares. Da mesma maneira, o *pratyaya* de *ekāgratā pariṇāma* permanece aparentemente o mesmo, quando, de fato, ele é composto por uma série de *pratyayas* similares (*tulya*), que se sucedem uns aos outros em uma velocidade inconcebivelmente alta. Posto ser o fenômeno dinâmico, não estático, a ele se denomina *pariṇāma* (transformação) e não *avasthā* (estado).

Ora, supondo-se que mesmo esse quadro que produz uma imagem imutável na tela seja removido e cada porção do filme correspondente a um único quadro seja totalmente transparente, é óbvio que na tela aparecerá uma iluminação uniforme. No caso, não se aplica a analogia. O abandono ou a supressão do *pratyaya* de *ekāgratā pariṇāma*, por meio de *nirodha*, não produz a iluminação da Realidade, mas a consciência do próximo plano mais sutil, e todo o ciclo dos três *pariṇāmas* precisa ser repetido nesse plano para possibilitar à consciência passar, mais uma vez, para o próximo plano mais sutil. Somente quando o *pratyaya* do último plano (*ātmico*) é abandonado ou suprimido, surge a iluminação da Realidade ou consciência do *puruṣa*.

A razão para o surgimento de um *pratyaya* do próximo plano mais sutil, quando a "semente" presente em *ekāgratā pariṇāma* é suprimida, tem de ser buscada na natureza do complexo mecanismo através do qual a consciência funciona nos diferentes planos, bem como na natureza dos *saṃskāras* que prendem a consciência a seus veículos. Teoricamente, o *nirodha* que vem depois do estado de *ekāgratā* deveria conduzir ao contato direto com a Realidade, mas isto não acontece. Como esta questão já foi tratada em outro lugar (I-18), não é necessário analisá-la aqui.

Etena bhūtendriyeṣu dharma-lakṣaṇā-
vasthā-pariṇāmā vyākhyātāḥ.

III-13) Desse modo (pelo que foi dito nos últimos quatro *sūtras*) as transformações de propriedade, característica e condição nos elementos e nos órgãos dos sentidos também ficam explicados.

Visto que, para pensar, a mente obtém sua matéria-prima dos *bhūtas*, por meio dos *indriyas*, deduz-se que, correspondente aos três *pariṇāmas* já analisados em relação a *citta*, deve haver também *pariṇāmas* análogos no campo dos *bhūtas* e dos *indriyas*. Esses *pariṇāmas* são mencionados neste *sūtra*, primeiro, para enfatizar seu caráter todo penetrante em cada um dos campos de *prakṛti* e, segundo, para facilitar a compreensão do *modus operandi* de muitos *siddhis*, tratados na parte restante desta seção. Transformações de todo tipo, na natureza, baseiam-se de acordo com a filosofia do *Yoga*, em mudanças nos *guṇas* e têm, portanto, de ser governadas por leis que são fundamentalmente as mesmas. É fácil de compreender, assim, que as leis que governam os três tipos de transformação utilizados no controle e na manipulação de *citta*, na prática do *Yoga*, devem também ser verdadeiras no campo dos *bhūtas* e *indriyas*. Mas, devido à diferença no meio, seu modo de operar, embora análogo, não será o mesmo. Assim como o domínio da técnica dos três tipos de transformações no campo de *citta* habilita o *yogi* a controlar e manipular a atuação de *citta*, da mesma forma, o domínio desta técnica no campo dos *bhūtas* e *indriyas* habilita-o a controlar e manipular os fenômenos naturais. Ele consegue, então, exercitar os poderes extraordinários denominados *siddhis*.

Patañjali limitou-se a fazer referência à aplicabilidade das três leis de transformação ao campo dos *bhūtas* e *indriyas*, sem elucidar mais a idéia. Espera-se que o estudante desenvolva por si mesmo os relacionamentos análogos. Vejamos como isto pode ser feito, considerando-se o que foi mencionado quanto ao funcionamento de *citta*.

Analisemos, em primeiro lugar, o campo dos *bhūtas*, ou elementos. Conforme foi explicado em II-19, é pela ação dos *bhūtas* sobre os *indriyas* que ocorre a percepção sensorial. A que se deve, afinal, a ação dos *bhūtas*? Obviamente, às propriedades físicas e químicas dos diferentes tipos de matéria. São essas propriedades que nos fazem ver cores, ouvir sons, e que produzem as inúmeras sensações que formam a matéria-prima de nossa vida mental. Tais propriedades, inerentes à matéria e aparecendo sob diferentes condições, são os instrumentos específicos dos *bhūtas*, sendo que, por sua ação sobre os *indriyas*, produzem todos os tipos de percepções sensoriais. Estas propriedades, em sua totalidade, são chamadas de *dharma*, no presente contexto.

De acordo com a concepção do *Yoga* a respeito da matéria, todos os tipos de propriedades químicas e físicas não são propriedades separadas dos diversos elementos e compostos descobertos pela ciência. Elas são inerentes a uma substância original. Os diferentes elementos e compostos apenas servem como veículos para que se manifestem as propriedades latentes nessa substância original. Este meio básico, ou repositório, de todas as propriedades, é denominado *dharmī* no próximo *sūtra*.

Qual é a importância dos três *pariṇāmas* em relação aos *bhūtas*? Correspondendo a *nirodha pariṇāma* de *citta*, haverá redução ao estado de *dharmī*, o meio básico no qual todas as propriedades tornaram-se latentes e *dharmī* está presente em estado perfeitamente estático. Correspondendo a *samādhi pariṇāma* de *citta*, haverá uma concentração em relação a um determinado conjunto de propriedades, em vez de propriedades que mudam continuamente de forma casual, segundo as condições naturais predominantes. Correspondendo a *ekāgratā pariṇāma* de *citta*, haverá um estado estacionário, no qual um determinado conjunto de propriedades ocupa o campo por algum tempo, ou o *dharmī* permanece exatamente no mesmo estado por um certo período.

As contínuas alterações na matéria, produzidas pelas forças naturais, correspondem à condição da mente comum que passa de um objeto para outro de maneira casual, conforme as leis de associação mental. As mudanças na matéria, obtidas pela deliberada regularização das condições, de certo modo são análogas a *samādhi pariṇāma*. Isto pode ser obtido ou pela regularização das condições externas, como o fazem os cientistas, ou indo à fonte de todas as propriedades e manipulando-as a partir daí, como é feito pelo *yogi*. Nesta última técnica reside o segredo de muitos *siddhis*, tais como *bhūta-jaya*, estudado em III-45.

Pelo fato de os órgãos sensoriais apenas converterem as propriedades que estão presentes, em uma forma ativa, no *dharma*, no âmbito das respectivas sensações, os *pariṇāmas*, no campo dos *indriyas*, são meras contrapartes dos *pariṇāmas*, no campo dos *bhūtas*, podendo os relacionamentos análogos ser facilmente desenvolvidos. Tudo o que temos a fazer é substituir *lakṣaṇa*, ou características, pelo *dharma*, ou propriedades. Neste campo, também o *yogi* que pode exercer *saṃyama* pode seguir o curso das sensações até a sua fonte última e adquirir completo controle sobre os órgãos dos sentidos, conforme indicado em III-48.

É fácil compreender o que são *dharma pariṇāma* e *lakṣaṇa pariṇāma*, porque eles estão ao alcance de nossa experiência comum. O que é *avasthā pariṇāma*? *Avasthā* significa "estado" e, portanto, *avasthā pariṇāma* é "mudança de estado". Para compreender a importância deste tipo de transformação, devemos ir até III-45 e III-48. Os *bhūtas* e *indriyas* existem em cinco estados sucessivos, sendo cada um deles mais sutil do que o precedente. De fato, a forma mais grosseira dos *bhūtas* e *indriyas* deriva da progressiva condensação da forma mais sutil, através dos três estágios intermediários, podendo, por conseguinte, ser outra vez reduzida à forma mais sutil pela reversão do processo. Estas mudanças de um estado para outro são mencionadas no presente *sūtra* como *avasthā pariṇāma* e são análogas aos três tipos de *pariṇāmas* que podem ser produzidas pelo *yogi* em relação a propriedades e características. Este tipo de transformação extrapola a experiência comum, podendo ser utilizado somente através da prática de *saṃyama*.

Śāntoditāvyapadeśya-dharmānupātī dharmī.

III-14) O substrato é aquele no qual as propriedades — latentes, ativas ou não-manifestadas — são inerentes.

Como referido no *sūtra* anterior, todas as propriedades dos diferentes elementos, quer manifestados, quer não manifestados, são considerados inerentes a um substrato, e dele derivados, chamado de *dharmī*. Este substrato, que é a origem de todas as propriedades, não é outro senão *prakṛti*. Quando determinada propriedade desaparece, podemos dizer que ela se tornou latente em *prakṛti*. Quando ela se torna manifestada, podemos dizer que adquiriu uma forma ativa em *prakṛti*. Assim, o aparecimento e desaparecimento de todos os tipos de propriedades na natureza, por meio dos diferentes elementos e compostos, é apenas uma questão de serem ou não manifestados. Todas elas estão eternamente presentes em *prakṛti* e podem tornar-se ativas ou latentes pela produção das condições necessárias.

A opinião de que todos os fenômenos naturais são devidos ao contínuo aparecimento e desaparecimento de todos os tipos de propriedades em um substrato, que é o seu repositório, pode parecer fantástica às pessoas familiarizadas com as modernas idéias científicas, mas uma reflexão mais profunda mostrará a fascinante natureza dessa idéia e convencerá o estudante de que ela não é tão absurda como parece à primeira vista. De fato, aqueles que estão em contato com os mais recentes desenvolvimentos da ciência e estão familiarizados com as tendências do moderno pensamento científico, constatarão nesses desenvolvimentos maior aproximação à doutrina do *Yoga* do que ao materialismo. O fato de que todos os elementos compõem-se de alguns poucos tipos fundamentais de partículas, como os prótons e os elétrons, de que massa e energia são interconversíveis e outras descobertas dessa natureza, vêm realmente abalando os alicerces do materialismo ortodoxo e mostrando que as doutrinas em que se baseia a filosofia do *Yoga* não são, afinal, tão fantásticas como parecem à primeira vista. A teoria de que as propriedades de todos os elementos dependem do número e da disposição dos elétrons nesses elementos está apenas a um ou dois passos da doutrina segundo a qual todas as propriedades da matéria derivam de um substrato, nele existindo de forma potencial.

Kramānyatvaṃ pariṇāmānyatve hetuḥ.

III-15) A causa da diferença na transformação é a diferença no processo subjacente.

O progresso da ciência moderna mostrou, de modo conclusivo, que, por trás dos vários fenômenos que observamos nas diferentes esferas da vida, há uma estrutura oculta de leis da natureza que produzem e regulam esses fenômenos com precisão matemática. Antigamente o homem era mistificado por esses fenômenos naturais e, como ele não sabia que se baseavam em leis naturais, sentia-se indefeso perante eles. Porém, o advento da ciência, bem como a descoberta das leis naturais dela resultantes, deram-lhe força e confiança. Ele sabe que, se pode encontrar as leis subjacentes em qualquer esfera de fenômenos naturais, ele pode controlá-los e manipulá-los com absoluta segurança. Sabe também que, por trás das mudanças externas que observa, há processos interiores que as ocasionam e explicam, sendo que grande parte do trabalho científico realizado hoje visa pesquisar tais processos interiores, e, através de seu controle e manipulação, produzir qualquer resultado desejado no mundo físico.

É essa idéia de um processo oculto, ou de uma seqüência natural subjacente nos variados fenômenos da natureza, que está corporificada no *sūtra* em discussão. A palavra sânscrita *krama* expressa quase exatamente a idéia por trás de uma lei da natureza. Uma lei da natureza nada mais é que uma certa e invariável ordem e maneira como as coisas acontecem sob um certo conjunto de circunstâncias. Não sabemos realmente por que as coisas acontecem de certa maneira e sob certas circunstâncias. Apenas sabemos como acontecem, e uma exata formulação desse modo de ação é uma lei da natureza. Esta é também a idéia essencial por trás da palavra *krama,* operando no campo dos fenômenos naturais. Segundo o *sūtra* anterior, todos os fenômenos causados pela ação de forças naturais ou pela vontade do *yogi* decorrem do aparecimento e desaparecimento das respectivas propriedades em *prakṛti*. Este *sūtra* enfatiza que estas mudanças não ocorrem de maneira casual, mas conforme leis naturais exatas e definidas, que determinam, com precisão matemática, a maneira e a ordem das mudanças.

A necessidade de transmitir ao estudante este fato importante será constatada, se nos lembrarmos de que todos os *sūtras* seguintes, desta seção, tratam das diversas classes de *siddhis* que podem ser adquiridas pela prática de *saṃyama*. Alguns desses poderes ou realizações são de natureza tão extraordinária, que o estudante pode ficar com a idéia de serem adquiridos por algum meio miraculoso. Isso não somente daria uma idéia equivocada acerca da natureza dessas realizações, como também abalaria a confiança do *yogi* em sua capacidade de adquiri-los pelos processos do *Yoga*. Pois há sempre um componente de incerteza associado à idéia de milagres. Um milagre pode ou não acontecer. Mas um processo científico *tem de* produzir o resultado desejado, caso as condições corretas sejam providenciadas. É a natureza científica da técnica do *Yoga* que garante o seu sucesso.

É especialmente necessário enfatizar este fato, em virtude da estranha atitude dos modernos cientistas, em relação a todos os fenômenos que não são de caráter puramente físico e não podem ser tratados em um laboratório científico, por meio de instrumentos físicos. Eles não somente descrêem de tudo que não possa ser investigado por meio de instrumentos físicos, como também o consideram fora do reino das leis.

Para eles, somente os fenômenos físicos são governados por leis naturais. Todos os demais fenômenos, relacionados com experiências mentais, psíquicas e espirituais da humanidade, pertencem implicitamente a um mundo de caos, no qual não há leis definidas e exatas e, portanto, sequer a possibilidade de investigá-las de maneira científica.

A filosofia do *Yoga* adota um ponto de vista mais sensato e científico. Considera o todo do universo manifestado como um cosmo. Declara, enfaticamente, que todos os fenômenos no âmbito desse universo — tanto superfísicos como físicos — estão sujeitos a leis naturais que atuam com precisão matemática. A filosofia do *Yoga* provê os meios pelos quais os fenômenos superfísicos podem ser investigados e as leis subjacentes descobertas. O estudante está, assim, não apenas livre para decidir qual é a mais racional visão de universo, mas também para testar, mediante suas próprias experiências e práticas qual é o ponto de vista correto.

Pariṇāma-traya-saṃyamād atītānāgata-jñānam.

III-16) Pela aplicação de *saṃyama* aos três tipos de transformações (*nirodha*, *samādhi* e *ekāgratā*), o conhecimento do passado e do futuro (é obtido).

Iniciando com III-16, os *sūtras* restantes desta seção tratam dos *siddhis* ou realizações que podem ser adquiridos com a prática de *saṃyama*. Antes de analisarmos cada *sūtra* individualmente, é necessário que se destaquem alguns fatos, como introdução a este difícil, mas interessante assunto. A palavra *siddhis* designa, em geral, poderes extraordinários adquiridos através da prática do *Yoga*, mas seu verdadeiro significado é melhor expresso pelos termos "habilidades" ou "realizações" relacionadas com os mundos superfísicos. Em especial com este último sentido é que deve ser entendida a palavra *siddhis* no presente contexto, pois muitos dos *siddhis* analisados na última parte desta seção referem-se à conquista dos estados mais elevados de consciência e não com o desenvolvimento de poderes ocultos, como costumam ser chamados. Nestas considerações introdutórias apenas se pode abordar rapidamente os aspectos mais genéricos e importantes do tema, os quais permitirão ao estudante visualizar os *siddhis* em sua correta perspectiva na vida do *yogi*.

O primeiro ponto a ser notado em relação aos poderes ocultos, distinguindo-os das realizações mais importantes do *Yoga* superior, é, em termos comparativos, sua pouca importância. Eles exercem uma fascinação peculiar sobre o neófito que tenha adquirido um mero interesse superficial acerca do assunto, mas, quanto mais avançada sua compreensão da filosofia do *Yoga*, mais seu interesse volta-se para o objetivo final. Quando um estudante comum fica interessado pelo *Yoga*, ele ainda se encontra sob o domínio dos desejos comuns — dentre eles, o desejo de poder e de fama. Pode ser que ele não esteja consciente de tal desejo, mas, bem lá no fundo em sua mente subconsciente, esse desejo está pronto a aflorar, assim que se apresentem condições favoráveis. Na prática do *Yoga* seu eu inferior vê uma abertura para a aquisição de poderes extraordinários e espetaculares de todo tipo, e nisto reside, em muitos casos, o segredo da fascinação que o *Yoga* exerce em muitas pessoas. Se o estudante, porém, aprofundar seus estudos sobre o assunto, compreenderá que a filosofia do *Yoga* é baseada na filosofia dos *kleśas*, e os poderes ocultos que tanto interesse lhe despertaram integram também o lado ilusório da vida que o *Yoga* tem por objetivo transcender. O exercitar de poderes ocultos não o livra das ilusões básicas da vida e, em conseqüência, não pode trazer-lhe Iluminação e paz. Ao contrário, tende a distrair sua mente, mais fortemente, de seu verdadeiro objetivo, podendo causar sua derrocada de modo mais imprevisível. Somente quando tiver conquistado totalmente sua natureza inferior e adquirido o verdadeiro *vairāgya*, poderá ele, com segurança, exercitar esses poderes para, se necessário, ajudar outrem. Até então, seu interesse por eles deve ser apenas científico, somando-se às maravilhas e ao mistério da vida que o cerca, ajudando-o a desvendar aquele mistério. Assim, quando esses poderes aparecem-lhe espontaneamente ou como um resultado da prática de *saṃyama*, ele restringe seu uso estritamente a propósitos científicos e mantém uma atitude de total indiferença em relação a eles.

O fato de os verdadeiros *yogis* não terem o menor prazer ou orgulho no exercício dos poderes ocultos que possuem e se recusarem a ceder ao desejo comum e vulgar das pessoas que querem ver "milagres", provavelmente contribui para o fato de que eles permaneçam desconhecidos para o mundo exterior e que as realidades da vida do *Yoga* jamais tenham sido comprovadas de modo inteiramente satisfatório para os psicólogos modernos. O homem comum, ávido por tornar público qualquer poder ou habilidade fora do comum que eventualmente adquira, é incapaz de compreender como qualquer pessoa possa deter alguns dos mais extraordinários poderes do *Yoga* e, no entanto, nem mesmo permitir que os outros saibam ser ela de algum modo diferente de outras pessoas. Por conseguinte, o homem comum conclui naturalmente que, pelo fato de tais poderes nunca terem sido exibidos em público em condições de teste, ou não existem, ou aqueles que os exercem não mais vivem no mundo. Um cuidadoso estudo da história e de outras obras de literatura relevantes provará, conclusivamente, que tais poderes têm sido exercidos por algumas pessoas, em praticamente todas as épocas. E uma busca persistente entre pessoas que estão nesta linha pode também convencer o estudante de que há pessoas vivendo agora que são capazes de exercer esses poderes, embora possam ser difíceis de encontrar e talvez se recusem a mostrá-los a qualquer um, a não ser a seus discípulos já testados e de confiança. Sem dúvida, por toda a parte há charlatães que se fazem passar por *yogis* e enganam os ingênuos com finalidades egoístas e abomináveis. Há também pessoas que tendo conseguido alguns *siddhis* inferiores, saem por aí exibindo-os para satisfação de suas fúteis vaidades ou para ganhar dinheiro. Embora essas pessoas façam-se passar por grandes *yogis*, sua vaidade e atitude mundana as traem e revelam seu verdadeiro *status* na vida do *Yoga*. A prática do *Yoga* superior e o desabrochar da vida espiritual são a única maneira segura de entrar em contato com os verdadeiros *yogis*, que são mestres desta ciência das ciências e, sem dúvida, podem exercer todos os *siddhis* mencionados nos *Yoga-Sūtras*.

O segundo ponto importante a ter-se em mente, em relação aos *siddhis*, é que seu *modus operandi* só pode ser explicado a partir da psicologia do *Yoga*, e aqueles que tentam ajustar os grandiosos e todo abarcantes fatos da ciência do *Yoga* à estrutura extremamente superficial e um tanto materialista da psicologia moderna, envolvem-se em uma tarefa impossível. Encorajada pelos sucessos eventualmente obtidos e por sua capacidade de produzir resultados espetaculares no campo dos fenômenos físicos, a ciência moderna sente-se no direito de pronunciar julgamentos sobre os problemas fundamentais da vida, todavia como praticamente nada conhece sobre os fatos da vida interna, seus vereditos e opiniões sobre estes não têm valor algum, exceto aos olhos daqueles momentaneamente hipnotizados pela filosofia materialista e satisfeitos com uma interpretação puramente materialista do universo.

Este não é o lugar para se tratar, em qualquer extensão, da psicologia em que se baseia toda a estrutura da ciência do *Yoga*. O estudante terá de reunir os elementos desta psicologia, extraindo-os dos *sūtras* pertinentes, dispersos por todo o livro, e preencher as lacunas após amplo e cuidadoso estudo de outros sistemas filosóficos orientais. Ele verá, então, que a filosofia e a psicologia em que se fundamenta a ciência do *Yoga* são as únicas com a necessária abrangência para fornecerem uma base suficientemente ampla para esta ciência. Compreenderá, também, que a psicologia moderna, que limita suas pesquisas às expressões da mente e da consciência através do imperfeito e limitado veículo físico, e que teme perder contato com o mundo físico em suas investigações, é totalmente inadequada para esta finalidade. Aqueles que se recusam a deixar as margens do mundo físico têm de contentar-se com os limitados conhecimentos e recursos que obtiveram e não devem julgar as experiências daqueles que se aventuraram no alto mar e encontraram terras sem limites de inimaginável esplendor.

A melhor maneira de se ter um *insight* do *modus operandi* dos *siddhis* é considerar conhecimento e poder como dois aspectos da mesma realidade, de modo que quem quer que conheça o funcionamento interno de qualquer conjunto de fenômenos tenha também o poder de manipulá-los. Nada há de irracional nesta hipótese, uma vez que o controle e a manipulação das forças físicas pela ciência moderna seguem a descoberta das leis físicas subjacentes a essas forças. Mas a ciência tem conhecimento apenas das forças físicas e, portanto, pode controlar somente os fenômenos físicos. O *yogi* adquire o conhecimento das forças bem mais sutis e poderosas da mente e da consciência e pode, assim, exercer poderes associados a essas forças internas. E, dado que as forças mentais encontram-se também na base das forças físicas, ele pode manipular, inclusive, os fenômenos físicos sem usar qualquer tipo de ajuda física.

Já se aludiu no *sūtra* anterior ao fato de que, de acordo com a filosofia do *Yoga*, todo o universo manifestado, visível e invisível, é governado por leis naturais, não havendo, em conseqüência, lugar para "milagres" nesta filosofia. Quando algo acontece de um modo que parece miraculoso ao observador comum, trata-se da utilização de forças que ainda estão sob o domínio de uma lei natural, apesar de ainda desconhecida da ciência moderna. Não há, nem pode haver, violação de lei natural, mas é possível realizar algo que parece transgredir as leis físicas, empregando-se leis dos reinos superfísicos. Ninguém imagina que a lei da gravidade é violada quando um foguete é lançado no espaço. Por que deveria ser necessário admitir que um milagre ocorreu quando um homem levita no ar, pela prática de *prāṇāyāma*, ou desaparece de nossa visão como indicado em III-21?

Negar a existência de tais poderes, só porque a ciência moderna não consegue aceitá-los ou explicá-los, é atribuir ao cientista uma onisciência que ele mesmo não reivindica para si. Afirmar que os poderes atribuídos ao *Yoga* não são possíveis, não se justifica sequer do ponto de vista científico. Muito do que era considerado impossível antigamente vem-se tornando possível, como um resultado de novos fatos e leis que estão sendo descobertos. Os cientistas bem poderiam lembrar que não foram eles os autores dos fatos e das leis cuja descoberta lhes possibilitou tantas conquistas maravilhosas. Eles apenas descobriram esses fatos. De que modo poderão afirmar quais outros fatos e outras leis ocultam-se no seio da natureza? O cientista pode ou não demonstrar verdadeiro espírito científico, bem como humildade, que faz parte desse espírito. Mas o verdadeiro *yogi*, que descobre os fatos e poderes infinitamente mais fascinantes dos mundos internos, sempre os atribui à Vida Divina abrigada nele e no mundo em torno dele, e, quando usa esses poderes, ele o faz como um agente daquela Vida. No dia em que esquecer este fato importante e perder esta atitude humilde, sua queda estará próxima.

Antes de tratar especificamente desses *sūtras* nos quais Patañjali deu algumas informações sobre os *siddhis*, é necessário mencionar-se alguns fatos gerais de sua maneira de tratar o assunto.

O que primeiramente podemos notar a este respeito é que Patañjali não tratou o tema dos *siddhis* de uma maneira exaustiva. Ele apenas se referiu a alguns *siddhis* bem conhecidos e, a título de ilustração, aludiu aos princípios que fundamentam seu exercício. A nenhum dos *siddhis* é dado um nome ou uma classificação, embora o estudante de literatura do *Yoga* em geral seja capaz de identificar o *siddhi* abordado em um determinado *sūtra* e correlacioná-lo com aqueles mencionados em outras escolas do *Yoga*. Constata-se também que de alguns dos *sūtras* analisados na última parte da seção III dificilmente se diria tratarem dos *siddhis* em termos de poderes ocultos. Eles referem-se, mais exatamente, aos estágios de Auto-Realização conducentes ao último estágio da completa Libertação, ou *Kaivalya*. Tão estreita é a conexão entre os estágios de Auto-Realização e os poderes a estes inerentes, que se torna quase impossível estabelecer a diferença entre os dois, embora possa ser necessário recorrer a *saṃyama* para o aprendizado da técnica de certos processos específicos.

O segundo ponto importante que devemos gravar em nossa mente é que Patañjali não pretende dar, nesses *sutras*, uma técnica precisa para o desenvolvimento dos *siddhis*. Ele apenas indica, em cada *sūtra*, o princípio ou o *modus operandi* do processo mental por meio do qual determinado resultado pode ser alcançado. Isso só pode ser utilizado por um *yogi* avançado, que já tenha aprendido a técnica de *saṃyama* para desenvolver aquele determinado *siddhi*. Quanto ao estudante comum, não apenas é incapaz de fazer qualquer uso prático da sugestão dada, mas dificilmente tem condições de compreender seu verdadeiro significado. Não basta apenas compreender *saṃyama* como um conceito intelectual. Os sucessivos processos mentais nele implícitos devem ser matéria de uma experiência direta real, tão real como, por exemplo, passar de um para outro cômodo em sua própria casa. Que ninguém, portanto, se iluda de que basta estudar cuidadosamente os vários *sūtras*, praticando o que vagamente se indica neles, para poder desenvolver os *siddhis*. Há um preço a pagar, e é um preço muito alto — uma completa reorientação da própria vida e sua dedicação ao ideal do *Yoga*, uma adoção da disciplina do *Yoga* em sua integralidade, além de uma determinação fixa e inalterável de continuar a esforçar-se, vida após vida, até alcançar o objetivo. Neste ideal e na vida que o *yogi* adota, os *siddhis*, no sentido de poderes ocultos, têm, na verdade, uma posição muito secundária, não sendo, em geral, procurados diretamente. A principal ênfase está em encontrar a Verdade Última através da Auto-Realização, sendo os *siddhis* utilizados apenas como um meio para atingir esse fim.

Do que foi dito acima, verifica-se que o assunto dos *siddhis* não constitui um tabu entre os *yogis*, tornando-se desnecessário, pois, adotar uma atitude de temor mórbido em relação a eles, como advogam certas escolas de cultura espiritual. Não há mal em estudar o assunto num espírito acadêmico, para melhor conhecimento e compreensão da ciência do *Yoga*. O perigo começa quando um desejo ardente de desenvolver tais poderes apossa-se da mente do neófito, abrindo-se a possibilidade de ele desviar-se da verdadeira senda do *Yoga*.

Mesmo em relação a esse estudo intelectual, o estudante deve ter em mente suas limitações e não alimentar muitas expectativas em relação a um cuidadoso e completo estudo dos *sūtras* que tenham relação com os *siddhis*. Como tem sido repetidamente ressaltado, os processos mentais envolvidos no desenvolvimento dos *siddhis* não são apenas internos e subjetivos, mas estão fora do alcance da mente comum com a qual estamos familiarizados. Até mesmo a psicologia do *Yoga* não pode explicar tudo. Só pode conduzir o estudante até a fronteira da região com a qual ele está familiarizado, mas não pode fazê-lo ver através dos véus que sua mente inferior colocou em torno de sua consciência. Tudo quanto se pode esperar, por conseguinte, do estudo desses *sutras* é uma compreensão inteligente dos princípios gerais subjacentes aos diversos processos mentais envolvidos no desenvolvimento dos vários *siddhis*. E, em alguns casos, nem mesmo isso talvez seja possível.

A dificuldade de compreender alguns dos *sūtras* cresce ainda mais pelo fato de que o significado exato das palavras neles utilizadas tem sido ofuscado pelo decurso do tempo ou pelo empenho de toda espécie de comentadores em interpretá-los de modo um tanto fantástico. Acresça-se a isso o fato de que, em alguns casos, Patañjali utilizou expressões deliberadamente vagas ou dissimuladas, para evitar que aspirantes super-ambiciosos ou insensatos prejudicassem a si mesmos ao se lançarem em todos os tipos de práticas perigosas. Pode-se, então, perceber a dificuldade para obter uma compreensão clara e satisfatória do significado desses *sūtras* referentes aos *siddhis*. Entretanto, não obstante todas estas limitações, o estudante descobrirá que o assunto é fascinante e que vale a pena seu esforço em estudá-lo.

Com esta breve introdução sobre o tratamento dos *siddhis* por Patañjali, consideremos agora os diferentes *sūtras* nos quais ele abordou cada um dos *siddhis*. O primeiro destes *sūtras* em discussão aborda o conhecimento sobre o passado e o futuro. Por vezes, este *sūtra* é interpretado como significando o conhecimento do passado e do futuro (de qualquer coisa) que surge ao se aplicar *saṃyama* aos três tipos de transformações mencionadas em III-13. Com este tipo de interpretação, é necessário admitir que o futuro de todas as coisas está fixado e, assim, a predeterminação governa o universo manifestado. Se substituirmos a expressão "conhecimento do passado e do futuro" por "conhecimento da natureza do passado e do futuro", o significado torna-se bastante claro. Como reconhecer o transcurso do tempo, em que o futuro está sempre se transformando em passado? Pelas transformações das propriedades, características e estados que estão acontecendo às coisas ao nosso redor. Se essas transformações se interrompessem subitamente, o tempo cessaria de fluir. Assim, aplicando *saṃyama* à natureza destas três transformações, o *yogi* compreende a verdadeira natureza do tempo.

Pode-se perguntar por que o presente foi excluído desta classificação de tempo em passado e futuro. O presente, como todos sabemos, não tem realidade. É um mero conceito para a linha divisória, em constante movimento, que separa o passado do futuro. No incessante fluxo do tempo, como se percebe na alteração das propriedades das coisas, é possível fazer um corte transversal, a qualquer momento, e aí está o presente, teoricamente. Na verdade, o presente torna-se passado antes que percebamos realmente sua presença e, assim, ele sempre nos escapa. Mas, embora sem realidade própria, o presente é algo de extrema importância, porque sob esta linha divisória entre o passado e o futuro está oculto o Eterno Agora, a Realidade que transcende o Tempo.

Saṃyama aplicado aos três tipos de transformações faz com que o *yogi* compreenda a natureza do eterno fluxo do tempo, sob a forma de passado e de futuro. Isso não o torna capaz de transcender o tempo e ter um vislumbre do Eterno que está oculto por trás do tempo. Isso realiza-se através de um processo diferente referido em III-53.

Śabdārtha-pratyayānām itaretarādhyāsāt
saṃkaras tat-pravibhāga-saṃyamāt
sarva-bhūta-ruta-jñānam.

III-17) O som, seu significado (oculto), e sua idéia (presente na mente no momento) apresentam-se juntos em um estado confuso. Aplicando *saṃyama* (ao som) eles (o som, seu significado e sua idéia) separam-se e surge a compreensão do significado dos sons emitidos por qualquer ser vivo.

Se queremos entender de que maneira o *yogi* pode perceber o significado dos sons emitidos por qualquer ser vivo, temos de considerar o complexo processo mental que produz os sons. Imagine-se, por exemplo, o rouxinol chamando sua companheira. Ouve-se apenas o som externo, o qual, porém, é a expressão final de um processo complexo, em que estão envolvidos dois outros elementos. Um, a imagem de sua companheira presente na mente do rouxinol e o outro, o desejo, ou propósito (*artha*), de vê-la. Sem estes dois elementos, o som não poderia ser produzido. Se alguém pudesse penetrar na mente do rouxinol, perceberia ambos os fatores e logo compreenderia o significado dos sons externos. No entanto, ao explicar-se I-42, já se mostrou que, quando diversos fatores desta natureza se apresentam juntos num processo mental complexo, eles podem ser decompostos e separados uns dos outros mediante a aplicação de *saṃyama* ao fator mais externo. Os três fatores juntos constituem uma "semente", que pode ser aberta, separando-se o significado, como já foi explicado. Isso capacitará imediatamente o *yogi* a compreender o significado do som emitido pelo rouxinol. Pelo fato de os sons emitidos por todos os seres vivos serem produzidos pelo mesmo tipo de processo mental, acima mencionado, o *yogi* poderá sempre conhecer seu significado através da aplicação de *saṃyama.*

Não é necessário que o *yogi* sente-se em meditação para conhecer o significado de tais sons. Uma vez dominada a técnica de *saṃyama* e ele tendo aprendido a decompor o complexo processo que resulta nos sons externos, o *yogi* pode desenvolver o processo quase instantaneamente e conhecer, assim, o significado, ouvindo os sons.

Saṃskāra-sākṣātkaraṇāt pūrva-jātijñānam.

III-18) Pela percepção direta das impressões (é obtido) o conhecimento do nascimento anterior.

É uma parte da doutrina da reencarnação que todas as experiências pelas quais passamos na vida produzem impressões em nossos veículos, podendo, então, ser recuperadas mediante a aplicação de métodos adequados. Experiências com hipnotismo mostram, de forma conclusiva, que as experiências passadas por uma pessoa na vida física ficam indelevelmente impressas em seu cérebro, mesmo que não seja capaz de lembrar-se delas. Isso é provado pelo fato de que tais experiências podem ser recuperadas colocando-se a pessoa sob hipnose. De fato, utilizando-se a hipnose em níveis mais profundos, podem ser revividas mesmo impressões de vidas passadas. Por exemplo, uma pessoa que não conhecia sequer os rudimentos de certo idioma, foi capaz de, quando submetida à hipnose, falar fluentemente essa língua e apresentar características de uma personalidade inteiramente nova. Isso mostra que as impressões associadas a todas as vidas pelas quais passamos estão presentes em algum lugar dentro de nós e, se penetrarmos com suficiente profundidade em nossa própria consciência, deve ser possível reviver as experiências que produziram aquelas impressões, assim como tocando um disco num toca-discos é possível recuperar os sons que produziram as impressões no disco.

Essas impressões de vidas anteriores somente podem estar presentes em algum veículo que tenha passado por todas essas vidas e não tenha sido formado de novo em cada encarnação, como acontece com o corpo físico. Este veículo é chamado *kāraṇa śarīra*, ou corpo causal, mencionado como *karmāśaya* em II-12, porque nele se encontram ocultas todas as "sementes" do *karma*, que frutificarão na vida presente e nas vidas futuras. Todos os *yogis* de uma ordem elevada e que podem recolher suas consciências para o interior de seus veículos causais e, assim, entrar em contato direto com essas impressões, encontram-se, portanto, aptos a obter o conhecimento sobre vidas passadas, tanto suas quanto de outros. A técnica pode ser adquirida através de *saṃyama*.

Pratyayasya para-citta-jñānam.

III-19) (Pela percepção direta, através de *saṃyama*), da imagem que ocupa a mente, (é obtido) conhecimento da mente dos outros.

O significado da palavra *pratyaya* já foi bem explicado em outra parte deste livro. É o conteúdo da mente funcionando através de um determinado veículo. Como a consciência de um indivíduo comum em estado de vigília funciona por meio de seu corpo mental, neste caso o *pratyaya* será a imagem mental a ocupar sua mente. Qualquer pessoa que possa visualizar esta imagem mental, é capaz de obter conhecimento dessa mente. Isso pode ser feito aplicando *saṃyama* e estabelecendo contato clarividente entre os dois veículos. Como este *sūtra* vem logo após III-18, a expressão *sākṣātkaraṇāt* pode ser considerada como seguindo *pratyayasya*.

Na ca tat sālambanaṃ tasyāviṣayī-bhūtatvāt.

III-20) Não incluindo, porém, outros fatores mentais que apóiam a imagem mental, pois este não é o objeto (de *saṃyama*).

É óbvio que, pela percepção da imagem mental na outra mente, o *yogi* não pode automaticamente adquirir conhecimento do motivo ou propósito que está presente por trás da imagem mental. Para tanto ele terá de aprofundar-se na outra mente. Um exemplo esclarecerá melhor este ponto. Suponhamos que o *yogi* vê a imagem do Sol na outra mente. Esta imagem pode ser produzida pelo pensar no Sol, por parte de certo astrônomo interessado no Sol como um objeto astronômico. Ou pode ser produzida por um artista que está admirando a beleza do Sol. Ou, ainda, por um adorador do Sol que o venera como expressão da Vida Divina. Em todos estes casos, a imagem será a mesma, mas o plano de fundo mental será inteiramente diferente. O *sūtra* ressalta que pela simples percepção da imagem mental o *yogi* não estará apto a obter conhecimento dos outros fatores presentes naquele plano de fundo e responsáveis pela produção da imagem. Isto somente serve para enfatizar que o mundo de nomes e formas é diferente e mais fácil de ser atingido que o mundo dos motivos etc., que produz movimentos na mente inferior.

Kāya-rūpa-saṃyamāt tad-grāhya-śakti-stambhe cakṣuḥ-prakāśāsaṃprayoge 'ntardhānam.

III-21) Aplicando *saṃyama* ao *rūpa* (um dos cinco *tanmātras*), com a suspensão do poder receptivo, o contato entre o olho (do observador) e a luz (do corpo) é interrompido, e o corpo torna-se invisível.

O poder de tornar-se invisível é um dos *siddhis* bem conhecidos que podem ser adquiridos através do *Yoga*. Como pode ser explicado o *modus operandi* deste *siddhi*? De acordo com a ciência moderna, um corpo torna-se visível quando a luz por ele refletida atinge o olho daquele que o percebe. Se este contato entre o olho e a luz puder ser impedido, o corpo tornar-se-á invisível. Isto pode ser feito pela aplicação de *saṃyama* ao *rūpa tanmātra*. As inter-relações entre os *tattvas*, os *tanmātras* e os órgãos dos sentidos e suas correspondências são bem conhecidas e constituem parte integrante da psicologia em que a ciência do *Yoga* baseia-se. Todos os fenômenos visuais dependem da interação do *tanmātra* que é chamado *rūpa*, do *tattva*, que é chamado *tejas*, e do órgão dos sentidos, que é chamado *cakṣuḥ* (olho). Aplicando *saṃyama* ao *rūpa tanmātra*, o *yogi* adquire o conhecimento das forças que associam o *tattva*, o *tanmātra* e o órgão dos sentidos, podendo manipular tais forças como bem entender. Ele pode, então, evitar que a luz de seu corpo atinja ou afete os olhos do observador, tornando-se, pois, invisível.

Etena śabdādyantardhānam uktam.

III-22) Pelo que foi dito antes, pode ser compreendido o desaparecimento do som etc.

O princípio mencionado no *sūtra* anterior, em relação aos fenômenos visuais, é também aplicável aos outros quatro órgãos dos sentidos. Assim, aplicando *saṃyama* ao *śabda tanmātra* e adquirindo o conhecimento das forças que atuam entre o *tattva* que é chamado *ākāśa*, o *tanmātra*, que é chamado *śabda*, e o órgão dos sentidos que é chamado *śrotra* (o ouvido), o *yogi* pode controlar os fenômenos associados ao som. Se as vibrações que afetam qualquer órgão dos sentidos e produzem as respectivas sensações puderem ser interceptadas, a fonte dessas vibrações, naturalmente, torna-se imperceptível no que concerne aos órgãos dos sentidos. Este *sūtra* é omitido em alguns textos, sem dúvida, porque o que nele é destacado pode ser inferido do *sūtra* anterior.

Sopakramaṃ nirupakramaṃ ca karma tat-
saṃyamād aparānta-jñānam ariṣṭebhyo vā.

III-23) O *karma* é de dois tipos: ativo e dormente. Aplicando *saṃyama* a eles (é obtido) o conhecimento da hora da morte; e também (aplicando *saṃyama*) aos presságios.

Aqueles que estão familiarizados com a doutrina do *karma*, recordarão que o *karma* é de três tipos: *prārabdha*, *saṃcita* e *kriyamāṇa*. *Saṃcita karma* é o estoque total de *karma* acumulado, gerado por um indivíduo durante a vida presente e nas vidas anteriores e que ainda deve ser resgatado. *Prārabdha* é aquela parcela do estoque total que deve ser resgatado na presente encarnação. Esta parcela é selecionada do total do estoque, no começo de cada encarnação, de acordo com as oportunidades oferecidas pelas circunstâncias da encarnação para o resgate de determinados tipos de *karma*. *Kriyamāṇa* é o *karma* que é gerado dia-a-dia. Alguns deles são esgotados imediatamente, enquanto o remanescente vai aumentar o estoque acumulado.

Do que foi dito acima, depreende-se, sem dúvida, que o *prārabdha karma* é distinguível do *saṃcita karma*, por seu potencial de encontrar expressão na vida presente, devendo tornar-se possível, a qualquer pessoa que possa obter uma visão geral de toda a paisagem dos *saṃskāras* separar esse *prārabdha karma* ativo do *saṃcita karma* dormente. Se isto puder ser feito, então a determinação da hora da morte deve ser bastante fácil. Será o momento em que todo o *karma* incluído em *prārabdha* já deve ter-se exaurido. Isto é o que *saṃyama*, aplicado a *saṃcita* e *prārabdha karma*, produz. Mas este *siddhi* implica o poder de elevar a consciência ao plano de *kāraṇa śarīra*. Este é o corpo repositório de todos os *saṃskāras kārmicos*, e somente quando o *yogi* puder atuar conscientemente nesse corpo é que estará apto a investigar com sucesso as potencialidades *kārmicas* de sua própria vida ou das vidas dos outros.

Outro método pelo qual o *yogi* pode determinar a hora de sua morte é observando certo presságio e aplicando *saṃyama* a ele. O advento da era científica relegou todas essas coisas tais como presságios e augúrios ao campo das superstições, e não há dúvida de que, antes do progresso da ciência, a questão dos presságios cercava-se de superstições as mais grosseiras e fantásticas, por parte das massas ignorantes. Mas é necessário que se entenda bem que nada há de inerentemente absurdo em obter-se uma indicação de eventos futuros, que são iminentes, por meio de certos sinais e sintomas disponíveis, uma vez que, de fato, acontecimentos que estão por vir às vezes projetam suas sombras antes de realmente ocorrerem.

Quando um médico é chamado para ver um paciente nos estágios terminais de uma doença crítica, pode, às vezes, simplesmente sentindo o pulso do paciente, afirmar, com segurança, que o doente está prestes a morrer. O pulso dá uma indicação de seu estado geral e com base nisso o médico é capaz de, quase com certeza, predizer a morte do paciente. Sua previsão não resulta de uma conjectura, mas de uma inferência de certas observações por ele feitas. Nem toda pessoa pode prever tal evento. Isto requer experiência e conhecimento médico. Um presságio verdadeiro é um sinal tão expressivo, que fornece uma indicação do evento futuro. Em si mesmo, pode ser trivial e não apresentar qualquer associação racional com a coisa predita, mas para o homem que pode perscrutar o lado interno dos fenômenos naturais, o presságio pode fornecer uma indicação definitiva do que está por vir no futuro. É óbvio, porém, que somente aqueles cujos olhos internos tenham sido abertos e que são capazes de seguir o curso dos efeitos até suas causas, por meio de *saṃyama*, podem reconhecer um presságio e interpretá-lo corretamente.

Maitry-ādiṣu balāni.

III-24) (Aplicando *saṃyama*) à amizade etc., (produz-se) o fortalecimento (da qualidade).

Uma lei psicológica muito conhecida é aquela segundo a qual, se pensamos de modo persistente em qualquer qualidade, esta tende a tornar-se cada vez mais parte de nosso caráter. Este efeito é intensificado pela meditação, quando a concentração da mente é muito mais intensa do que o pensar comum. O efeito é aumentado enormemente em *samādhi*, pela seguinte razão. Quando o *yogi* aplica *saṃyama* a qualquer qualidade, sua mente torna-se una com essa qualidade, por alguns instantes, conforme explicado em I-41. Qualidades positivas, tais como coragem, compaixão etc., não são algo nebuloso e vago, como parecem à mente inferior, mas princípios reais, vivos, dinâmicos, de ilimitado poder e que não podem se manifestar plenamente nos mundos inferiores por falta de instrumentos adequados. Um princípio ou qualidade meramente irradia seu brilho de forma muito débil, por assim dizer, enquanto simplesmente pensamos sobre a qualidade; mas o seu brilho vai se tornando cada vez mais intenso à medida que o pensamento torna-se mais profundo e mais persistente, e a mente vai se sintonizando cada vez mais com aquela qualidade. Mas, quando *saṃyama* é aplicado a uma determinada qualidade e esta funde-se com a mente, ela pode manifestar-se através da mente em uma extensão ilimitada. Mesmo quando esta condição de estar em sintonia com a qualidade termina, com o cessar de *saṃyama*, o efeito deste contato direto é deixar uma impressão permanente na mente e uma enorme intensificação de seu poder de manifestar essa qualidade em condições normais. E com a repetição de *saṃyama*, a mente fica tão sintonizada com a qualidade, que sua expressão perfeita na vida normal torna-se fácil e natural.

Eis como o *yogi* avançado pode tornar-se a própria corporificação dos poderes de amor, simpatia, coragem, paciência etc. e pode expressá-los em uma extensão que parece maravilhosa ao neófito, que ainda está lutando para adquirir tais qualidades. *Saṃyama*, portanto, oferece ao *yogi* a mais eficiente técnica de construção do caráter.

Baleṣu hasti-balādīni.

III-25) (Aplicando *saṃyama*) à força (dos animais), (obtém-se) a força de um elefante etc.

O que foi referido antes, a respeito das qualidades, que podem ser chamadas traços humanos de caráter, aplica-se também a forças que são características especiais dos animais. Assim, se o *yogi* aplica *saṃyama* à força possuída, em diferentes graus, por diferentes animais, ele pode adquirir força, mesmo aquela de um elefante. É claro que o elefante não representa o limite da força que pode ser obtida; este animal foi mencionado apenas por ser aparentemente o mais forte conhecido por nós. Qual é este limite, é difícil dizer-se.

O que devemos, entretanto, notar, é que todas essas qualidades ou poderes como força, velocidade etc., as quais envolvem, em geral, forças físicas, não são meras abstrações, mas princípios vivos, ou *tattva*s, que têm sua fonte na consciência do *Logos*.

O *yogi* que consegue contato direto com estes princípios está, portanto, em contato direto com uma fonte cujas potencialidades são ilimitadas, tanto quanto nos concerne.

Pravṛtty-āloka-nyāsāt sūkṣma-vyavahita-viprakṛṣṭa-jñānam.

III-26) Conhecimento do (que é) pequeno, do (que está) oculto ou distante, (obtém-se) direcionando a luz da faculdade superfísica.

Uma doutrina bem conhecida da filosofia Oculta é a de que, interpenetrando o plano físico, há diversos planos superfísicos de sutileza progressivamente crescente. Patañjali não mencionou definidamente ou classificou de forma clara esses diferentes planos, mas sua existência está implícita em suas doutrinas relativas aos diferentes níveis de consciência (I-17) e aos estágios dos *guṇas* (II-19). Sua referência à atividade sensorial superior, ou faculdades superfísicas, no *sūtra*, mostra também que ele tomou como óbvia a existência de mundos superfísicos e o exercício de faculdades a eles pertinentes. Outra razão, talvez, por que os diferentes planos de existência não são mencionados por ele especificamente, é que tal divisão do lado material do universo não é necessária à finalidade do *Yoga*. Como ciência prática, o *Yoga* preocupa-se principalmente com a elevação da consciência humana a níveis progressivamente mais elevados da existência, e, como todos os planos formam, realmente, uma massa heterogênea de partículas de matéria, eles podem, por conveniência, ser considerados um só.

A sutileza, a obscuridade e a distância mencionadas neste *sūtra* devem-se, todas, às limitações dos órgãos dos sentidos. A ciência procura superar essas limitações aumentando o raio de ação dos órgãos sensoriais através do uso de instrumentos físicos altamente sofisticados. Aos olhos é dada, assim, considerável ajuda para verem o que está distante, por meio do telescópio; para verem o que é pequeno, por meio do microscópio e, para verem o que está oculto, o aparelho de raio X. Mas esses auxílios instrumentais prestados aos nossos órgãos sensoriais físicos, ainda que admiráveis de alguma forma, sofrem enormes limitações de vários tipos. Em primeiro lugar, sua esfera de observação, por mais ampliada que possa ser, restringe-se ao mundo físico. Todos os mundos superfísicos, por sua própria natureza, estarão sempre ocultos aos mais sensíveis instrumentos físicos que possam ser projetados. Dado que o mundo físico é apenas o revestimento mais externo no universo manifestado, nosso conhecimento deste universo está destinado a permanecer fragmentado e extremamente parcial. Em segundo lugar, nunca é possível alcançar a verdade final, com relação às questões científicas fundamentais, desta maneira. Conquanto admirável nosso conhecimento acerca de matéria e energia, não devemos esquecer que grande parte dele é inferencial e, portanto, sujeito a dúvidas e erros. A rápida substituição de diferentes teorias, uma após outra, que tem marcado o avanço da ciência nos campos da química e da física, criou tanta confusão e incerteza em relação às questões fundamentais concernentes à natureza do universo manifestado, que os cientistas não parecem estar seguros, agora, sobre coisa alguma, exceto quanto aos fatos empíricos que obtiveram e aplicaram de maneira tão maravilhosa. Isto é inevitável, à medida que continuarmos a investigar exclusivamente com instrumentos físicos e análises matemáticas um universo cujos alicerces encontram-se nos reinos da mente e da consciência.

Ora, o método do *Yoga* é completamente diferente. Ele descarta inteiramente todo auxílio externo e se fundamenta no desenvolvimento dos órgãos internos de percepção. Estes órgãos estão presentes, em um estado de desenvolvimento quase perfeito, em todos os seres humanos evoluídos e, para serem postos em uso, requerem somente treinamento apropriado, através de métodos do *Yoga*. O desenvolvimento desses órgãos, correspondentes a todos os níveis de consciência e de sutileza da matéria, passo a passo vai abrindo, naturalmente, todos os reinos sutis da matéria para o *yogi*, até o último estágio, onde a matéria desaparece na consciência. E, eventualmente, fornece-lhe os meios de investigar os fenômenos, até mesmo do mundo físico, e manipular suas forças com muito mais simplicidade e eficácia do que um cientista pode fazer, como o demonstra claramente a natureza de muitos *siddhis*. Sem dúvida, o método do *yogi* é individual, incapaz de demonstrações públicas e requer rigorosa e prolongada autodisciplina. Mas aqueles que são capazes de perceber as ilusões da vida e estão determinados a conhecer a verdade certamente irão preferi-lo ao compreenderem que o método científico só pode propiciar-lhes um conhecimento superficial do plano físico, não lhes assegurando qualquer esperança de libertação das limitações da vida.

Os poderes mencionados no *sūtra* são decididamente de ordem inferior em relação aos *siddhis* mais importantes e verdadeiros, porque há umas poucas pessoas espalhadas pelo mundo que podem, sem dúvida, exercitar tais poderes de uma maneira limitada. Poderes psíquicos, como clarividência ou clariaudiência, são tão comuns agora, que sua possibilidade não é mais negada pela maioria das pessoas reflexivas, embora possam não ter encontrado reconhecimento em círculos estritamente científicos. Mas, quando são exibidos por pessoas de maneira comum, normalmente, seja por motivos pecuniários, seja para satisfazer a curiosidade popular, verifica-se serem eles desenvolvidos não estritamente por métodos do *Yoga*, mas por outros métodos aos quais Patañjali referiu-se em IV-1.

Bhuvana-jñānaṃ sūrye saṃyamāt.

III-27) Conhecimento do sistema solar (obtém-se) pela aplicação de *saṃyama* ao Sol.

Este *sūtra* e os dois seguintes tratam do método de adquirir conhecimento acerca dos corpos celestes. Há três questões básicas envolvidas neste conhecimento. A primeira é a estrutura de um sistema solar que é a unidade fundamental em todo o cosmo. A segunda é o ordenamento das estrelas em diversos tipos de grupos, tais como galáxias e outros. A terceira é a lei subjacente a seus movimentos. O conhecimento relacionado com estas questões preliminares é obtido aplicando *saṃyama* a três diferentes objetos no céu, como indicado nesses *sūtras*. Para compreender como isso é possível, o estudante deve recordar o que foi dito em I-42, em relação aos diferentes princípios subjacentes em *saṃyama* para diferentes propósitos.

O *sūtra* em discussão trata do método de obtenção de conhecimento acerca da estrutura de um sistema solar. Este conhecimento inclui não apenas o aspecto físico que tem sido estudado tão amplamente pelos astrônomos modernos, mas também os aspectos superfísicos, que, embora ocultos de nossa vista, são muito mais interessantes e importantes. Um conhecimento geral sobre nosso Sol, como o obtido pelos métodos científicos, convencerá qualquer um de que o Sol é, de alguma forma misteriosa, o próprio coração e alma do sistema solar. Investigações ocultas, baseadas em métodos do *Yoga,* ressaltaram que o fenômeno de que toda a vida no sistema solar está centralizada no Sol tem um significado mais profundo, e se deve ao fato de que o sistema solar é um veículo para a expressão da vida e consciência de um Ser Poderoso, a quem chamamos de *Īśvara* ou *Logos* Solar. Esta vida e consciência expressa-se em diferentes níveis através dos diversos planos do sistema solar, que se interpenetram e formam um todo integrado.

Considerando que os diferentes planos do sistema solar estão organicamente relacionados entre si e que o Sol físico é o centro deste complexo organismo, é fácil perceber que, aplicando *saṃyama* ao Sol, desdobrar-se-á na mente do *yogi* toda a configuração do sistema solar, proporcionando-lhe um conhecimento abrangente não apenas em relação à estrutura do nosso sistema solar, mas a todos os sistemas solares que constituem o cosmo. Isso porque esses sistemas solares, ainda que separados uns dos outros por enormes distâncias, na verdade não são realmente independentes uns dos outros. Eles têm raízes na Realidade Última Una, sua vida provém de uma "Fonte Comum" e são modelados por um padrão.

Candre tārā-vyūha-jñānam.

III-28) (Aplicando *saṃyama*) à Lua (obtém-se) conhecimento em relação à configuração das estrelas.

Este *sūtra* exemplifica o princípio de que, pela aplicação de *saṃyama* a um fenômeno externo, é possível obter o conhecimento da lei básica, ou princípio, em que se baseia este fenômeno. Uma análise do céu, por métodos astronômicos, não somente alargou nossos horizontes e nos fez conhecer as estrelas, as galáxias e os universos além do alcance visual humano, mas também nos possibilitou um vislumbre das relações existentes entre esses diferentes grupos de estrelas. A cada aumento do poder de magnificação dos telescópios, novas galáxias e novos universos chegaram ao alcance de observação, comprovando a natureza infinita do cosmo. Todos esses corpos celestes, que parecem estar dispersos no céu ao acaso, foram encontrados, pelos astrônomos, agrupados de diferentes modos, sendo que estes grupos estão inter-relacionados de maneira definida. Assim, os satélites estão agrupados e se movem em redor de um planeta, os planetas estão agrupados e se movem em torno de um sol central, os sóis que vemos como estrelas fazem parte de um grupo muito maior chamado galáxia e as galáxias estão agrupadas em um universo. As distâncias e os tempos envolvidos nesses agrupamentos e movimentos de estrelas são tão imensos, se comparados aos períodos durante os quais foram feitas as observações, que não se pode obter, por métodos puramente físicos, um quadro claro e completo de todo o cosmo, embora qualquer pessoa que haja analisado a questão com mente aberta não possa deixar de ver que há um Grande Plano na base dos fenômenos astronômicos.

Como pode o *yogi* obter conhecimento desse Plano? Aplicando *saṃyama* a um fenômeno astronômico que é típico dos diferentes agrupamentos e movimentos. O movimento da Lua em torno da Terra é um desses fenômenos em escala mínima. Corporifica as características essenciais de todos os agrupamentos e movimentos, sendo fácil perceber que, aplicando *saṃyama* a ele, desdobrar-se-á na mente do *yogi*, a natureza essencial do plano cósmico.

Dhruve tad-gati-jñānam.

III-29) (Aplicando *saṃyama*) à estrela polar (obtém-se) conhecimento dos seus (das estrelas) movimentos.

O que foi dito acima com relação à lei geral que regula o relacionamento espacial dos corpos celestes, aplica-se igualmente à lei que regula seus movimentos relativos. É sabido que movimento é algo puramente relativo, não sendo possível definir ou determinar o movimento absoluto. Podemos mensurar o movimento apenas em relação a outro objeto que esteja fixo. Esta é a lei em que todas as demais leis de movimento estão baseadas. Ora, há somente uma estrela no céu cuja posição é relativamente fixa e que, por conseguinte, é considerada como um símbolo de fixidez. Esta é chamada *Dhruva,* ou estrela polar. Esta estrela pode, portanto, ser tomada como um símbolo da lei fundamental do movimento acima mencionado. A aplicação de *saṃyama* a *Dhruva* não significa, pois, aplicar *saṃyama* à estrela física que tem esse nome, mas à lei de movimento da qual ela é um símbolo.

O modo como *saṃyama* nesta lei fundamental habilitará o *yogi* a obter conhecimento de todas as leis de movimento, que regem os movimentos dos corpos celestes, tornar-se-á claro se nos lembrarmos de que as diversas leis de movimento se inter-relacionam e que aplicando *saṃyama* à lei básica é possível obter o conhecimento de todas. Aqueles que estão familiarizados com a filosofia da ciência moderna recordarão como a ciência está sempre procurando descobrir uma lei simples e fundamental subjacente a várias outras leis operando numa determinada esfera. Tal busca baseia-se na percepção intuitiva da unidade fundamental subjacente à manifestação. Todas as leis da natureza, operando em diferentes esferas e aparentemente sem qualquer relação, derivam, na verdade, da progressiva diferenciação de uma única lei abrangente que expressa a ação da natureza em sua totalidade. Eis por que é possível integrar, progressivamente, leis menores em leis mais abrangentes e, aplicando *saṃyama* a um aspecto de uma lei, adquirir conhecimento acerca de todos os demais aspectos.

Nābhi-cakre kāya-vyūha-jñānam.

III-30) (Pela aplicação de *saṃyama*) ao centro do umbigo (obtém-se) conhecimento da organização do corpo.

O corpo físico é um maravilhoso organismo vivo, que serve de maneira notável como um instrumento da consciência no plano físico. É verdade que uma parte do corpo físico — a mais importante — é invisível e situada fora do alcançe dos modernos métodos científicos. Todo o sistema de distribuição *prāṇica*, por exemplo, que atua através do *prāṇamaya kośa* e supre de vitalidade o *annamaya kośa*, é desconhecido da ciência. Entretanto, mesmo o que pode ser investigado por métodos científicos demonstra que as várias atividades do corpo foram organizadas da maneira a mais científica, parecendo guiadas pela mais elevada inteligência.

Um estudo detalhado do corpo humano mostra também estar ele organizado segundo um conjunto de padrões e, deste modo, todos os corpos humanos são estrutural e funcionalmente semelhantes em sua essência. O sistema circulatório, o sistema nervoso, o sistema linfático, o sistema glandular e outros sistemas funcionam da mesma maneira em todos os corpos humanos, não obstante possuírem, também, notáveis poderes de adaptação. A razão para este comportamento similar de todos os corpos humanos é, naturalmente, a presença de um arquétipo na Mente Universal, com o qual todos os corpos amoldam-se. Eis por que, no caso de bilhões e bilhões de seres humanos nascidos sob as mais variadas condições, o mesmo padrão nas formas externas do corpo e no seu funcionamento interno repete-se com notável fidelidade.

Qualquer pessoa que possa contactar mentalmente este arquétipo do corpo humano adquirirá pleno conhecimento do mecanismo do corpo físico. Isto pode ser feito mediante a aplicação de *saṃyama* ao *cakra* do umbigo, porque este *cakra* controla o sistema nervoso simpático que atua no corpo. É claro, porém, que o arquétipo do corpo é que constitui o objeto do conhecimento, ao aplicar-se *saṃyama*, sendo o *cakra* do umbigo apenas o portão que conduz àquele arquétipo. O centro umbilical não é o plexo solar, mas, sim, o centro de *cakra* no *prāṇamaya kośa*, que está associado ao plexo solar.

Kaṇṭha-kūpe kṣut-pipāsā-nivṛttiḥ.

III-31) (Pela aplicação de *saṃyama*) à garganta (obtém-se a) cessação da fome e da sede.

É bem sabido que as sensações de fome e sede e outros fenômenos similares dependem das secreções de glândulas situadas em várias partes do corpo. Um conhecimento do funcionamento dessas glândulas e da capacidade de regular suas secreções dará ao *yogi*, naturalmente, o poder de controlar as sensações. Há diversas glândulas situadas na região e em torno da garganta, e *saṃyama*, aplicado ao *cakra* do umbigo, já revelou a presença da glândula[1] que controla a fome e a sede, que capacitará o *yogi* a tornar essas sensações voluntárias.

Pode-se, contudo, mencionar que de fato é *prāṇa* que controla as secreções das glândulas e posto que *prāṇa* obedece ao pensamento, uma vez adquirido o conhecimento da atuação das glândulas, o *yogi* pode controlar todas as ações fisiológicas no corpo, inclusive os movimentos do coração e dos pulmões. Aquilo que um médico tenta produzir pela ação de drogas, o *yogi* pode conseguir controlando e regulando as correntes *prāṇicas* no corpo. Não foram especificadas por Patañjali as glândulas envolvidas nessas ações fisiológicas, sem dúvida para evitar que amadores se intrometam nesses assuntos e causem danos a si mesmos.

Kūrma-nāḍyāṃ sthairyam.

III-32) (Aplicando *saṃyama*) ao *kūrma-nāḍī* (obtém-se a) imobilidade.

Prāṇa é de muitos tipos, cada um com funções especiais no corpo, tendo uma *nāḍī* especial como seu veículo. *Kūrma* é uma das variedades bem conhecidas de *prāṇa*, sendo o nervo específico que atua como seu veículo denominado *kūrma-nāḍī*. Esta variedade de *prāṇa* tem, obviamente, algo a ver com os movimentos do corpo, pois, controlando-a, o *yogi* adquire o poder de tornar seu corpo imóvel. Este controle pode ser conseguido, como usualmente, aplicando *saṃyama* a *nāḍī* que é seu veículo.

---

[1] Aplicando *saṃyama ao cakra* do umbigo o *yogi* já conheceu a organização do corpo, suas glândulas etc., conforme III-30; aplicando *saṃyama* a esta glândula específica da região da garganta ele obterá o controle das sensações de fome e sede, conforme III-31. (N. ed. bras.)

Todo o mecanismo fisiológico funcionando no corpo físico destina-se a conduzir suas atividades normais de uma maneira involuntária. Mas, uma vez que cada mecanismo é realmente o veículo de um princípio, ou *tattva*, é possível, adquirindo-se o controle voluntário de seu funcionamento, expressar esse princípio em qualquer extensão desejada. É esta espécie de controle voluntário da função do *kūrma-nāḍī* que habilita o *yogi* a realizar proezas, em termos de força, que parecem miraculosas a uma pessoa comum. Mas, é claro, nenhum verdadeiro *yogi* fará uma demonstração deste tipo.

Mūrdha-jyotiṣi siddha-darśanam.

III-33) (Aplicando *saṃyama*) à luz sob a coroa da cabeça (obtém-se a) visão dos Seres que atingiram a perfeição.

Tendo em vista ser a filosofia do *Yoga* baseada na imortalidade da alma humana e em seu aperfeiçoamento através da evolução, a existência daqueles que se tornaram perfeitos e estão vivendo num estado do mais elevado grau de Iluminação é aceita como óbvia. Tais Seres são chamados *siddhas*.

Esses Seres perfeitos estão acima da necessidade de reencarnar, porque já aprenderam todas as lições que a vida corpórea tem a ensinar e completaram o ciclo da evolução humana. Eles vivem nos planos espirituais do sistema solar e, mesmo quando retêm corpos nos planos inferiores para ajudar a humanidade em sua evolução, sua consciência permanece realmente centrada nos planos mais elevados. Para alguém entrar em contato com esses Seres é necessário elevar-se ao plano no qual a consciência deles normalmente funciona. Apenas entrar em contato físico com eles de algum modo não é de muita utilidade, pois, a menos que se esteja sintonizado com a vida superior deles, não se pode receber um real benefício de tal contato.

Como pode alguém entrar em contato, de maneira apropriada, com esses Seres perfeitos? Aplicando *saṃyama* à luz sob a coroa da cabeça. Há um pequeno órgão rudimentar no cérebro, chamado glândula pituitária. Além de suas outras funções fisiológicas conhecidas da ciência médica, ela tem a importante função de estabelecer contato com os planos espirituais nos quais funciona a consciência dos *siddhas*. Quando tornada ativa pela meditação, ela serve como uma ponte entre as consciências superior e inferior e permite que a luz dos mundos superiores penetre no cérebro. Somente então é que os *siddhas* realmente se tornam acessíveis ao *yogi*, porque ele pode elevar-se ao plano deles e entrar em comunhão com eles. Mas não é meramente pela concentração neste órgão físico que esse tipo de comunicação pode ser estabelecido. É aplicando *saṃyama* à luz para a qual o órgão pode servir como veículo físico.

Prātibhād vā sarvam.

III-34) (Conhecimento) de todas as coisas por intuição.

É bem sabido que todos os *siddhis* podem ser adquiridos por outros métodos além dos indicados até agora nos *Yoga-Sūtras*. Por exemplo, um *bhakta* que segue a Senda do amor entra na posse de muitos *siddhis*, embora ele nada tenha feito, deliberadamente, para desenvolvê-los. Isso mostra que há um estado de consciência espiritual ao qual todos estes poderes são inerentes e, desta forma, quem quer que alcance tal estado, seja qual for o método, adquire os *siddhis* automaticamente. O *bhakta* atinge esse estado pela união com o Bem-amado, através do amor, e o *jñāni*, através do discernimento. Nos próximos dois *sūtras*, Patañjali indica o modo de desenvolver esse estado de consciência pelo método estrito do *Yoga*.

Esse estado de consciência, ao qual *siddhis* de todos os tipos são inerentes, também confere o poder de perceber a verdade diretamente sem o auxílio de qualquer instrumento. A faculdade aqui denominada *prātibha* não dispõe de uma tradução perfeita em nosso idioma. A palavra que mais se aproxima de seu significado é "intuição". Esta palavra, porém, do modo como é utilizada na psicologia ocidental, tem um sentido um tanto vago e genérico, de apreensão da verdade pela mente, sem raciocínio. A ênfase está na ausência de raciocínio e não na natureza transcendente do que é apreendido. É verdade que alguns filósofos ocidentais têm utilizado o termo "intuição" com um sentido mais específico, que se aproxima daquele de *prātibha*, mas este não é o significado geralmente aceito para o termo.

A palavra *prātibha*, como é utilizada nos *Yoga-Sūtras*, designa a faculdade espiritual transcendente de percepção, que pode prescindir não apenas do uso dos órgãos dos sentidos, mas também da mente. Pode perceber tudo refletido diretamente, por assim dizer, na própria consciência e não pela intermediação dos sentidos ou da mente. A intuição, por outro lado, é, no máximo, um vago e fraco reflexo de *prātibha* e pode ser chamada de eco ou reverberação inferior de *prātibha* nos reinos da mente. Falta à palavra "intuição" o caráter direto e definido da percepção implícita em *prātibha*.

Que deve haver uma faculdade de percepção não-instrumental depreende-se claramente do fato de que *Īśvara* está cônscio de todas as coisas e em todos os lugares, sem o uso de órgãos sensoriais ou da mente. Se a onisciência é um fato, então a percepção não-instrumental também deve ser um fato, sendo *prātibha* apenas a expressão desse tipo de percepção, de modo limitado, através de um indivíduo. Esta é também a faculdade que os Seres perfeitos, que alcançaram *Kaivalya*, utilizam para manter contato com os mundos inferiores que eles transcenderam. A percepção através dos órgãos sensoriais deve, portanto, ser considerada apenas um estágio no desenvolvimento da consciência. Depois de desenvolvida a consciência superior, o uso destes órgãos, na maioria das vezes, torna-se desnecessário, constituindo um recurso somente para certas finalidades específicas. No progresso evolutivo, vê-se, freqüentemente, determinado mecanismo, representando um estágio inferior, ser utilizado unicamente no desenvolvimento de um estágio superior e desaparecer depois de atingido seu propósito.

Hṛdaye citta-saṃvit.

III-35) (Aplicando *saṃyama*) ao coração (obtém-se o) percebimento da natureza da mente.

Neste *sūtra* e no seguinte é indicado o método de desenvolvimento da consciência intuicional. Como a consciência intuicional transcende a consciência mental, o primeiro passo, naturalmente, é adquirir o verdadeiro conhecimento concernente à natureza da mente e sobre como esta modifica a consciência pura, isto é, a consciência do *puruṣa*. Este conhecimento é obtido aplicando *saṃyama* ao coração. Que se entende por coração?

Do lado forma, o *jīvātmā* é constituído de um conjunto de veículos concêntricos, compostos de matéria de diferentes graus de sutileza, tal como o *Logos* Solar no lado forma é constituído de um conjunto de planos concêntricos irradiados por Sua consciência. O primeiro é chamado de *piṇḍāṇḍa*, o ovo áurico, enquanto o segundo é denominado *Brahmāṇḍa*, o ovo *Brāhmico*, estando os dois relacionados entre si, como o microcosmo e o macrocosmo, e tendo um centro comum. Assim como o Sol, tanto no seu aspecto físico quanto no superfísico, constitui o coração do sistema solar, do qual irradiam todas as energias necessárias ao sistema solar, da mesma forma, o centro comum de todos os veículos de *jīvātmā*, que os energiza, é mencionado como coração na literatura oculta e mística. Provavelmente é assim chamado, primeiro, por causa de sua proximidade do coração físico e, segundo, por causa da analogia de sua função. O portal para o coração místico é o *cakra* conhecido como *Anāhata*, e *saṃyama* aplicado a este é que realmente capacita o *yogi* a conhecer a natureza do princípio da mente que funciona através dos diferentes veículos, em diferentes níveis.

Como *citta* é apenas o produto da interação entre consciência e matéria (I-2), deve ser fácil verificar por que o centro comum de todos os veículos através dos quais a consciência atua deve também ser a sede de *citta*. Os sentidos são apenas os postos avançados de *citta* e devem ser considerados parte de *citta*.

Sattva-puruṣayor atyantāsaṃkīrṇayoḥ pratyayāviśeṣo bhogaḥ parārthāt svārtha-saṃyamāt puruṣa-jñānam.

III-36) Experiência é o resultado da inabilidade em distinguir entre o *puruṣa* e o *sattva*, embora os dois sejam absolutamente distintos. Conhecimento do *puruṣa* resulta de *saṃyama* (aplicado) ao Auto-interesse (do *puruṣa*), separado do interesse de outrem (de *prakṛti*).

Este é um daqueles *sūtras* que muitos estudantes têm dificuldade em compreender. Isto se deve ao fato de ele envolver algumas doutrinas fundamentais da filosofia *Sāṃkhya* sobre a qual nossas idéias não são bastante claras. Se primeiramente esclarecermos essas idéias, o significado do *sūtra* ficará muito mais claro. Não obstante os *Yoga-Sūtras* serem, em geral, considerados inteiramente baseados em *Sāṃkhya*, eles são melhor compreendidos sobre a base de ambas as doutrinas *Sāṃkhya* e Vedanta, não havendo, de fato, justificativa para a arbitrária exclusão da doutrina do Vedanta da discussão dos problemas do *Yoga* superior.

A primeira idéia que devemos tentar apreender é aquela de que o *puruṣa* é um Centro na Realidade Última (*Brahman*) e transcende a manifestação e suas limitações. Sua descida à manifestação, pela associação com *prakṛti*, não altera sua natureza transcendental, embora modifique *prakṛti* através da qual se expressa sua natureza tríplice, *sat-cit-ānanda*. Esta natureza tríplice reflete-se nos três *guṇas*, sendo as correspondências entre os aspectos da consciência e os *guṇas* representadas pelo seguinte diagrama:

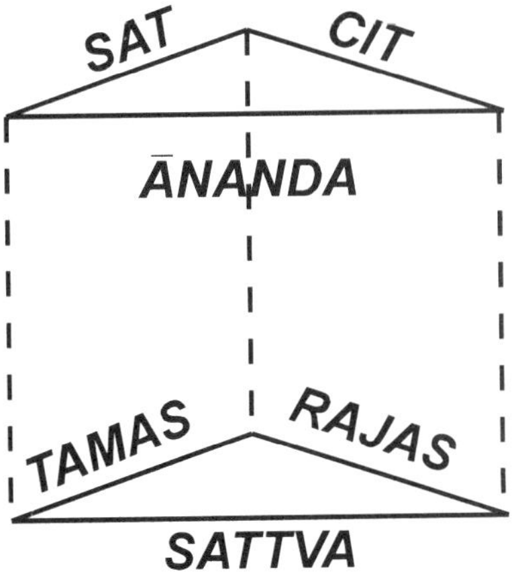

Figura 10

No diagrama (Figura 10), verifica-se que o princípio da cognição, ou percebimento, incluído em *ānanda* na terminologia do Vedanta, corresponde ao *sattva guṇa*. Por ser o objetivo do *Yoga* a Auto-Realização ou a obtenção do percebimento de nossa verdadeira natureza (I-3), é que o *sattva guṇa* representa tão importante papel na exposição de suas doutrinas.

Quando a pura consciência do *puruṣa* manifesta-se no reino de *prakṛti*, ela aparece como percebimento do Não-Eu, e este percebimento, que se expressa através da ação do *sattva guṇa*, é chamada de *buddhi*. Há sempre certa confusão causada pela utilização da mesma palavra — consciência — tanto com relação à consciência transcendental do *puruṣa*, que está *acima* do reino de *prakṛti*, quanto para seu reflexo como percebimento, *dentro* do reino de *prakṛti*. Quando utilizamos a palavra "consciência" em seu sentido comum, nos referimos sempre à última, mas não existe realmente um vocábulo, em nosso idioma, correspondente à consciência transcendental do *puruṣa*, do qual a consciência referida na psicologia moderna é uma parcial e limitada manifestação. A palavra utilizada em sânscrito para "pura consciência transcendente de *puruṣa*" é *citi-śakti* (IV-34) ou mais genericamente, *Caitanyam,* enquanto a consciência condicionada é, em geral, chamada de *saṃvit* (III-35).

Quando a consciência pura do *puruṣa* é associada com *prakṛti*, ela se torna progressivamente condicionada, à medida que vai descendo, plano a plano, esses diferentes graus de condicionamento, representados pelos quatro estágios dos *guṇas* (II-19). Entretanto, deve-se ter em mente que o *Sāṃkhya* baseia-se na absoluta transcendência do *puruṣa*. De acordo com o *saṃkhya* o *puruṣa* não descende a *prakṛti*, mas apenas se associa com *prakṛti*, de uma maneira indefinida. A simples proximidade de *puruṣa* produz mudanças em *prakṛti*, sendo uma destas o desenvolvimento da consciência condicionada. Porque o percebimento de *puruṣa* está sempre completamente separado e distinto de *prakṛti*, todos os fenômenos de consciência ou percebimento são considerados puramente *prākṛticos*, baseados em *sattva guṇa*. Para todas as finalidades práticas, a palavra *sattva*, como é usada no presente contexto, pode ser tomada como o princípio do percebimento, expressando-se por meio da faculdade de *buddhi*. O *puruṣa* permanece completamente separado do *sattva*, embora sua presença (do *puruṣa*) estimule o percebimento por meio de *buddhi*. Este percebimento torna-se mais e mais vívido e simula com mais perfeição a consciência do *puruṣa*, à medida que se expressa através dos estágios progressivamente mais sutis dos *guṇas*, mas nada pode haver de comum entre os dois, pois o primeiro (*sattva*) é puramente um produto de *prakṛti*, enquanto o último (*puruṣa*) transcende totalmente *prakṛti*. Os dois são completamente distintos. É o que quer dizer a expressão *Atyantāsaṃkīrṇayoḥ*.

A segunda idéia a ser apreendida neste *sūtra* diz respeito à natureza da experiência. Pelo fato de o *puruṣa* transcender totalmente *prakṛti* e a experiência ser sempre no reino de *prakṛti*, o *puruṣa* não pode ser o experimentador. A experiência ocorre quando, por causa de *avidyā*, há indistinção ou identificação entre o *puruṣa* e a consciência condicionada que é denominada *sattva* neste *sūtra*. Até mesmo na vida comum, verificamos que, quanto mais nos identificamos com nossa mente e seus conteúdos e nos permitimos perder-nos neles, maior é o prazer da vida, enquanto o desapego tira o prazer das experiências e as converte em mero percebimento. Quanto maior o desapego, ou *vairāgya*, através do discernimento, mais perfeita é a transformação de *bhoga*, ou experiência, em mero percebimento. Um *jīvanmukta* é tão consciente, quando funciona através de um veículo, quanto um homem comum, mas, se o elemento de identificação estiver ausente, não haverá *bhoga*, ou experiência prazerosa. Este gradual desprendimento da consciência pura em relação ao *pratyaya*, produzido pelo contato com um veículo, é gerado por *viveka* e *vairāgya* e, quando completo, leva a *Kaivalya*.

Será, então, *Kaivalya* um estado completamente destituído de felicidade? Será, por acaso, uma existência perfeitamente incolor, na qual nada há para compensar as alegrias e a felicidade que, às vezes, sentimos na vida quotidiana? Esta é uma concepção equivocada que, muitas vezes, perturba aqueles que estudaram essas questões de maneira superficial, sendo, freqüentemente, a causa da repulsão que por vezes sentem em relação ao ideal do *Yoga* de Libertação. Para afastar esta falsa concepção, temos apenas que perguntar qual é a fonte da felicidade ilusória que sentimos nas alegres experiências de nossa vida comum e das experiências de bem-aventurança de nossa vida superior. É claro que se trata do Eu, cuja natureza é a bem-aventurança. A experiência exterior é apenas uma causa excitante. É a resposta vinda do interior — a fonte da bem-aventurança — que produz as débeis reverberações que sentimos como alegrias e prazeres da vida inferior. Desistindo das alegrias e dos prazeres da vida inferior estamos, simplesmente, desistindo do indireto, frágil e incerto método de obter a bem-aventurança para adotar o método direto. Desistimos de reter a sombra para apreender a substância. Em vez de tentar em vão ganhar a experiência da bem-aventurança, tornamo-nos a própria Bem-aventurança.

Visto que a consciência pura do *puruṣa* é, na verdade, completamente separada, ainda que parecendo indistinguível do percebimento no reino de *prakṛti*, surge a questão de como separar as duas, a fim de obter o conhecimento do *puruṣa*. O método prescrito neste *sūtra* é aplicar *saṃyama* à distinção entre o propósito oculto por trás do *pratyaya* e o propósito do próprio *puruṣa*. O *pratyaya* é para outro. Ele é um produto de *prakṛti* que, de acordo com o *Sāṃkhya*, age sempre para o *puruṣa* e somente para ele. A consciência do *puruṣa* é para o próprio *puruṣa*. Ele não tem qualquer motivo ou propósito ulterior, eis que o *puruṣa* é eterno, imutável e auto-suficiente. Essa distinção, por mais sutil que seja, pode tornar-se o objeto de *saṃyama* e, desta forma, é possível decompor o aparentemente homogêneo *pratyaya* em seus dois componentes: o *sattva guṇa*, no qual a consciência do *puruṣa* está refletida, e a consciência do próprio *puruṣa*. O problema não é diferente daquele de se distinguir entre uma fonte de luz e seu reflexo em um espelho. Assim como pode haver diversos métodos para distinguir o verdadeiro objeto e seu reflexo, podem existir diversos métodos para distinguir o reflexo do *puruṣa* em *sattva* e o próprio *puruṣa*. O método proposto é um deles e leva ao conhecimento do próprio *puruṣa*, distinguindo-o de seu reflexo em *sattva*. Assim que este conhecimento é obtido, o *yogi* está em condições de exercer a percepção não-instrumental, aludida em III-34. Como o *puruṣa* está acima das limitações de *prakṛti*, sua percepção tem de estar também acima das limitações da mente e dos órgãos dos sentidos.

Tataḥ prātibha-śrāvaṇa-
vedanādarśāsvāda-vārtā jāyante.

III-37) Daí são gerados audição, tato, visão, paladar e olfato intuicionais[2].

Tendo em vista que a percepção intuicional transcende a mente, e os órgãos dos sentidos são, na verdade, postos avançados da mente, não deveria ser difícil compreender, de maneira geral, como os órgãos dos sentidos são postos de lado no exercício da percepção intuicional. Normalmente, nossas cognições sensoriais ocorrem por intermédio dos órgãos sensoriais e estamos, portanto, restritos às limitações a eles inerentes. Mas, obtido o conhecimento do *puruṣa* mediante a aplicação de *saṃyama*, como indicado no *sūtra* anterior, estas limitações desaparecem, tornando-se possível ao *yogi* perceber tudo sem ajuda dos órgãos dos sentidos. Exercendo a clarividência etc., o *yogi* apenas amplia o alcance dos órgãos dos sentidos físicos, mas em *śravaṇa* intuicional etc., ele prescinde inteiramente dos órgãos dos sentidos e utiliza seu poder geral de percepção que tudo abrange.

Ajudará a compreender a natureza da percepção intuicional lembrar que *puruṣa* é aquele que realmente percebe (*draṣṭā*). Qualquer conhecimento que possa ser adquirido nos planos inferiores por meios externos já está presente nele em sua totalidade. Quaisquer que sejam os poderes e as faculdades desenvolvidos ao longo da evolução, estão presentes nele, potencialmente, desde o começo, e são apenas exteriorizados ou desenvolvidos a partir de um estado latente para a atividade pelos estímulos externos fornecidos por *prakṛti*. Ao que parece, nos estágios primitivos de evolução é necessário que

---

[2] No original em inglês *intuitional*, referindo-se à palavra "intuição", no sentido específico da tradução do termo *prātibha*, conforme comenta o autor em III-34. (N. ed. bras.)

a faculdade cognitiva seja diferenciada e funcione através de canais separados, e os órgãos dos sentidos, assim, vem à existência. Contudo, após a mente ter-se desenvolvido até certo estágio e os poderes da consciência terem sido desenvolvidos suficientemente pelo contato direto com o *puruṣa*, a faculdade cognitiva pode funcionar como um todo, sem o auxílio dos órgãos dos cinco sentidos. A percepção intuicional é como a luz branca que inclui todas as cores e pode, portanto, apresentar as cores características de todas as coisas. A percepção sensorial é como as cores presentes no espectro obtido da luz branca por difração com um prisma. Quando o *yogi* está apto a transcender o prisma da mente, ele está apto a obter diretamente todo o conhecimento que antes obtinha através dos canais separados dos órgãos dos sentidos.

Há diferenças de opinião quanto ao significado de duas palavras no *sūtra*. A primeira delas é *prātibha*. Alguns comentadores parecem pensar que *prātibha* significa cognição superfísica e *prātibha śravaṇa* etc. significa apenas clariaudiência etc. Não parece haver qualquer justificativa para esta espécie de interpretação; primeiramente, porque o desenvolvimento dessas faculdades superfísicas já foi tratado em outros *sūtras* (III-26 e III-42) e, em segundo lugar, porque não seria necessário para o *yogi* obter conhecimento, sequer parcial, do *puruṣa*, para ser capaz de exercê-las. *Prātibha śravaṇa* etc. são obviamente cognições de uma ordem muito mais elevada e, pela natureza do contexto, parecem ser poderes especiais associados ao próprio *puruṣa*, pois aparecem após o *yogi* conseguir, no mínimo, um contato parcial com a consciência pura do *puruṣa*.

A segunda palavra que tem produzido certa confusão é *vārtā*. Embora esta palavra não esteja agora sendo utilizada em relação ao sentido do olfato, sua utilização no presente contexto não deixa dúvida de que este é o sentido ao qual ela se refere. Se o sentido do olfato fosse uma exceção nas quíntuplas e bastante conhecidas experiências sensoriais, tal fato teria certamente sido destacado. Esta anomalia mostra não ser recomendável interpretar os *Yoga-Sūtras* de modo estrito e rígido, com base nos significados correntes das palavras utilizadas. Eles devem ser interpretados à luz das tradições do *Yoga*, das experiências dos místicos e ocultistas e também do bom senso, em face das freqüentes mudanças que vêm ocorrendo no significado das palavras através dos séculos. A filologia, por si só, não é um guia seguro nessas questões.

Te samādhāv upasargā vyutthāne siddhayaḥ.

III-38) Eles são obstáculos no caminho do *samādhi* e poderes quando a mente está voltada para fora.

Os vários *siddhis* descritos na seção III serão, por certo, obstáculos, quando o *yogi* estiver mergulhando nas camadas mais profundas de sua consciência, pois tendem a conduzir a consciência para o exterior. Eis a razão de o místico evitar tais poderes. Ele nada quer com os *siddhis*, porque seu exercício cria toda espécie de tentações e distrações em seu caminho. Mas a perfeição significa e inclui o poder de controlar todos os fenômenos de todos os planos nos quais a consciência funciona e, assim, o Homem Perfeito precisa não apenas ter o conhecimento direto da Realidade, mas também o conhecimento e o domínio de todos os planos nos quais sua consciência funciona. Eis por que todos os *siddhis* tem de ser adquiridos, num, ou noutro estágio, antes de ser alcançado o estágio da Perfeição. O Adepto detém não somente todos os poderes referidos na seção III, mas também a suprema sabedoria, que torna impossível o mau uso desses poderes.

Bandha-kāraṇa-śaithilyāt pracāra-saṃvedanāc
ca cittasya para-śarīrāveśaḥ.

III-39) A mente pode entrar no corpo de outro por meio do relaxamento da causa da escravidão e da posse do conhecimento das passagens.

O poder de entrar no corpo de outra pessoa é um *siddhi* muito conhecido, que os ocultistas, às vezes, utilizam em seu trabalho no mundo exterior. Não deve ser confundido com obsessão, com a qual se parece externamente. Na obsessão, a entidade que entra no corpo é um tipo inferior de alma desencarnada, prisioneira do desejo, que toma posse do corpo físico de sua vítima pela força, a fim de estabelecer algum tipo de contato temporário e parcial com o mundo físico para satisfazer seus desejos. No exercício deste poder por um *yogi* de uma ordem elevada, é tomada posse do corpo de outra pessoa, primeiramente, com o consentimento e o conhecimento da pessoa que, em geral, é um discípulo do *yogi* e, portanto, está em perfeita sintonia com ele. Em segundo lugar, não se trata de satisfação de qualquer desejo pessoal do *yogi*. Ele toma posse do corpo de outra pessoa a fim de realizar algum trabalho importante e necessário para auxiliar a humanidade. Na maioria dos casos, a finalidade do *yogi* pode ser alcançada mediante a materialização temporária de outro corpo artificial, por meio de sua *kriyā śakti*, no ambiente em que ele queira realizar o seu trabalho. Este corpo artificial, conhecido como *nirmāṇa-kāya*, apresenta, porém, certas limitações, podendo ser mais conveniente que ele tome o corpo de um discípulo pelo tempo que for necessário. Nessas condições, o discípulo sai do corpo, e o *yogi* o ocupa. Durante esse período o discípulo permanece nos planos mais elevados, em seu veículo mais sutil, voltando a ocupar seu corpo quando este ficar vago.

Algumas pessoas, especialmente no Ocidente, sentem uma aversão peculiar por essa idéia de alguém ocupar o corpo de outrem. Não há, porém, justificativa para este tipo de sentimento, já que o corpo não passa de uma mera moradia ou um instrumento para o trabalho da alma no plano físico. Não nos importamos de tomar por empréstimo a casa ou o carro de um amigo, temporariamente. O que, então, está errado em um *yogi* tomar emprestado o corpo de outra pessoa que está disposta para obsequiá-lo? Este sentimento de repulsa deve-se, sem dúvida, ou a nossa completa identificação com o corpo físico ou ao fato de, equivocadamente, pensarmos que a ocupação do corpo de outrem, desta maneira, significa necessariamente o domínio de sua vontade.

Há duas condições que devem ser preenchidas antes que o *yogi* esteja apto a exercer esse poder. A primeira é o "relaxamento da causa da escravidão". Escravidão, no caso, obviamente significa apego à vida, em geral, e ao corpo físico, em particular. A causa fundamental de ambos os aspectos são os cinco *kleśas* que produzem os veículos dos *karmas*, conforme explicado em II-12. Esta escravidão é relaxada, embora não completamente destruída, quando o *yogi* tiver atenuado os *kleśas* e exaurido suficientemente seus *karmas* através da prática do *Yoga*.

A segunda condição é que o *yogi* deve ter um conhecimento detalhado das passagens ou canais pelos quais o centro da mente passa, quando ele entra ou sai do corpo. Diferentes *nāḍīs* no corpo servem a propósitos específicos, e uma delas, denominada *citta-vāhā-nāḍī*, serve como uma passagem para o centro mental, quando ele entra ou sai do corpo. Por centro mental entende-se o centro comum dos veículos superfísicos, através dos quais *citta* funciona. Muitas pessoas não compreendem que o exercício dos poderes do *Yoga* baseia-se no conhecimento detalhado e preciso dos veículos físico e superfísicos, tornando-se necessário um rigoroso treinamento na aplicação deste conhecimento a propósitos específicos. O *Yoga* é uma ciência e suas exigências são tão exatas quanto as da ciência física.

Udāna-jayāj jala-paṅka-kaṇṭakādiṣv
asaṅga utkrāntiś ca.

III-40) Pelo domínio de *udāna* (obtém-se) a levitação e o não contato com a água, o lodo, os espinhos etc.

Há cinco tipos de *prāṇa* atuando em *prāṇamaya kośa*: *prāṇa*, *apāna*, *samāna*, *udāna*, *vyāna*. Cada um tem sua função especializada a exercer na manutenção do corpo, e o controle adquirido sobre qualquer um dos tipos significa que a respectiva função pode ser regulada de acordo com a vontade do *yogi*. *Udāna* está obviamente relacionada com a atração gravitacional da Terra sobre o corpo, e pelo controle deste *prāṇa* é possível neutralizar essa atração. Levitação é um fenômeno muito comum na prática de *praṇāyāma* e é devido às correntes *prāṇicas* fluírem de uma determinada maneira. Se o *yogi* pode neutralizar a atração gravitacional da Terra e conservar seu corpo flutuando em qualquer nível desejado, ele pode facilmente evitar contato com a água, o lodo, os espinhos etc.

Samāna-jayāj jvalanam.

III-41) Pelo domínio de *samāna* (obtém-se) o avivamento do fogo gástrico.

É muito conhecida a relação de *samāna vāyu* com o fogo gástrico e a digestão dos alimentos. O controle sobre *samāna* habilitará, naturalmente, o *yogi* a aumentar a intensidade do fogo gástrico, em qualquer grau, e digerir qualquer quantidade de alimento.

Que a digestão do alimento depende do fogo gástrico pode parecer fantástico a pessoas com idéias modernas da ciência médica. Mas a palavra "fogo" não é usada, neste caso, em seu sentido comum. *Agni* é um dos importantes *tattvas*, que se manifesta de inúmeras maneiras, e o fogo comum, que nos é familiar, é apenas uma delas. A função do fogo gástrico, outra forma de *agni tattva*, é estimular as secreções gástricas e, assim, tornar possível a digestão dos alimentos. A ciência do *Yoga*, portanto, não contradiz os fatos da ciência médica, apenas oferece um ponto de vista mais abrangente desses processos naturais, incluindo, também, em seu escopo, as forças e causas mais sutis que atuam por trás delas.

A interpretação de *jvalanam* como resplandecência não parece ser correta. Em primeiro lugar, ninguém jamais ouviu falar de *yogis* numa condição brilhante, e mesmo que o *yogi* fosse encontrado em tal condição, isso dificilmente poderia resultar do exercício deliberado de um *siddhi*. O tradicional halo de luz que é visto em torno da cabeça de seres espirituais altamente avançados deve-se à luminosidade de suas auras superfísicas, não sendo um fenômeno físico.

Srotrākāśayoḥ saṃbandha-saṃyamād divyaṃ śrotram.

III-42) Pela aplicação de *saṃyama* à relação entre o *ākāśa* e o ouvido (obtém-se) a audição superfísica.

O som nos planos superfísicos não é essencialmente diferente do som no plano físico. É apenas uma continuação do mesmo tipo de vibrações, porém mais sutil, estando as vibrações sonoras dos diferentes planos relacionadas entre si de modo semelhante às diferentes oitavas da música. Quem quer que aplique *saṃyama* à relação entre o *ākāśa* e o sentido de audição, tornar-se-á cônscio de toda a gama de vibrações sonoras e estará apto a ouvir também os sons dos planos superfísicos. *Divyaṃ śrotram* nada mais é senão o tornar-se sensível às vibrações sonoras mais sutis que estão além do alcance do ouvido físico. *Saṃyama*, aplicada a qualquer princípio ou força, põe a consciência do *yogi* em contato com a realidade subjacente a esse princípio ou força, tornando-o cônscio de todas as esferas e campos em que esse princípio ou força opera.

Kāyākāśayoḥ saṃbandha-saṃyamāt laghu-tūla-samāpatteś cākāśa-gamanam.

III-43) Pela aplicação de *saṃyama* à relação entre o corpo e *ākāśa* e, ao mesmo tempo, produzindo a fusão da mente com (algo) leve (como) o algodão (obtém-se o poder de) viajar pelo espaço.

Ākāśa-gamanam refere-se ao *siddhi*, muito conhecido, de transferência do corpo de um lugar para outro via *ākāśa*. Isso não significa, como em geral imagina-se, voar corporalmente pelo céu como os pássaros. Implica dissolver as partículas do corpo no espaço, em um determinado lugar, para depois reagrupá-las, no lugar de destino. O corpo físico é composto de inumeráveis partículas de matéria, mantidas juntas pelas forças de coesão, as quais se localizam em *ākāśa*, o meio universal. De fato, a existência do corpo depende desta relação entre as partículas do corpo e *ākāśa*, do qual, afinal, são formadas.

Se o *yogi* aplica *saṃyama* a essa relação do corpo físico com *ākāśa*, adquire o conhecimento dessas forças de coesão e o poder de manipulá-las como bem desejar. Se, após obter tal poder, ele produz a fusão da mente com uma substância leve, como o algodão, ele causa a dispersão das partículas do corpo e sua dissolução no *ākāśa*. *Laghu-tūla-samāpatteḥ* é uma frase muito expressiva que significa concentrar a mente no processo pelo qual a felpa do algodão é produzida, tirando-a da lanugem, isto é, por dispersão. Isso mostra que, se o *yogi* exerce seu poder de vontade tendo em mente um determinado processo, ele pode produzi-lo, desde que tenha a capacidade de aplicar *saṃyama*. Para reagrupar as partículas no lugar de destino, tudo que necessita fazer é retirar a força de vontade. Era a força de vontade que mantinha as partículas em estado de dissolução e, tão logo esta força é retirada, as forças de coesão reafirmam-se e o corpo materializa-se instantaneamente, como se viesse do nada.

A técnica de *ākāśa-gamana* depende, assim, do conhecimento das forças responsáveis pela formação dos objetos físicos a partir de *ākāśa* e pelo emprego do poder da vontade de uma determinada maneira. Ela envolve a dissolução do corpo em *ākāśa* e o processo reverso, de rematerialização, a partir de *ākāśa*. Contudo o conhecimento não é aquele conhecimento intelectual comum, como o de um cientista. É o conhecimento direto, obtido somente por meio de *saṃyama*, que implica tornar-se uno, em consciência, com o objeto sobre o qual se medita. Este é o significado da palavra *samāpatteḥ*.

Ākāśa-gamana tem de ser distinguido do aparecimento de um corpo materializado formado por *kriyā śakti*, em qualquer lugar distante. No primeiro caso, é o corpo físico original do *yogi* que é transportado para outro lugar, mediante um processo combinado de dissolução e materialização. No segundo caso, o corpo físico original permanece onde estava e um segundo corpo, artificial, é temporariamente materializado em outro lugar, em torno de um *nirmāṇa citta* (IV-4). As técnicas dos dois processos são diferentes, sendo adotada uma ou outra, conforme as necessidades da ocasião.

Bahir akalpitā vṛttir mahā-videhā tataḥ prakāśāvaraṇa-kṣayaḥ.

III-44) A partir de *mahā-videhā*, que é o poder de contatar o estado de consciência que está fora do intelecto e portanto é inconcebível, é destruído o que encobre a luz.

Se, em dado momento, examinarmos o conteúdo de nossa mente, descobriremos nela uma combinação de dois conjuntos de imagens: um, produzido pelo contato real com o mundo externo através dos órgãos dos sentidos; o outro, produzido por nossa própria imaginação. Estes dois conjuntos de imagens estão entrelaçados e constituem nossa imagem do mundo, a qualquer momento. Qual é a natureza da imagem produzida pelo contato com o mundo externo através dos órgãos dos sentidos? Qual é sua origem? Se o mundo manifestado que nos rodeia é a expressão de uma Realidade através da Ideação Divina, é natural, então, supor que a imagem do mundo, em nossa mente, é o resultado do impacto da Mente Universal em nossa mente individual. Contatamos mentalmente a Mente Universal através de nossa mente individual. As mudanças que continuamente ocorrem em nossa mente são, assim, o resultado das contínuas mudanças na Mente Universal, à medida que esta se desdobra no sistema solar manifestado, independentemente de nós. Esta individualização da imagem do mundo por nossa mente individual limita e distorce a Ideação Divina, sendo apenas obtida uma imagem pálida e sombria. A luz da Mente Universal torna-se encoberta, por assim dizer, por nossa mente individual, e vivemos nossa vida dentro da prisão escura de nossa própria mente, inconscientes do fato de que as sombras escuras e fugazes nela produzidas são as sombras de uma enorme Realidade, da qual não podemos ter uma concepção enquanto nossa consciência estiver confinada às paredes de nossa prisão. Que acontecerá se, de algum modo, escaparmos desta prisão? A luz da Mente Universal irromperá em nossa consciência e teremos uma visão todo-abrangente, de todos aqueles princípios e leis naturais com os quais temos de lidar, um a um, tateando, por meio de nosso intelecto. Esse poder de escaparmos de nosso intelecto é chamado *mahā-videhā*, provavelmente por liberar a consciência no reino da Mente Universal, que opera sem um *deha,* ou corpo. O termo *bahir* é usado porque a Mente Universal está fora da mente individual e a imagem do mundo na mente individual tem uma fonte externa. Esta imagem todo-abarcante e vívida, que substitui a imagem obscura e parcial do processo do mundo é *akalpitā*, isto é, está fora do alcance do intelecto. Ela tem uma realidade independente e é inconcebível. É um *vṛtti* porque é um estado passageiro, mas um *vṛtti* da Mente Universal, não da extremamente limitada mente individual.

Verifica-se, portanto, que "o que encobre a luz", neste *sūtra*, é diferente de II-52. Lá, "o que encobre a luz" refere-se ao cérebro que encobre a luz do mundo mental. Aqui, refere-se ao corpo mental individual que encobre a luz da Mente Universal. Este processo ocorre em um estágio posterior e em um nível muito superior. "O que encobre a luz" em II-52 é destruído por *prāṇāyāma* e prepara o terreno para *dhāraṇā* (II-53). "O que encobre a luz" no presente *sūtra* é destruído por *saṃyama* e por meio do desenvolvimento da percepção intuicional através do conhecimento do *puruṣa* (III-36). Este *siddhi* capacita o *yogi* não apenas a transcender os órgãos dos sentidos (III-37), mas também a mente individual para a qual os órgãos dos sentidos foram criados. É, pois, complementar ao *Siddhi* referido em III-37.

Sthūla-svarūpa-sūkṣmānvayārthavattva-saṃyamād bhūta-jayaḥ.

III-45) Domínio dos *pañca-bhūtas* (é obtido) pela aplicação de *saṃyama* aos seus estados denso, constante, sutil, interpenetrante e funcional.

Este *sūtra* e III-48 são dois dos mais importantes e abstrusos desta seção. Ajudará o estudante a compreender seu significado, se primeiro considerarmos brevemente as idéias fundamentais subjacentes nesta doutrina dos *pañca-bhūtas*.

Os *pañca-bhūtas* são também chamados *pañca-tattvas* e, para compreender a natureza dos *pañca-bhūtas* será útil se tivermos uma idéia clara sobre o significado da palavra *tattva*. O termo *tattva*, como é utilizado nos sistemas filosóficos hindus, é de grande e sutil importância. Literalmente, significa "especificidade"[3]. A qualidade essencial de uma coisa, que a distingue de todas as outras coisas, constitui sua "especificidade" e, assim, a palavra *tattva* quer dizer as qualidades essenciais que estão corporificadas em diferentes quantidades, em diferentes coisas. Em vez de uma qualidade, um *tattva* pode também significar um princípio que está corporificado em um número de coisas, em diferentes graus, que por isto adquirem uma semelhança de natureza em certas matérias, embora diferindo em termos de grau e forma de expressão. *Tattva* pode também se referir a uma função e "especificidade", neste caso, pode consistir em um grupo de coisas tendo uma função comum. Mas esta tem de ser uma função específica, comum a um número de coisas, ainda que diferindo em grau e forma de expressão.

Verifica-se, pois, que *tattva* é uma palavra de significado muito amplo e não pode ser traduzida por uma única palavra do nosso idioma. Seu significado está baseado, realmente, na doutrina fundamental da filosofia hindu, segundo a qual o universo manifestado é uma emanação da Realidade Última, que o permeia e o energiza sem-

---

[3] No original em inglês *that-ness*. (N. ed. bras.)

pre, em toda parte. Quando o universo manifestado vem à existência deve haver subjacente a ele um vasto número de princípios, funções, leis etc., que servem de fundamento para os fenômenos sempre mutáveis que constituem o Processo Mundial. Sem tais leis, princípios e funções, o universo manifestado não poderia ser um cosmo, mas seria um caos, e sabemos que isso não acontece. Esses diferentes modos fundamentais de expressão, que definem o inter-relacionamento das diversas partes e determinam suas ações e reações mútuas e asseguram um Processo Mundial harmonioso, ordenado e contínuo, são os *tattva*s da filosofia hindu. Embora sejam inúmeros, estes *tattva*s não são desvinculados uns dos outros, porque são todos derivados, por diferenciação progressiva, do Princípio Uno que constitui a própria essência da natureza Divina. Embora difiram entre si e, algumas vezes, atuem contrariamente uns aos outros, formam um todo integrado, em que cada *tattva* é harmonizado e contrabalançado por seu oposto. Quando ocorre o *pralaya* e o universo manifestado desaparece, esses *tattva*s são dissolvidos em sua fonte Última, para aí permanecerem em seu estado equilibrado e latente, até que outro universo venha a nascer e o Processo Mundial comece novamente.

Os *pañca-bhūtas* são cinco desses inumeráveis *tattva*s que têm uma função especial no universo manifestado, qual seja, a de relacionar a matéria com a consciência. A tradução da palavra *bhūtas* como "elementos", no sentido em que o vocábulo era usado antigamente (terra, água, ar, etc.), foi um grande engano, por haver reduzido toda a concepção por trás desta palavra a um absurdo e incompreensível dogma. Do mesmo modo, a identificação dos *pañca-bhūtas* com estados de matéria (sólido, líquido, gasoso etc.), não dá uma idéia correta sobre eles, embora represente, com certeza, um progresso em relação à interpretação anterior. Não é possível, aqui, nos estendermos na análise da filosofia dos *pañca-bhūtas*, mas a idéia essencial por trás desta doutrina da filosofia hindu pode ser resumida da forma que se segue.

O mundo externo é conhecido através de nossos cinco *jñānendriyas*, ou órgãos dos sentidos. Podemos conhecer as coisas que existem fora de nós somente quando afetam nossos órgãos dos sentidos. Ora, as coisas que nos rodeiam têm inúmeras qualidades que são compartilhadas por elas em diferentes graus e maneiras. Como podem essas qualidades, ou atributos, que formam uma verdadeira floresta de impressões sensoriais, ser classificadas de maneira científica e simples? Os videntes, que, pela prática do *Yoga*, mergulharam na natureza interna e essencial de todas as coisas e cujo principal objetivo era deslindar os mais profundos mistérios da vida, adotaram um método perfeitamente científico e, no entanto, muito simples, para classificar tais qualidades. Esse método consiste em dividi-las em cinco grupos, conforme afetem nossos cinco *jñānendriyas*. Toda a multiplicidade de qualidades, através das quais se conhecem todos os objetos do mundo externo, está classificada sob cinco títulos, sendo que estas cinco maneiras pelas quais todas as coisas afetam a mente por meio dos cinco órgãos dos sentidos, denominam-se *pañca-bhūtas* ou *pañca-tattvas*. Assim, *tejas* é aquela qualidade todo-abarcante que, de uma forma ou de outra, afeta a retina do olho, enquanto *ākāśa* afeta o ouvido, e assim por diante.

Que classificação de qualidades mais científica e, no entanto, tão simples, poder-se-ia imaginar para atender às exigências daqueles que compreenderam a natureza ilusória da percepção sensorial e estão empenhados na descoberta da Realidade que está oculta no mundo fenomenal? Nossas teorias sobre matéria podem mudar, em qualquer rumo, mas a maneira essencial de conhecer os objetos no mundo externo não pode mudar e, portanto, este método de classificação é independente de todas as teorias e descobertas que possam surgir no futuro desenvolvimento do conhecimento científico. Aqueles que estão em contato com o avanço científico neste campo sabem como as descobertas feitas por uma geração derrubam as teorias da geração anterior. Daí, uma classificação baseada nessas teorias e descobertas passageiras estaria sempre sujeita a modificações ou a uma mudança completa. Mas o método simples, baseado na concepção dos *pañca-bhūtas*, permanecerá inabalável e não afetado, em meio a todas as cataclísmicas mudanças das teorias científicas.

Nem se pode dizer que essa classificação sofre do defeito de supersimplificação. Isto porque não se trata de um método tosco e expedito de classificação do mundo externo, de modo incipiente e arbitrário. Ele diz respeito à natureza interna das coisas, que só pode ser descoberta através da prática do *Yoga*, como os poucos *sūtras* relativos ao assunto claramente indicam. O moderno conhecimento científico, embora extraordinariamente diversificado, detalhado e preciso, sofre do grande defeito de estar divorciado do conhecimento da natureza interna das coisas de que trata. Considera a matéria como algo separado da mente e da consciência e, assim, seu alcance permanecerá sempre restrito à superfície das coisas, à sua aparência e comportamento superficiais. A filosofia do *Yoga*, por outro lado, integra, em um todo abrangente, todos os aspectos da manifestação — matéria, mente e consciência — por haver descoberto, através de seus métodos especiais, que são todos intimamente relacionados entre si. De fato, toda a teoria e prática do *Yoga* é baseada nesta idéia da interdependência dessas três realidades da existência e os extraordinários poderes passíveis de serem adquiridos através do *Yoga* mostram que a base fundamental da doutrina do *Yoga* está correta.

Este não é o lugar para uma discussão detalhada sobre a natureza dos *pañca-bhūtas*, sua relação com os *indriyas* e a mente, mas o diagrama apresentado quando da explanação de II-54 mostra os diversos fatores envolvidos, de acordo com a psicologia do *Yoga*, no processo pelo qual o mundo externo é conhecido pela mente. Ver-se-á que os *pañca-bhūtas*, por sua ação peculiar, afetam os *indriyas*, que, então, transmutam as vibrações puramente físicas em sensações. As sensações são a matéria-prima da qual a mente elabora o mundo das idéias por um processo de integração, reprodução e rearranjo das imagens que o compõem. A mente, porém, de acordo com a psicologia do *Yoga*, também é *jaḍa* (inerte), e é a iluminação de *buddhi* que transmite ao trabalho mecânico da mente o elemento da compreensão inteligente. Mas, como esta questão já foi amplamente tratada em outra parte deste livro, passemos agora ao problema de que trata o presente *sūtra*, isto é, o domínio dos *bhūtas*.

A chave para o domínio de qualquer coisa é um conhecimento correto de sua natureza essencial. Todas as forças da natureza foram submetidas ao controle do homem pela descoberta das leis que determinam a ação destas forças. O domínio dos *bhūtas* deve, portanto, depender da descoberta de sua natureza essencial, e isto é o que o *yogi* tem por objetivo, ao aplicar *saṃyama* aos diferentes estágios pelos quais eles passam para assumir sua forma final.

Se quisermos compreender esses diferentes estágios pelos quais os *bhūtas* passam em sua involução, teremos, mais uma vez, de recordar a doutrina básica da filosofia do *Yoga*, de acordo com a qual o todo do universo manifestado é uma emanação do Eu. É o Eu que se tornou o Não-Eu, por meio de uma involução progressiva de uma parte Dele mesmo. Esta involução progressiva da consciência é responsável pelos cinco estágios, ou aspectos, dos *pañca-bhūtas* mencionados neste *sūtra*, e também mostra como é possível, revertendo o processo, segui-los de volta à sua origem.

Como é bastante difícil compreender os cinco aspectos que os *bhūtas* assumem nos cinco estágios de sua involução, consideremos um exemplo simples para ilustrar como uma simples expressão externa de uma coisa pode ter aspectos mais sutis que estão ocultos à nossa vista. Vejamos quais estágios podem estar envolvidos na manifestação, a partir da Mente Divina, de um elemento químico como o oxigênio. Posto que o oxigênio tem de representar um papel definido no mundo físico, o primeiro passo em sua formação deve ser uma concepção, na Mente Divina, de sua função ou propósito. Esta função específica, chamada *arthavattva*, exigirá, em primeiro lugar, para seu desempenho, uma determinada combinação dos três *guṇas* que se situam na própria base de todos os objetos manifestados. Este é chamado de estado *anvaya*, porque os três *guṇas* são todo penetrantes e formam o substrato comum de todos os objetos manifestados. A combinação particular dos *guṇas*, da qual o elemento oxigênio deriva, demandará, para seu próximo estágio de manifestação, uma determinada forma, tal como uma moderna configuração eletrônica. Este, obviamente, é o *sūkṣma*, ou estado sutil do elemento. Uma determinada combinação de elétrons e prótons, com uma disposição e movimentos específicos das partículas constituintes, formam um elemento definido, com um conjunto definido de qualidades que caracterizam esse elemento. Estas, em sua totalidade, constituem o *svarūpa*, ou forma Real do elemento. Essas qualidades essenciais exprimem-se de diferentes maneiras e em graus variáveis, através de distintas formas de oxigênio, tais como sólido, líquido e gasoso, ou através de compostos em que o oxigênio combina-se com diferentes elementos. Este é o *sthūla* ou estado denso do elemento.

Deste modo, com base em nosso conhecimento comum, é possível conceber certos estados ou aspectos ocultos de uma substância comum como o oxigênio. Uma série similar, embora não tão facilmente compreensível, de cinco estados ou aspectos, encontra-se presente, no caso dos cinco *bhūtas*, através dos quais tomamos conhecimento do mundo externo. Não há dúvida de que os *bhūtas* não constituem elementos, mas princípios. Entretanto, como tais princípios encontram expressão por intermédio de matéria e energias de vários tipos, seus diferentes estados, ou aspectos, podem ser considerados praticamente análogos aos dos elementos.

Não se deve imaginar, porém, que uma mera compreensão intelectual desses cinco estados dos *pañca-bhūtas*, por mais clara e precisa que possa ser, tornará uma pessoa capaz de dominá-los. Uma compreensão obtida através de processos intelectuais, conforme foi mencionado antes, é completamente diferente do conhecimento direto obtido em *samādhi*, pela aplicação de *saṃyama*. Este último tipo de conhecimento é obtido pela unificação da consciência com a coisa ou princípio, trazendo, portanto, em si, poderes que são inerentes àquela coisa ou princípio. Em *samādhi*, entramos em contato com a realidade do objeto sobre o qual meditamos, ao passo que na compreensão de caráter intelectual apenas contatamos a imagem imprecisa e distorcida produzida pelo objeto em nossa mente. A diferença entre os dois é a diferença entre a substância e sua sombra.

Tato 'ṇimādi-prādurbhāvaḥ kāya-saṃpat
taddharmānabhighātaś ca.

III-46) Daí a obtenção de *aṇimān* etc., a perfeição do corpo e a não-obstrução de suas funções pelos poderes (dos elementos).

Este *sūtra* fornece os três resultados do domínio dos *pañca-bhūtas*. O primeiro é o aparecimento do grupo, muito conhecido, dos oito poderes ocultos elevados, os *mahā-siddhis*, ou seja: *aṇimān*, *mahimān*, *laghiman*, *garimān*, *prāpti*, *prākāmya*, *īśatva*, *vaśitva*. O segundo resultado, de *bhūta-jaya*, é a perfeição do corpo físico, descrito no próximo *sūtra*. O terceiro resultado é a imunidade da ação natural dos *pañca-bhūtas*. O *yogi* pode, assim, atravessar o fogo sem queimar-se. Seu corpo físico pode adentrar a terra sólida, como uma pessoa comum pode entrar na água.

Estes poderes, alcançados pelo domínio sobre os *bhūtas*, parecem extraordinários e quase inacreditáveis. Mas sabe-se que são reais, como mostram a tradição do *Yoga* de milhares de anos, e a experiência daqueles que têm tido contato com *yogis* avançados. A análise anterior sobre a natureza dos *pañca-bhūtas* e o modo como são dominados oferecem alguma indicação de como esses extraordinários resultados podem ser produzidos a partir desse domínio. O todo do mundo fenomenal decorre da ação dos *pañca-bhūtas*. Portanto, quem quer que adquira total controle sobre eles, naturalmente, torna-se senhor de todos os fenômenos naturais. O estudante recordará que o estado de *anvaya*, dos *pañca-bhūtas*, relaciona-se com os três *guṇas*, que estão na própria base do universo manifestado. O domínio dos *pañca-bhūtas* significa, pois, tornar-se uno com a Consciência Divina, sobre a qual a manifestação está baseada, adquirindo, por conseguinte, a capacidade de exercitar os poderes Divinos inerentes a esta Consciência. Isso não significa que tal *yogi* possa fazer o que bem lhe aprouver. Ele ainda tem que trabalhar dentro da estrutura das leis naturais, mas seu conhecimento é tão vasto e seus poderes, portanto, tão extraordinários, que ele parece capaz de fazer qualquer coisa.

Mais importante que a natureza extraordinária desses poderes é a questão da natureza desse universo manifestado, suscitada pela existência de tais poderes. Qual é a natureza essencial do universo no qual tais poderes podem ser exercitados? O mistério da vida, da matéria e da consciência parece aprofundar-se e adquirir novo significado e somos quase forçados a concluir que todos os fenômenos, mesmo aqueles que parecem ter uma sólida base material, são produto da ação da consciência. A doutrina do Vedanta: "Verdadeiramente, tudo é *Brahman*", parece ser a única explicação plausível.

Rūpa-lāvaṇya-bala-vajra-
saṃhananatvāni kāya-saṃpat.

III-47) Beleza, compleição excelente, força e solidez adamantina constituem a perfeição do corpo.

Este *sūtra* define a perfeição do corpo mencionada no anterior. O domínio dos *bhūtas* conduzirá o corpo, naturalmente, a adquirir todas essas qualidades, porque elas dependem da ação dos *bhūtas*. Qualquer pessoa que domine os *bhūtas* pode regular os processos que ocorrem no corpo. Além disso, quando são removidas as distorções causadas pelo *karma* acumulado, o corpo tende naturalmente a se conformar ao arquétipo da forma humana, que é primorosamente belo e possui os atributos antes mencionados.

Não nos esqueçamos de que a fealdade e as imperfeições no corpo físico, que vemos ao nosso redor, são o resultado das desarmonias, das obstruções e dos *karmas* inerentes aos estágios primitivos da evolução. Assim que são removidos, ao atingir-se a perfeição, o esplendor aprisionado irrompe, mesmo através do corpo físico, que é o mais rude de nossos veículos.

*Grahaṇa-svarūpāsmitānvayārthavattva-
saṃyamād indriya-jayaḥ.*

III-48) Domínio sobre os órgãos dos sentidos, pela aplicação de *saṃyama* ao seu poder de cognição, sua verdadeira natureza, seu "senso de individualidade",[4] sua total penetrabilidade e suas funções.

Este *sūtra* é complemento de III-45, sendo que o que foi dito em relação aos *bhūtas* naquele *sūtra*, também se aplica, até certo ponto, aos *indriyas* no presente *sūtra*. Os cinco estágios sucessivos, aos quais *saṃyama* precisa ser aplicado em relação aos órgãos dos sentidos, a fim de se obter completo domínio sobre eles, correspondem aos cinco estágios, no caso dos *bhūtas*. Mas o estudante observará que os estágios denominados *sthūla* e *sūkṣma*, no caso dos *bhūtas*, são substituídos por *grahaṇa* e *asmitā*, respectivamente, no caso dos *indriyas*.

O primeiro estágio, no caso dos *indriyas*, é o poder de cognição. O exercício de cada órgão dos sentidos começa com a resposta do órgão a um estímulo externo proporcionado pelos *pañca-bhūtas*. O mecanismo pelo qual ocorre tal resposta, bem como o resultado da resposta, são, é claro, diferentes, no que diz respeito aos cinco órgãos dos sentidos como mostrado ao tratar-se de III-45. Assim, *saṃyama*, para o domínio dos *indriyas*, começa com o poder específico de cognição, que reside no órgão sensorial determinado. Vem, em seguida, a real natureza do sentido, que, é claro, é o tipo particular de sensação que resulta e que é chamada *tanmātra*. A mera sensação, por si mesma, não completa o processo de sentir. As sensações têm de ser individualizadas, por assim dizer, antes que possam ser utilizadas pela mente para a construção de suas imagens mentais. Sem a adesão deste "eu" à sensação, esta permanece um mero fenômeno sensorial e não se torna um ato de sentir. Nestas circunstâncias, a mente não pode integrar as cinco sensações, obtidas através de canais separados, em imagens mentais compostas. E o que é que está na base desta sensação individualizada? Não é uma modalidade de movimento, uma combinação peculiar dos *guṇas*? Eis o aspecto todo-penetrante dos *indriyas*, que corresponde ao aspecto todo-penetrante dos *bhūtas*. Neste nível, tanto os *bhūtas* quanto os *indriyas* são meramente combinações específicas dos três *guṇas*. Mas, por trás de cada combinação específica dos *guṇas*, há uma função que compete àquela combinação exercer. Este é o último estágio, *arthavattva*, correspondente ao estágio de igual nome dos *bhūtas*.

Constata-se, assim, que tanto os *bhūtas* quanto os *indriyas* são, inicialmente, meras funções na Mente Divina. O exercício destas funções torna-se possível pela seleção de determinadas combinações dos *guṇas*, tanto no que se refere aos *bhūtas*, quanto aos *indriyas*. Um conjunto de combinações torna-se o estimulador, sob a forma

[4] No original em inglês: *egoism*. (N. ed. bras.)

de *bhūtas*, e outro conjunto de combinações torna-se o mecanismo de estimulação, sob a forma de *indriyas*, sendo as sensações — matéria-prima da mente — o resultado da interação de ambos. A consciência una, total e integral, divide-se, assim, em duas correntes, a fim de prover este jogo subjetivo-objetivo da manifestação — esta *līlā* de *bhagavān*.

Tato manojavitvaṃ vikaraṇa-bhāvaḥ pradhāna-jayaś ca.

III-49) Daí (resultam) cognição instantânea, sem a utilização de qualquer veículo, e completo domínio sobre *pradhāna*.

Assim como o domínio dos *bhūtas* produz três resultados, da mesma forma, o domínio dos *indriyas* capacita o *yogi* a adquirir dois *siddhis* do mais abrangente caráter. O primeiro é a capacidade de perceber qualquer coisa no reino de *prakṛti* sem o auxílio de qualquer veículo organizado de consciência. A percepção, de maneira usual, sempre ocorre por meio dos órgãos dos sentidos, quer estes pertençam ao corpo físico ou aos veículos superfísicos da consciência. Uma vez que o *yogi* tenha obtido domínio sobre os órgãos sensoriais através de *saṃyama*, ele pode prescindir do auxílio de instrumentos para perceber qualquer coisa no universo manifestado. A percepção não-instrumental é direta e instantânea. Isto quer dizer que basta ao *yogi* dirigir sua consciência para qualquer lugar ou coisa, e ele tornar-se-á instantaneamente cônscio de tudo que queira saber.

O estudante notará como as enormes limitações que caracterizam a percepção comum através dos órgãos dos sentidos do corpo físico vão reduzindo-se progressivamente, à medida que o *yogi* progride na senda da Auto-Realização. A consciência do homem comum está rigidamente confinada no corpo físico e, deste modo, o alcance de seu poder de percepção é limitado pela capacidade de seus órgãos dos sentidos, embora esta capacidade possa ser muito ampliada pelo uso de instrumentos físicos, tais como o microscópio, telescópio etc. Quando o *yogi* desenvolve os sentidos dos veículos superfísicos, mediante a prática do *Yoga*, o alcance de seus poderes de percepção aumenta enormemente, como indicado em III-26. Um aumento ulterior no alcance e profundidade de seus poderes de percepção ocorre ao surgir a capacidade de percepção *prātibha*, como indicado em III-37. Neste tipo de percepção não são usados os órgãos sensoriais dos veículos mais sutis, mas a faculdade espiritual de intuição. Esta faculdade atua dentro do reino de *prakṛti*, embora sem o auxílio de órgãos sensoriais de qualquer espécie. No estágio ao qual se refere o presente *sūtra*, até mesmo essa faculdade espiritual é transcendida, e o *puruṣa* percebe por seu próprio poder de percepção, que está acima de tudo e tudo inclui. Ele conquistou a ilusão que *prakṛti* impunha à sua consciência e todo o seu vasto reino encontra-se diante dele como um livro aberto.

O segundo resultado, ou melhor, aspecto de *indriya-jaya*, é o domínio de *pradhāna*. Ao transcender as limitações da percepção instrumental, o *puruṣa* terá, de fato, transcendido *prakṛti*, sendo agora, em conseqüência, senhor de *prakṛti*. O segredo do completo domínio de qualquer coisa está em transcendê-la. O *karma* é dominado quando ultrapassamos sua ação. O corpo físico é completamente dominado quando dele podemos sair voluntariamente e o usamos como um mero veículo de consciência.

Dos resultados que se seguem ao domínio dos *bhūtas* e dos *indriyas*, torna-se claro que estas palavras não se referem somente ao modo como os *bhūtas* e *indriyas* funcionam no plano físico, mas à maneira como funcionam em todos os planos. Pois há cognição dos órgãos sensoriais, também nos planos superfísicos, embora seu respectivo mecanismo se diferencie de um para outro plano. Os *bhūtas* e *indriyas* devem, portanto, ser considerados como princípios aplicáveis aos fenômenos de cognição em todos os planos. À medida que a consciência passa de um plano para outro, o processo essencial de cognição permanece o mesmo, somente o mecanismo muda de um plano para outro. Os *bhūtas* mudam, os *indriyas* mudam e o *draṣṭā* muda (o *draṣṭā* em cada plano é o *puruṣa* encerrado em todos os veículos ainda não transcendidos), mas o inter-relacionamento dos três permanece o mesmo. Eis por que as palavras usadas na filosofia do *Yoga* para o trio são de uma natureza mais genérica: *grāhya*, *grahaṇa* e *grahītṛ*. Verifica-se, pois, que a cognição do Não-Eu pelo Eu, no plano físico, é a manifestação mais inferior desse processo de cognição, envolvendo a relação sujeito-objeto, e o processo torna-se cada vez mais sutil, até que os *bhūtas* e os *indriyas* estejam completamente dominados e o *puruṣa* torne-se independente de *prakṛti*.

Outro aspecto importante, que se deve ter em mente, é que a expressão *vikaraṇa bhāva* significa não somente cognição sem o uso de qualquer instrumento, mas também ação sem o uso de qualquer instrumento. Ao atingir o poder de cognição sem qualquer instrumento, o *yogi* transcende os *jñānendriyas*. Ao atingir o poder de ação sem qualquer instrumento, ele transcende os *karmendriyas*. O primeiro poder, sem o segundo, reduziria o *puruṣa* à condição de um espectador impotente, e isto seria inconsistente com toda a linha de pensamento em que se baseia a filosofia do *Yoga*. No progresso do *yogi*, conhecimento e poder seguem juntos e a conquista do conhecimento relativo a qualquer força ou princípio confere-lhe o correspondente poder para usar ou manipular essa força ou princípio como lhe aprouver. A maior parte da terceira seção dos *Yoga-Sūtras* é dedicada ao desenvolvimento de poderes de vários tipos, sendo absurdo supor que o *yogi*, que esteve desenvolvendo, paralelamente, conhecimento e poder, seja, subitamente, destituído de poder no último estágio e torne-se um mero espectador do drama que está sendo representado ao seu redor. Além da irracionalidade desta idéia, ela está em completa discrepância com o papel que os Adeptos do *Yoga* representam no universo manifestado e com outros fatos conhecidos do Ocultismo prático. Atribuindo, assim, ao *puruṣa* o duplo papel de *draṣṭā* e *kartā* (espectador e ator), a filosofia do *Yoga* diferencia-se fundamentalmente da doutrina ortodoxa *Sāṃkhya*.

Sattva-puruṣānyatā-khyāti-mātrasya sarva-bhāvādhiṣṭhātṛtvaṃ sarvajñātṛtvaṃ ca.

III-50) Somente pelo percebimento da distinção entre *sattva* e *puruṣa* é obtida supremacia sobre todos os estados e formas de existência (onipotência) e conhecimento de tudo (onisciência).

Vikaraṇa bhāva, que é obtido por *indriya-jaya* (III-49), dá o poder de exercer a percepção e manipular todas as forças que operam no reino de *prakṛti* sem o auxílio de qualquer instrumento. Não confere, porém, ao *yogi*, onisciência e onipotência. Isso somente pode ser atingido quando ele se tornar plenamente cônscio, através de *saṃyama*, da distinção entre *sattva* e *puruṣa*. *Vikaraṇa bhāva* é, contudo, um pré-requisito para o desenvolvimento da onipotência e da onisciência, pois estas são ilimitadas e não podem funcionar através de um instrumento que, por sua própria natureza, é limitado. Somente nos alicerces de *vikaraṇa bhāva* é que a infinita superestrutura da Onisciência e Onipotência pode apoiar-se.

Deve-se observar, igualmente, que o domínio de *pradhāna*, mencionado na III-49, pode ser atingido meramente pela separação de *dṛśyam* (II-18) do *draṣṭā* (II-20). Mas, quando o *draṣṭā* vê *dṛśyam* separado de si mesmo, o *draṣṭā* ainda está vendo, e portanto está identificando-se, com *sattva guṇa*, que é a própria base da percepção. Enquanto permanecer esta identificação, ele está limitado, porque o *sattva guṇa* também está no reino de *prakṛti*. Ele não pode, portanto, exercer onipotência e onisciência. Somente quando for capaz de compreender a si mesmo como algo separado do poder de ver, ou *sattva*, é que ele sai completamente do reino de *prakṛti* e pode exercer onipotência e onisciência. O *grahītṛ* tem de compreender a si mesmo como separado não apenas de *grāhya*, mas também de *grahaṇa*, a fim de tornar-se completamente livre de limitações.

Este *sūtra* também confirma o ponto de vista expresso no *sūtra* anterior, de que o *puruṣa* tem o duplo papel de espectador e ator. Ele não apenas obtém cada vez mais conhecimento, como também exerce os poderes que este conhecimento lhe confere. Ele não somente se torna Onisciente, mas também Onipotente. O fato de que as duas funções são mencionadas separadamente neste *sūtra* parece não deixar dúvidas a respeito deste ponto. Por que, então, surge sempre certa ênfase no aspecto cognitivo nos *Yoga-Sūtras*, sendo o aspecto volitivo raramente mencionado? Obviamente, porque o poder é um correlato do conhecimento, sendo, para todas as finalidades práticas, incluído no conhecimento do tipo que o *yogi* adquire.

O estudante faria bem em comparar este *sūtra* com III-36. O método prescrito neste *sūtra* conduz à onisciência e à onipotência, ao passo que aquele método de III-36 conduz apenas ao desenvolvimento de percepção *prātibha* — audição, visão intuicionais etc. (III-37). A diferença nos conseqüentes resultados decorre do fato de que o conhecimento do *puruṣa*, mencionado em III-36, é parcial, ao passo que o citado em III-50 é completo. No eclipse total do Sol, somente uma parte do Sol, no início do processo, sai da sombra, mas esta porção vai aumentando até que o Sol esteja completamente fora da sombra projetada pela Lua. Esses dois estágios servirão para lançar alguma luz sobre as separações parcial e completa do *puruṣa* em relação a *prakṛti*, mencionadas nos dois *sūtras*.

Tad-vairāgyād api doṣa-bīja-kṣaye kaivalyam.

III-51) Pelo desapego até mesmo a isso (ao *siddhi* referido no *sūtra* anterior), sendo destruída a própria semente da escravidão, *Kaivalya* é alcançada.

Quando a onisciência e a onipotência estiverem desenvolvidas como resultado do percebimento da sutil distinção entre o *puruṣa* e *sattva*, o *yogi* terá saído da esfera de *prakṛti*. Contudo, se houver apego a estes poderes transcendentais, que só podem ser exercidos no reino de *prakṛti*, ele ainda estará, de certa maneira, dependente de *prakṛti* e, portanto, subserviente a ela. Domínio sobre uma coisa não significa, necessariamente, independência em relação a esta coisa, sendo que, enquanto houver dependência, haverá escravidão. Um homem que ama uma mulher pode tê-la completamente em seu poder e, entretanto, ser um escravo dela. Neste caso, o apego a ela é a causa de sua escravidão e, a menos que este apego seja destruído, ele não será livre e, portanto, seu poder sobre ela será limitado. Da mesma maneira, onipotência e onisciência significam domínio sobre *prakṛti*, mas, a menos que o apego do *yogi* a elas seja destruído, ele estará dependente de *prakṛti* e, portanto, não completamente livre. E, posto que *Kaivalya* é um estado de completa liberdade, só pode ser atingido após este tipo de apego ter sido destruído por *vairāgya*. O *yogi* não pode ter o mais leve apego ou atração por esses poderes, mesmo que tenha de exercê-los.

É óbvio, portanto, que esta viagem em direção a *Kaivalya* é um processo de conquista de estágios de conhecimento e poder cada vez mais elevados, para descartá-los, por sua vez, com vistas ao objetivo final. Apego a qualquer estado, por mais elevado que seja, significa não apenas paralisação de progresso posterior, como também a possibilidade de cair de ponta cabeça daquela vertiginosa altura já alcançada. O viajante deve prosseguir inexoravelmente até atingir o objetivo final e, assim, ficar livre deste perigo.

Sthāny-upanimantraṇe saṅga-smayā-
karaṇaṃ punar aniṣṭa-prasaṅgāt.

III-52) (Devem ser) evitados o prazer ou o orgulho ao ser tentado pelas entidades superfísicas regentes dos vários planos, porque (ainda) existe a possibilidade da revivescência do mal.

Foi ressaltado no *sūtra* anterior que o apego à onisciência e à onipotência contém as sementes da escravidão, que deve ser destruída por *vairāgya*, antes que *Kaivalya* possa ser atingida. Este *sūtra* destaca que esse apego é não somente uma fonte de escravidão, mas também de perigo. Ocupando uma posição tão exaltada, o *yogi* é sempre testado pelos Poderes encarregados dos vários departamentos ou planos da natureza, e se ele ceder às suas seduções, devido à falta de desapego completo, isso certamente acarretará sua queda. Ser submetido a tais tentações é o destino de todos os *yogis* altamente avançados, havendo referências desta natureza na vida de todos os grandes instrutores espirituais, como por exemplo, Jesus Cristo e Buddha. A verdadeira forma pela qual foram tentados pode não ter sido aquela retratada nas histórias coloridas de suas vidas, mas o que parece certo é que eles tiveram de passar por provações dessa natureza.

Não se imagine, porém, que tais tentações só acontecem àqueles que são espiritualmente muito avançados. No momento em que o *yogi* adquire qualquer dimensão de verdadeiro poder, ele se torna um objeto de ataque e tem de estar em guarda o tempo todo. A natureza das tentações dependerá, naturalmente, de sua fraqueza particular e do estágio de seu desenvolvimento. Enquanto o principiante que tenta irromper no plano superfísico seguinte pode ser tentado por meros elementais, aqueles que tiverem atingido altos estágios de conhecimento e poder tornam-se objeto do ataque de grandes Devas encarregados dos vários departamentos da natureza. Quanto mais elevado o estágio, mais sutil é a tentação e maior o grau de *vairāgya* necessário para neutralizar a tentação.

Que não se suponha, igualmente, que essa constante tentação por parte desses Poderes seja o resultado de malícia destes. Seu trabalho deve ser considerado como uma força beneficente operando na natureza, que nos testa, a cada passo, para que nos tornemos capazes de remover nossas fraquezas e avançar firmemente na direção de nosso objetivo. O estudante deve tentar imaginar o que aconteceria se não houvesse tais agentes em operação. Aqueles que estão trilhando a Senda da Auto-Realização permaneceriam inconscientes de suas fraquezas, presos aos estágios inferiores e impossibilitados de avançar mais. A espada da tentação, que procura e investe contra nossas fraquezas, certamente nos causa sofrimento e angústia temporários, mas também nos oferece uma oportunidade de remover essas fraquezas, liberando-nos para avançar mais na Senda.

Kṣaṇa-tat-kramayoḥ saṃyamād
vivekajaṃ jñānam.

III-53) Conhecimento nascido do percebimento da Realidade pela aplicação de *saṃyama* ao momento e (ao processo de) sua sucessão.

Este *sūtra* deveria ser estudado juntamente com IV-33, em cuja discussão foram explicadas a natureza do tempo e aquela teoria do *Yoga* denominada teoria de *kṣaṇa*. *Kṣaṇa-tat-kramayoḥ* é o processo pelo qual a Realidade eterna, que transcende o tempo, é projetada na manifestação, em termos de tempo. Este, obviamente, é o último véu de ilusão que deve ser rasgado antes que o *yogi* possa atingir *Kaivalya*. A técnica de rasgar este véu final é a mesma utilizada nos outros casos — *saṃyama*. O conhecimento adquirido como resultado da aplicação de *saṃyama* ao processo do tempo é o mais elevado tipo de conhecimento que pode ser obtido — é ainda mais elevado que a onisciência mencionada em III-50. O "conhecimento nascido do percebimento da Realidade" é denominado *vivekajaṃ-jñānam*. A palavra *viveka* é geralmente traduzida como "discernimento", mas o uso desta palavra no presente contexto não é apropriado. A palavra "discernimento" é comumente usada para o processo de discernimento espiritual que nos habilita a detectar as ilusões da vida e a descobrir a relativa realidade oculta por trás delas. Mas a palavra *viveka*, no presente contexto, significa o pleno percebimento da Realidade. Essencialmente, o processo é o mesmo em ambos os casos e envolve passar de um estado de consciência menos real para um mais real, mas a diferença, em termos de grau, é tão enorme que o uso de uma palavra um tanto vaga como "discernimento" para esta "descoberta" final pode não exprimir um conceito adequado da mudança que está envolvida. É melhor, portanto, traduzir a expressão *vivekajaṃ-jñānam* por "percebimento da Realidade Última", uma vez que o uso da palavra "conhecimento" em relação a este exaltado estado de consciência não parece apropriado. Um estado de consciência que transcende a própria onisciência não pode ser denominado "conhecimento". É melhor, no caso, utilizar a expressão mencionada antes.

Jāti-lakṣaṇa-deśair anyatānavacchedāt
tulyayos tataḥ pratipattiḥ.

III-54) Daí (*vivekajaṃ-jñānam*), conhecimento da distinção entre similares que não podem ser distinguidos por classe, característica ou posição.

O fato do *vivekajaṃ-jñānam* transcender o tempo leva à conquista de um poder peculiar e, do ponto de vista intelectual, interessante. A palavra importante neste *sūtra* é *pratipattiḥ*. O que significa? *Samāpattiḥ* é a fusão de duas coisas aparentemente separadas. *Pratipattiḥ* é a decomposição de duas coisas originalmente fundidas ou inseparáveis. Agora, o que deve o *yogi* fazer, se ele precisa distinguir entre duas coisas que são indistinguíveis pelos métodos comuns, isto é, por diferenças de classe, características ou posição?

Para se ter uma idéia do método que pode ser adotado na solução de tal problema, é necessário lembrar que, se duas coisas são exatamente similares e ocupam a mesma posição, isso significa que elas aparecem e desaparecem alternadamente nessa posição. Em tais circunstâncias, somente o fator tempo pode distingui-las. Será preciso submetê-las a uma análise de tempo de maior poder separativo do que a freqüência com que se substituem uma a outra na mesma posição. No entanto, a freqüência com que duas coisas podem substituir-se uma a outra desta maneira tem um valor limite, e este é a freqüência com que os *kṣaṇa*s, ou momentos, sucedem-se uns aos outros. Por conseguinte, qualquer pessoa que consiga ultrapassar o processo de tempo mencionado no último *sūtra*, deve estar em posição de distinguir entre duas coisas desta natureza.

Os outros poderes do *yogi* o habilitarão a distinguir entre duas coisas aparentemente similares. Este *sūtra* não se ocupa das semelhanças comuns, mas daquelas de natureza muito sutil, que confundem até a onisciência. Pois este *siddhi*, como indica o contexto, vem por último de todos, quando até mesmo o tempo é transcendido e o *yogi* está estabelecido na Realidade Eterna, que transcende todas as limitações e ilusões.

Tārakaṃ sarva-viṣayaṃ sarvathā-viṣayam
akramaṃ ceti vivekajaṃ-jñānam.

III-55) O altíssimo conhecimento nascido do percebimento da Realidade é transcendente, inclui a cognição de todos os objetos simultaneamente, abrange todos os objetos e processos do passado, do presente e do futuro, e também transcende o Processo Mundial.

III-53 trata do método de obter o mais elevado conhecimento que é o objetivo final do *Yoga*. Este *sūtra* define a natureza desse conhecimento. Em primeiro lugar, ele é transcendente, isto é, transcende todas as formas de conhecimento dentro da esfera da existência fenomenal. É o conhecimento, ou melhor, o pleno percebimento da Realidade, enquanto todas as demais formas de conhecimento, mesmo aquelas pertinentes aos níveis mais elevados da consciência, estão no reino da Relatividade. A palavra *tārakaṃ* também significa aquilo que habilita o *yogi* a cruzar *bhava sāgara*, ou o oceano da existência condicionada. A alma que está envolvida nas limitações e ilusões da existência condicionada, libera-se destas, completamente, ao ser alcançada *tāraka-jñāna*.

Em segundo lugar, esse conhecimento é *sarva-viṣayaṃ*. Isso significa não somente abranger todos os objetos, mas tê-los todos na consciência simultaneamente. *Sarvathā-viṣayaṃ* significa conhecimento pertinente ao passado, presente e futuro. Assim como *sarva-viṣayaṃ* refere-se ao espaço, *Sarvathā-viṣayaṃ* refere-se ao tempo. *Vivekajaṃ-jñānam* inclui, pois, tudo dentro do reino do tempo e espaço, isto é, todas as coisas que estão dentro do Processo Mundial.

Em terceiro lugar, *vivekajaṃ-jñānam* é *akramaṃ*, isto é, transcende o Processo Mundial que produz o tempo. No mundo do Relativo, que está sujeito ao Processo Mundial, as coisas acontecem uma após a outra, e é isto que produz a impressão de passado, presente e futuro. No mundo da Realidade, que está além do Processo Mundial, não pode existir tempo, e esta condição atemporal é chamada o Eterno. Esta não é uma mera hipótese interessante. O tempo, de acordo com os mais elevados místicos e ocultistas, não tem existência real. É meramente uma impressão produzida, na consciência, pela sucessão de fenômenos produzidos pelo Processo Mundial. Por conseguinte, quando o *yogi* transcende o Processo Mundial, também conquista a ilusão do tempo. Esta é a mais fundamental ilusão com a qual sua consciência está envolvida, e é portanto, naturalmente, a última a desaparecer, conforme indicado em IV-33.

O fato de que *vivekajaṃ-jñānam* é *sarva-viṣayaṃ*, *sarvathā-viṣayaṃ* e *akramaṃ*, simultaneamente, significa que o mundo do Real não é algo separado do mundo do Relativo. Passar ao mundo do Real não significa, assim, deixar para trás o mundo do Relativo. Significa ver o mundo do Relativo em sua verdadeira natureza e em sua correta perspectiva, e viver nesse mundo à luz do Real. Estabelecido em seu verdadeiro Eu, o *yogi* Auto-Realizado pode viver e trabalhar no mundo do Relativo usando todos os poderes que *prakṛti* colocou a sua disposição, mas sem ser de modo algum afetado pelas ilusões que ela cria para aqueles que ainda não conseguiram dominá-la.

O estudante constatará que III-55 expõe, com maravilhosa lucidez e em poucas palavras, as características essenciais da Realidade Eterna, que é o objetivo do treinamento e da disciplina do *Yoga*. É claro que ele não poderá ter, desta afirmativa intelectual, a melhor idéia com relação à verdadeira natureza da experiência desta Realidade, mas será capaz de ver que é algo grandioso e digno do esforço para alcançá-lo. A palavra *iti* indica apenas o encerramento do assunto (*siddhis*) que estava sendo estudado.

Sattva-puruṣayoḥ śuddhi-sāmye kaivalyam.

III-56) *Kaivalya* é alcançado quando há igualdade de pureza entre o *puruṣa* e *sattva*.

Este *sūtra* completa a idéia já tratada parcialmente em III-36 e III-50. Em III-36 foi mencionado que *sattva* e *puruṣa*, embora usualmente indistinguíveis, são completamente distintos e é possível conhecer o *puruṣa* separado de *Sattva*. Em III-50 foi esclarecido que é somente quando se conhece o *puruṣa completamente* separado de *sattva* que podem ser destruídas as limitações que *prakṛti* impõe ao conhecimento e ao poder do *puruṣa*. Mas esta total compreensão da natureza completamente distinta do *puruṣa* e de *sattva* não pode ocorrer de repente. Ela se dá por etapas e, a cada compreensão mais clara da natureza distinta do *puruṣa* e de *sattva*, o *yogi* chega mais perto do seu objetivo de liberdade completa das limitações e ilusões.

Deve-se notar que a purificação de *sattva* significa, de fato, esta compreensão progressiva por parte do *yogi* e não alguma mudança substancial em sua natureza, sendo que o crescente percebimento da Realidade que acompanha tal compreensão também não está associado a qualquer alteração substancial. É tão-somente uma questão de total compreensão. Eis por que se chama *vivekajaṃ-jñānam*. A purificação de *sattva* e de *puruṣa* torna-se igual quando o *yogi* compreende plenamente a distinção entre o *puruṣa* e *sattva*. *Sattva*, ou percepção do *yogi*, está livre da ilusão da aparente identidade entre o *puruṣa* e *sattva*, e a Auto-Realização do *puruṣa* está livre de qualquer auto-identificação com *sattva*.

Quando as condições acima mencionadas estão presentes, a presença de *sattva* não interfere com a Auto-Realização do *yogi*. Ele pode permanecer dentro do reino de *prakṛti* e, ainda assim, ter uma plena compreensão de sua natureza Eterna. A partir deste *sūtra*, torna-se claro que *Kaivalya* não significa, necessariamente, a separação entre *puruṣa* e *prakṛti*. Se *sattva* tiver sido suficientemente purificado, o *puruṣa* pode funcionar através de *prakṛti*, numa plena compreensão da sua Real natureza, e sempre livre. Assim, é a compreensão do seu *svarūpa*, em seu grau máximo, que constitui a característica e a condição indispensável de *Kaivalya* e não a separação em relação a *prakṛti*. O "isolamento" de *Kaivalya* é, assim, subjetivo e não necessariamente objetivo. Os veículos que foram construídos e aperfeiçoados pelo *puruṣa*, no reino de *prakṛti*, podem, então, ser utilizados por ele em qualquer tipo de trabalho, sem egoísmo e sem quaisquer ilusões. Tais são os homens perfeitos da humanidade, os Adeptos do *Yoga*, que são os mestres desta ciência sagrada, que guiam a humanidade em seu progresso, rumo à perfeição.

SEÇÃO IV

KAIVALYA PĀDA

KAIVALYA PĀDA

Janmauṣadhi-mantra-tapaḥ-
samādhi-jāḥ siddhayaḥ.

IV-1) Os *siddhis* são resultado de nascimento, drogas, *mantras*, austeridades, ou *samādhi*.

A seção IV dos *Yoga-Sūtras* fornece o plano de fundo teórico para a técnica do *Yoga* abordada nas três seções anteriores. Trata dos vários problemas gerais que integram a filosofia do *Yoga* e que têm de ser claramente compreendidos, para que a prática do *Yoga* seja apresentada de forma racional. A prática do *Yoga* não significa enlear-se no Desconhecido para atingir um vago ideal espiritual. O *Yoga* é uma ciência baseada em uma perfeita adaptação de meios bem definidos, com vistas a um desconhecido, mas definido fim. Leva em conta todos os fatores implícitos na conquista de seu objetivo e provê um plano de fundo filosófico perfeitamente coerente, tendo em vista as práticas que são sua parte mais essencial. É verdade que as doutrinas que compõem este plano de fundo teórico dificilmente parecerão racionais ou inteligíveis a quem não estiver acostumado com o assunto, mas isso é verdadeiro para qualquer tipo de conhecimento associado a problemas de natureza pouco comum. Somente daqueles que tenham refletido profundamente sobre este assunto e que estejam familiarizados, pelo menos, com as doutrinas elementares da filosofia do *Yoga*, poderia se esperar que apreciassem a magnífica e quase impecável linha de raciocínio subjacente nos aparentemente desconexos tópicos tratados na seção IV.

Como esta seção trata de muitos temas complexos e aparentemente desvinculados, talvez ajude o estudante a apreender a linha subjacente de raciocínio nela contida, se uma sinopse de toda a seção for apresentada no começo. Isso, sem dúvida, implicará certa repetição de idéias, mas uma visão geral será bastante útil para a compreensão deste aspecto um tanto abstruso da filosofia do *Yoga*.

SINOPSE

Sūtra IV-1: Enumera os diversos métodos de aquisição dos *siddhis*. Dos cinco métodos dados, somente o último, baseado em *samādhi*, é utilizado por *yogis* avançados, em seu trabalho, porque é baseado no conhecimento direto das leis superiores da natureza e, portanto, sob total controle da vontade. O estudante deve ter notado que todos os *siddhis* descritos na seção anterior resultam da aplicação de *saṃyama*. Eles são o produto do crescimento evolutivo e, assim, propiciam o domínio sobre toda a gama de fenômenos naturais.

Sūtras IV-2-3: Aludem às duas leis fundamentais da natureza que regem o fluxo dos fenômenos que constituem o mundo do Relativo. É necessária uma compreensão destas duas leis, no caso de se desejar obter uma estimativa correta das funções e limitações dos *siddhis*. O estudante não deve se precipitar em imaginar que ao *yogi* é possível fazer o que bem entenda, só porque ele é capaz de chegar a muitos resultados que parecem miraculosos à nossa visão limitada. O *yogi* também está sujeito às leis da natureza e, enquanto sua consciência funciona nos reinos da natureza, ele se subordina às leis que os regem. Ele tem de conquistar sua liberação do reino de *prakṛti*, mas só o conseguirá obedecendo e utilizando as leis que nele atuam.

Sūtras IV-4-6: Como acontece com qualquer pessoa, o *yogi* traz de suas vidas passadas grande número de tendências e potencialidades, sob a forma de *karmas* e *vāsanās*, as quais existem em seus veículos mais sutis, em uma forma bem definida, sendo necessário resgatá-los ou destruí-los antes de *Kaivalya* ser alcançado. Estes *sūtras* referem-se a estes veículos individuais, que são de dois tipos — os que são produto do crescimento evolutivo ao longo de vidas sucessivas e os que o *yogi* pode criar pelo poder de sua vontade. Antes que se possa entender o método adotado para a destruição dos *karmas* e *vāsanās*, deve-se ter um certo conhecimento do mecanismo mental através do qual essas tendências funcionam.

Sūtras IV-7-11: Tratam do *modus operandi* pelo qual as impressões de nossos pensamentos, desejos e ações são produzidos e então resolvidos ao longo do curso de vidas sucessivas em nosso crescimento evolutivo. O problema, para o *yogi*, é parar de fazer acréscimos a essas impressões acumuladas, mediante o aprendizado da técnica de *niṣkāma-karma* e da ausência de desejo, e resolver do modo mais rápido e eficiente aquelas potencialidades que já tenham sido adquiridas. A destruição dos *vāsanās* mais sutis ou dormentes depende, em última análise, da destruição de *avidyā*, que é a causa do apego à vida.

Sūtras IV-12-22: Depois de tratar dos veículos da mente (*citta*) e das forças (*vāsanās*) que acarretam incessantes transformações (*vṛttis*) nesses veículos, Patañjali discute a teoria da percepção mental, usando a palavra "mental" em seu sentido mais amplo. Segundo ele, dois tipos inteiramente diferentes de elementos estão envolvidos na percepção mental. De um lado, é preciso haver o impacto do objeto na mente através de suas propriedades características e, de outro, o eterno *puruṣa* tem de iluminar a mente com a luz de sua consciência. A menos que ambas as condições estejam simultaneamente presentes, não pode haver percepção mental alguma, pois a mente é em si mesma inerte e incapaz de perceber. É o *puruṣa* o verdadeiro "percebedor", embora ele se mantenha sempre no plano de fundo, e a iluminação da mente com a luz de sua consciência (do *puruṣa*) faça parecer que a mente é que percebe. Este fato só pode ser compreendido quando a mente é inteiramente transcendida e a consciência do *puruṣa* está centrada em seu próprio *svarūpa*, em plena consciência da Realidade.

Sūtra IV-23: Projeta luz sobre a natureza de *citta* e mostra, com precisão, que a palavra *citta* é utilizada por Patañjali no sentido mais abrangente, para designar o meio de percepção em todos os níveis de consciência, e não apenas como um meio de percepção intelectual, como em geral se supõe. Onde quer que haja percepção no reino Relativo de *prakṛti*, tem de haver um meio pelo qual essa percepção ocorre — e esse meio é *citta*. De tal modo que, mesmo quando a consciência está atuando nos planos mais elevados da manifestação, muito além do reino do intelecto, existe um meio — através do qual ele atua por mais sutil que seja, e esse meio é também chamado *citta*.

Sūtras IV-24-25: Indicam a natureza das limitações sofridas pela vida, mesmo nos mais elevados planos da manifestação. O *puruṣa* não é somente a fonte última de toda a percepção, como mencionado em IV-18, mas também a força motriz ou razão desta atuação dos *vāsanās*, que mantém a mente em incessante atividade. É para ele que todo este longo processo evolutivo está ocorrendo, não obstante ele esteja sempre oculto no plano de fundo. Segue-se daí que mesmo naquelas estimulantes condições de consciência que o *yogi* eventualmente atinja nos mais elevados estágios do *Yoga*, ele depende de algo distinto e separado, embora dentro de si. Ele não pode ser verdadeiramente Auto-Suficiente e Auto-Iluminado até que esteja plenamente Auto-Realizado e tenha-se tornado uno com a Realidade dentro de si. É a compreensão deste fato, de ainda não ter alcançado seu objetivo final, que faz com que o *yogi* desapegue-se da exaltada iluminação e bem-aventurança do plano mais elevado, fazendo-o mergulhar ainda mais fundo em si mesmo, na busca da Realidade, que é a consciência do *puruṣa*.

Sūtras IV-26-29: Fornecem alguma indicação da luta nos estágios finais, antes que a plena Auto-Realização seja alcançada. Esta luta culmina, afinal, em *dharma-megha-samādhi*, que abre as portas da Realidade dentro dele.

Sūtras IV-30-34: Apenas indicam algumas das conseqüências da conquista de *Kaivalya* e fazem alusão à natureza da exaltada condição de consciência e de liberdade de limitações em que um *puruṣa* plenamente Auto-Realizado vive. É claro que quem não tiver atingido *Kaivalya* não pode realmente compreender a que, de fato, se assemelha tal condição.

Após esta visão geral da seção, examinemos agora cada um dos diferentes tópicos.

No primeiro *sūtra*, Patañjali fornece uma lista exaustiva de métodos pelos quais os poderes ocultos podem ser adquiridos. Algumas pessoas nascem com certos poderes ocultos, tais como clarividência e outros. O surgimento desses poderes ocultos não é acidental, mas, quase sempre, resultado da prática do *Yoga*, de uma forma ou de outra, em alguma vida anterior. Todas as faculdades especiais que trazemos em qualquer vida são o resultado de esforços que fizemos nessas direções particulares, em vidas anteriores, e os *siddhis* não são exceção a esta regra. Mas o fato de alguém haver praticado o *Yoga* e desenvolvido tais poderes em vidas anteriores não significa, necessariamente, que deva nascer com eles nesta vida. Em geral, esses poderes têm de ser novamente desenvolvidos a cada sucessiva encarnação, a menos que o indivíduo seja altamente avançado neste sentido e traga de vidas anteriores *saṃskāras* muito poderosos. É também necessário lembrar, a este respeito, que algumas pessoas, sem um desenvolvimento moral e intelectual muito elevado, por vezes nascem com certos poderes ocultos espúrios. Isto deve-se à sua atuação negligente em práticas de *Yoga* em vidas anteriores, conforme explicado em I-19.

Os poderes psíquicos de grau inferior muitas vezes podem ser desenvolvidos mediante a utilização de determinadas drogas. Muitos faquires, na Índia, usam certas ervas, como *gañjā*, para desenvolverem clarividência de uma ordem inferior. Outros conseguem provocar notáveis alterações químicas pelo uso de certas drogas ou ervas. No entanto, os que conhecem tais segredos geralmente não os compartilham com outros. É desnecessário dizer que poderes assim obtidos não têm muita importância, devendo ser classificados como os inúmeros poderes que a moderna ciência coloca à nossa disposição.

O uso de *mantras* é um importante e poderoso meio para o desenvolvimento de *siddhis*, e os *siddhis* desenvolvidos deste modo podem ser da mais elevada ordem. Isto porque alguns dos *mantras*, como *praṇava*, ou *gāyatrī*, produzem o desenvolvimento da consciência, e não há limite para tal desenvolvimento. Quando os níveis superiores de consciência são atingidos como resultado de tais práticas, os poderes inerentes a esses estados de consciência começam a surgir de maneira natural, ainda que não possam ser usados pelo devoto. Além deste desenvolvimento natural dos *siddhis*, há *mantras* específicos para a realização de determinados objetivos e, quando utilizados com conhecimento, de modo correto, produzem os resultados desejados com a segurança de uma experiência científica. Os *tantras* estão repletos de tais *mantras* para aquisição de resultados muito comuns e, às vezes, bastante objetáveis. A razão por que o homem comum não consegue chegar aos resultados desejados simplesmente seguindo as instruções dos livros está no fato de que as condições exatas são deliberadamente omitidas, só podendo ser obtidas daqueles que tenham sido regularmente iniciados e tenham desenvolvido os poderes. Certamente, o verdadeiro *yogi* encara todas essas práticas com desprezo e nunca as procura.

Tapas é outro reconhecido meio de aquisição dos *siddhis*. Os *purāṇas* contém muitas histórias de pessoas que obtiveram todos os tipos de *siddhis* praticando austeridades de todo tipo, atraindo, assim, a ajuda das diversas deidades. É possível que tais histórias sejam ou não verídicas, mas que *tapas* leva ao desenvolvimento de certos tipos de poderes ocultos é fato bem conhecido de todos os estudantes do *Yoga*. O ponto importante a observar, no caso, é que os *siddhis* adquiridos por meio deste método, a menos que resultem de um desenvolvimento geral da consciência pela prática do *Yoga*, são de natureza restrita e não duram mais que uma vida. Freqüentemente, a pessoa moral e espiritualmente não desenvolvida que adquire tais *siddhis*, faz mau uso deles, perdendo, assim, não apenas o poder, mas acarretando para si mesma muito sofrimento e um mau *karma*.

O último e mais importante meio de desenvolver *siddhis* é a prática de *saṃyama*. A maior parte da seção III trata de alguns dos *siddhis* que podem ser desenvolvidos desta maneira. A lista dos *siddhis* ali mencionados não é exaustiva, mas os mais importantes foram apresentados. Eles devem ser considerados apenas representativos de uma classe quase que inumerável, cujas referências são encontradas na literatura do *Yoga*.

Um fato precisa, entretanto, ser observado em relação a este assunto. Os *siddhis* desenvolvidos como resultado da prática de *saṃyama* pertencem a uma categoria diferente e são muito superiores àqueles desenvolvidos por outros meios. São o produto de um natural desenvolvimento da consciência, em sua evolução rumo à perfeição, e, assim, se transformam em posses permanentes da alma, embora seja necessário um pequeno esforço, em cada nova encarnação, para reavivá-los nos estágios iniciais do treinamento do *Yoga*. Por serem baseados no conhecimento das leis superiores da natureza, que atuam em seus reinos mais sutis, eles podem ser exercitados com total confiança e eficácia, a exemplo de um experiente cientista, capaz de obter resultados extraordinários no campo da ciência física.

Jāty-antara-pariṇāmaḥ prakṛty-āpūrāt.

IV-2) A transformação de uma espécie ou tipo em outra faz-se pelo excesso de tendências ou potencialidades naturais.

A palavra *jāti* é em geral usada em sânscrito para exprimir classe, espécie etc., mas neste contexto é óbvio que tem de ser interpretada em um sentido muito mais amplo. Só então o profundo significado do *sūtra* revela-se e pode ser compreendido em termos do moderno pensamento científico.

É difícil captar a idéia subjacente neste *sūtra* através de uma simples tradução e, deste modo, será necessário explicar seu verdadeiro significado com mais pormenores. *Jāty-antara-pariṇāma* significa uma transformação que envolve uma mudança fundamental em termos de natureza ou substância, tais como gênero[5] ou composição química, e não mera mudança de estado ou forma. Deste modo, quando a água transforma-se em gelo, trata-se apenas de uma mudança de estado, não envolvendo uma mudança essencial de substância. Quando um bracelete de ouro transforma-se em um colar também não se verifica uma mudança fundamental, mas uma simples troca de forma. Porém, quando o hidrogênio converte-se em hélio, ou o urânio é transformado em chumbo, há uma mudança fundamental de substância, correspondente a *Jāty-antara-pariṇāma*. Ora, segundo o *sūtra*, toda mudança envolvendo diferenças fundamentais só pode ocorrer quando há, na substância, a potencialidade para a mudança, sob condições específicas. *Prakṛty-āpūrāt* é uma bela expressão, plena de significados, para indicar uma lei científica de grande abrangência. Literalmente, significa "pelo fluxo de *prakṛti*". Tentemos compreender, contudo, em termos de ciência moderna, o verdadeiro significado dessa expressão. Será melhor considerarmos alguns fatos de nossa experiência comum para ilustrar a atuação dessa lei. Se pegarmos uma pilha de madeira seca e nela colocarmos um fósforo aceso, a madeira imediatamente se incendiará e toda a pilha poderá reduzir-se a cinzas em pouco tempo. Mas, se jogarmos um fósforo aceso em uma pilha de tijolos e argamassa, nada acontecerá. Por quê? Porque a madeira tem em si a potencialidade de combinar-se com o oxigênio do ar, produzindo a liberação de grande quantidade de calor e de certo número de produtos voláteis. Como a reação, no caso, é autopropagável, envolvendo uma espécie de "reação em cadeia", uma simples fagulha é o bastante para reduzir todo o amontoado de madeira a cinzas. Mas quanto aos tijolos e à argamassa, não há potencialidade para tal reação e, portanto, quando o fósforo é jogado, nada acontece. Portanto, a mudança, neste caso, ocorre conforme o potencial do material e segue a tendência das forças naturais, sob certas condições. Se as condições alteram-se, as tendências também podem alterar-se, surgindo um tipo inteiramente novo de mudança. Por exemplo, a madeira pode ser submetida à ação de certas substâncias químicas e transformar-se em carvão. Vejamos outro exemplo. Um criador pode desenvolver uma nova espécie de cão pelo cruzamento apropriado de diferentes raças de cães, mas não pode produzir, do mesmo modo, uma nova espécie de gato. O potencial de produção de uma nova espécie de gato inexiste neste caso. Aqui, mais uma vez, estamos limitados pelas tendências e potencialidades naturais, contra as quais não podemos lutar. Com efeito, se tivermos o necessário conhecimento, poderemos, aplicando novos fatores, produzir mudanças que antes pareceriam impossíveis. Isto não quer dizer, no entanto, que tenhamos violado a lei fundamental da natureza, anteriormente referida.

---

[5] No original em inglês: *genus* (palavra latina). (N. ed. bras.)

Nimittam aprayojakaṃ prakṛtīnāṃ
varaṇa-bhedas tu tataḥ kṣetrikavat.

IV-3) A causa incidental não impulsiona ou provoca as tendências naturais à atividade, mas, como um agricultor (irrigando um campo), meramente remove os obstáculos.

A idéia incluída em IV-2 é ulteriormente elaborada em IV-3. A transformação de uma espécie em outra ocorre, como vimos, de acordo com o efeito resultante de todas as forças envolvidas. Todas as coisas têm a potencialidade de mudar em numerosas direções, e, incidindo diferentes tipos de forças sobre uma delas, podemos fazer com que se altere em uma ou mais direções, como ilustrado no diagrama, Figura 11.

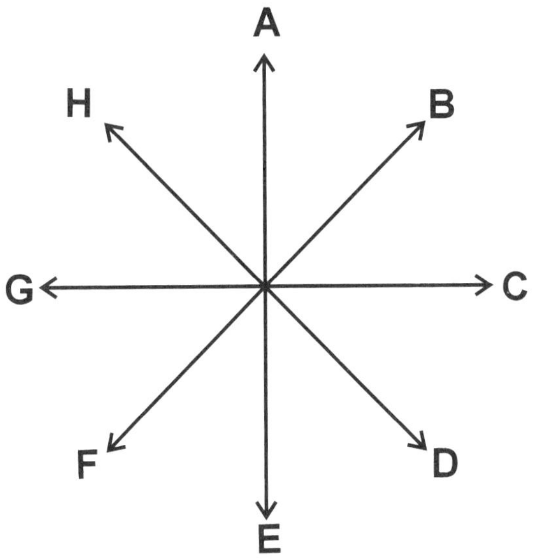

Figura 11

Se tivermos uma proveta cheia de solução açucarada, poderemos transformar o açúcar em álcool, acrescentando à solução certo tipo de fermento; poderemos transformá-la em uma mistura de glicose e frutose adicionando ácido clorídrico; poderemos transformá-la em carbono acrescentando forte quantidade de ácido sulfúrico, e assim por diante. Todos esses diferentes tipos de mudanças podem ser produzidos criando-se diferentes condições, pela aplicação de diferentes tipos de estímulos, para a manifestação de diferentes potencialidades. Mas as potencialidades para todas essas mudanças já existem na solução açucarada. Não podemos, por exemplo, transformar açúcar em mercúrio, por não haver potencialidade alguma, do ponto de vista químico, para o açúcar tornar-se mercúrio.

A causa circunstancial ou existente, que parece, externamente, produzir a mudança, não é a verdadeira causa desta. A mudança é realmente produzida pelas causas predisponentes, determinadas pela natureza da potencialidade existente nas coisas submetidas à mudança. A causa circunstancial serve apenas para determinar em que direção a mudança ocorrerá e, assim, orientar o fluxo das forças naturais naquela direção particular.

O papel representado pelas causas estimulantes e predisponentes na produção de todas as espécies de mudanças na natureza torna-se-á mais claro se utilizarmos uma comparação muito apropriada: "como um agricultor". Quem quer que observe um agricultor direcionando a corrente de água para diferentes partes de um campo, logo detecta o quanto tal processo assemelha-se à ação das forças naturais direcionadas por uma ou outra das causas externas, que parecem produzir diferentes tipos de mudanças. O agricultor remove um pouco de terra e a água começa a fluir em um sulco. Ele, então, o cobre e faz outro, em outro lugar, e a água começa a correr em outra direção. A retirada de um pouco de terra de determinado ponto não produz a corrente de água, apenas remove um obstáculo no caminho da água e determina a direção da corrente.

A grande lei natural expressa nos dois *sūtras* anteriores é aplicável não somente aos fenômenos físicos, mas a todas as classes de fenômenos no reino de *prakṛti*. Por exemplo, a natureza de nossas ações, boas ou más, não determina nossa vida, apenas indica a direção de nossas vidas futuras. A corrente de nossa vida tem de fluir incessantemente, sendo sua direção continuamente determinada por nossos atos, pensamentos e sentimentos.

O estudante pode muito bem indagar: "que tem essa lei a ver com o *Yoga*?" Tudo. Como destacado antes, o *yogi* precisa conquistar sua liberação com o auxílio das leis que atuam no reino de *prakṛti* e, portanto, tem de ter uma idéia clara desta lei fundamental que determina o fluxo dos fenômenos naturais que acontecem a sua volta e em seu interior. Como ele tem de destruir completamente, e para sempre, certas tendências enraizadas em sua natureza, ele precisa conhecer as causas que originam as diferentes formas destas tendências. É preciso que ele saiba que a simples supressão de uma tendência não significa sua remoção. Ela permanecerá como uma forma potencial por um período indefinido, para novamente surgir quando condições favoráveis apresentarem-se. De nada adianta a simples remoção das causas estimulantes. As causas predisponentes é que precisam ser removidas. A tendência moderna é lidar apenas com as causas superficiais, e superar, de algum modo, as dificuldades presentes. Isso não nos leva a parte alguma, e continuamente nos traz os antigos problemas sob novas e diferentes formas.

Nirmāṇa-cittāny asmitā-mātrāt.

IV-4) Mentes criadas artificialmente (procedem) somente do "senso de individualidade".[6]

Os dois *sūtras* anteriores devem preparar o terreno para a compreensão do *modus operandi* do método pelo qual qualquer quantidade de "mentes" adicionais pode ser artificialmente produzida pelo *yogi* altamente avançado. *Citta*, como foi dito em I-2, é o princípio universal que serve de meio para todas as classes de percepções mentais. Mas esse princípio universal só pode funcionar através de um conjunto de veículos atuando em diferentes planos do sistema solar. Esses veículos de consciência, ou *kośa*s, como são chamados, são formados pela apropriação e integração da matéria pertencente a diferentes planos, em torno de um centro individual de consciência, e fornecem os necessários estímulos para as percepções mentais que ocorrem na consciência. Patañjali usou a mesma palavra — *citta* — para o princípio universal que serve como meio para a percepção mental, bem como para o mecanismo individual através do qual se dá tal percepção. É necessário ter em mente esta distinção, porque um dos dois significados está implícito na mesma palavra — *citta* — em diferentes lugares.

Tendo em vista que o objetivo da seção IV é, em parte, elucidar a natureza de *citta*, a questão da criação das "mentes artificiais" foi tratada por Patañjali nesta seção. Existe, é claro, uma "mente natural"— se é que podemos usar tal expressão — através da qual o indivíduo atua e evolui nos reinos de *prakṛti*, durante seu longo ciclo evolutivo. Tal mente, trabalhando através de um conjunto de veículos, é produto da evolução; contém as impressões de todas as experiências de vidas sucessivas e permanece até que se alcance *Kaivalya*. Mas, ao longo do treinamento do *Yoga*, quando o *yogi* adquiriu o poder de aplicar *saṃyama* e manipular as forças dos planos superiores, especialmente *mahat-tattva*, é possível para ele criar qualquer número de veículos mentais por duplicação, veículos que são uma réplica exata do veículo através do qual ele normalmente atua. Tais veículos de consciência denominam-se *nirmāna-cittāni*. E surge a pergunta: "como essas 'mentes artificiais' são criadas pelo *yogi*?" A resposta é dada no *sūtra* em discussão.

Tais mentes artificiais, com seu mecanismo apropriado, são criações "somente de *asmitā*". É claro que *asmitā* é o princípio de individualidade no homem que forma, por assim dizer, o núcleo da alma individual e mantém, em condição integrada, todos os veículos de consciência funcionando em diferentes níveis. É este princípio que, identificando-se com os diferentes veículos, produz o egoísmo e outros fenômenos correlatos amplamente analisados em II-6. Este princípio é chamado de *mahat-tattva*, na filosofia hindu, e é através dele que as mentes artificiais podem ser criadas. O *yogi*

[6] No original em inglês *egoism*. (N. ed. bras.)

avançado, capaz de controlar *mahat-tattva*, tem o poder de estabelecer qualquer número de centros independentes de consciência para si mesmo, e tão logo um desses centros seja estabelecido, uma "mente artificial" automaticamente se materializa ao seu redor. Ela é uma réplica exata da "mente natural" na qual ele funciona normalmente, sendo que permanecerá existindo enquanto ele desejar mantê-la. No momento em que o *yogi* retira sua vontade da "mente artificial", ela instantaneamente desaparece.

Vale a pena destacar o significado do termo "somente" mencionado no *sūtra*. É claro que o significado está em que a criação de uma "mente artificial" não requer qualquer outra operação, exceto o estabelecimento de um novo centro de individualidade. A precipitação de uma "mente artificial" em torno deste centro é produzida automaticamente pelas forças de *prakṛti*, já que a capacidade de concentrar uma "mente" em torno dela mesma é inerente a *mahat-tattva*. Nada há de extraordinário ou incrível em tais materializações, pois fenômenos similares ocorrem até mesmo no plano físico. Que acontece quando colocamos uma minúscula semente no solo? Dado o poder potencial que lhe é inerente, a semente começa logo trabalhar e, aos poucos, dá origem a uma árvore, a partir da matéria extraída de seu meio ambiente. O fluxo de forças naturais produz todas as mudanças necessárias a este desenvolvimento. Será que conhecemos o segredo deste poder? Não! Ainda assim, ele existe, e nós presenciamos sua ação ao nosso redor, em qualquer esfera da vida. O que há, então, de incrível ou miraculoso em um centro estabelecido em *mahat-tattva*, concentrando um *citta* ou "mente", ao seu redor, pela ação automática de forças naturais (*prakṛti-āpūrāt*)? A única diferença está no tempo. Enquanto uma árvore leva considerável tempo para crescer, a produção da "mente artificial" parece acontecer instantaneamente. Mas, tempo é algo relativo e sua mensuração varia conforme o plano em que funciona.

O automatismo implícito na criação das "mentes artificiais" não pode ser adequadamente compreendido, a menos que se tenha uma clara compreensão da lei natural referida em IV-2-3. A isso, sem dúvida, se deve, em parte, a inserção desses dois *sūtras* antes de o problema das "mentes artificiais" ser tratado pelo autor.

Pravṛṭṭi-bhede prayojakaṃ
cittam ekam anekeṣām.

IV-5) A mente (natural) dirige ou move as muitas mentes (artificiais) em suas diferentes atividades.

Se o *yogi* pode duplicar sua "mente" em diferentes lugares, surge a pergunta: "como são coordenadas e controladas as atividades dessas 'mentes artificiais' assim criadas?" De acordo com este *sūtra*, as atividades e funções das "mentes artificiais" — qualquer que seja seu número — são dirigidas e controladas pela "mente natural" do *yogi*. As "mentes artificiais" são meros instrumentos da "mente natural", a ela obedecendo automaticamente. Assim como as atividades das mãos e de outros órgãos do corpo físico são coordenadas pelo cérebro e estão diretamente sob seu controle, as atividades das "mentes artificiais" são coordenadas e controladas pela inteligência, que opera a "mente natural" e atua através dela. É claro que esta inteligência, operando através da "mente natural", não é senão o *puruṣa*, cuja consciência ilumina e energiza todos os veículos. Cumpre também notar que as "mentes artificiais" agem não só como instrumentos da "mente natural", mas também, por assim dizer, como postos avançados de sua consciência. Pra*vṛtti* inclui ambas atividades, ou seja, as correspondentes aos *jñānendriyas*, e *karmendriyas*, as funções receptivas e operativas da consciência.

Tatra dhyānajam anāśayam.

IV-6) Dessas, a mente nascida da meditação é livre de impressões.

Segundo todas as aparências externas, as "mentes artificiais" são réplicas exatas da "mente natural", dela diferindo, contudo, em um aspecto fundamental. Não trazem em si quaisquer impressões, *saṃskāras* ou *karmas*, que são uma parte integrante da "mente natural". A "mente natural" é o produto do crescimento evolutivo, sendo o repositório dos *saṃskāras* de todas as experiências pelas quais ela passou, ao longo do curso de sucessivas vidas. Esses *saṃskāras*, em sua totalidade, são referidos como *karmāśaya*, "o veículo dos *karmas*", tendo sido analisados em II-12. As "mentes artificiais", criadas pela força de vontade do *yogi*, estão livres dessas impressões — e pode-se facilmente ver por que isso deve ser assim. Elas são simples criações temporárias, que desaparecem assim que o trabalho para o qual foram criadas estiver terminado. Uma firma comercial pode ter que abrir uma filial, temporariamente em alguma localidade, para determinada finalidade. Embora os negócios sejam efetuados no escritório da nova filial, todas as contas, e outros papéis são guardados na matriz. A filial provisória serve apenas como posto avançado da matriz, não sendo, pois, independente. Os recursos, em termos de ativo e passivo, pertencem ao escritório principal. Um relacionamento um tanto semelhante existe entre as "mentes artificiais" e a "mente natural".

Karmāśuklākṛṣṇaṃ yoginas
tri-vidham itareṣām.

IV-7) No caso dos *yogis*, os *karmas* não são nem brancos nem pretos (nem bons, nem maus); no caso de outras pessoas, eles são de três tipos.

O tópico que Patañjali aborda a seguir é a questão da conquista da liberdade em relação à sujeição ao *karma*, condição *sine qua non* para alcançar *Kaivalya*. O assunto *karma*, já tratado em II-12-14, é abordado novamente aqui. Na seção II o problema foi discutido sob um ângulo diferente — em relação aos *kleśas* — tendo sido mostrado como os *kleśas* são a causa subjacente dos *karmas*, que, por sua vez, produzem condições agradáveis ou desagradáveis nesta ou em vidas futuras, conforme sejam eles bons ou maus. Aqui, porém, na seção IV, o tema é reconsiderado de um ponto de vista inteiramente diferente, com o objetivo de mostrar como o *yogi* pode livrar-se de *karmāśaya* — o veículo do *karma* — que contém os *saṃskāras* acumulados de todas as vidas anteriores e que prende a alma à roda de nascimento e morte. A menos e até que esses *saṃskāras* sejam destruídos ou tornados inoperantes, não é possível libertar-se da sujeição a *prakṛti*, ainda que o *yogi* tenha atingido um avançado estado de iluminação. A força de seus *saṃskāras* o trará sempre de volta e impedirá que ele atinja seu objetivo final.

IV-7 fornece uma classificação de *karma* e os meios de evitar a formação de novo *karma*. Os *karmas* não são nem pretos, nem brancos, no caso daqueles que são *yogis*; eles são de três tipos no caso de pessoas comuns. Preto e branco, obviamente, descrevem os dois tipos de *karmas* que produzem os resultados dolorosos ou prazerosos, referidos em II-14. O terceiro tipo de *karma* é o que se refere àquele de caráter misto. É o caso, por exemplo, de muitas ações em que se produzem diferentes efeitos em diferentes pessoas. Ou seja, eles beneficiam algumas e prejudicam outras, e, conseqüentemente, produzem *karmas* de caráter misto.

A palavra *yogi*, neste *sūtra*, significa não somente alguém que está praticando o *Yoga*, mas também alguém que aprendeu a técnica de *niṣkāma-karma*. Ele prática todas as suas ações em estado de perfeita sintonia com *Īśvara* e não produz, portanto, qualquer *karma* pessoal. A teoria do *niṣkāma-karma* integra o pensamento filosófico hindu, sendo bem conhecida de todos os estudantes do *Yoga*. Não há, pois, necessidade de discuti-la aqui, em detalhes, ainda que possa ser abordada a idéia central nela subjacente. De acordo com essa doutrina, o *karma* pessoal resulta da prática de uma ação comum, já que a força diretora ou o motivo da ação é o desejo pessoal — *kāma*. Praticamos nossas ações identificando-nos com nosso ego, que procura a satisfação de seus próprios desejos e naturalmente colhe os frutos sob a forma de experiências agradáveis e dolorosas. Quando um indivíduo pode dissociar-se completamente de seu ego e praticar uma ação *em completa identificação com o Espírito Supremo,* que opera através de seu ego, tal ação é chamada de *niṣkāma* (sem desejo). Assim, não é produzido *karma* pessoal algum e em conseqüência, nenhum fruto advirá para o indivíduo.

É necessário notar, porém, que a dissociação *consciente e efetiva* do ego é que neutraliza a operação da lei do *karma*, e não um mero pensamento, intenção ou desejo por parte do individuo. Assim, o verdadeiro *niṣkāma-karma* somente se torna possível para *yogis* altamente avançados, que tenham ultrapassado o plano dos desejos. Muitas pessoas bem intencionadas que tentam seguir uma vida religiosa imaginam ser suficiente desejar não ter desejos ou pensar em dissociarem-se de seu ego, dedicando, superficialmente, suas ações a Deus, para ficarem livres da ação aprisionadora do *karma*. Isso é um engano, embora seja verdade que esforços persistentes, como estes que acabam de ser referidos, poderão preparar o caminho para a aquisição da técnica correta. É como se uma pessoa esperasse livrar-se da lei da gravidade pensando em erguer-se no ar. O que é necessário, como foi dito antes, é uma real e consciente identificação com o Divino dentro de nós, e o libertar-se de qualquer vestígio de motivo pessoal. Na medida em que a ação apresentar qualquer vestígio desse motivo pessoal, produzirá efeito *kārmico*, com seu poder aprisionador sobre o indivíduo.

Quando a técnica de *niṣkāma-karma* tiver sido assimilada e aplicada a todas as ações, o *yogi* não sofrerá nenhum *karma* pessoal, mesmo que ele esteja muito ocupado com os negócios do mundo, como um agente da Vida Divina no seu interior. Todos os seus *karmas* são "consumidos no fogo da Sabedoria", nas palavras do *Bhagavad-Gītā*. Mas e a respeito de seus *karmas* já acumulados na vida presente e nas vidas anteriores? Ele deixa de adicionar novos *saṃskāras* aos já acumulados, porém um enorme número de *saṃskāras* já se encontra lá, em seu *karmāśaya*, os quais devem ser resgatados antes de alcançada a Liberação. Ele não pode simplesmente, por sua própria vontade, fazer com que esses *saṃskāras* desapareçam. Ele deve aguardar, com paciência, até que tenham sido completamente resgatados e ele tenha pago até a última moeda a sua dívida. É natural, portanto, que o resgate de seu *karma*, que o prende a outras almas, seja um processo bastante prolongado, provavelmente estendendo-se por muitas vidas. É inegável que ele vem pagando pesadas prestações de seus débitos *kārmicos*, desde que ingressou na senda do *Yoga*. Também é verdade que à medida que avança na senda do *Yoga* e torna-se capaz de atuar nos planos superiores, ele adquire novos poderes, que lhe possibilitam acelerar este processo. Ele é capaz, por exemplo, de criar "mentes artificiais" e "corpos artificiais" (*nirmāṇakāyās*) e através deles saldar de forma simultânea seus débitos com pessoas dispersas por toda a parte no tempo e no espaço. Ainda assim, dispondo desses novos poderes e facilidades para apressar o processo *kārmico*, ele continua preso às leis de *prakṛti* e precisa trabalhar dentro da estrutura dessas leis. Isso, naturalmente, requer tempo e uma sábia e cuidadosa adaptação dos meios aos fins.

Tatas tad-vipākānuguṇānām
evābhi-vyaktir vāsanānām.

IV-8) Dentre esses tendências, somente se manifestam aquelas para as quais as condições sejam favoráveis.

O que foi dito antes sobre a natureza de *niṣkāma-karma* deve ter evidenciado, para o estudante, que é o desejo ou apego pessoal a força motivadora da ação, no caso das pessoas comuns, e que produz os *saṃskāras*, tanto sob a forma de tendência e potencialidades, quanto de *karmas*, que trazem experiências agradáveis ou dolorosas.

As forças colocadas em movimento por nossos pensamentos, desejos e ações são de uma natureza complexa e produzem todo tipo de efeitos que são difíceis de classificar completamente. Todas, no entanto, deixam algum tipo de *saṃskāra*, ou impressão, que nos prende, de uma forma ou de outra, ao futuro. Assim, nossos desejos produzem energia potencial, que nos atrai, irresistivelmente, para o meio ambiente ou para condições em que eles possam ser satisfeitos. As ações produzem tendências que nos facilitam repetir ações semelhantes no futuro, sendo que, repetidas em suficiente número de vezes, podem vir a formar hábitos. Além disso, se nossas ações afetam outras pessoas de algum modo, elas nos ligam a essas pessoas por laços *kārmicos*, trazendo-nos experiências agradáveis ou desagradáveis. Nossos pensamentos também produzem *saṃskāras* e resultam em desejos e ações, conforme sua natureza.

Se, entretanto, analisarmos essas diferentes espécies de atividades físicas e mentais, verificaremos que em sua base há sempre desejos de um tipo ou de outro, que dirigem a mente e resultam nesses pensamentos e ações. Assim, o desejo, em seu sentido mais amplo, é um fator mais fundamental em nossa vida do que nossos pensamentos e ações, por ser a força oculta que dirige corpo e mente, de todos os modos para satisfação de seus próprios propósitos. Deste modo, a mente é, primordialmente, um instrumento de desejos, resultando sua incessante atividade da contínua pressão dos desejos sobre ela. É claro que "desejo" não é uma palavra apropriada para a força sutil que conduz a mente aos níveis mais elevados e que liga a consciência às gloriosas realidades dos planos espirituais. A palavra utilizada em sânscrito para essa força que atua em todos os níveis da mente é *vāsanā*. Assim como *citta* é o meio universal para a expressão do princípio mental, assim *vāsanā* é a força universal que dirige a mente e produz a série contínua de suas transformações que aprisionam a consciência. De fato, a palavra *vāsanā* utilizada no presente contexto possui um significado ainda mais abrangente, pois não somente indica o princípio relacionado ao desejo, em seu sentido mais amplo, mas também as tendências e *karmas* que tal princípio gera nos diferentes planos. Isso porque os desejos e os *karmas*, ou tendências, que *vāsanā* produz formam um círculo vicioso no qual causas e efeitos confundem-se, sendo difícil separá-los. Assim, é plenamente justificável a utilização da palavra *vāsanā* para ambos.

Considerando que diferentes tipos de *vāsanās* exigem diferentes condições e ambientes para sua manifestação, não há dúvida de que eles não podem encontrar expressão de qualquer maneira aleatória, mas devem seguir uma certa seqüência, determinada pelos diferentes tipos de ambiente e de condições pelos quais o indivíduo passa nas sucessivas encarnações. Isto é o que IV-8 realça. Se uma pessoa tem um forte desejo de ser um atleta campeão, mas herdou um corpo fraco e doentio, seu desejo não terá como ser satisfeito nesta vida. Se um indivíduo A possui fortes laços *kārmicos* com outro indivíduo, B, que não está encarnado na época, e aqueles laços requerem expressão física, eles por certo ficarão latentes por algum tempo, só podendo ser resolvidos quando ambos estiverem presentes ao mesmo tempo, na encarnação física. Portanto, apenas um número limitado de *vāsanās*, quer sob a forma de desejo ou de *karmas*, pode encontrar expressão em uma determinada encarnação. Primeiro, porque o lapso de uma vida humana é um tanto limitado; em segundo lugar, porque as condições para a expressão das diversas espécies de *vāsanās* são freqüentemente incompatíveis. A parcela de *vāsanās* acumulados (*sancita karma*), passível de encontrar expressão e que está pronta para manifestar-se em uma determinada encarnação, é conhecida como *prārabdha karma* do indivíduo. A vida de um indivíduo comum está confinada dentro da estrutura que assim lhe foi destinada, e sua liberdade de alterar as principais tendências é extremamente limitada. Mas um homem de vontade excepcionalmente forte, e especialmente um *yogi*, cujos conhecimentos e poderes são extraordinários, pode proceder consideráveis mudanças no plano de vida que lhe foi destinado. De fato, quanto mais o *yogi* avança na senda do *Yoga* que está trilhando, mais ele se torna capaz de determinar o padrão de suas vidas, sendo que, ao chegar ao limiar de *Kaivalya*, ele se torna praticamente senhor de seu destino.

Não obstante o sentido abrangente em que a palavra *vāsanā* é usada, deve-se observar que a ênfase, neste *sūtra*, é dada àquele aspecto de *vāsanā* expresso sob a forma de tendências, das quais os *karmas* são meramente efeitos secundários.

Jāti-deśa-kāla-vyavahitānām apy ānantar-yaṃ
smṛti-saṃskārayor ekarūpatvāt.

IV-9) Existe a relação de causa e efeito, mesmo que separados por classe, lugar e tempo, porque memória e impressões são o mesmo em termos de forma.

A maneira aparentemente irracional e desconectada pela qual as *vāsanās* têm que se desenvolver nas sucessivas encarnações pode ocasionar uma dificuldade de ordem filosófica na mente do estudante, a qual Patañjali procura remover neste *sūtra*. É muito freqüente acontecer de uma personalidade de certo indivíduo praticar determinada ação, mas, como o *karma* dessa ação não pode ser resgatado por essa personalidade por falta das necessárias condições, ele tem de ser resgatado por outra personalidade do mesmo indivíduo, em uma vida posterior. Mas esta segunda personalidade não tem memória daquela ação específica em virtude da qual ela está passando por essa experiência. É claro que, se essa experiência é agradável, não surge qualquer pergunta na mente da segunda personalidade quanto à justiça da imerecida boa sorte. Mas, se a experiência é dolorosa, há um sentimento de injustiça contra o Destino, pela dor ou pelo sofrimento imerecido. Uma enorme quantidade deste tipo de ressentimento contra "imerecidos" sofrimentos envenena a mente dos que ignoram a lei do *karma* e seu modo de operar. Desta forma, uma compreensão mais ampla desta lei ajudaria muito as pessoas a verem as coisas sob sua verdadeira luz e receberem as experiências da vida, à medida que estas ocorrem, com paciência e sem amargor.

Retornando à dificuldade de ordem filosófica, pode-se perguntar: por que a segunda personalidade, numa vida posterior, deve sofrer pelos erros praticados pela primeira personalidade na vida anterior, e se ela é forçada a isso, como pode a lei do *karma* ser considerada justa? A resposta a esta questão encontra-se no *sūtra* de que estamos tratando. É claro que, quando se expõe um sistema filosófico ou uma técnica-científica, sob a forma de *sūtra*, confia-se na inteligência do estudante, que se supõe familiarizado com as doutrinas gerais em que se baseia a filosofia ou a ciência. Somente são dadas as idéias essenciais, que formam, por assim dizer, o arcabouço de aço da estrutura mental, e inclusive essas idéias são transmitidas de modo mais conciso possível. A doutrina da reencarnação, que é uma parte integrante da filosofia do *Yoga* e que Patañjali admite como verdadeira, implica que a série de personalidades nas sucessivas encarnações são expressões temporárias de uma entidade mais elevada e mais permanente, a qual assume diferentes nomes nas diversas escolas de pensamento, tais como *jīvātmā*, ou Ego Imortal, ou individualidade. É este *jīvātmā* que realmente encarna nas diferentes personalidades, e estas podem ser consideradas, de certo modo, postos avançados de sua consciência (do *jīvātmā)* nos mundos inferiores durante o período das encarnações.

Pois bem, um importante aspecto a ser destacado é que a memória global de todas as vidas sucessivas reside na "mente" do *jīvātmā*, sendo que as diferentes personalidades que se sucedem uma a outra não compartilham a memória global contínua. A memória delas está confinada somente às experiências particulares pelas quais passam em cada uma das encarnações separadas. Esta memória contínua, que engloba a série de vidas, deriva do fato de que os *saṃskāras* de todas as experiências ocorridas nessas vidas encontram-se presentes nos veículos superiores permanentes do *jīvātmā*. Assim como o contato da agulha com as impressões de um disco no gramofone reproduz o som, assim como o contato da mente com o cérebro físico reproduz a memória das experiências desta vida, da mesma forma o contato da consciência superior com os *saṃskāras*, ou impressões, nos veículos superiores do *jīvātmā*, reproduz as memórias correspondentes aos *saṃskāras* contatados. O veículo, repositório de todos esses *saṃskāras*, é chamado de "*kāraṇa śarīra*", na terminologia do Vedanta, por ser o repositório de todos os germes de futuras experiências.

Do que foi dito acima, observa-se como as experiências e as respectivas memórias das diferentes personalidades dispersas pelas distintas condições de classe, tempo e espaço, são integradas na consciência do *jīvātmā* que passou por todas as experiências e é quem realmente semeia e colhe os *karmas* delas resultantes. Visto deste ponto de vista, o fato de uma personalidade colher os frutos amargos pelos erros praticados por outra no passado, não envolve qualquer injustiça, pois as diversas personalidades são expressões, em condições diferentes, da mesma entidade, mesmo que não estejam conscientes deste fato em sua consciência física. Uma determinada personalidade (*jīva*) não está cônscia de toda a série de experiências e *saṃskāras*, mas o *jīvātmā* está, e na longa e ininterrupta série de ações e reações, ele vê a aplicação natural da lei do *karma* sem qualquer favoritismo ou injustiça. Não reclamamos quando descobrimos que as experiências desagradáveis pelas quais temos de passar resultam diretamente de nossa prática insensata ou errada. Nem o faz o *jīvātmā*, pois perante a sua visão todas as vidas passadas são como um livro aberto.

A maneira como a memória global de *jīvātmā* lhe permite visualizar a perfeita atuação de causas e efeitos, mesmo quando irregularmente dispersos ao longo de diferentes vidas, pode ser ilustrada em um simples diagrama, como o da Figura 12:

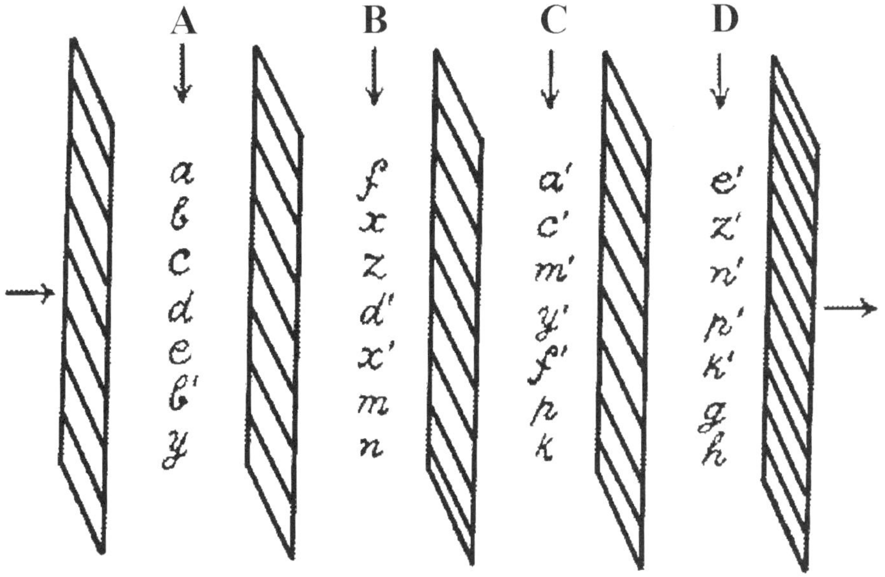

Figura 12

Em a, b, c, d, etc. estão representadas as diferentes causas colocadas em ação por um determinado *jīvātmā*, em quatro vidas representadas pelos compartimentos A, B, C, e D, sendo a', b', c', d' etc. os respectivos efeitos *kārmicos*, que se verificam na mesma vida ou na subseqüente. Se estas letras estão distribuídas pelos quatro compartimentos separados de maneira irregular, e apenas se tendo em mente que cada efeito *segue* sua respectiva causa, não será possível, então, para qualquer pessoa de visão confinada em um único compartimento, correlacionar todas as causas e efeitos que se desencadeiam, quando as condições apropriadas apresentam-se, seja na mesma vida ou em vidas subseqüentes. Mas, se alguém olha para as letras de uma certa distância, de tal modo que todas as letras, nos diversos compartimentos, tornem-se simultaneamente visíveis, então, cada efeito pode ser seguido até sua correspondente causa, e, a despeito da irregular mistura de causas e efeitos nos diversos compartimentos, pode-se observar a estrita obediência à lei de causa e efeito.

Tāsām anāditvaṃ cāśiṣo nityatvāt.

IV-10) Não existe um começo para eles, sendo eterno o desejo de viver.

Vimos no *sūtra* anterior que a vida humana é uma contínua série de experiências ocasionadas pela entrada em ação de certas causas, seguidas, mais cedo ou mais tarde, por seus correspondentes efeitos, todo o processo sendo, assim, um ininterrupto fluxo de ações e reações. Surge, naturalmente, a pergunta: "quando e como esse processo de acumular *saṃskāras* começa e como pode terminar?" Estamos presos à roda de nascimentos e mortes por conta das *vāsanās*, que resultam em experiências de várias espécies, as quais, por sua vez, geram mais *vāsanās*. Ao que parece, estamos diante de um desses enigmas filosóficos que desafiam qualquer solução. A resposta dada por Patañjali à primeira parte da pergunta é que tal processo de acumulação de *saṃskāras* não pode ser investigado até sua origem, porque "a vontade de viver" ou o "desejo de ser" não surge com o nascimento da alma humana, mas é característica de todas as formas de vida através das quais a consciência evoluiu até atingir o estágio humano. De fato, no momento em que a consciência entra em contato com a matéria, com o nascimento de *avidyā*, e os *kleśas* começam a atuar, os *saṃskāras* começam a formar-se. Atrações e repulsões de vários graus e tipos estão presentes até mesmo nos mais primitivos estágios da evolução — mineral, vegetal e animal — e um indivíduo que atinge o estágio humano, após passar por todos os estágios anteriores, traz consigo todos os *saṃskāras* dos estágios por que passou, embora a maioria desses *saṃskāras* estejam dormentes em estado latente. Os traços animais são reconhecidos, inclusive, pela psicologia ocidental, como presentes em nossa mente subconsciente, e o afloramento ocasional desses traços pertencentes aos estágios inferiores deve-se à presença, em nós, de todos os *saṃskāras* que colhemos ao longo de nosso desenvolvimento evolutivo. Daí por que, tão logo o controle do Eu Superior desapareça ou relaxe temporariamente, em face de distúrbios emocionais intensificados, ou outras causas, os seres humanos começam a comportar-se como animais ou até mesmo pior que animais. A propósito, isso mostra a necessidade de manter-se rígido controle de nossa mente e de nossas emoções, pois, uma vez completamente perdido este controle, não há como saber quais os *saṃskāras* indesejáveis que, adormecidos através dos tempos, podem tornar-se ativos, levando-nos a fazer coisas das quais nos arrependeremos depois. A história dá muitos exemplos de recrudescimento de tais traços nos seres humanos e de temporária reversão ao estágio animal. Sem dúvida, os reinos humano, animal, vegetal e mineral são claramente definidos, são estágios de evolução separados, não podendo haver retrocesso de um reino para outro. No que concerne, porém, aos *saṃskāras*, tais reinos podem ser considerados contínuos e o estágio humano pode ser considerado o somatório e a culminância dos estágios anteriores.

À medida que o processo evolutivo avança, as *vasanas* vão-se tornando cada vez mais complicadas e no estágio humano assumem uma variedade desconcertante e complexa, dada a introdução do componente mental. O intelecto, embora, até certo ponto, seja servo e o instrumento do desejo, representa, por sua vez, relevante papel no crescimento da natureza do desejo. No caso, desejos altamente complicados e de variados tipos do homem civilizado moderno apresentam interessante contraste em relação aos desejos comparativamente simples e naturais do homem primitivo. Prosseguindo ainda mais a evolução, e com a prática do *Yoga*, são contatados níveis mais sutis da consciência, os desejos vão ficando cada vez mais purificados e sutis e, portanto, mais difíceis de detectar e transcender. Mas até mesmo os desejos mais refinados e mais sutis, que prendem a consciência à bem-aventurança e ao conhecimento dos planos espirituais mais elevados, diferenciam-se somente em grau, constituindo realmente uma refinada forma do desejo primário, — "vontade de viver" — chamado de *āśiṣaḥ*. Como se pode ver, não é possível destruir as *vāsanās* e, assim, pôr um fim ao processo da vida prendendo-as em seu próprio plano. Inclusive *niṣkāma-karma*, quando praticado com perfeição, só pode interromper a geração de novo *karma* pessoal no que se refere ao futuro. Não pode destruir a raiz de *vāsanā*, inerente à vida manifestada. À medida que *viveka* e *vairāgya* desenvolvem-se, as *vāsanās* ativas vão-se tornando cada vez mais tranqüilas, mas seus *saṃskāras* permanecem e, a exemplo das sementes, podem brotar de forma ativa, sempre que se apresentem condições favoráveis e estímulos apropriados sejam aplicados à mente.

Hetu-phalāśrayālambanaiḥ saṃgṛhitatvād eṣām abhāve tad-abhāvaḥ.

IV-11) Estando interligados como causa-efeito, substrato-objeto, eles (os efeitos, isto é, *vāsanās*) desaparecem com o seu desaparecimento (da causa, isto é, *avidyā*).

Se as *vāsanās* formam um fluxo contínuo e não é possível libertar-se, de modo algum, da servidão sem a sua destruição, como alcançar a Liberação? A resposta a esta pergunta encontra-se na teoria dos *kleśas*, analisada na seção II. Vimos que o progresso cíclico da vida manifestada começa, para o *puruṣa*, com a associação de sua consciência com *prakṛti*, através da ação direta de *avidyā*, que conduz, sucessivamente, a *asmita*, *rāga-dveṣa* e *abhiniveśa* e a todas as misérias de uma vida de servidão.

Se *avidya* é a causa última da servidão e todo o processo de contínua geração de *vasanas* nisto se baseia, conclui-se, logicamente, que o único meio eficaz de libertar-se da servidão é destruir *avidyā*. Todos os outros meios de acabar com as misérias e ilusões da vida, sem a completa destruição de *avidyā*, no máximo, podem servir de paliativos e não conduzem ao objetivo do empenho do *Yoga*: *Kaivalya*. De que modo *avidyā* pode ser destruída, foi analisado, detalhada e sistematicamente, na seção II, não sendo, pois, necessário tratar desta questão aqui.

Atītānāgataṃ svarūpato 'sty adhva-bhedād dharmāṇām.

IV-12) O passado e o futuro existem em sua própria forma (real). A diferença de *dharmas* (ou propriedades) decorre da diferença de caminhos.

Este é um dos *sūtras* mais importantes e interessantes da seção IV, pois esclarece um problema filosófico fundamental. Ou seja, que há uma Realidade subjacente ao mundo fenomenal em que vivemos a qual é admitida por todas as escolas do *Yoga*, sendo, de fato, o objetivo do *Yoga* a busca e a descoberta desta Realidade. Surge a questão: "É este mundo da Realidade absolutamente independente do mundo fenomenal, em termos de tempo e espaço, com o qual podemos entrar em contato através de nossa mente, ou são os dois mundos inter-relacionados de algum modo?". Segundo os Grandes Instrutores que chegaram à verdade, descobriu-se que os dois mundos inter-relacionam-se, embora seja difícil para o intelecto compreender isso. Se há uma relação entre os dois mundos, pode-se ainda questionar se os mundos manifestados no tempo e no espaço expressam rigidamente um padrão predeterminado do Pensamento Divino, assim como um filme, em uma tela de cinema, é o resultado de uma projeção mecânica dos quadros fotográficos existentes no rolo de filme. Ou será que a sucessão de acontecimentos, no mundo fenomenal, simplesmente se adapta a um Plano que existe na Mente Divina, da mesma maneira que a construção de um prédio segue o projeto do arquiteto? A primeira hipótese implica um Determinismo na sua forma mais rígida, enquanto a segunda deixa certa margem ao livre-arbítrio.

O *sūtra* em discussão esclarece de algum modo este problema filosófico. Ele se compõe de duas partes separadas, a segunda representando uma ampliação da primeira. A afirmativa "o passado e o futuro existem em sua própria forma" significa, obviamente, que a sucessão de fenômenos que constitui o processo mundial, ou qualquer parte dele, é a expressão, em termos de tempo, de alguma realidade existente nos reinos mais sutis da consciência, além do alcance do intelecto humano. Esta realidade transcende o tempo e, entretanto, expressa-se como tempo no processo mundial.

Como essa questão de tempo será tratada em detalhes em IV-33, vamos deixá-la de lado e passar à analise da segunda parte do *sūtra*, em que estamos diretamente interessados neste estágio. "A diferença de *dharmas* decorre da diferença de caminhos". Aparentemente, esta é uma afirmativa um tanto abstrusa, que não parece fazer sentido — tampouco os comentários existentes a esclarecem. Vejamos se é possível captar o significado pretendido pelo autor, à luz do que foi dito em relação à natureza do passado e do futuro, na primeira parte do *sūtra*.

Se a sucessão de fenômenos que conhecemos através de nossa mente é a expressão de alguma realidade, e se esta expressão não é uma simples projeção mecânica que implica rígido Determinismo, conclui-se, portanto, logicamente, ser possível alcançar esta realidade, em termos de tempo e de espaço, ao longo de um certo número de caminhos, podendo qualquer um deles ser efetivamente seguido como resultado da atuação de todas as forças no reino da natureza. As séries de eventos já ocorridos e que se tornaram "passado" representam o caminho até então percorrido pela Carruagem do Tempo e tornaram-se fixos — parte da memória da natureza nos arquivos *ākāśicos*. E quanto aos acontecimentos que ainda estão no ventre do "futuro"? Que forma adquirirão esses acontecimentos, ao tornarem-se, por sua vez, passado? Como eles não resultarão de um rígido e inexorável destino, mas de elásticas adaptações a um Padrão Divino, o caminho por eles seguido têm de ser, pelo menos até certo ponto, indeterminado. Há de existir certo espaço para movimento, se é que liberdade de escolha e livre-arbítrio ocupam algum lugar no esquema das coisas. Sem dúvida, há forças atuando no campo e que, de certo modo, determinarão a direção a ser tomada pelos eventos. Há, por exemplo, a pressão da forças evolutivas. Há a força diretora do Plano Divino, além de arquétipos em cada esfera de desenvolvimento. Há uma enorme pressão do poder potencial dos *saṃskāras*, tanto no reino da matéria, quanto no da mente. Mas, dentro das limitações impostas por estas diferentes forças que tendem a moldar o futuro há, ainda, uma certa liberdade de movimento que possibilita ao futuro desenvolver-se ao longo de uma das muitas direções que se abrem a cada momento. É desta maneira, portanto, que, no mundo do Relativo, influenciado pelo Padrão Divino, de um lado, e pelo impulso do passado, de outro lado, os acontecimentos avançam rumo à sua consumação final.

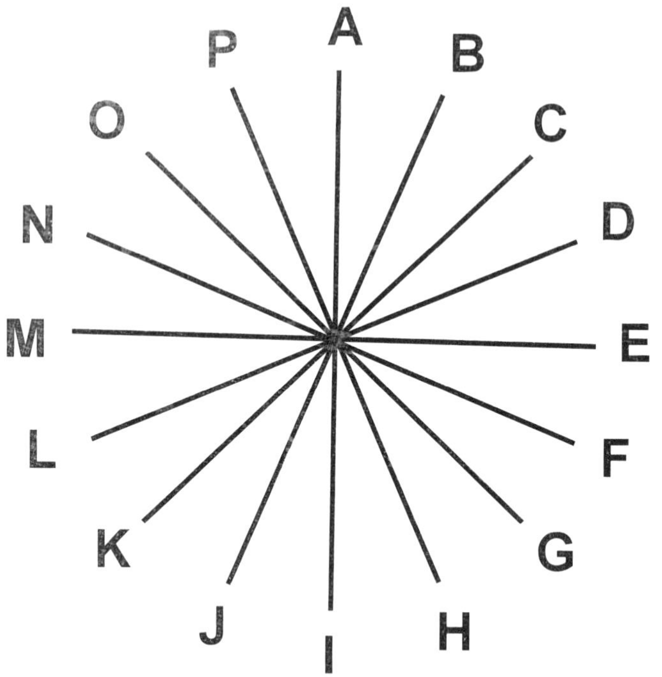

Figura 13

Tendo compreendido o significado da expressão "diferença de caminhos", vejamos agora como tais caminhos representam meramente o surgimento de diferentes propriedades no substrato, ou seja, *prakṛti*. O caminho seguido pelo curso dos acontecimentos, se o analisarmos com todo o cuidado, nada mais é que uma específica série de fenômenos em determinada ordem, sendo cada elemento desta série, por sua vez, nada mais que uma combinação de propriedades, ou *dharmas* — todos inerentes a *prakṛti*. Se representarmos, a título de ilustração, estas distintas propriedades por A, B, C, D, E, F, G, H, I, J, K, L etc. (Figura 13), então os diferentes cursos dos acontecimentos poderão ser representados por diferentes séries de fenômenos, conforme se depreende da Figura 14.

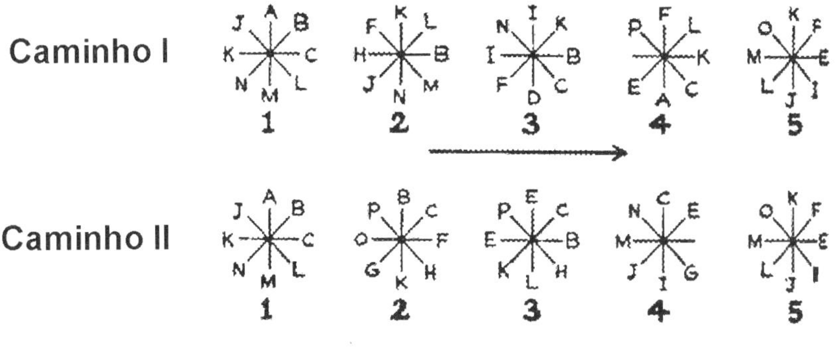

Figura 14

Verifica-se que cada elemento deste fenômeno não é senão uma combinação específica de *dharmas*, que se tornaram manifestadas em determinado espaço de tempo. Não importa se consideramos os fenômenos em uma esfera limitada como o nosso sistema solar, ou no âmbito ilimitado do universo, pois todos verificam-se no reino de *prakṛti*. Assim, é possível, a partir de uma situação específica, chegar a outra, através de dois ou mais caminhos alternativos.

Esses caminhos, ditados pelo curso dos acontecimentos no mundo fenomenal, não são de origem puramente mecânica, como os materialistas gostariam que acreditássemos. De um modo misterioso, eles produzem a realização do Eterno, como mencionado antes. O mundo fenomenal inferior não existe em benefício dele mesmo (trata-se apenas de uma lei de necessidade mecânica), mas em prol da realização do Eterno. Seu objetivo é produzir certas "mudanças" nos mundos espirituais superiores, as quais constituem o próprio objetivo de sua existência. O uso do vocábulo "mudanças" em relação ao Eterno é, sem dúvida, bastante impróprio, mas o estudante deve compreender ser ele empregado, à falta de melhor termo, para indicar aquela reação sutil e misteriosa que nossa vida no mundo fenomenal tem sobre nosso ser eterno. Um exemplo específico talvez esclareça melhor este ponto. O desenvolvimento da perfeição, latente em toda alma humana, é o objetivo das reencarnações nos mundos inferiores, através dos quais a alma tem de passar. Os diferentes tipos de experiências, pelas quais a alma passa vida após vida, estimulam gradualmente sua natureza espiritual, e desenvolvem a perfeição, que encontra sua consumação em *Kaivalya*. Ora, o tipo e a quantidade de tais experiências realmente não importam, desde que o objetivo seja atingido. Determinado indivíduo pode passar, ao longo de uma centena de vidas, pelas mais intensas e dolorosas experiências, ou pode viver mil encarnações com experiências inteiramente diferentes, para atingir a perfeição. O caminho não importa; é a realização do objetivo que é importante. O caminho situa-se no mundo dos fenômenos, que é irreal e ilusório, enquanto o objetivo encontra-se no mundo do Eterno, que é Real.

É esta possibilidade de escolher caminhos diferentes que capacita o *yogi* a abreviar o processo de desenvolvimento nos mundos fenomenais, e a atingir a perfeição no mais breve espaço de tempo possível. Ele não está fadado a percorrer a extensa e fácil estrada da evolução, que a humanidade como um todo está trilhando. Ele pode sair dessa larga estrada e escolher a curta e difícil subida ao cume da montanha, seguindo a senda do *Yoga*. Mas, se está disposto a irromper de entre o mundo dos fenômenos, para chegar ao mundo da Realidade, deve, primeiro, compreender a natureza desses fenômenos e a maneira como são percebidos pela mente. Eis por que Patañjali tratou desta questão em IV-12.

Te vyakta-sūkṣmāḥ guṇātmānaḥ.

IV-13) Eles, manifestos ou não-manifestos, são da natureza dos *guṇas*.

No *sūtra* anterior foi mencionado que todas as espécies de fenômeno que são objeto de percepção pela mente nada mais são que diferentes combinações de *dharmas,* ou propriedades inerentes a *prakṛti*.

Neste *sūtra*, a idéia estende-se um pouco mais, sendo destacado o fato de que os próprios *dharmas* não são senão diferentes combinações dos três *guṇas* primários. Esta afirmativa, generalizada, talvez surpreenda quem não esteja familiarizado com a teoria dos *guṇas*, mas para alguém que compreenda esta teoria, parecerá uma conclusão perfeitamente lógica, que flui naturalmente de tal teoria. Se os três *guṇas* são os três princípios fundamentais do movimento (inércia, mobilidade, vibração) e se o movimento de uma ou outra espécie é a base da manifestação de todos os tipos de propriedades, então estas têm de ser da natureza dos *guṇas*. As propriedades físicas, químicas e de outras espécies, estudadas pela ciência moderna até o momento, podem ser reconhecidas, em última análise, como movimentos e posições de diferentes espécies. Assim, a teoria segundo a qual essas propriedades são da natureza dos *guṇas* está de acordo com os mais recentes desenvolvimentos científicos, tão longe quanto tenham chegado. Mas a afirmativa, neste *sūtra*, é de um caráter todo abrangente, não somente quanto às propriedades físicas, que podemos conhecer a partir de nossos sentidos físicos, mas também quanto às propriedades dos mundos mais sutis. Pensamentos, emoções, e, de fato, toda espécie de fenômenos envolvendo *dharmas,* incluem-se no seu raio de ação. A palavra *sūkṣma* abarca não apenas as propriedades relacionadas com os planos mais sutis, mas também com aqueles que estão dormentes ou não-manifestos. A única diferença entre as propriedades manifestas e as dormentes é que, enquanto as manifestas resultam de certas combinações dos *guṇas em ação*, as dormentes existem potencialmente em *prakṛti*, sob a forma de combinações teóricas dos *guṇas* ainda não materializadas. Milhares de novos compostos estão sendo produzidos, todos os anos, no campo da química. Cada um deles representa uma nova combinação dos *guṇas* até então latente e que só agora se tornou manifestada. *Prakṛti* é como um órgão com potencial de produzir inumeráveis notas. As qualidades manifestas são as notas que, ativadas, produzem seu som específico, enquanto as não-manifestas são as que estão silenciosas, em repouso. Mas todas elas estão lá, prontas para emergir a qualquer momento e desempenhar o papel nos fenômenos que estão a ocorrer em toda parte, a todo momento.

A importância da generalização contida neste *sūtra* reside, pois, não só no fato de que ele vai ao fundo da questão, ao revelar a verdadeira natureza de todas as espécies de fenômeno, mas também em sua extraordinária abrangência. Nenhuma generalização da ciência moderna pode, talvez, ser comparada, em termos de natureza abrangente, com esta doutrina da filosofia do *Yoga*. Como esta baseia-se em uma visão dos mundos dos fenômenos, do privilegiado ponto de vista da Realidade, não há dúvida de que, quanto mais a ciência avança nos domínios do desconhecido, mais corroborará a doutrina do *Yoga*.

Pariṇāmaikatvād vastu-tattvam.

IV-14) A essência do objeto consiste na singularidade da transformação (dos *guṇas*).

Qual é a natureza essencial de qualquer coisa que é um objeto de percepção mental? Só se pode conhecer a existência e a natureza de alguma coisa qualquer pelas propriedades que ela possui em dado momento. Não há outra maneira. Este "conjunto de propriedades" que em sua totalidade constitui a coisa, tem de ser, portanto, uma combinação singular dos três *guṇas*, eis que cada propriedade, nada mais é, em si mesma, do que uma combinação peculiar dos *guṇas*. Quem quer que detenha algum conhecimento de ciência moderna pode, no caso de um objeto físico qualquer, separar seus componentes físicos e químicos — moléculas, átomos, elétrons etc. — e ainda decompô-los — em diferentes tipos de força e movimento. Nada mais resta, em termos materiais, no sentido usual, se consideramos que matéria e energia são interconversíveis. Até onde nos é possível observar, tudo isso representa a ação de diferentes espécies de forças e movimentos de extraordinária variedade e complexidade. Na verdade, ainda não conhecemos exatamente a natureza do núcleo dos átomos, mas, pela tendência apresentada pelas pesquisas neste campo, é muito provável que venha a ser descoberto tratar-se nada mais que uma combinação de diferentes tipos de movimento. De modo que, até onde consegue chegar, a ciência moderna corrobora a verdade da doutrina do *Yoga*, no sentido de que todos os objetos percebidos por nossa mente constituem apenas uma singular transformação dos três *guṇas*. Vale lembrar que a chave para se compreender o significado do *sūtra* está na palavra *ekatvat*, a qual, no caso, não significa "unidade", mas "singularidade". Interpretado deste modo, o *sūtra* enquadra-se perfeitamente na linha de raciocínio adotada por Patañjali para explicar a teoria da percepção mental.

Vastu-sāmye citta-bhedāt
tayor vibhaktaḥ panthāḥ.

IV-15) O objeto sendo o mesmo, a diferença entre os dois (o objeto e sua cognição) é devida aos caminhos separados (das mentes).

Se cada objeto é uma transformação singular dos três *guṇas* e tem, assim, uma identidade definida própria, então por que parece diferente para mentes diferentes? É uma questão de experiência comum a de que duas mentes não vêem o mesmo objeto de igual modo. Há sempre uma diferença, do ponto de vista da cognição, embora o objeto seja o mesmo. A razão para esta diferença, como ressaltado neste *sūtra*, está no fato de que as mentes que percebem o objeto encontram-se em condições diferentes, e, assim, naturalmente, obtêm diferentes impressões do mesmo objeto. Quando um corpo vibrante atinge outro corpo vibrante, o resultado do impacto depende da condição de ambos os corpos, no momento do impacto. O corpo mental que entra em contato com o objeto de percepção não é algo passivo ou estático. É vibrante de todas as maneiras e, portanto, tem de modificar cada impressão recebida por seu próprio padrão de vibração. Por conseguinte, não é possível obter uma verdadeira impressão do objeto enquanto a própria mente não está livre de seus *vṛttis*. A impressão criada dependerá da condição da mente receptora, e como todas as mentes estão em condições diferentes por terem seguido caminhos distintos em sua evolução, elas têm de obter diferentes impressões do mesmo objeto. O estudante deve estar atento à distinção entre o corpo mental que vibra e a mente em que os *vṛttis* são produzidos por essas vibrações.

É possível obter-se uma verdadeira impressão de um objeto sob quaisquer circunstâncias? Sim, quando a mente tiver sido libertada de seus *vṛttis* e, em conseqüência, não puder modificar a impressão nela produzida pelo objeto. Quando os *vṛttis* tiverem sido eliminados, a mente tornar-se-á una com o objeto (I-41), o que é uma outra maneira de dizer que a mente recebe uma impressão exata do objeto sem a influência modificante dela mesma. Somente em *samādhi*, quando todos os *vṛttis* tiverem sido suprimidos, é possível conhecer o objeto como ele realmente é.

Mesmo na vida quotidiana, verifica-se que, quanto mais a mente é influenciada por diferentes tendências, preconceitos e outras perturbações, maior é a distorção causada nas impressões nela produzidas por homens e objetos. Só uma mente calma e desapaixonada é capaz de ver as coisas corretamente, na medida em que isto é possível sob as limitações da vida comum.

Na caika-citta-tantraṃ vastu
tad-apramāṇakaṃ tadā kiṃ syāt.

IV-16) Nenhum objeto é dependente de uma mente. Que seria dele quando não fosse por ela percebido?

Se cada objeto de percepção mental é um simples amontoado de propriedades que produzem diferente impressões em diferentes mentes, então a percepção mental pode ser considerada como um fenômeno puramente subjetivo, podendo-se argüir que o objeto não precisa ter uma existência independente do agente cognitivo, isto é, a mente. Esta teoria filosófica puramente idealista é sugerida pela objeção levantada neste *sūtra*. Se o objeto da percepção mental é apenas um produto da mente que o percebe e não tem existência independente própria, então, o que acontece ao objeto quando a mente cessa de percebê-lo? Se aceitarmos a teoria puramente idealista, segundo a qual os objetos, no mundo exterior, não têm existência real própria, sendo apenas criações da mente, seremos levados à absurda conclusão de que o mundo exterior aparece e desaparece, conforme o aparecimento e desaparecimento de objetos na mente de cada indivíduo, sendo difícil explicar a uniformidade de experiências de diferentes pessoas com relação a diferentes coisas e à harmoniosa coordenação de observações feitas por diferentes indivíduos.

É inútil prosseguir no exame das implicações dessa teoria. Basta notar que Patañjali não a aceita. A filosofia do *Yoga* reconhece a existência de "objetos" externos à mente. Estes é que estimulam a mente de um modo específico e produzem impressões percebidas, então, por *puruṣa*. Na verdade, os objetos que produzem impressões são considerados meras combinações dos *guṇas*. Também é verdade que a mente percebe não os próprios objetos, mas as impressões nela produzidas por eles. Ainda assim, há algo externo à mente que a estimula a formar imagens, qualquer que seja sua natureza. Conclui-se, pois, que a teoria da percepção mental em que se baseia a filosofia do *Yoga* segue um caminho médio entre o puro idealismo e o puro realismo, reconciliando, em harmoniosa concepção, as características essenciais de ambos. Os principais postulados da teoria são dados em alguns dos *sūtras* seguintes.

Tad-uparāgāpekṣitvāc
cittasya vastu jñātājñātam.

IV-17) Um objeto será ou não conhecido, em conseqüência da mente ser ou não colorida por ele.

A primeira condição essencial para a mente de um indivíduo "conhecer" um objeto é que este a afete ou a modifique de algum modo. A expressão de fato utilizada é "colorir a mente". A utilização do termo "colorir", no lugar de "modificar", não é meramente uma forma poética de afirmar um fato científico, mas tem em vista um propósito definido. A palavra "modificação" implicaria apenas uma mudança parcial na mente, enquanto a idéia a ser transmitida é de uma mudança que pode variar em intensidade, desde um simples sinal até uma profundidade considerável. O conhecimento do objeto pode ser extremamente superficial ou muito profundo, sendo que todos esses graus de crescimento progressivo de compreensão podem ser melhor transmitidos com a utilização da palavra "colorir" — a intensidade da cor indicando o grau de assimilação do objeto pela mente. Além disso, somente com a utilização do termo "colorir", é que a completa fusão do objeto com a mente, referida em I-41, pode ser adequadamente compreendida.

Aqueles que já tenham tentado estudar um assunto que lhes seja inteiramente novo e que esteja muito além de sua capacidade mental, serão capazes de formar uma idéia a respeito da necessidade de um objeto "colorir" a mente antes que ele possa ser compreendido. O assunto não é assimilado de modo algum pela mente; simplesmente se recusa a mergulhar nela, assim como um corante, às vezes, não colore um tecido que deveria tingir. A mente precisa "assimilar" o objeto, pelo menos até certo ponto, para que possa "conhecê-lo", e a extensão em que ela o assimilar determinará o grau de conhecimento. Este "colorir" da mente por um objeto externo, como se verifica após uma análise profunda, nada mais é que a capacidade do veículo mental de vibrar em resposta ao estímulo produzido pelo objeto. Quanto mais plenamente o veículo puder vibrar dessa maneira, maior será o conhecimento do objeto por parte da mente. Daí a necessidade de evolução dos veículos nos estágios iniciais.

Sadā jñātāś citta-vṛttayas tat-prabhoḥ
puruṣasyāpariṇāmitvāt.

IV-18) As modificações da mente são sempre conhecidas por seu dono, em razão da imutabilidade do *puruṣa*.

Assim que um objeto colore a mente, a modificação é imediatamente testemunhada pelo *puruṣa*, e é este testemunho que produz o "conhecimento" do objeto. Embora a utilização da palavra "testemunhar", para a reação de *puruṣa* às modificações que ocorrem na mente, não seja apropriada, o termo é empregado para distingui-la do processo mental simultâneo, genericamente chamado de percepção. Todas nossas palavras como "conhecer" e "perceber" são tão estreitamente identificadas com as atividades da mente, que uma nova palavra é realmente necessária para indicar essa reação final e peculiar de *puruṣa* a todos os processos mentais. Mas, à falta de tal palavra, o vocábulo "testemunhar" talvez sirva, no momento, contanto que tenhamos em mente seu significado especial. Este "testemunhar", pelo *puruṣa*, das modificações produzidas na mente, é a segunda condição indispensável para que a mente "conheça" qualquer objeto, sendo a primeira a sua "coloração" pelo objeto. Pesquisas em psicologia mostraram que a mente é freqüentemente modificada por objetos externos, mesmo que deles, na ocasião, ela não esteja consciente, sendo a prova de que tais modificações tenham ocorrido o fato de que tais impressões poderão ser posteriormente recuperadas pela mente quando a pessoa for hipnotizada. Em conseqüência, o "testemunho", pelo *puruṣa*, das modificações produzidas na mente é independente da atividade consciente desta. Este é o sentido da palavra *sadā*, que significa, literalmente, "sempre". O que o *sūtra* quer dizer é que o *puruṣa* é consciente de maneira ininterrupta, de todas as mudanças que ocorrem na mente, não sendo possível escapar-lhe qualquer mudança. Assim é, porque ele é eterno. Somente uma consciência eterna, imutável pode prover tão constante e perfeito plano de fundo para as contínuas e complexas mudanças que se verificam na mente. Se o próprio plano de fundo for mutável, a tendência é haver confusão. Não se pode projetar um filme em uma tela que esteja constantemente mudando.

Outro ponto a ser observado é que o *puruṣa* deve não só proporcionar um plano de fundo permanente para as modificações da mente, mas sua consciência deve ser o plano de fundo final, a fim de que ele possa notar as modificações na mente em todos os seus níveis. Quando o *yogi* passa ao *samādhi* e mergulha nos níveis mais profundos da mente, ele não está consciente de qualquer interrupção em suas experiências. A nova consciência que emerge em cada nível parece absorver, compreender e coordenar as experiências de todos os estágios anteriores e, portanto, é preciso que haja realmente uma mesma consciência iluminando o *citta* em todos esses diferentes níveis. Não é somente às nossas experiências comuns, em nível de mente concreta, que essa consciência última está constantemente atenta, mas também a todas as experiências supramentais pelas quais o *yogi* passa em *samādhi*.

Não há dúvida de que a extraordinária abrangência que caracteriza a consciência do *puruṣa* no plano de fundo último deve-se ao fato de ele ser eterno, para além do tempo e do espaço, contendo simultaneamente em si tudo o que possa se manifestar nos reinos do tempo e do espaço. Somente a luz branca, síntese harmoniosa de todas as cores possíveis, pode ser usada na projeção de um filme colorido em uma tela de cinema. A luz colorida, que é incompleta, não pode ser usada para tal finalidade.

Na tat svābhāsaṃ dṛśyatvāt.

IV-19) Nem é ela (a mente) auto-iluminativa, pois é perceptível.

Depois de ter afirmado, em IV-18, que *puruṣa* é a única testemunha eterna de todas as modificações na mente, em qualquer nível em que possam ocorrer, Patañjali passa a fundamentar esta afirmativa em um encadeamento de raciocínios desenvolvidos nos quatro *sūtras* seguintes.

O primeiro elo nesta cadeia é que a mente não é auto-iluminativa, ou seja, capaz de perceber por seu próprio poder, por ser ela mesma perceptível. Não é como o Sol, que brilha por sua própria luz, mas como a Lua, que brilha com a luz de outro corpo celeste. O fato de a mente ser perceptível é comprovado por nossa experiência comum, de sermos capazes de observar suas atividades e modificações sempre que o quisermos. Na verdade, quando nossa atenção está voltada para o exterior, não nos conscientizamos das mudanças que acontecem em nossa mente, mas a qualquer momento podemos dirigir nossa atenção para dentro de nós e observar tais mudanças.

Este fato da a mente ser perceptível e exercer sua percepção pela intermediação de algum outro poder é descoberto pelo *yogi*, de forma mais vívida, em *samādhi*, quando ele transcende diferentes níveis da mente, um após o outro. Em cada estágio crítico deste processo de mergulhar em direção ao centro de seu ser, à medida que deixa um nível da mente e passa para outro, aquele que percebe parece tornar-se aquele que é percebido. Esta contínua mudança do limite entre o subjetivo e o objetivo é uma prova, para o *yogi*, de que não apenas a mente concreta inferior, mas até mesmo seus graus mais sutis, são meros mecanismos de percepção. A fonte do poder de iluminação da consciência está em algum outro lugar — no *puruṣa*.

Eka-samaye cobhayānavadhāraṇam.

IV-20) Além do mais, nem lhe é possível funcionar das duas maneiras (como aquele que percebe e como aquele que é percebido) ao mesmo tempo.

O fato de a mente ser perceptível é uma questão de experiência. Ora, se a mente é perceptível, ela não pode, ao mesmo tempo, ser aquele que percebe. A mesma coisa não pode ser quem percebe e quem é percebido. Se a mente é perceptível, conclui-se que deve haver um poder, da natureza da consciência, que torne a mente capaz de exercer suas funções de percepção. Dado que a mente parece exercer sua função de percepção através do poder da consciência, ela não pode perceber a consciência em si mesma, ou, em outras palavras, a consciência não pode ser objeto de percepção pela mente. Daí ser impossível saber o que a consciência é em si mesma, enquanto se está nos domínios da mente. Na medida em que o aspecto cognitivo da consciência age por intermédio da mente, ele está, por assim dizer, voltado para fora, e conhece outras coisas no domínio da mente. Somente quando estiver livre da servidão da mente e voltar-se para seu interior, poderá conhecer a si próprio, conforme explicado em IV-22.

Cittāntara-dṛśye buddhi-buddher
atiprasaṅgaḥ smṛti-saṃkaraś ca.

IV-21) Se (fosse admitida) a cognição de uma mente por outra mente, teríamos que admtir a cognição de cognições e também a confusão de memórias.

Aqui pode surgir uma objeção de ordem filosófica. Ao invés de postular-se a existência de um *puruṣa* cuja consciência ilumina a mente em todos os seus níveis, pode-se supor que cada indivíduo possui certo número de mentes, cada qual mais sutil do que a que foi transcendida. É possível supor que essas diversas mentes, ao invés de serem iluminadas por uma fonte de consciência, sejam independentes entre si, e o *yogi*, em *samādhi*, esteja apenas passando pelos campos dessas diversas mentes independentes, uma após a outra. Tal suposição tornaria desnecessário postular a existência do *puruṣa*, cuja consciência, de acordo com a filosofia do *Yoga*, é a fonte de iluminação para todos os diferentes graus da mente. Esta hipótese, porém, ao suprimir o *puruṣa*, causa-nos todo tipo de dificuldades intelectuais. Por exemplo, se supomos existir certo número de mentes independentes, cada uma percebendo aquelas que são mais densas do que ela e sendo percebida por aquelas que são mais sutis, então deveria haver o mesmo número de *buddhis*. De acordo com a filosofia do *Yoga*, a mente é apenas um instrumento, e a função da cognição, que é um reflexo do aspecto cognitivo da Realidade — *Citi* — é completamente diferente dela, embora necessariamente a ela associada em todos os atos de percepção mental. Daí conclui-se, portanto, que se existirem várias mentes independentes, então, terá de haver também um número correspondente de *buddhis*, pois cada mente deve ter seu próprio *buddhi* separado, sem o qual não pode funcionar. Assim, com base nesta hipótese, não teríamos apenas várias mentes, mas também um número correspondente de *buddhis* funcionando, ao mesmo tempo, no mesmo indivíduo, o que significa cognição de cognição. A expressão *atiprasaṅagaḥ* significa não só "demasiados", mas também *reductio ad absurdum.*[7] Assim, ambos os significados aplicam-se à conclusão lógica a que somos levados, a partir da hipótese original. O absurdo está em ter que postular a existência de várias funções *būddhicas*, onde somente uma pode existir. Assim como a mente integra os registros dos vários órgãos sensoriais em uma concepção mental harmonizada, da mesma forma, nosso *buddhi* deve integrar, em uma compreensão coordenada, o conhecimento recebido através dos diferentes níveis da mente, sendo impossível, por conseguinte, conceber que certo núme-

[7] Expressão em latim, significando redução ao absurdo, que se refere à maneira de refutar uma proposição demonstrando que seus resultados são impossíveis ou absurdos. (N. ed. bras.)

ro de *buddhis* possa funcionar simultaneamente no mesmo indivíduo. É possível admitir a multiplicidade de instrumentos para obtenção de conhecimento ou experiência, mas nenhuma multiplicidade pode ser admitida com referência ao agente que coordena e harmoniza todos os conhecimentos acumulados através de diferentes origens ou instrumentos. Este agente, por sua própria natureza, deve ser um só, pois, do contrário o resultado seria o caos.

Além desta dificuldade, uma outra será a confusão de memórias. Se existem várias mentes, cada uma com seu próprio conjunto de memórias, e havendo também muitos *buddhis* independentes, o agente coordenador, que integra todas essas memórias em um todo harmonioso, estará ausente, resultando em caos dentro de nossa mente. O fato mais marcante em relação à nossa mente é a existência de uma perfeita coordenação e harmonização, em meio aos mais complicados e variados fenômenos e experiências mentais. Isso é particularmente constatado na prática do *Yoga*, quando mergulhamos nos níveis mais profundos da mente e percorremos os mundos mais sutis, com todas as suas requintadas e extraordinárias experiências. É o princípio *būddhico*, dentro de nós, que possibilita essa coordenação, devendo, assim, ser rejeitada a hipótese de muitas mentes independentes que requer a eliminação desse fator de coordenação.

Citer apratisaṃkramāyās tad-ākārāpattau
sva-buddhi-saṃvedanaṃ.

IV-22) O conhecimento de sua própria natureza, através da autocognição, (é obtido) quando a consciência assume aquela forma na qual não muda de lugar para lugar.

Se a cognição ocorre através da ação da mente, e nas cognições mais sutis correspondentes aos níveis mais profundos da mente somente é possível conhecer a mente assim iluminada pela consciência, surge naturalmente a pergunta "Como conhecer a própria consciência ou a luz que ilumina a mente em todos os seus níveis?" A resposta a esta importante pergunta é dada neste *sūtra*. No entanto, antes que possamos compreender seus significados, é necessário analisar detidamente as várias expressões nele utilizadas.

Citeḥ significa "de consciência", sendo derivado de *Citi* e não de *citta*, que significa a mente. *Apratisaṃkramāyāḥ* quer dizer "não passando de um para outro", isto é, não passando de um nível de *citta* para outro, ou de um veículo para outro. Em *samādhi*, a consciência passa de um nível de *citta* para outro, e a expressão refere-se ao estágio em que este processo pára ou é levado ao seu limite. *Tad-ākārāpattau* significa "realização ou aceitação de sua própria forma". A consciência em geral funciona através da mente. Essa expressão refere-se à condição em que ela se liberta das limitações da mente e funciona em sua própria forma. *Sva-buddhi* significa *buddhi* como ela realmente é, não do modo como funciona por intermédio da mente. Só se conhece esta função de percepção quando ela surge associada a *citta*. *Sva-buddhi* é a função de percepção quando exercida sobre si mesma. *Saṃvedanaṃ* significa "conhecimento de". O conhecer é realmente uma função da consciência, mas quando exercido através da mente significa conhecer algo de fora, exterior à consciência pura. A expressão *Sva-buddhi-saṃvedanaṃ*, portanto, significa o conhecimento que resulta quando a faculdade de *buddhi* volta-se sobre si mesma. Normalmente, *buddhi* funciona através de *citta* e ajuda a mente a perceber e compreender os objetos em seu reino. Mas, quando está livre da associação com *citta*, automaticamente volta-se para si mesma e ilumina sua própria natureza, isto é, a consciência. Por ser-lhe inerente o poder de iluminação, ela ilumina *citta*, ao funcionar através de *citta*. Se uma luz é encerrada em um globo translúcido, ela revela o globo. Se o globo é removido, a luz revela a si mesma. Os significados e as explanações das diversas expressões dadas acima devem tornar bastante claro, agora, o significado interno do *sūtra*. Como foi dito antes, *buddhi* é a faculdade que possibilita à mente perceber e compreender os objetos nos mundos fenomenais, pois a mente é inerte e incapaz de realizar esta função. Enquanto *buddhi* estiver funcionando por intermédio da mente, não será possível conhecer a consciência pura. Somente quando ela assume aquela forma na qual todo movimento, de um nível de *citta* para outro, tenha sido eliminado, é que ela revela sua verdadeira natureza. Conforme referido antes, *citta*, ou a mente tem muitos níveis, correspondentes aos diferentes veículos de consciência, e em *samādhi* a consciência move-se para cima e para baixo, de um nível para outro, entre o centro e a periferia. Nesta espécie de movimento de consciência não há movimento algum no espaço, mas apenas em diferentes dimensões, permanecendo sempre o mesmo centro a partir do qual a consciência funciona. Quando a consciência, no estado de *samādhi*, tiver penetrado no nível mais profundo de *citta* e, por fim, tiver transcendido inclusive este nível, ela torna-se completamente livre da ação limitadora e obscurecedora de *citta* e, somente então, sua verdadeira natureza é realizada. Neste estado, quem percebe, quem é percebido e a percepção fundem-se em uma única Realidade Auto-Iluminada. Deste modo, a resposta à pergunta "Como podemos conhecer a própria consciência?" é: "Mergulhando, em *samādhi*, para dentro de nossa consciência, até que a mente, em sua forma mais sutil, seja transcendida e a Realidade oculta seja revelada".

Pelo que foi dito acima, torna-se evidente que não se pode compreender a verdadeira natureza da consciência aplicando os métodos comuns da psicologia moderna. O que é conhecido como consciência, em termos de psicologia, é somente a consciência velada por muitas camadas da mente, cada uma das quais obscurecendo e modificando cada vez mais sua natureza, à medida que se infiltra no mecanismo físico mais externo, qual seja, o cérebro humano. Observa-se, pois, a consciência, em suas manifestações comuns, através do cérebro físico, sob as maiores limitações possíveis, não havendo possibilidade de formar qualquer idéia em relação à sua verdadeira natureza, com base nessas manifestações extremamente parciais e distorcidas. É como se uma pessoa que sempre tivesse vivido encarcerada em um lugar sempre nublado, tentasse formar uma idéia da luz do Sol a partir da escuridão em que vive. Observa-se, portanto, que não apenas é impossível conhecer a verdadeira natureza da consciência mediante a adoção dos meios comuns de que dispõe o psicólogo moderno, mas também que a única maneira eficaz é aplicar o método do *Yoga*. Trata-se de um método subjetivo, sem dúvida, que ultrapassa a capacidade do homem comum, mas é o único disponível. Por mais que dissequemos o cérebro e o sistema nervoso e estudemos o comportamento humano, jamais poderemos elucidar o mistério da própria consciência. Inúmeras pesquisas neste campo da psicologia vêm sendo realizadas em importantes laboratórios do Ocidente. Vasto acervo dos assim chamados dados científicos vem sendo acumulado, mas todo esse esforço tende a mostrar-se inútil, dada a própria natureza do problema enfrentado. A moderna mania de tudo submeter a exame físico pode ter sucesso com coisas físicas, mas jamais poderão ser criados instrumentos físicos capazes de revelar a natureza da consciência, que é da natureza do Espírito. Todo este desperdício de esforços pode ser evitado, e todo o campo da psicologia iluminado de maneira mais eficaz, se os fatos da filosofia do *Yoga* forem devidamente compreendidos e utilizados no estudo dos problemas psicológicos.

O estudante terá observado que, nas idéias até agora expostas, nenhum esforço foi feito para ligar os fatos da filosofia do *Yoga* a doutrinas consideradas religiosas. Mas isto não significa que não haja relação entre eles. Na verdade, caso analise o *Yoga* com mente aberta, uma pessoa religiosa verificará que todas as idéias da filosofia do *Yoga* podem ser interpretadas em termos religiosos, e que a consciência a qual o *yogi* busca descobrir nos recônditos de sua mente nada mais é senão a Suprema Realidade que é comumente referida como Deus. Deus é reconhecido, por toda religião que possua qualquer fundo filosófico, como um Ser Poderoso, cuja consciência transcende o universo manifestado. Ele é considerado como estando oculto no coração de todo ser humano. Supõe-se que transcende a mente. Basicamente, essas idéias são as mesmas da filosofia do *Yoga*. A principal diferença está na afirmativa, pela filosofia do *Yoga*, de que esta Realidade Última, ou Consciência, não é mera questão de especulação, ou mesmo adoração, mas pode ser descoberta seguindo-se uma técnica tão definida e infalível como a técnica de qualquer ciência moderna. O *Yoga* confere, assim, enorme importância à religião e situa todo o problema da vida e do esforço religioso em bases inteiramente novas, sendo difícil, pois, entender a rejeição, por parte de qualquer religioso, de suas assertivas sem considerá-las devidamente.

Draṣṭṛ-dṛśyoparaktaṃ cittaṃ sarvārtham.

IV-23) A mente colorida pelo Conhecedor (isto é, pelo *puruṣa*) e pelo Conhecido é oniabarcante.

Este *sūtra* aparentemente sintetiza tudo o que foi dito sobre o *modus operandi* da percepção mental nos *sūtras* anteriores. Sua verdadeira importância só poderá ser comprovada, entretanto, se compreendermos o sentido da expressão *sarvārtham*. A fim de conhecer qualquer objeto, a mente tem de ser afetada de duas maneiras. Primeiro, precisa ser modificada, ou colorida, pelo menos até certo ponto, pelo objeto a ser conhecido e, em segundo lugar, tem de ser simultaneamente iluminada pela consciência do *puruṣa*, eternamente presente no último plano de fundo. Modificada desta dupla maneira, a mente é capaz de tudo conhecer no mundo fenomenal, utilizando a palavra "conhecer" em sua acepção mais ampla. A importância do vocábulo *sarvārtham*, que significa literalmente "oniabarcante", ou "aquele que tudo percebe", está no fato de a palavra *citta* não se referir apenas ao meio através do qual o intelecto humano exprime-se. Refere-se, definidamente, ao meio oniabarcante, através do qual são percebidos fenômenos de toda espécie, desde o plano físico até o *ātmico*. Inclusive o mais tênue véu de "matéria", que no plano *ātmico* obscurece a consciência do *puruṣa* e o envolve na manifestação, está associado com os mais refinados graus da mente. *Citta* é, assim, co-extensivo com *prakṛti*, sendo ambos transcendidos simultaneamente, quando *puruṣa* alcança a Auto-Realização em *Kaivalya*.

Tad asaṃkhyeya-vāsanābhiś citram
api parārthaṃ saṃhatya-kāritvāt.

IV-24) Embora matizada por inúmeros *vāsanās*, ela (a mente) age para outro (*puruṣa*) pois age em associação.

Este *sūtra* acompanha o anterior e deve ser analisado junto com ele. Assim como *citta* é universal e abrange todos os veículos através dos quais a consciência do *puruṣa* funciona nos mundos manifestados, da mesma forma, *vāsanā* é universal em seu significado e está associada a todos os veículos de consciência e graus de *citta*. A palavra *vāsanā* é geralmente traduzida por "desejo", mas isso restringe seu raio de ação, o mesmo acontecendo quando se restringe o significado da palavra *citta* ao meio do intelecto. O apego aos prazeres dos mundos inferiores prende a alma a esses mundos e produz todo tipo de apegos e conseqüente sofrimento. Tal apego é em geral conhecido como desejo, ou *kāma*. Tal apego, porém, não se restringe aos mundos inferiores. Em suas formas mais sutis, ele existe até mesmo nos mundos mais elevados. De fato, onde quer que haja *asmitā*, ou identificação, com um veículo de consciência, há apego ao veículo, por mais sutil que esse apego possa ser e por mais espiritual que seja seu objeto. Se não houvesse apego ou vínculo, mas um *vairāgya* perfeito, não haveria servidão, mas Libertação, ou *Kaivalya*. É este apego às mais elevadas modalidades de existência que constitue muitos dos "grilhões" que devem ser partidos na senda da Libertação.

Somente quando *vāsanā* é compreendido em seu sentido mais amplo e não somente no sentido dos desejos pertinentes aos mundos inferiores é que podemos apreender o significado do *sūtra* em discussão. *Vāsanā* permeia a vida em todos os seus níveis, inclusive o mais elevado. Seus objetivos são os mais variados, desde as mais rudes indulgências físicas até os mais refinados conhecimento e bem-aventurança dos planos espirituais. Mas, ao procurarmos esses diversos objetivos — e a natureza dos objetos que buscamos altera-se continuamente à medida que evoluímos — que estamos realmente procurando? Nós os procuramos apenas por sua própria causa? Não! Estamos meramente buscando o *puruṣa*, que é o nosso verdadeiro Eu, oculto em todos esses atraentes objetos de busca. Por causa dele é que atravessamos esse longo e cansativo processo de evolução. Não é realmente por causa destes objetos, que nos prometem felicidade, que os perseguimos, mas por algo mais (*parārthaṃ*), ou seja, o *puruṣa*.

Como sabemos que é o *puruṣa* que estamos procurando em todos esses variados objetivos? É porque, enquanto os objetivos mudam constantemente nunca nos satisfazendo, o *puruṣa* permanece lá, no plano de fundo. Ele é o fator comum em todos os esforços que fazemos para encontrar a felicidade através de formas sempre mutáveis e, por conseguinte, ele tem de ser o verdadeiro objeto de nossa busca. Raciocínio simples, não? Ele é, portanto, não só o constante plano de fundo da consciência (IV-18) que ilumina a mente em todas as suas atividades, mas é também a força oculta propulsora do desejo em todas suas formas e fases.

Uma conseqüência importante do fato do *puruṣa* ser o objetivo último em meio aos diversos objetivos que perseguimos, é que nenhuma condição de existência alcançada pelo *yogi*, por mais exaltada que seja, pode propiciar-lhe uma paz duradoura. A ânsia Divina dentro dele, mais cedo ou mais tarde afirmar-se-á tornando-o um insatisfeito pela condição alcançada, até que ele tenha encontrado o *puruṣa* na Auto-Realização. Pois só a consciência do *puruṣa* é Auto-suficiente, Autocontida e Auto-iluminada, e até que isto seja atingido, não pode haver verdadeira segurança, verdadeira liberdade, nem paz duradoura.

Viśeṣa-darśina ātma-bhāva-bhāvanā-vinivṛttiḥ.

IV-25) A cessação (do desejo) de permanecer na consciência de *ātmā* vem para aquele que percebeu a distinção.

Quando este fato é verdadeiramente compreendido, cessa de atuar até mesmo a *vāsanā* sutil que prende o *yogi* à bem-aventurança transcendente e à iluminação espiritual do plano *ātmico*, e ele empenha todas as suas energias para rasgar o último e mais fino véu que oculta a face do Bem-amado. A distinção indicada por *viśeṣa* já foi discutida no *sūtra* anterior. Trata-se da distinção entre nosso verdadeiro objetivo, que é a Auto-Realização, e os inúmeros e sempre mutáveis objetivos que perseguimos em nossa busca pela felicidade. A expressão *ātma-bhāva* aplica-se à exaltada consciência que funciona no plano *ātmico* — último estágio antes que *Kaivalya* seja alcançado. A palavra *bhāva* é um termo técnico utilizado no *Yoga* para denotar o funcionamento da consciência nos planos espirituais, onde a percepção é sintética e totalmente abarcante, e não de objetos particulares, como nos planos inferiores. *Bhāvanā* é outro termo técnico que significa "habitar na mente sobre" mas, usado em conjunto com *ātma-bhāva* naturalmente significará viver e experimentar o conhecimento transcendente e a bem-aventurança no plano *ātmico*.

Ao estudante poderá parecer que a renúncia às atrações que prendem o *yogi* à exaltada condição do plano *ātmico* deve ser algo comparativamente fácil, considerando a sabedoria que ele adquiriu e o *vairāgya* que desenvolveu. Mas, levando em conta o esforço exigido, ele deve lembrar que a consciência deste plano representa a culminância do poder, da bem-aventurança e do conhecimento, que se encontram absolutamente além da compreensão humana e não podem ser comparados com qualquer coisa que nos seja familiar nos planos inferiores. Ademais, a transcendência do plano *ātmico*, que ele agora vai tentar, sem dúvida significa a destruição de sua própria individualidade, desde que *ātmā* é o próprio núcleo de sua existência separada no reino da manifestação. Na verdade, um tipo de individualidade ainda mais elevado e mais sutil emerge quando é abandonada a vida individual separada de *ātmā*, mas é necessária uma enorme fé para o mergulho final no vazio que agora se abre à sua frente. E a base desta fé é a compreensão de que o apego à consciência transcendente do plano *ātmico* ainda representa apego a algo que não é a Realidade Última, que ainda está no domínio de *citta* e *vāsanā* e, portanto, sujeito à ilusão, por mais sutil que esta ilusão possa ser.

O desejo por essa bem-aventurança e conhecimento transcendentais, inerente à consciência do plano *ātmico*, destrói e elimina os desejos inferiores, e conduz o *yogi* ao nível mais elevado da iluminação, que é possível no reino de *prakṛti*. Mas até mesmo este conhecimento e esta bem-aventurança, quando adquiridos, tornam-se, por sua vez, instrumentos de servidão, devendo, pois, ser abandonados antes de alcançado o objetivo final. Esta é a lei fundamental da vida — o inferior deve ser abandonado antes que o próximo mais elevado possa ser conquistado.

Tadā hi viveka-nimnaṃ
Kaivalya-prāgbhāram cittam.

IV-26) É então que, na verdade, a mente inclina-se para o discernimento e gravita em direção a *Kaivalya.*

Quando a compreensão da inadequação de *ātma-bhava* desperta no *yogi*, ele se determina a quebrar este último grilhão, renunciando à bem-aventurança e ao conhecimento do plano *ātmico.* Daí em diante, todos os seus esforços são dirigidos para chegar a *Kaivalya*, pelo constante exercício daquele intenso e penetrante discernimento, o único capaz de penetrar o último véu da Ilusão. Este e os três *sūtras* seguintes esclarecem de certo modo essa última luta da alma para libertar-se por completo da escravidão da matéria antes de alcançar *Kaivalya.*

Observe-se que a palavra usada neste *sūtra* em relação ao agente que leva adiante essa luta é *citta*. "*Citta* gravita em direção a *Kaivalya*". Mas como é possível que *citta*, que se pretende transcender no processo, lute para atingir a liberação de si mesma? Seria o mesmo que uma pessoa tentar levantar-se puxando as alças de suas próprias botas. A solução deste paradoxo reside em que, na verdade, não é a mente que luta para libertar a consciência das limitações em que ela se envolveu. Por trás da mente esconde-se o *puruṣa*, que ao longo de todo o ciclo de evolução é a verdadeira força propulsora da luta para atingir a Auto-Realização. Quando as limalhas de ferro são atraídas por um ímã, parece que elas é que se movem, quando, de fato, é o ímã que induz o magnetismo nas limalhas e é a causa do movimento.

Viveka e *vairāgya* são as armas usadas neste último estágio da luta pela Libertação. O *yogi* obteve um vislumbre da Realidade dentro de si. Ele tem de tentar e obter a consciência da Realidade, por repetidas vezes, através de *viveka*, de modo que tal consciência possa ser mantida sem interrupção (II-26). Ao mesmo tempo, ele precisa intensificar seu *vairāgya* em uma tal extensão que alcance *dharma-megha-samādhi* (IV-29). É interessante observar que as armas empregadas neste último estágio são as mesmas usadas no primeiro. O *yogi* entra na senda do *Yoga* através de *viveka* e *vairāgya* e também o deixa através de *viveka* e *vairāgya.*

Tac-chidreṣu pratyayāntarāṇi saṃskāre-bhyaḥ.

IV-27) Nos intervalos outros *pratyayas* surgem pela força dos *saṃskāras.*

Este *sūtra* descreve o oscilar da consciência, para lá e para cá, na fronteira que separa o Real do irreal. O *yogi* está tentando estabelecer-se no mundo da Realidade, mas é repetidamente jogado de volta ao reino da Ilusão, embora esta seja do tipo mais sutil. Ele não consegue permanecer naquela condição de consciência indicada por *viveka khyāti* e cada relaxamento do esforço é logo seguido pelo aparecimento de um *pratyaya*, o que caracteriza o funcionamento da consciência por intermédio de *citta*. *Pratyaya*, como já vimos, é uma palavra usada, em geral, para indicar o conteúdo da consciência, quando funcionando normalmente, através de um veículo de qualquer grau de sutileza. O surgimento de um *pratyaya*, portanto, significa que a consciência retrocedeu temporariamente da Realidade percebida em *nirbīja samādhi*, passando a funcionar em um ou outro nível de *citta*. Parece oportuno mencionar, mais uma vez, que a palavra *pratyaya*, como *citta* ou *vāsanā*, é de abrangência universal, e co-extensiva com eles. Onde quer que a consciência esteja funcionando normalmente, através de qualquer nível de *citta* em um veículo, tem de existir um conteúdo de consciência, denominado *pratyaya*, na terminologia do *Yoga*. Somente em *asaṃprajñāta samādhi* não existe *pratyaya*. Isto porque a consciência está passando por uma fase crítica, pairando realmente entre dois veículos. Inclusive no mais elevado nível de *citta*, correspondente ao plano *ātmico*, há um *pratyaya*, embora seja impossível visualizarmos a que se assemelha. Quando a Consciência é jogada de volta para o *ātmico* ou a qualquer outro veículo menos elevado, em face do relaxamento de *viveka*, o *pratyaya* do plano correspondente emerge de imediato no campo da consciência.

Por que a consciência do *yogi* é jogada de volta para os veículos que já havia transcendido? Por que esses *pratyayas* aparecem, por repetidas vezes, neste estágio de seu progresso na direção da Auto-Realização? Porque os *saṃskāras* que ele trouxe de seu passado ainda estão presentes em uma condição dormente nos seus veículos e emergem em sua consciência, tão logo ocorra relaxamento do esforço ou uma interrupção temporária de *viveka khyāti*. Enquanto essas "sementes" estiverem presentes apenas numa condição dormente e não tiverem sido "torradas" ou tornadas totalmente inofensivas por *dharma-megha-samādhi*, elas podem brotar em sua consciência assim que surja uma oportunidade adequada.

Hānam eṣāṃ kleśavad uktam.

IV-28) Sua remoção, como a dos *kleśas*, consegue-se como foi descrito.

O problema com que se defronta o *yogi* é, portanto, como evitar o surgimento desses *pratyayas*, que têm sua origem nos *saṃskāras* trazidos do passado. A ativação dos *saṃskāras* deve ser evitada pelo método recomendado para a remoção dos *kleśas*, na seção II (10, 11 e 26). A razão disso deveria ser óbvia para o estudante, caso ele tenha entendido a natureza dos *kleśas*, sua relação com os *karmas* e o método para sua dissolução como descrito na seção II.

Os *karmas*, ou *saṃskāras*, cujas raízes estão nos *kleśas*, não podem entrar em atividade se os *kleśas* estiverem quietos. Os *kleśas* devem permanecer quietos na ausência de *avidyā*, da qual todos derivam (II-4). *Avidyā* não pode manifestar-se enquanto o *yogi* for capaz de conservar desobscurecida sua faculdade de discernimento e manter aquele percebimento da Realidade conhecido como *viveka khyāti* (II-26). Daí conclui-se, logicamente, que a única maneira de evitar que os *saṃskāras* dormentes sejam reativados é manter *viveka khyāti* desobscurecida, como indicado em II-26. No momento em que isto se interrompe, a porta se abre para o surgimento dos *pratyayas* que, neste estágio, busca-se excluir por completo. O principal esforço do *yogi*, neste último estágio de sua luta para alcançar *Kaivalya*, é, assim, tornar-se capaz de manter desobscurecido e intacto este elevado e agudo estado de discernimento, que mantém a força de *avidyā* em suspenso. Da sua capacidade de manter essa condição indefinidamente depende a possibilidade de sua entrada em *dharma-megha-samādhi*, que queima as sementes dos *saṃskāras* e impossibilita sua reativação.

Prasaṃkhyāne 'py akusīdasya sarvathā
viveka-khyater dharma-meghaḥ samādhiḥ.

IV-29) No caso de alguém que é capaz de manter um estado de constante *vairāgya*, mesmo em relação ao mais exaltado estado de iluminação, e exercer o mais elevado tipo de discernimento, segue-se *dharma-megha-samādhi*.

Pela prática ininterrupta de *viveka khyāti*, o *yogi* mantém *avidyā* sob cerco e evita o surgimento de *pratyayas* em sua exaltada consciência. A isto acrescenta-se a prática do mais elevado tipo de renúncia mental, conhecido como *para-vairāgya*. Não obstante a poderosa atração exercida pelo elevado estado de iluminação e bem-aventurança, atingido pelo *yogi*, ele renuncia completamente a seu apego a esse estado, mantendo ininterrupta esta atitude de supremo desapego. De fato, *para-vairāgya*, que ele agora está praticando, não é novidade, mas apenas a culminância da renúncia que ele tem praticado desde sua entrada na senda do *Yoga*. Assim como *viveka khyāti* tem seus primórdios em formas muito simples de *viveka*, sendo desenvolvida por meio de prolongada e intensa prática ao longo de seu progresso, da mesma forma, *para-vairāgya* desenvolve-se a partir de simples atos de renúncia, atingindo seu auge na renúncia à bem-aventurança e iluminação do plano *ātmico*. Vale lembrar ainda, que *viveka* e *vairāgya* relacionam-se de forma bastante íntima, sendo realmente como dois lados da mesma moeda. *Viveka*, abrindo os olhos da alma, acarreta o desapego aos objetos que a mantêm em servidão, sendo que, por seu lado, o desapego assim desenvolvido clareia ainda mais a visão da alma e a habilita a ver com mais profundidade a ilusão da vida.

Viveka e *vairāgya* fortalecem e reforçam, assim, um ao outro, formando uma espécie de "círculo virtuoso", que acelera, em grau sempre crescente, o progresso do *yogi* em direção à Auto-Realização.

A prática combinada de *viveka khyāti* e *para-vairāgya*, quando exercitada por muito tempo, atinge, por um processo de mútuo fortalecimento, enorme grau de intensidade, culminando, afinal, em *dharma-megha-samādhi*, a mais elevada classe de *samādhi*, que queima as "sementes" dos *saṃskāras* e abre os portões do Mundo da Realidade, em que o *puruṣa* vive eternamente. Por que este *samādhi* é chamado de *dharma-megha-samādhi* não é em geral bem compreendido, eis que as afirmativas usualmente feitas são explanações forçadas, sem muito sentido. Na maioria destas explanações, a palavra *dharma* é interpretada como virtude ou mérito, e *dharma-megha* como "uma nuvem que faz chover virtudes ou mérito", o que, obviamente, nada explica. O significado da expressão *dharma-megha* ficará claro se atribuirmos à palavra *dharma* o significado que apresenta em IV-12, isto é, propriedade, característica ou função. *Megha*, sem dúvida, é um termo técnico utilizado na literatura do *Yoga* para a condição obnubilada ou nublada através da qual passa a consciência no estado crítico de *asaṃprajñāta samādhi*, quando nada existe no campo da consciência.

Ora, *nirbīja samādhi*, que é praticado neste último estágio que estamos analisando, é um tipo de *asaṃprajñāta samādhi*, no qual a consciência do *yogi* está tentando libertar-se do último véu de ilusão, para emergir na própria Luz da Realidade. Quando esse esforço é bem-sucedido, a consciência do *yogi* deixa o mundo da manifestação, no qual atuam os *guṇas* e suas combinações peculiares, a saber, os *dharmas*, e emerge no mundo da Realidade, no qual eles não mais existem. Sua condição pode ser comparada à de um piloto de um avião que sai de uma massa de nuvens para uma brilhante luz solar, e começa a ver tudo com clareza. *Dharma-megha-samādhi*, portanto, significa o *samādhi* final, em que o *yogi* liberta-se do mundo dos *dharmas*, que obscurece a Realidade como uma nuvem.

A passagem através de *dharma-megha-samādhi* completa o ciclo evolutivo do indivíduo e, pela completa e definitiva destruição de *avidyā*, acarreta o fim do *saṃyoga* de *puruṣa* e *prakṛti*, conforme mencionado em II-23. Nunca mais *avidyā* poderá obscurecer a visão do *puruṣa* que tenha alcançado a completa Auto-Realização. Este processo é irreversível e, depois de atingido este estágio, não é possível ao *puruṣa* cair novamente no domínio de *māyā*, do qual obteve a Libertação. Antes de ter atingido este objetivo final, era possível ao *yogi* cair até mesmo de um estágio muito elevado de iluminação, mas não depois de haver passado por *dharma-megha-samādhi*, e atingido a Iluminação de *Kaivalya*.

Os próximos cinco *sūtras* descrevem meramente os resultados da passagem por *dharma-megha-samādhi* e a conquista de *Kaivalya*. Deve-se observar, no caso, não ter sido feito qualquer esforço para descrever a experiência da Realidade. Seria inútil, pois ninguém pode imaginar a glória transcendente dessa consciência à qual o *yogi* passa ao atingir *Kaivalya*. Os místicos tentaram, por vezes, transmitir, em linguagem arrebatada, as gloriosas visões dos planos superiores que eles alcançaram em *samādhi*. Tais descrições, embora muito inspiradoras, não conseguem, absolutamente, transmitir àqueles que ainda estão cegos qualquer idéia da beleza e da grandiosidade daqueles planos. Como, então, poderia alguém transmitir, através do rude meio da linguagem, até mesmo um simples sinal dessa experiência Suprema, que o *yogi* obtém ao atingir *Kaivalya*? Patañjali, convicto da inutilidade de uma tarefa como esta, sequer tentou fazê-lo. Mas ele apresentou, em alguns *sūtras*, certos resultados obtidos na conquista de *Kaivalya*.

Tataḥ kleśa-karma-nivṛttiḥ.

IV-30) Então, segue-se a libertação de *kleśas* e *karmas*.

O primeiro resultado da conquista de *Kaivalya* é que o *yogi* não pode, daí em diante, estar preso a *kleśas* e *karmas*. A conquista de *Kaivalya* segue-se à destruição dos *kleśas* e *karmas*. Deste modo, este *sūtra* significa que é destruído o próprio potencial de ressurgimento desses dois instrumentos de servidão. O *Jīvanmukta*, depois de ter passado por *dharma-megha-samādhi* e atingido *Kaivalya*, não pode tornar a cair em *avidyā* e começar a gerar *karmas* que aprisionam.

A relação entre *kleśas* e *karmas* deve sempre ser levada em conta pelo estudante, pois nisso se baseia a técnica de libertar-se da ação aprisionante do *karma*. *Kleśas* e *karmas* se inter-relacionam como causa e efeito, conforme foi bem explicado em II-12, e nenhum *karma* pode prender onde não houver *avidyā*, mas, sim, percebimento da Realidade. Toda ação nesse estado ocorre, necessariamente, em total identificação com a Consciência Divina, sem a mais leve identificação com o ego individual. Daí por que nenhum resultado pode recair sobre o indivíduo. A ilusão de uma vida separada terá sido destruída e nenhum indivíduo separado — no sentido comum existe realmente sob tais condições. Na verdade, segundo a filosofia do *Yoga*, cada *puruṣa* é um indivíduo separado, mas esta individualidade separada de cada *puruṣa* significa apenas ser Ele um centro separado de consciência na Realidade Última, e não que sua consciência é separada da de outros *puruṣa*s e persiga seus fins individuais separada, como acontece com os indivíduos comuns, cegos pela ilusão de uma vida separada. A individualidade separada é perfeitamente compatível com a mais íntima unificação de consciência, como sabe, sem dúvida, todo o místico ou ocultista que tem experiência da consciência espiritual superior. Em *Kaivalya* esta paradoxal simultaneidade entre Individualidade e Unidade atinge sua perfeição máxima.

Tadā sarvāvaraṇa-malāpetasya jñānasyānantyāj jñeyam alpam.

IV-31) Então, em conseqüência da remoção de todas as obscuridades e impurezas, aquilo que pode ser conhecido (através da mente) é insignificante em comparação com o conhecimento ilimitado (obtido na Iluminação).

A segunda conseqüência da conquista de *Kaivalya* é a súbita expansão da consciência no reino do conhecimento infinito. Quando o último véu da ilusão é removido em *dharma-megha-samādhi*, a Iluminação que se segue é de um tipo inteiramente novo. Nos diferentes estágios de *sabīja samādhi*, o conhecimento que surge a cada sucessiva expansão de consciência, num plano mais elevado de *citta*, aparece em uma dimensão muitas vezes maior do que a do estágio precedente. No entanto, até mesmo o conhecimento transcendente do Plano *ātmico*, que representa o mais elevado alcance da mente no reino da manifestação, torna-se insignificante, quando comparado com *vivekajaṃ-jnānam* (III-55), que surge no estado de Iluminação de *Kaivalya*. Um milhão e um bilhão são grandezas progressivamente enormes, quando comparadas com o número 1, mas todas tornam-se insignificantes se comparadas com o infinito, como o demonstram as seguintes equações matemáticas:

$$\frac{1}{\infty} = 0 \qquad \frac{1.000.000}{\infty} = 0 \qquad \frac{1.000.000.000}{\infty} = 0$$

Quando estamos no reino do Infinito, não estamos, de modo algum, no reino das grandezas. Assim o *jīvanmukta* não está, de fato, no reino do conhecimento, mas transcendeu este e passou para o reino da consciência pura. O conhecimento é produzido pela imposição das limitações mentais na consciência pura e, assim, até mesmo o mais elevado tipo de conhecimento não pode ser comparado à Iluminação advinda da remoção de todas essas limitações, passando o *yogi* ao reino da consciência pura. A relação entre conhecimento e Iluminação é análoga à relação entre tempo e eternidade. Eternidade não é tempo de duração infinita, mas um estado que transcende completamente o tempo. Os dois estados não pertencem à mesma categoria.

Pode-se salientar, aqui, que todos os verdadeiros mistérios da vida que tentamos solucionar com o auxílio do intelecto têm realmente raízes no Eterno, sendo expressões, em termos de tempo e espaço, das realidades existentes em sua verdadeira forma (*svarūpa*) no Eterno. Daí não ser possível solucionar qualquer problema real da vida enquanto nossa consciência estiver confinada ao reino do irreal e, muito menos ainda, enquanto estiver sujeita às limitações do intelecto. As assim chamadas soluções intelectuais de nossos problemas que a filosofia acadêmica procura oferecer, não são, em absoluto, soluções, mas meras afirmações dos mesmos problemas, em termos diferentes, os quais, na realidade, apenas fazem retroceder os problemas a um nível mais profundo. A única maneira eficaz de solucionar todos esses problemas é mergulhar em nossa própria consciência, com o auxílio da técnica descrita na filosofia do *Yoga*, e libertar nossa consciência de todas as limitações que obscurecem sua Auto-Iluminação. Todos os problemas da vida só podem ser solucionados à luz do Eterno, porque, como foi dito acima, todos eles têm raízes no Eterno. Para ser mais exato, os problemas não são *solucionados* à luz da consciência Eterna, desde que sua resolução consiste em um processo característico do intelecto prisioneiro da ilusão. Eles são *resolvidos*. Não estão mais ali, pois eram sombras projetadas pelo intelecto no reino do irreal e, naturalmente, não podem existir no reino do Real.

Deduz-se também do que foi dito antes que o Mistério da Vida não pode ser decifrado de modo fragmentado. Não podemos decompor o Grande Mistério em uma quantidade de problemas elementares para, então, solucioná-los um a um, embora seja isto o que a filosofia moderna tenta fazer. A resolução do Mistério depende de obter-se uma visão sintética do Eterno e não de reunir as soluções separadas e parciais obtidas por meio do processo analítico do intelecto. É uma questão de "tudo ou nada".

Daí o *yogi* não proceder a qualquer esforço sério para solucionar os chamados problemas da vida mediante processos intelectuais, sabendo, como sabe, que a melhor solução que ele pode encontrar por esta via não é uma solução verdadeira. Não que ele despreze o intelecto, mas ele conhece as limitações que lhe são inerentes e o utiliza apenas para transcender tais limitações. Ele mantém sua alma paciente e empenha todas as suas energias para atingir o objetivo indicado pela filosofia do *Yoga*. Esta filosofia não se propõe a solucionar os problemas da vida, mas fornece a chave que abre o Mundo da Realidade, no qual todos esses problemas são resolvidos e vistos em sua verdadeira natureza e em sua real perspectiva.

Tataḥ kṛtārthānāṃ pariṇāma-krama-samāptir guṇānām.

IV-32) Tendo os três *guṇas* cumprido seu objetivo, o processo de mudanças (nos *guṇas*) chega a um fim.

Para compreender este *sūtra* é necessário recordar a teoria dos *kleśas*, comentada na seção II — especialmente em II-23-24 — que indicam o propósito e os meios de unir *puruṣa* e *prakṛti*. Tendo sido cumprido este objetivo através da destruição de *avidyā* e da conquista de *Kaivalya*, a compulsória associação de *puruṣa* e *prakṛti* dissolve-se natural e automaticamente, e com essa dissolução chega a um fim as transformações dos *guṇas*.

De acordo com a filosofia do *Yoga*, a condição de quietude de *prakṛti*, conhecida como *sāmyāvasthā*, é perturbada e as incessantes transformações dos três *guṇas* começam assim que *puruṣa* e *prakṛti* são unidos. Estas transformações prosseguem enquanto se mantém a associação, e terão de chegar a um fim quando a associação dissolver-se, da mesma maneira como se interrompe uma corrente elétrica quando se remove o campo magnético em um dínamo. O cessar da perturbação em *prakṛti* e a reversão dos *guṇas* à condição harmônica é o que ocorre em seguida, como resultado natural da dissociação de *puruṣa* e *prakṛti*.

O que significa essa reversão de *prakṛti* ao *sāmyāvasthā*? Significa que *puruṣa* e *prakṛti* reverteram ao seu estado original e estão perdidos os valiosos frutos do longo processo evolutivo? Não! O *puruṣa* preserva sua Auto-Realização, enquanto *prakṛti* preserva a capacidade de responder, instantaneamente, à sua consciência (do *puruṣa*) e de servir como instrumento da sua vontade, através dos eficientes e sensitivos veículos formados ao longo do processo evolutivo de desenvolvimento. Doravante, porém, o *puruṣa* não está preso pelos veículos como estava antes de alcançar *Kaivalya*. Poderá manter os veículos nos diferentes planos de manifestação ou deixar que se dissolvam, mas conservarão sempre sua forma potencial, prontos para entrarem em atividade sempre que *puruṣa* desejar usá-los. Ele os utiliza como simples veículos para sua consciência, sem qualquer auto-identificação e, portanto, sem acumular novos *karmas* ou *saṃskāras*, estando livre para dissociar-se deles e recolher-se a sua verdadeira forma, sempre que quiser. A associação entre *puruṣa* e *prakṛti* é agora completamente livre e perfeita, não envolvendo nem servidão nem compulsão para o *puruṣa*. Ele destruiu *avidyā* e não há *saṃskāras* para mantê-lo preso ao mundo da manifestação, como no caso do *jīvātmā* comum. O equilíbrio dos *guṇas*, agora desenvolvido, é tão estável, que eles revertem a ele imediata e automaticamente, no momento em que o *puruṣa* recolhe sua consciência para dentro de si mesmo. Não apenas ele é perfeitamente estável, mas traz em si o potencial de assumir, de modo instantâneo, qualquer combinação que seja necessária à expressão da consciência. O estudante deve também ler, a este respeito, o que foi dito em II-18.

Kṣaṇa-pratiyogī pariṇāmāparānta-
nirgrāhyaḥ kramaḥ.

IV-33) *Kramaḥ* é o processo correspondente aos momentos (em sucessão) que se torna compreensível ao final das transformações (dos *guṇas*).

Este é um dos *sūtras* mais importantes e interessantes nesta seção, porque projeta alguma luz sobre a natureza do mundo manifestado e do tempo. Neste *sūtra* temos um exemplo notável da condensação em poucas palavras de toda uma teoria de natureza científica, que, no caso de um escritor moderno, ocuparia um volume.

Antes de discutirmos as profundas implicações deste *sūtra*, é necessário explicar o significado de algumas das palavras que o compõem. Isto porque elas exprimem conceitos filosóficos definidos e, sem um conhecimento do que nelas se encontra implícito, não é possível apreciar o significado do *sūtra*. Somente com a ajuda de tais palavras, que expressam todo um conjunto de idéias, plenas de profundos significados, é que um *sūtra* pode ser elaborado.

Quanto à palavra *kṣaṇa*, por exemplo, literalmente quer dizer um momento, mas por trás deste simples significado, oculta-se toda uma filosofia do tempo que muito esclarece nossa moderna concepção de tempo. Segundo esta filosofia, e ao contrário de nossa impressão e crença, o tempo não é contínuo, mas descontínuo. Antes do advento da ciência moderna, a matéria era geralmente considerada contínua, mas investigações no campo da química mostraram não ser contínua, mas descontínua, composta de partículas discretas, separadas entre si por enormes espaços vazios. Da mesma maneira, investigações por métodos do *Yoga*, mostraram que a série aparentemente contínua de mudanças que se verifica no mundo fenomenal e com base nas quais mensuramos o tempo, não é de fato contínua. As mudanças consistem em certa quantidade de estados sucessivos completamente distintos e separados entre si.

O mecanismo de projeção de um filme numa tela nos dá um exemplo quase perfeito desta descontinuidade oculta real sob uma aparente continuidade. O diagrama da Figura 15, que segue, dá uma idéia do aparelho empregado na projeção de um final.

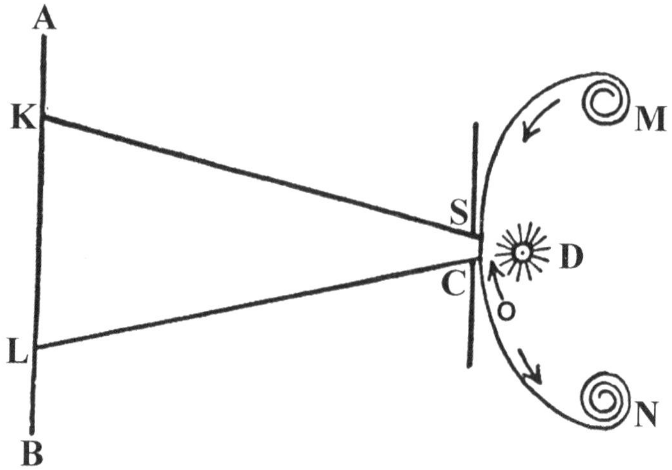

Figura 15

"AB" é a tela. "D" é a fonte de luz. "O" é uma abertura que permite à luz de "D" incidir sobre a tela. Este orifício é aberto e fechado de modo alternado, seu movimento é sincronizado com o movimento do filme. Ao abrir-se o orifício, uma das séries de quadros do filme contrapõe-se a ele, e um raio de luz, atravessando um quadro, projeta-o na tela. O orifício, então, se fecha, o filme move-se, o quadro seguinte assume seu lugar e é projetado na tela, como ocorreu com o anterior.

Pode-se ver, portanto, que a imagem aparentemente contínua produzida na tela é, de fato, uma série de imagens separadas, projetadas na tela em rápida sucessão. O intervalo de tempo entre as imagens sucessivas é inferior a um décimo de segundo — eis a razão de termos a impressão de um quadro contínuo.

De acordo com a filosofia do *Yoga*, os fenômenos aparentemente contínuos, que conhecemos por intermédio da mente não são, na verdade, contínuos, mas tal como as cenas projetadas em uma tela, consistem de uma série de estados descontínuos. Cada mudança sucessiva no mundo fenomenal, separada e distinta, produz uma impressão correspondente na mente, mas essas impressões sucedem-se com tal rapidez que temos uma impressão de continuidade. O intervalo de tempo correspondente a cada um desses estados sucessivos é denominado um *kṣaṇa*. Assim, *kṣaṇa* pode ser considerado a menor unidade de tempo, que não poderá mais ser fracionada.

A palavra seguinte a ser analisada é *kramaḥ*. Já vimos que a impressão de fenômenos contínuos em nossa mente é produzida por uma sucessão de mudanças descontínuas em *prakṛti*, à nossa volta. *Kramaḥ* representa este processo que consiste de uma inexorável sucessão de mudanças descontínuas, subjacente a toda espécie de fenômenos. Este processo baseia-se, em última análise, na unidade de tempo, *kṣaṇa*, como a projeção de uma cena de filme baseia-se em cada abertura e fechamento do orifício. À medida que *kṣaṇa* sucede *kṣaṇa*, todo o universo manifestado passa de um estado distinto para outro estado distinto, mas a sucessão é tão rápida, que não nos conscientizamos da descontinuidade.

Observa-se, pois, que, de acordo com a filosofia do *Yoga*, *kramaḥ* é não somente toda a base da manifestação material, — utilizando-se aqui o termo "material" em sua acepção mais ampla — mas também que as mudanças que ocorrem em *prakṛti* e que produzem toda espécie de fenômenos são essencialmente mecânicas, ou seja, baseadas em um processo oculto, essencialmente mecânico. Todo o universo manifestado e tudo nele existente mudam a cada momento, com base em uma Lei inexorável, inerente à própria natureza da manifestação.

Se tivermos captado a natureza do processo indicado pelas duas palavras, *kṣaṇa* e *kramaḥ*, não deve ser difícil compreender o significado do *sūtra* em discussão.

Isto significa, simplesmente, que o *yogi* só pode tornar-se cônscio da Realidade Última quando sua consciência é liberada das limitações deste processo que produz o tempo, pela aplicação de *saṃyama* nesse processo, como indicado em III-53. Enquanto sua consciência estiver envolvida no processo, ele não poderá conhecer sua verdadeira natureza. Somente quando ele sai do mundo do irreal para a Luz da Realidade é que ele compreende não só a verdadeira natureza da Realidade, mas também da relatividade, em termos de tempo e espaço do mundo que ele deixou para trás.

O estudante reflexivo pode encontrar, na profunda idéia esboçada neste *sūtra*, a chave para compreender a natureza do tempo e da energia, bem como a Teoria Quântica, que provou ser tão útil no desenvolvimento da ciência moderna. Não é possível analisar aqui esses problemas profundos e fundamentais, mas as duas idéias seguintes devem ser estimulantes para o estudante interessado nesses assuntos.

Se o processo fundamental subjacente ao mundo fenomenal é descontínuo, então todos os processos aparentemente contínuos que podemos observar e mensurar também devem ser descontínuos. Considere-se, por exemplo, a radiante energia que nos vem do Sol. Chega esse fluxo de energia até nós continuamente, ou em porções discretas ou *quanta*? Se todas as mudanças no sistema solar são descontínuas e o sistema solar, por assim dizer, aparece e desaparece alternadamente, de momento a momento, então o fluxo de energia proviniente do Sol tem de ser um processo descontínuo. Esta conclusão, produto das doutrinas da filosofia do *Yoga*, está de acordo, de modo geral, com a idéia básica subjacente à Teoria Quântica.

Os dois *sūtras* III-53 e IV-33 também ajudam a elucidar a natureza do tempo. Como a percepção dos fenômenos é o resultado das impressões produzidas na consciência por uma sucessão de imagens mentais, é o número de imagens mentais que realmente determinará a duração do fenômeno a que chamamos tempo. Não pode haver, assim, uma medida absoluta de tempo. O tempo precisa estar relacionado com a quantidade de imagens que passam pela mente. Esta idéia projetará alguma luz sobre as diferentes formas de mensuração do tempo, que se sabe existir nos diferentes planos do universo.

Puruṣārtha-śūnyānāṃ guṇānāṃ pratiprasavaḥ
kaivalyaṃ svarūpa-pratiṣṭhā vā citi-śakter iti.

IV-34) *Kaivalya* é o estado (de Iluminação) que se segue à reabsorção dos *guṇas*, por estarem destituídos do objetivo do *puruṣa*. Neste estado, o *puruṣa* está estabelecido em sua verdadeira natureza, que é pura Consciência. *Finis.*

Chegamos agora ao último *sūtra*, que define e resume o último estado de Iluminação chamado *Kaivalya*. O significado do *sūtra* pode ser expresso, de modo simples, pelas seguintes palavras: "*Kaivalya* é aquele estado de Auto-Realização no qual *puruṣa* finalmente se estabelece quando atinge o propósito de seu longo desenvolvimento evolutivo. Neste estado, os *guṇas*, tendo cumprido seu propósito, voltam a uma condição de equilíbrio e, portanto, o poder da Consciência pura pode funcionar sem qualquer obscuridade ou limitação".

Deve-se observar que esta não é uma descrição do conteúdo da Consciência no estado de *Kaivalya*. Como referido antes, ninguém, vivendo no mundo do irreal, pode compreender ou descrever a Realidade, da qual o *yogi* torna-se cônscio ao atingir *Kaivalya*. Este *sūtra* apenas ressalta, de maneira geral, certas condições presentes em *Kaivalya* e que servem para distingui-lo das exaltadas condições de consciência que o precedem.

É natural que a imprecisão exista e que grande número de concepções equivocadas prevaleça em relação a um estado de consciência e a um objetivo de realização humana que está tão além da capacidade de compreensão humana. Mas algumas destas concepções equivocadas são tão óbvias que valeria a pena mencioná-las antes de encerrar este capítulo.

Será que *Kaivalya* significa a completa aniquilação da individualidade e o desaparecimento da consciência do *yogi* na Consciência Divina, como sugere a expressão muito conhecida "a gota de orvalho perde-se[8] no Mar Resplandecente"? Ao analisar-se esta importante questão, parcialmente tratada em II-18, é preciso ter em mente que *Kaivalya* é a culminação de um processo evolutivo extremamente longo, que se estende por inúmeras vidas e envolve enormes períodos de tempo. Na última fase deste desenvolvimento evolutivo, propiciado pela prática do *Yoga*, o poder, o conhecimento e a bem-aventurança desabrocham, a partir do interior da consciência do *yogi*, de forma tão rápida, e ao final tornam-se tão grandiosos, que a mente humana vacila só em contemplá-los. A cada estágio de seu progresso, o *yogi* descobre que a nova consciência que desperta dentro dele é infinitamente mais vital e gloriosa que a precedente, e ele parece estar progressivamente descobrindo uma grandiosa Realidade oculta nos mais profundos recessos de seu próprio ser. *Kaivalya* é atingido ao se ultrapassar o estado mais transcendente de consciência possível de ser alcançado, no reino de *prakṛti*. Será plausível que na nova consciência, que foi atingida, a sua individualidade seja completamente perdida e os valiosos frutos da evolução, acumulados à custa de tanto sofrimento e tantos esforços, sejam varridos num só golpe?

---

[8] No original em inglês: *slips into*, que significa literalmente "desliza para dentro". (N. ed. bras.)

É razoável supor que a experiência de unidade com a Consciência Divina é tão perfeita e esmagadora, que o *yogi* parece perder sua própria individualidade, por alguns instantes. Isto, porém, não quer dizer, necessariamente, que a individualidade dissolva-se e perca-se para sempre naquela gloriosa Realidade. Fosse a individualidade completamente dissolvida, como explicar seu reaparecimento nos mundos inferiores? Pois é um fato indubitável que estes grandes Seres voltam aos mundos inferiores depois de terem conquistado a Iluminação. É fácil para a gota de orvalho deslizar e perder-se no Mar Resplandecente, mas ela não pode ser recuperada desse Mar novamente. Do mesmo modo, se a individualidade desaparece e perde-se completamente, ela não pode separar-se e manifestar-se outra vez. Se puder fazê-lo, isso simplesmente significa que um germe de individualidade, por mais sutil que possa ser, ainda permanece, mesmo na perfeita união de *jīvātmā* com *Paramātmā*. Não cometamos, assim, o engano de supor que o longo e tedioso desenvolvimento evolutivo do ser humano finalmente desapareça em uma Realidade da qual não há retorno e que os frutos da evolução, arduamente obtidos, estejam perdidos tanto para ele quanto para os outros. Confiemos em que o Todo-Poderoso, que criou este magnífico universo e idealizou o Esquema Evolutivo, tem mais inteligência que nós!

Vale repetir que, pelo significado literal de *Kaivalya*, muitas pessoas são levadas a imaginar que se trata de um estado de consciência no qual o *puruṣa* está completamente isolado de todos os outros seres, vivendo sozinho em solitária grandeza, como um homem sentado no cume de uma montanha. Se tal condição existisse, seria um horror, e não a consumação da bem-aventurança. A idéia de isolamento implícita em *Kaivalya* deve ser interpretada em relação a *prakṛti*, da qual o *puruṣa* é isolado. O isolamento liberta-o de todas as limitações inerentes ao envolvimento na matéria em um estado de *avidyā*, mas leva-o, por outro lado, à unificação mais íntima possível com a Consciência, em todas as suas manifestações. O completo isolamento em relação a *prakṛti* significa completa unificação com a Consciência ou Realidade, porque é a matéria que divide as diferentes unidades de consciência, e no mundo da Realidade todos somos um. Quanto mais transcendemos a matéria e dela isolamos nossa consciência, maior torna-se o grau de nossa união com *parameśvara* e com todos os *jīvātmā*s, que são centros em Sua Consciência. E como *ānanda* é inseparável do Amor ou do percebimento da unidade, é fácil entender por que esta consciência de *Kaivalya*, que a todos inclui em seu vasto regaço, leva ao auge da Bem-Aventurança.

A última questão que pode ser tratada em relação a IV-34 é se *Kaivalya* representa o fim da jornada. Embora um estudo dos *Yoga-Sūtras* possa dar a impressão de que *Kaivalya* é o objetivo final, aqueles que trilharam a Senda e foram além de

Kaivalya, bem como a tradição Oculta, são unânimes em afirmar que *Kaivalya* é apenas um estágio no infinito desenvolvimento da consciência. Quando o *puruṣa* atinge esse estágio de Auto-Realização, vê abrirem-se diante de si novas perspectivas de realização que estão muito além da imaginação humana. Como disse o Senhor *Buddha*: "Véu após véu será removido, mas, ainda assim, véu após véu será encontrado posteriormente". Os *Yoga-Sūtras* dão a técnica para a conquista do objetivo final, no que concerne aos seres humanos. O que está além não somente não nos diz respeito, por enquanto, mas está totalmente fora de nossa compreensão e, portanto, não pode ser objeto de estudo. Os mistérios posteriores que temos de desvendar e os estágios da Senda que temos de trilhar estão ocultos nos ainda mais profundos recessos de nossa consciência e revelar-se-ão no devido tempo, quando estivermos prontos para eles. Para nós é suficiente, por enquanto, o objetivo de realização implícito em *Kaivalya*.

ÍNDICE REMISSIVO

A

Abhiniveśa, II-3, II-9
Abhyāsa, I-12, I-13, 1-14
Ahiṃsā, II-30, II-35
Aliṅga, I-45, II-18
Ananta, II-47
Antarāyāḥ, I-29, I-30
Aparigraha, II-30, II-39
Apavarga, II-18
Asmitā II-3, II-6, IV-4
Asteya, II-30, II-37
Āsana, II-29, II-46
Ātmā, II-54
Ātmabhāva, IV-25
Avidyā, II-3, II-4, II-5, II-24, II-25, II-26, IV-11

B

Bhoga, II-18
Bhūtas, II-18, II-54
Brahmacarya, II-30, II-38
Buddhi, II-54, IV-21, IV-22

C

Cetanā, *pratyak*, I-29
Citta, I-2, I-33, II-54, III-1, IV-15, IV-16, IV-17, IV-18, IV-20, IV-22, IV-23, IV-24, IV-26
Citta no sentido de firmeza, I-33, I-34, I-35, I-37, I-38
Citta, nirmāṇa, IV-4, IV-5

D

Dhāranā, II-29, II-53, III-1, III-7
Dharma, IV-12, IV-13
Dharmī, III-14
Dhyāna, II-29, III-2, III-7
Draṣṭā, I-3, I-4, II-17, II-20, II-25, IV-23
Dṛśyam, II-17, II-18, II-21, IV-23
Duḥkha, I-31, II-8, II-15, II-16
Dvaṃdva, II-48
Dveṣa, II-3, II-8

G

Guṇas, II-18, II-19, IV-13, IV-14, IV-32, IV-34

I

Indriyas, II-18, II-54, II-55
Īśvara, I-24, I-25, I-26
Īśvara-praṇidhāna, I-23, II-1, II-32, II-45
Īśvara, *vācaka* de, I-27

K

Kaivalya, II-25, III-51, III-56, IV-26
Karmas, II-12, II-13, II-14, IV-7
Karmāśaya II-12, IV-6
Kleśas, II-12, II-13, IV-28
Kleśas, atenuação dos, II-2
Kleśas, natureza dos, II-3
Kleśas, filosofia dos (sinopse), II-3
Kleśas, redução dos, II-10
Kleśas, supressão dos, II-11
Krama, III-15, III-53, IV-32, IV-33
Kṣaṇa, III-53, IV-33

L

Liṅga, estágio dos *guṇas*, II-19

M

Mahā-vratam, II-31
Mantra, IV-1

N

Nidrā, I-6, I-10, II-38
Nirodha, I-2, I-51
Nirodha Pariṇāma, III-9
Niyama, II-29, II-32

P

Pariṇāma, III-15, III-16, IV-2, IV-32, IV-33
Pariṇāma, *dharma-lakṣṇa*, II-13
Pariṇāma, *ekāgratā*, III-12
Pariṇāma, *nirodha*, III-9, III-10
Pariṇāma, *samādhi*, III-11
Prājñā, I-17, I-47, I-49, III-5
Prakṛti, II-21, II-22, IV-2
Prakṛtilaya, I-19
Pramāṇa, I-6, I-7
Praṇava, I-27
Praṇava, *japa de,* I-28
Prāṇāyāma, I-34, II-29, II-49, II-50, II-51, II-52
Pratyāhāra, II-29, II-54
Puruṣa, I-24, II-20, II-21, II-22, II-23, III-36, III-56, IV-18, IV-24, IV-30

R

Rāga, II-3, II-7

S

Samādhi, II-29, II-45, III-3, III-6, IV-1
Samādhi, aspectos do, I-17
Samādhi, *asaṃprajñāta*, I-18
Samādhi, *dharma-megha,* IV-29
Samādhi, *nirbīja*, I-51
Samādhi, *nirvicāra,* I-44, I-47, I-48, I-49
Samādhi, *nirvitarka,* I-43
Samādhi, *sabīja*, I-46
Samādhi, *saṃprajñāta*, I-17
Samādhi, *savicāra,* I-44
Samādhi, *savitarka,* I-42
Saṃskāra, III-18, IV-9
Saṃtoṣa, II-32
Saṃyama, III-4, III-5
Sattva, III-36, III-50, III-56
Satya, II-30 II-36
Śauca, II-32, II-40
Siddhas, III-33
Siddhis, III-16
Siddhi, *kaivalya*, III-51
Siddhi, conhecimento do passado e do futuro, III-16,
Siddhi, conhecimento dos sons dos seres vivos, III-17
Siddhi, conhecimento de nascimento anterior, III-18
Siddhi, conhecimento da mente dos outros, III-19,
Siddhi, conhecimento da hora da morte, III-23

Siddhi, conhecimento do pequeno, do oculto e do distante, III-26
Siddhi, conhecimento do Sistema Solar, III-27,
Siddhi, conhecimento da configuração das estrelas, III-28
Siddhi, conhecimento do movimento das estrelas, III-29
Siddhi, conhecimento da organização do corpo, III-30
Siddhi, conhecimento do *puruśa*, III-36
Siddhi, domínio dos *indriyas*, III-48
Siddhi, domínio da onipotência e da onisciência, III-50
Siddhi, domínio do *pañca-bhutas*, III-45, III-46
Siddhi, domínio de *Pradhāna*, III-49
Siddhi, poder de desaparecimento, III-21, III-22
Siddhi, poder de entrar no corpo de outra pessoa III-39
Siddhi, poder da imobilidade, III-32
Siddhi, poder de aumentar o fogo gástrico, III-47
Siddhi, poder de aumentar a força, III-25
Siddhi, poder de inibir a fome e a sede, III-31
Siddhi, poder de intuição (*pratibhā*), III-34, III-37
Siddhi, poder de conhecer a natureza da mente, III-35
Siddhi, poder de levitação, III-40
Siddhi, poder de *Mahā-videhā*, III-44
Siddhi, poder de viajar pelo espaço, III-43
Siddhi, poder de ver os Seres Perfeitos, III-33
Siddhi, poder de fortalecer qualidades, III-24
Siddhi, poder de audição superfísica, III-42
Smṛti, I-6, I-11, I-43, IV-9, IV-21
Sukha, I-33, II-7, II-42
Sūtra, método de exposição, I-1
Svādhyāya, II-1, II-32, II-44

T

Tanmātras, II-54
Tapas, II-1, II-32, II-43, IV-1
Tattva, III-45

V

Vairāgya, I-12, I-15, I-16
Vāsanā, IV-8, IV-10, IV-24
Videha, I-19
Vikalpa, I-6, I-9
Vikṣepa, I-30
Vikṣepa, eliminação de, I-33, I-34, I-35, I-36, I-38
Vikṣepa, sintomas de I-31
Viparyaya, I-6, I-8
Vitarka, II-33, II-34
Vivekajam jñānam, II-53, III-54, III-55
V*iveka-khyātiḥ*,II-26, II-28, IV-29
Vṛtti, I-2, I-5

Y

Yama, II-29, II-30
Yoga, definição de, I-2
Yoga, kriyā, II-1
Yogi, bhava-pratyaya, I-19
Yogi, seu domínio, I-40,
Yogi, upāya-pratyaya, I-48

Maiores informações sobre Teosofia e o Caminho Espiritual podem ser obtidas escrevendo para a **Sociedade Teosófica no Brasil** no seguinte endereço: SGAS - Quadra 603, Conj. E, s/nº, CEP 70.200-630 Brasília, DF. O telefone é (61) 3322-7843. Também podem ser feitos contatos pelo fax (61) 3226-3703 ou e-mail: st@sociedadeteosofica.org.br.